강남 좌파

강남 좌파

ⓒ 강준만, 2011

초판 1쇄 2011년 7월 22일 펴냄
초판 9쇄 2020년 9월 25일 펴냄

지은이 | 강준만
펴낸이 | 강준우
기획·편집 | 박상문, 박효주, 김환표
디자인 | 최진영, 홍성권
마케팅 | 이태준
관리 | 최수향
인쇄·제본 | ㈜삼신문화

펴낸곳 | 인물과사상사
출판등록 | 제17-204호 1998년 3월 11일

주소 | (04037) 서울시 마포구 양화로7길 6-16 서교제일빌딩 3층
전화 | 02-325-6364
팩스 | 02-474-1413

www.inmul.co.kr | insa@inmul.co.kr

ISBN 978-89-5906-189-1 03300

값 16,000원

이 저작물의 내용을 쓰고자 할 때는 저작자와 인물과사상사의 허락을 받아야 합니다.
파손된 책은 바꾸어 드립니다.

민주화 이후의 엘리트주의

강남 좌파

강준만 지음

인물과
사상사

머리말

모든 정치인은 강남 좌파다

강남 좌파의 명암

강남 좌파는 보수 진영이 운동권 출신 486세대(40대, 80년대 학번, 60년대 생) 진보 인사들을 꼬집어 쓰던 용어다. 정치적·이념적으론 좌파지만 행동은 '강남 주민스럽다'는, 일견 부정적 뉘앙스를 풍기는 말이다. 강준만 전북대 신문방송학과 교수는 2006년 5월 『인물과사상』에서 강남 좌파를 "생각은 좌파적이지만 생활수준은 강남 사람 못지않은 이들"이라고 정의하면서 "보수 언론이 노무현 정권을 공격하려는 혐의로 읽히지만 본격적인 논의가 필요하다"고 문제를 제기했다. 강남 좌파를 부정적으로만 바라보는 시각에 무리가 있다는 지적이자 강남 좌파를 공론의 장으로 끄집어낸 첫 시도였다.[1]

2011년 2월 『한국일보』가 게재한 「강남 좌파, 누구냐 넌!」이라는 제목의 특집 기사 중 일부다. 위 기사에 지적된 바와 같이, 나는 『월간 인

『물과사상』 2006년 5월호에 쓴 「강남 좌파: '엘리트 순환'의 수호신인가?」라는 제목의 글에서 강남 좌파 현상에 주목하면서 그 명암(明暗)을 세 가지씩 제시한 바 있다. 그 내용의 일부는 다음과 같다.

우선 긍정론이다.

첫째, 상류층 사람이 진보적 가치를 역설하는 건 하층계급에 큰 힘이 된다. 상류층 사람이 점하고 있는 위치의 파워 덕분이다.

둘째, 갈등의 양극화를 막는 데에 도움이 된다. 모든 상층계급은 보수, 모든 하층계급은 진보라면 갈등이 살벌해지겠지만, 상층에도 진보가 있고 하층에도 보수가 있다는 건 양쪽의 충돌 예방에 도움이 된다.

셋째, 상류층에 속하면서도 하층계급을 생각하는 마음이 고맙다. 그걸 위선으로 보겠다면, 이 세상에 위선 아닌 게 뭐가 있겠는가.

다음은 부정론이다.

첫째, 권력·금력까지 누리면서 양심과 정의의 수호자로 평가받는 이른바 '상징 자본'까지 갖겠다는 건 지나치다. 빈털터리라도 세상을 향해 큰소리치면서 사는 맛이라는 게 있는 법인데, 그런 '도덕적 우월감'까지 상류층이 누린다는 건 부당하다.

둘째, 진보를 더 많은 권력·금력을 쟁취하기 위한 수단으로 이용한다. '강남 좌파'의 진보 프로그램은 하층계급의 절박함을 모르기 때문에 진정성이 결여돼 있으며, 상징적인 제스처로 끝날 가능성이 높다.

셋째, '강남 좌파'의 진보 프로그램은 말로만 강경한 속성이 있어 실천보다는 당위의 역설로 그칠 가능성이 높고, 오히려 해낼 수 있는 실천마저 어렵게 만들 수 있다.

자, 사정이 이와 같은데 무조건 '강남 좌파'를 탓할 수만 있겠는가? 각 인물별, 사안별로 구체적인 평가를 내리는 게 공정한 대응일 것 같다. 이론상으로는 그렇다. 문제는 한국 사회와 한국인의 특수성이다. 현재 한국 사회는 '정치 혐오'를 넘어서 '정치 저주'라고 해도 좋을 정도로 정치를 비롯한 공적 영역에 대한 국민적 불신이 높다. 이런 상황에선 '강남 좌파'의 이론적 정당성이 인정받기 어렵다. 그건 마치 '국민 정서'니 '위화감'이니 하는 단어들이 누구를 평가할 때에 이론적으론 부당한 것임에도 불구하고 한국적 현실에선 정당하게 여겨지는 것과 같은 이치다. 2005년 11월 투명사회협약실천협의회가 여론조사 기관 TNS에 의뢰해 실시한 여론조사에 따르면, 일반인 응답자의 82.1퍼센트가 사회 지도층을 신뢰하지 않는 것으로 나타났다는 걸 참고할 필요가 있겠다.

'배부른 진보'가 일부러 배고픈 척할 필요까지는 없지만, 자신의 포만감을 과시하는 건 금물이다. 그리고 공적 영역을 향해서만 진보를 외쳐댈 게 아니라 자신의 사적 영역과 행태도 진보적 가치의 지배를 받게 해야 한다. 사회를 향해선 기부 문화의 활성화가 필요하다고 외치면서 자기 봉급은 고스란히 저축하는 고위 공직자들을 아무도 알뜰하다고는 생각하지 않는다. '강남 좌파'는 공적 영역에 대한 극도의 불신이 해소되는 날까지 과도기적 처방 차원에서라도 자신의 욕망을 통제 대상으로 삼아야 한다.

강남 좌파는 엘리트에 관한 문제

위와 같은 내용의 글을 쓴 시점으로부터 5년여가 지난 지금, 강남 좌파에 대한 논쟁이 뜨겁다. 그 논쟁을 전반적으로 긍정 평가하면서도 무언가 중요한 것이 빠졌다는 느낌을 지우기 어려웠다. 그건 바로 한국적 특수성이다. 최근 논의 중인 강남 좌파론은 이 점을 소홀히 한 채 강남 좌파를 미국의 '리무진 진보주의자(limousine liberals)' 모델로 해석하는 경향을 보이고 있다. 그 나름의 의미는 있겠다고 인정하면서도, 어딘가 좀 공허하다는 느낌이 드는 건 무슨 이유에서일까? 이 점에 대해선 「제1장 강남 좌파는 강남에 사는 좌파인가?: 강남 좌파 논쟁은 엘리트 논쟁」에서 자세히 밝히겠지만, '민주화 이후의 엘리트주의'와 '소통(疏通)'에 대한 분석과 고민이 필요하다는 걸 미리 강조해두고 싶다.

5년 전 내가 던진 "강남 좌파: '엘리트 순환'의 수호신인가?"라는 물음은 여전히 유효하다. 즉, 강남 좌파는 좌우(左右)를 막론하고 한국 엘리트의 본질과 맞닿은 문제라는 것이다. 강남 좌파를 비판하는 사람들이 한결같이 제기하는 문제의 핵심은 '엘리트의 위선'이다. 강남 좌파는 이념에 관한 문제라기보다는 엘리트에 관한 문제라는 인식의 전환이 선행되어야만 강남 좌파에 관한 논의가 생산적일 수 있다는 게 내 생각이다.

생각해보자. 좌우를 막론하고 리더십을 행사하는 정치 엘리트가 되기 위해선 학력이나 학벌, 생활수준에 이르기까지 어느 정도 사회적 성공을 거두어야 하므로, 정치 영역에서 활동하는 모든 좌파는 강남 좌파일 수밖에 없다. 따라서 강남 좌파 자체를 무조건 비판하는 건 좌파를 싸잡아 비판하겠다는 우파의 정치적 책략이라는 혐의를 피하기 어렵다.

아니 우파라도 서민을 상대로 포퓰리즘(populism, 민중주의) 자세를 취하는 게 '정치의 문법'인바, 우파 정치인에게도 강남 좌파의 요소가 농후할 수밖에 없는 게 현실이다. 농후하다뿐인가. 우파는 강남 좌파를 '위선의 화신'인 양 비난하면서 정치적 이익을 취하려고 한다. 하지만 그들 역시 말로는 늘 국가와 민족이 잘되게 하겠다는 이타적 자세를 취함으로써 사실상 강남 좌파 행세를 하고 있지 않은가. 그러니 "모든 정치인은 강남 좌파다"라는 전제 아래 우리 모두의 삶에 보탬이 될 진지하고 성실한 논의와 연구를 해보자. 들여다보면 강남 좌파적 특성이 두드러지는 사람이나 세력이 있을 것이다. 강남 좌파의 장단점은 무엇인지, 어떤 사회적 함의가 있는지, 그런 걸 차분하게 생각해보자는 것이다.

그렇게 차분하게 생각해보는 걸 막는 장벽이 또 하나 존재한다. 그건 바로 정치를 과도하게 '의인화(personification)하거나 개인화(personalization)' 하는 '인물 중심주의'다. 본문에서 자세히 논하겠지만, 나는 이것이야말로 한국 정치가 당면한 최대의 과제라고 생각한다. 쉽게 설명하자면 이런 식이다. 정치적으로 해결해야 할 우리 사회 각 분야의 주요 의제를 열 가지, 예컨대 ①빈곤층 복지 강화, ②부유층 세율 인상, ③부동산 투기 근절, ④지역 균형발전 추진, ⑤공정거래법 강화, ⑥병역 비리 척결, ⑦국가보안법 폐지, ⑧학벌주의 완화, ⑨전관예우 강력 억제, ⑩방송의 독립 등을 10대 의제로 뽑아 단순하게 찬반을 표시해보자.

만약 이 10대 의제에 대해 모두 찬성한 사람들이 있다면, 이들은 정치적으로 같은 편이 되거나 아니면 적어도 상호 우호적인 게 옳다. 그러나 현실은 전혀 그렇지 못하다. 예컨대, 노무현을 어떻게 평가하느냐에 따라 서로 원수가 될 수도 있다. 아니, 될 수 있는 정도가 아니라 원수가 되는 게 지금 우리 사회 도처에서 일어나고 있는 현실이다. 좌우로 편을 갈라 싸우는 사람들은 위 10대 의제에 대해서도 '10 대 0'으로 갈라질까? 그렇지 않다. 생각을 같이하는 점도 있다. 생각을 달리하는 것보다는 같이하는 것이 더 많을 수도 있다. 그러나 이들도 싸울 땐 서로를 원수처럼 대한다.

왜 그럴까? 정치, 특히 대선은 권력을 놓고 다투는 승자 독식 게임이고, 그 승자는 바로 사람이기 때문이다. 그러니 의제나 이슈가 중요한 게 아니라 내가 지지하는 사람이 중요하다. 그래서 이 10대 의제에 대해 생각이 100퍼센트 같은 사람이라도 자신이 지지하는 정치인을 부정적으로 평가하면 원수처럼 싸우게 된다. 그게 바로 우리 시대의 정치를 지배하는 게임의 법칙이며, 그 이데올로기가 바로 '인물 중심주의'다.

'인물 중심주의' 이분법의 재앙

우리 인간이 원래 이분법적인 동물이라는 점도 작용하는 걸까? 우리는 이론적으로는 매사를 둘로 나눠서 보는 이분법이 무모하다는 걸 쉽게 인정하면서도 실제로는 늘 그런 이분법에 따라 세상을 살아가고 있다. 선악(善惡)·흑백(黑白) 구도에서 편안함을 느낀다. 인터넷 토론 문화를 보라. 중간은 없다. 내가 옳다고 믿더라도 나의 정당성이 7이면 저쪽에도 3의 정당성이 있다는 걸 전제로 해서 주장을 펴면 어느 정도의 소통이 가능하겠건만, 인터넷을 지배하는 건 늘 '10 대 0'의 게임이다. 나는 10이요 너는 0이라는 식의 '배설(排泄)' 뿐이다. 배설이 소통을 대신하는 불통(不通)의 공간에선 같은 편의 속을 후련하게 만들어주는 카타르시스 제공에 능한 사람들이 대표 논객으로 활약하기 마련이다.

극단적인 이분법 악플에 능한 네티즌은 악한 사람일까? 아니다. 오히려 정반대일 가능성이 높다. 적(敵)에게 가혹한 사람일수록 친구에겐 잘하는 법이다. 적에게 관대한 사람은 친구에게도 헌신하지 않는다. 이는 정치의 기본 원리이기도 하다. 독일 법학자 카를 슈미트(Carl Schmitt, 1888~1985)는 『정치성의 정의(Der Begriff des Politischen)』라는 책에서 정치성이란 '친구와 적'을 구분하게 하는 것이라고 했다.[2] 마이클 딥딘(Michael Dibdin, 1947~2007)의 소설 『죽은 늪(Dead Lagoon)』에서 베네치아의 민족주의 선동가는 "진정한 적이 없다면 진정한 친구도 있을 수 없다. 우리가 아닌 것을 증오하지 않는다면 우리 것도 사랑할 수 없다"고 했다.[3] 적에게 증오의 언어를 잘 퍼붓는 사람이 열정적이다 못해 광신적인 지지자를 많이 거느리는 것도 바로 그런 이유 때문일 것이다.

물론 우리만 그런 건 아니지만, 우리가 다른 나라에 비해 인물 중심주의가 매우 심한 편인 건 분명하다. 예컨대, 2007년 2월 『한국일보』와 미디어리서치가 실시한 여론조사에 따르면, 한나라당 대선 주자인 전 서울시장 이명박이나 전 대표 박근혜가 탈당해 신당을 만들어 독자 출마하더라도 지지자의 약 70퍼센트가 "계속 지지하겠다"고 답했다.[4] 2007년 5월 『조선일보』 조사에선 이명박 지지자의 61.6퍼센트, 박근혜 지지자의 64.2퍼센트가 '계속 지지'를 밝혔다.[5] 또 한나라당 싱크탱크인 여의도연구소가 2007년 4월 9일 실시한 여론조사에선 한나라당 지지자 가운데 71.2퍼센트가 당이 아닌 후보를 보고 투표하겠다고 응답했다.[6]

이건 무엇을 말하는가? 한국이 '정당 민주주의' 국가라기보다는 '지도자 민주주의' 국가라는 걸 의미한다. 교과서적 원리와는 달리 한국의 정당정치는 사실상의 인질 정치다. 정당 중심의 투표를 하는 유권자들도 엄밀하게 말하면 정당을 지지한다기보다는 불공정과 편파를 자행할 힘이 있는 집단에 표를 준다. 즉, 정부 인사·예산권의 지배력이나 접근권에 반응을 보인다는 것이다. 그래서 대통령이나 힘 있는 몇몇 정치인만 움직이면 하루아침에 뚝딱 만들 수 있는 게 바로 정당이다.

2007년 5월 이기호는 "그저 감정으로 뭉친, 친목계나 진배없는 정당들. 문제는 그 정당들로 인해 전 국민이 친목계화되어간다는 점이다"라고 주장했다.[7] 한심한 정당들에 대한 분노엔 충분히 공감하지만, 과연 정당의 친목계화가 전 국민의 친목계화를 부른 걸까? 혹 그 반대는 아니었을까? 한나라당이 대선 후보를 가리기 위한 경선 규칙 문제로 한동안 분당 위기로 치달았던 것도 바로 인물 중심의 줄서기 때문이었으며, 이는 한국 사회 전반에 널리 퍼져 있는 관행이요 문화다.

왜 그럴까? 오랜 세월 동안 정당은 포장마차나 천막과 다를 바 없다는 걸 체험한 학습 효과도 적잖이 작용했겠지만, 그보다는 한국인 특유의 '인물 중심주의' 문화가 더 큰 원인이 아닐까 싶다. 유력 정치인을 지지하는 각종 '사모' 클럽들의 과도한 전투성을 우려하는 목소리가 사회적으로 왕성하게 터져 나올 법도 하건만, 언론과 정치평론가들이 '사모' 클럽의 규모와 전투성을 해당 정치인의 대중성 수준으로 긍정 평가하는 이상한 일들이 일어나는 것도 바로 그런 '인물 중심주의' 문화 때문이 아니겠는가.

그런 인물 중심주의 문화의 토양에선 이성적인 정치적 논의와 토론은 물론이고 소통 자체가 매우 어려워진다. 아니, 거의 불가능해진다. 매사를 자신이 지지하는 인물에 대한 유불리의 관점에서만 평가하기 때문이다. 소통의 재앙이라 할 만하다. 이 책이 시도할 강남 좌파론도 그런 장벽으로부터 자유롭지 않음은 두말할 나위가 없다. 이 노릇을 어찌할 것인가? 답이 없다. 그런데 실은 그게 바로 이 책의 한 주제이기도 하다. '민주화 이후의 엘리트주의'는 '민주화 이전의 엘리트주의'와 무엇이 다른가? 이 질문에 답해 나가면서 그런 인물 중심주의에 대한 이야기도 해보도록 하자.

'편향성이 이익이 되는 장사'

정치에서 이분법적 대결 구도는 이념에 바탕을 두고 있다. 아니, 당사자들이 그렇다고 주장한다. 과연 그럴까? 이 책은 결코 그렇지 않다고 주장할 것이다. 2012년 대선을 앞두고 여야와 각 진영의 열성 지지자들은 대선의 향방에 따라 이 나라가 흥하거나 망할 것처럼 엄청난 의미를 부여하면서 혈투를 벌일 임전태세(臨戰態勢)를 다지고 있다. 이 책은 누가 대통령이 되느냐가 중요한 게 아니며, 누가 되건 '정치의 이권화' '엘리트의 지대(地代) 추구(rent-seeking)' '승자 독식주의'를 없애거나 완화하지 않는 한 대선은 '밥그릇 싸움 도박판' 이상의 의미가 없다고 주장할 것이다.

대선과 정치가 '밥그릇 싸움 도박판'이 될 때 가장 큰 피해를 입는 사람은 국민이겠지만, 진보와 보수 두 진영 사이의 이해득실을 따진다면 패자(敗者)는 보수가 아니라 진보 진영이다. 진보적 가치의 역설이 거짓말이 아니라면 말이다. 진보 진영은 정치 행태에서 '김대중-노무현 정권 10년' 이전과 이후에 아무런 차이가 없어도 되는 건지 다시 생각해볼 일이다. 그 이전엔 옳고 바람직한 일이었더라도 그 이후엔 달리 볼 수 있다는 것을 인정하겠는가 하는 것이다. 세월과 시대가 어떻게 달라지더라도 변치 않는 항상심으로 초지일관하는 게 미덕인가?

우리는 이명박 정권을 비롯해 역대 서너 정권을 거치면서 확인하고 또 확인한 사실을 망각하고 있다. 정당과 정치인들이 표방한 이념과 노선보다는 각기 생각이 다른 정치 세력과 유권자들 사이에서 어떻게 타협과 화합을 이뤄내느냐가 더 중요하다는 사실. 이게 어디 한국만의 사정인가. 미국에서 치열하게 벌어지고 있는 이른바 '당파싸움 망국론' 논쟁의 핵심도 바로 그것이다. 이 책이 강남 좌파론을 소통과 연결해 논하고자 하는 이유도 바로 여기에 있다.

이 책은 소통에 대한 열망으로 쓰였다. 소통은 인기가 없는 주제다. 언론시장에서건 출판시장에서건 속된 말로 "편향성(당파성)이 이익이 되는 장사"이기 때문이다.[8] 정치인도 다를 게 없다. 노골적이고 공격적인 '편향성(당파성)'을 보여주는 정치인에게 열정적인 지지자가 많은 법이다. 그러니 시장 논리상 소통은 거의 불가능하거나 어려울 수밖에 없다. 좌우를 막론하고 지금 '편향성(당파성)'으로 주목받는 이들이 그게 자기가 잘났거나 똑똑해서 얻은 성공이 아니라는 걸 깨달았으면 좋겠다. 그 성공을 정당화하거나 미화하기 위해 엄청난 대의(大義)와 명분을 동원하는, 자기 자신조차 인식하지 못하는 자기기만도 더 이상 저지르지 않았으면 좋겠다. 이들이 자제해야 소통도 활성화될 수 있기 때문이다. 그러나 어쩌랴. 때론 세월이 약인 것을.

사실 진정한 소통을 열망하는 사람은 의외로 많다. 소통을 근거로 합리적·생산적 경쟁 체제를 꿈꾸는 사람은 아무리 적게 잡아도 수백만 명은 넘을 것이다. 아니, 어쩌면 국민 대다수의 생각일지도 모른다. 그러나 이들은 파편화돼 있으며, 조직화되기 어렵다. 동기부여에서도 그런 염원은 비교적 소극적인 것이기 때문에 열정이 없다. 무엇보다 소통을 위한 참여에 대해 반대급부로 줄 게 없다. 공직을 줄 수도 없고,

다른 인정 욕구를 충족시켜 줄 수도 없고, 통쾌하고 후련한 카타르시스도 주지 못한다. 특정 이념이나 노선, 당파성을 내세워 지지자들의 피를 끓게 만드는 탁월한 논객은 많지만, 이 방면의 논객이 거의 없는 이유도 바로 여기에 있다. 정치에서 아무런 사적인 이익을 취하지 않으면서 소통을 열망하는 소통파를 어떻게 조직할 것인가, 이게 우리에게 남겨진 숙제다. 우선 공감대부터 넓혀 나가는 일이 필요하겠다. 이 책을 내게 된 이유다.

2011년 7월

강준만 올림

차례

머리말: 모든 정치인은 강남 좌파다

강남 좌파의 명암 4 | 강남 좌파는 엘리트에 관한 문제 6 | '인물 중심주의' 이분법의 재앙 9 | '편향성이 이익이 되는 장사' 12

chapter 01
강남 좌파는 강남에 사는 좌파인가?
강남 좌파 논쟁은 엘리트 논쟁

강남 좌파는 강남에 사는 좌파가 아니다 21 | '강남'과 '위선'에 대해 24 | 강남 좌파의 부각은 민주화 이후의 현상 27 | 엘리트주의 이론 30 | 민주화 이후의 엘리트주의 33 | 미국의 '리무진 진보주의자' 37 | 미국의 강단 좌파 42 | 미국의 보보스 46 | 지역주의, 학벌주의, 아웃사이더 기질 48 | 강남 좌파의 지형도 52

chapter 02
너희가 강남 좌파의 비애를 아느냐?
강남 좌파의 커밍아웃

사상·생활 분리주의 57 | 강남 좌파의 커밍아웃 59 | 고소영·강부자가 대한민국을 접수했다 63 | 강남 좌파의 비애 67 | 진보주의와 냉소주의의 유착인가? 69 | 총론 진보, 각론 보수 71 | 제3장~제11장의 개괄적 설명 74

chapter 03
위선에 대한 분노인가?
노무현 시대의 강남 좌파 논쟁

노무현과 남상국 81 | 강남 좌파의 원조는 노무현 86 | 노무현은 '아웃사이더'의 지존 88 | 노무현은 코리언 드림의 상징 91 | 노무현의 위대한 점 95 | 아파트 분양원가 공개 논란 97 | '배부른 진보' 99 | 이념 투쟁과 '밥그릇 싸움' 105 | '강남 좌파' 용어 등장 108 | 이율배반적 강

남 좌파에 대한 대중적 공분인가 112 | "열린우리당 70퍼센트는 기회주의자들" 116 | 노무현 정권의 싱크탱크는 삼성경제연구소 118

chapter 04
오마이뉴스의 강남 좌파 띄우기
문국현의 창조한국당

신당, 그 무덤에 아무도 초대 말라 127 | 문국현의 창조한국당 창당 130 | 오마이뉴스의 '문국현 띄우기' 133 | 김영춘의 문국현 지지 선언 136 | 문국현의 두 딸 5억 증여 파문 137 | 창조한국당의 존립 위기 140 | '실패한 문국현의 정치실험' 142 | 한국인의 '새것 신드롬' 144

chapter 05
왜 또다시 강남 좌파인가?
조국-오연호의 진보 집권 플랜

조국의 강남 좌파 이미지 149 | 키 크고 잘생긴 것도 죄인가 151 | 왜 조국인가 154 | 조국의 '전략적 사고' 157 | "코드 인사가 왜 나쁜가?" 163 | 청와대서 열린 동창회 167 | "대통령도 낙하산이다" 169 | 보수 진영의 주목 171 | 오연호와 오마이뉴스는 왜 그러나 173 | "리무진 리버럴 '강남 좌파' 뜬다" 177 | 『동아일보』의 조국 비판 180 | 조국의 반론 183 | 성인이 아니면 입 닥쳐? 186 | 조국은 '제2의 김대중'이 될 것인가 188

chapter 06
왜 박근혜는 침묵하는가?
박근혜 인기의 비결

박근혜의 침묵에 대한 비판 195 | "박근혜, 예민한 쟁점 입장 밝혀라" 198 | "'박근혜 시대'를 바라보는 두려움" 200 | 박근혜의 비장미와 애국심 202 | 박근혜의 '외모 자본' 206 | 박근혜는 '수첩 공주'인가 209 | 침묵이 인기의 비결 213 | 박근혜는 한국 정치를 반사하는 거울 215 | 박근혜를 포위한 '인(人)의 장막' 218 | 용인술이 진짜 문제다 220

chapter 07
분당은 미리 보는 2012년 대선인가?
손학규의 재기

강남 좌파의 정치적 시험대 227 | 다가오는 자유주의 시대인가 229 | 오만 군데가 썩은 대한민국 231 | 살아 돌아온 손학규와 대선 구도 변화 236 | 손학규와 노무현의 갈등 237 | 손학규와 노무현의 충돌 241 | 손학규 '봉하마을 삼고초려' 243 | 15년 한나라당 인맥의 명암 246 | 강남 우파 대 강남 좌파의 대결 구도로 가는가 247

chapter 08
노무현 정신으로 돌아가자
유시민의 국민참여당

국민참여당은 '유시민 정당' 255 | "또 하나의 야당이 필요한가" 258 | 유시민의 이중적 행태 261 | 영남 민주화 세력의 한 263 | 임원혁의 '영남 민주화 세력의 고민' 266 | 이영성의 '노무현 이해하기' 268 | "놈현' 관 장사를 넘어라" 사건 272 | 『한겨레』 사과 사건 274 | 유시민의 근본주의인가, 기회주의인가 277 | "유시민은 친노가 아니다" 283 | 유시민의 '집중과 집착' 286 | 서울대 민간인 린치 사건과 조개 사건 288 | 개혁당 해체 사건과 고양 덕양갑 재선거 사건 291 | 대통합민주신당 경선·탈당 사건 293 | 경기도지사 선거 사건 296 | 불행한 현대사의 업보인가 298 | 자기성찰은 가능한가 302 | '몰입'의 축복과 재앙 305

chapter 09
이명박 정권이 나라를 망친다
문재인의 분노

문재인 대망론 311 | '문재인의 운명'은 무엇인가 315 | 문재인에게 성찰은 있는가 317 | 이명박 정권이 그럴 줄 몰랐다? 321 | '노무현 정신'은 소통이다 324 | 깨끗해선 정치할 수 없다는 상식 328 | 대인 관계에서 금기가 된 정치 이야기 330 | 소통할 수 있는 최대공약수 332

chapter 10
강남 우파의 강남 좌파적 언어
오세훈의 '따뜻한 보수'

58억 자산가도 딸 등록금에 허리가 휜다? 339 | 강남 우파와 강남 좌파 사이에서 342 | '반값 등록금' 논란 346 | '홍수 민주주의' 해법인가 349 | 오세훈의 무상급식 주민투표 도박 352 | 오세훈은 우파의 노무현인가 355 | 표 있는 대학생, 표 없는 빈곤 아동 358 | 무상급식은 선거혁명인가 360 | 오세훈의 전투적 '프레임' 전략 363 | 박근혜·이명박에 대한 도전 365 | 오세훈의 전방위적 선전포고 366

chapter 11
가장 치열한 계급투쟁은 입시전쟁
강남 좌파는 학벌 좌파

인맥 만들기 전쟁 371 | '능력주의' 이데올로기 374 | '양반 증명서'는 건재하다 377 | 진보 진영의 학력·학벌주의 381 | SKY 출신의 사회 요직 독과점 383 | 학벌만 좋은 '천민 엘리트' 387 | '1극', '3극' 체제에서 '다극' 체제로 390

맺는말: '벽' 대신 '다리'를 세우자

정치 엘리트들의 밥그릇 싸움을 넘어서 393 | 엘리트는 공복이다 395 | '무브온'을 벤치마킹해선 안 된다 397 | '우리와 그들, 무리 짓기에 대한 착각' 400 | 정치권의 '증오 마케팅' 402 | 소통과 화합을 위하여 404 | '노무현 혐오'와 '노무현 숭배'를 넘어서 407

주 410

chapter
01

강남 좌파는 강남에 사는 좌파인가?

강남 좌파 논쟁은 엘리트 논쟁

강남 좌파는 강남에 사는 좌파가 아니다

강남 좌파는 강남에 사는 좌파인가? 그렇지 않다. 강남은 비유이자 상징일 뿐, 어디에 살건 소득수준과 라이프스타일에 따라 강남 좌파일 수 있다. 『88만 원 세대』의 저자 우석훈이 강남 좌파라는 말이 듣기 싫어 강북으로 이사한 게 사실이라면,¹ 괜한 수고를 한 셈이라고 말할 수 있겠다. '좌파'라는 말도 한국 정치의 이념 지형도를 크게 둘로 나누어서 본 상대적 개념인바, '리버럴'한 성향을 가진 강남 좌파가 "왜 내가 좌파냐?"고 항변할 일은 아니다. 일부 강남 좌파들은 "우리 사회에서는 좌파라는 표현 자체가 폭력적인 낙인찍기"라며 펄펄 뛰지만,² 생각하기에 따라선 좌파라는 단어의 일상적 생활화가 오히려 그런 낙인찍기를 무력화하는 방법일 수 있다.

'진보'라는 말도 마찬가지다. 이 책에서 '진보'는 '좌파'의 경우처럼 한국 정치의 이념 지형도를 크게 둘로 나누어서 본 상대적 개념으로 쓰였다. 따라서 자유주의자도 '진보'로 불릴 것이다. 물론 이런 용법에 대해 '좌파'와 '진보'라는 말을 타락시킨다고 반발하는 사람도 많다. 정당한 반발이라 하겠다. 그런 반발에 일면 공감하고 동의하면서도, "한국에서는 좌우 이념의 역사적·정신적 토양이 빈곤하다. 서구의 좌우 개념이 한국에 와서 난파되었다"는 연세대 국제학대학원 교수 류상영의 진단에 주목해보는 건 어떨까?[3] 아니면 인하대 교수 김진석의 다음과 같은 진단에 무게를 두는 것도 좋을 것 같다.

"솔직하게 말하면, 진보의 다수는 실생활에서 보수나 리버럴과 비슷하게 행동한다. '진보도 보수처럼 자식을 일류 대학에 보내려고 한다, 다만 진보 의식을 가지길 바란다'는 말은 진보의 애매함을 잘 말해준다. 한국 진보의 가방끈은 세계적으로 길고, 여러 형태의 강남 좌파가 늘어난다. 그것이 틀렸다는 말이 아니다. 고학력 진보와 리버럴 사이의 차이는 크지 않다는 것이다."[4]

물론 김진석은 '진보'의 오·남용을 비판하는 입장을 취하고 있다. 그는 "최근 조국 서울대 교수는 '진보 부흥의 전도사' 역할을 자임하고 나섰다. 그러나 '진보' 이념을 내세워 부흥회를 하는 것이 정말 진보를 살리는 길일까? 대형 교회들이 세를 불리는 방식과 흡사하지 않은가?"라는 문제를 제기하면서 위와 같은 말을 한 것이다. 다만 나는 김진석이 제기한 문제보다는 일단 현실 세계에서 벌어지는 현상 그 자체를 기술하려는 입장을 취하고 있기 때문에 '솔직하게 말하는' 방식을 택하고자 한다는 점을 밝혀둔다.

어쩌겠는가. 지난 대선 때 이명박의 경우도 그랬지만 자신의 이념이 '진보'라고 생각하는 국민의 20~30퍼센트가 한나라당의 박근혜를 지지하는 현실을 어쩌란 말인가.[5] 이건 심정상 도저히 인정할 수 없다 하

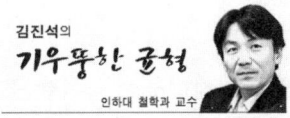

김진석의 기우뚱한 균형

인하대 철학과 교수

'진보' 이념 뒤에 숨기

명예·권력 위해 진부해진 '진보'

나는 기본적으로 한국 사회에서 '우충좌돌'이 필요하다고 생각한다. 먼저 지배적인 역할을 하는 우파와 비판적으로 부딪치는 일이 필요하지만, 왼쪽으로도 부딪치는 일이 필요하기 때문이다. 그래서 지난 1년 동안 진보진영에 대해 쓴소리를 많이 했는데, 그것은 필요한 일이면서도 개인적으로 아주 피곤한 일이었다. 한 나라당 지지자가 전혀 아니면서, 진보 쪽에 이의를 제기하는 일이기 때문이다. 그렇다고 소위 주류 진보 쪽에서 쓴소리를 잘 듣느냐 하면 그것도 아니다. 진보진영도 많은 점에서 경직된 조직의 논리를 재생산하는 경향이 크다. 오늘 마지막 쓴소리다.

최근 '진보가 집권해야 한다'는 구호를 내거는 사람들이 많다. 그러나 이와 비슷한 모든 구호에서, '진보'라는 말은 극심한 오해와 왜곡을 조장하고 있다. '진보'라고 자칭하는 사람들 가운데 상당수는 사실 진보라기보다는 중도좌파 혹은 '리버럴(liberal)'에 가깝다. 그런데 그들은 왜 자신을 솔직하게 드러내지 않고 '진보'라고 자칭할까? 일종의 '진보 인플레이션'이다. 적지 않은 사람들이 '진보'라는 이념 뒤에 숨어서, 명예와 권력을 얻으려는 정치적 플레이를 하는 듯하다. '진보'는 진부해진다.

최근 조국 서울대 교수는 '진보 부흥의 전도사' 역할을 자임하고 나섰다. 그러나 '진보' 이념을 내세워 부흥회를 하는 것이 정말 진보를 살리는 길일까? 대형 교회들이 세를 불리는 방식과 흡사하지 않은가?

나는 사람들에게 평화와 희망을 주지 못하는 현 정부와 한나라당이 정치적 심판을 받기를 간절히 원한다. 그러나 '진보가 집권해야 한다'면서 진보의 이념 뒤에 숨는 일은 떳떳하지 못하다. 정치적인 행위를 하려면, 자신의 이름을 당당히 걸면 된다. 진보적 실천은 좋은 것이지만, '진보' 이념을 빌려 정치적 세 몰이를 하는 건 의심스럽다는 말이다. 정치가 아니라고 해도 마찬가지다. 특히 지식인은 아무리 좋게 보이는 이념이라도, 그 뒤에 숨는 건 의심스럽다. 구체적인 문제에 대해 구체적으로 고민하거나 자신의 이름으로 행동하는 게 좋다. 안전한 이념 뒤에 숨어서 정치를 하거나 지식인 역할을 하는 일은 신의 이름을 빌려 대형교회를 짓는 일과 비슷하다.

아쉽게도 언론이 이 혼란을 조장한다. 극우나 보수가 아니면 '진보'라고 통칭하는 일을 모든 언론이 당연하게 생각한다. 진보 쪽 언론도 보수언론 못지않다. 또 민주당도 '진보'라는 색으로 과도한 바디페인팅을 하고 있다. 정치적인 행위는 구체의연관에게 하는 사람들이 정책에만 진보색깔을 입히는 얄팍한 전술을 남용한다. 거꾸로 '진보'를 너무 정통적으로 독점하려는

'리버럴'과 차별하며 연대해야

솔직하게 말하면, 진보의 다수는 실생활에서 보수나 리버럴과 비슷하게 행동한다. '진보도 보수처럼 자식을 일류대학에 보내려고 한다. 다만 진보의식을 가지길 바란다'는 말은 진보의 애매함을 잘 말해 준다. 한국 진보의 개방 끈은 세계적으로 길고, 여러 형태의 강남좌파가 늘어난다. 그것이 틀렸다는 말이 아니다. 고학력 진보와 리버럴 사이의 차이는 크지 않다는 것이다.

'진보'는 한편으로 진부하게 부풀려지고, 다른 한편으로는 소수에 의해 독점된다. 역설적 상황이다. '진보와 리버럴이 갈라져야 한다'는 말이 전혀 아니다. 오히려 차이는 솔직하게 드러내면서 유지하되, 정치적으로 연대하고 협력할 수 있어야 한다. 그것이 정치적으로 성숙한 모습이다. 그렇지 않으면, 진부함과 독단이 꼬일 것이다.

"솔직하게 말하면, 진보의 다수는 실생활에서 보수나 리버럴과 비슷하게 행동한다"며 인하대 김진석 교수는 진보의 오남용을 비판하는 글을 기고했다. (『한국일보』 2011년 2월 21일)

더라도, 2011년 5월 『한겨레』 '국민 이념 성향' 조사에서 자신을 '진보'라고 답한 사람이 전체의 30.7퍼센트였고, 소득 상위층에선 37.9퍼센트로 나왔으며, 부산·경남의 진보적 성향(33.3퍼센트)이 전국 평균(30.7퍼센트)보다 높은 건 물론이고 호남(38.9퍼센트)에 이어 둘째로 높게 나온 걸 어떻게 설명할 수 있겠는가.[6] 문제가 있을망정 이들이 생각하는 '진보' 개념을 수용해보는 것도 좋지 않겠는가. 이들이 자신은 '진보'라고 생각하기 때문에 민주노동당이나 진보신당을 지지하겠다는 것은 아니지 않은가 말이다.

'강남'과 '위선'에 대해

'강남'에 대해서도 생각을 정리하고 넘어갈 필요가 있겠다. 2005년 2월 15일 열린우리당 의원 전병헌은 국회 본회의 대정부 질문에서 "교육이나 부동산 정책을 담당하는 고위 공무원 인사 때 서울 강남 거주자를 배제하자"고 제안했다. "정책의 신뢰성을 높이기 위해 재경(재정경제부)·건교(건설교통부)·교육부 등 특정 부처 고위 공무원 인사에서 신(新) 상피제(相避制)를 도입하자"는 것이다. 상피제란 조선 시대에 지방관을 파견할 때 자신이 자란 곳에는 보내지 않던 제도다. 결국 강남에 사는 공직자가 교육과 부동산 정책 등을 결정할 때 팔이 안으로 굽는 것을 막자는 말이었다. 『한국일보』는 이에 대해 "단지 강남에 산다는 이유로 특정 직위에서 배제하는 게 말이 되느냐"는 실소와 "집값 편차와 8학군 문제가 오죽 심각하면 그런 생각을 했겠느냐"는 두둔이 엇갈렸다고 보도했다.[7]

그런 엉뚱한 제안이 나올 정도로 집값 편차와 8학군 문제는 심각했지만, 강남을 부정적으로 보거나 적대시하는 것이 과연 옳은 일일까? 나는 2006년에 출간한 『강남, 낯선 대한민국의 자화상: 말죽거리에서 타워팰리스까지』에서 강남을 적대시하는 사람들을 향해 "한국인들은 강남이야말로 가장 '한국적'이라는 사실을 좀처럼 인정하지 않으려 한다. 왜 강남의 진실을 피하려는 걸까? 진실은 상처를 줄 수 있기 때문일까?"라고 물으면서 다음과 같이 말한 바 있다.

"한국이 보릿고개에서 '세계 10대 경제국'으로 달려왔듯이, 강남은 '말죽거리'에서 '타워팰리스'까지 달려왔다. 전자의 달리기는 피땀으로 이룬 반면, 후자의 달리기는 일확천금의 투기 광풍이 아니었느냐는 반문도 가능할 것이나, 적나라한 욕망의 대질주라고 하는 본질에 있어선 다를 게 없다. …… 강남 주민에 대해 삐딱한 시선을 갖는 건 옳지도 않을뿐더러 어리석은 일이다. 반대로 강남에 대한 비판도 어디까지나 한국 자본주의의 농축된 형태로서의 강남이 시사해주는 구조와 시스템에 대한 비판으로 여겨져야 할 것이다. 그런 구조와 시스템을 개인 차원에서 거부하겠다는 건 칭찬받을 일이지만, 그것에 적응하는 것이 비판받아야 할 이유는 없다."[8]

그런 관점에서 강남 좌파도 정치인과 정치인이 아닌 사람을 구분해서 평가해야 한다는 게 내 생각이다. 이와 관련, 제17대 국회의원 김영춘이 어느 칼럼에서 아주 좋은 사례를 제시했다. 평소에 아끼는 대학생 K군이 문자메시지로 자신에게 질문을 보내왔다고 한다. 로스쿨 진학을 준비하고 있는 세칭 명문대 졸업반인 K는 요즘 20대 다수의 모습과는 다르게 민주주의와 정의의 문제에 골몰하면서 사회참여 의식이 강한 청년인데, 그런 그에게 한 친구가 잔뜩 비꼬아서 다음과 같은 비난을 했다는 것이다.

"너는 강남에 살고 외고-명문대를 나와 앞으로도 그런 연장선의 인생을 살 것이면서 그 기득권과 안락함은 버리지 않을 것이다. 그러면서도 또 한편 사람들의 마음까지 얻고자 위선적으로 민주, 정의, 평등 따위의 가치들을 주장하는 것 아니냐? 더 큰 명예와 부를 얻기 위해서……."

이에 대해 김영춘은 이런 답을 내놓았다. "K를 비판한 그의 친구는 철저하게 속물적이고 또 비현실적이다. 기득권층이면 오직 자기 욕망에 충실하게 다른 사람들을 짓밟고 살아야 하는가? 아니면 자신의 모든 것을 다 버리고 성자처럼 살아가야 하는가? 둘 다 답이 아님은 자명하다. 아무리 기득권층이라도 다른 사람들을 배려하고 나누면서 함께 살아가는 것이 문명사회의 요체인 것이다. 그런 강남 좌파가 많은 나라가 좋은 선진 국가가 아닐까."⁹

　김영춘의 생각에 전적으로 동의한다. 그러나 정치인의 경우는 좀 더 따져볼 문제가 있다. 미국의 신학자이자 정치학자인 라인홀드 니부어(Reinhold Niebuhr, 1892~1971)는 "국가의 가장 현저한 도덕적 특징은 아마도 위선일 것이다"라며 "특권 계급이 그렇지 않은 사람들보다 더 위선적인 이유는 특권이 오직 평등한 정의라고 하는 합리적 이상에 의해 정당화될 수 있으며, 그 정당화는 특권이 전체의 이익에 기여한다는 걸 입증함으로써 이루어지기 때문이다"라고 했다.¹⁰ 국가와 그 유지 및 발전에 기여하는 것을 사명 중 하나로 삼는 정치인에겐 어느 정도의 위선은 불가피한 필요악임을 시사한다. 정치인들이 위선적으로 내뱉는 말은 한결같이 공익과 공동선을 강조하는 것일 터인즉, 그들은 본의 아니게 바람직한 국민교육을 하는 것이라고 볼 수도 있다. 또 "성인이 아니면 입 닥쳐(saint or shut up)"라는 '반(反)위선 근본주의'가 낳을 수 있는 문제도 매우 심각하다는 데에 눈을 돌려보는 게 필요하겠다.¹¹

　그렇지만 상습적으로 사익(私益)을 위해 위선을 파는 '위선 상업주의'는 경계해야 한다. 즉, 위선에도 급이 있다는 것이다. 어느 정도의 위선은 이해하고 용인하더라도, 사실상 사기(詐欺)거나 사기에 가까운 위선은 전혀 다른 문제다. 물론 그 경계가 명확한 것은 아니기에 섬세한 질적 분석이 뒤따라야겠지만, 문제는 두 경우가 다 강남 좌파로 불리기 때문에 빚어지는 혼란이 만만찮다는 것이다.

강남 좌파의 부각은 민주화 이후의 현상

강남 좌파와 관련해 쏟아져 나온 수많은 주장 가운데 주목할 만한 것 중의 하나로, 서강대 손호철 교수가 쓴 「강남 좌파? 진짜 문제는 '강북 우파'다」라는 제목의 글이 있다. 매우 중요한 이슈를 제기한 탁견이다. 손호철은 "강남 좌파의 존재가 마치 새로운 현상인 것처럼 호들갑을 떠는 것은 몰역사적인 상업주의로 문제가 많다. 사실 '강남 좌파의 원조'는 마르크스(Karl Marx, 1818~1883) 자신이다"라며 다음과 같이 말한다.

"그러나 마르크스는 강남 출신이면서도 좌파의 길을 갔다. 러시아혁명도 마찬가지다. 러시아혁명 주역 중 스탈린을 제외하곤 거의 모두(레닌, 트로츠키, 부하린 등)가 일종의 '강남' 출신이었다. 우리나라도 다르지 않다. 한국 사회주의의 원조는 대부분 『태백산맥』에 나오는 기층 민중들이 아니라 일본 유학을 다녀온 부유한 지주들의 자식들이었다. 1945~1953년의 격변의 해방 8년사를 지나 극우적인 반공국가가 자리 잡은 후도 마찬가지다. 이후 좌파운동은 사라졌지만 민주화운동, 그리고 취약하나마 진보운동을 주도한 것은 강남 좌파였다. 1970년대 이후를 예로 든다면, DJ, YS로부터 재야 지식인들, 학출(학생운동 출신 위장취업 노동운동가들), 1987년 6월 항쟁 당시 명동을 메운 사무직 노동자 등 운동을 이끈 것은 대부분 강남 좌파였다. 따라서 강남 좌파를 갑자기 생겨난 새로운 현상인 것처럼 호들갑을 떨어서는 안 된다."[12]

손호철의 본론은 "진짜 문제는 '강북 우파'"라는 것이지만, 위에 인용한 지적만으로도 강남 좌파에 관한 논의의 올바른 출발점을 제시했다는 점에서 매우 소중하다고 말할 수 있겠다. 그렇다면 강남 좌파가 오래된 현상임에도 불구하고 노무현 정권 때부터 부각돼 최근에 이르러 큰 관심의 대상이 된 이유는 무엇일까? 바로 여기서 손호철의 탁견에 좀 보탤 점이 있는 것 같다. 상업주의적 호들갑을 넘어선 그 어떤 근본적인 이유가 있다면 그건 무엇일까?

그건 바로 '민주화'다. 김영삼·김대중의 시대까지는 민주화가 주된 화두였으므로 강남 좌파의 문제는 존재했을망정 그것이 전면적 이슈로 떠오르기는 어려웠다. 그러나 김대중 정권을 거치고 난 후엔 이야기가 달라진다. 일단 민주화가 완료됐기 때문이다. 또한 노무현 정권에 대한 기대감도 작용했다. 과거 한국의 대표적인 민주화운동 지도자들이었던 김영삼·김대중 모두 자식들의 비리 문제를 외면하거나 방치함으로써 그들이 가족에 관한 한 특권의식에 사로잡힌 구시대의 인물이라는 비난이 쏟아졌다. 그런 상황을 오히려 정치적 자산으로 역이용해 '서민의 눈물'을 강조하면서 새롭게 등장한 젊은 노무현 정권에선 그런 문제들이 일소되리라는 기대가 한껏 높아졌기 때문이다. 바로 이런 시대적 상황의 변화에 따라 잠재해 있던 강남 좌파의 문제가 노무현 시대에 이르러 부각된 것이다.

김대중 시대에도 그를 비난하는 이들이 늘 제기한 문제 중의 하나는 김대중의 재산 문제였다. 요즘말로 하자면 너무 강남스럽다는 지적이었다. 당시 김대중을 지지했던 나로서도 그런 지적에 일부 공감해 "김대중은 재산의 반을 사회에 환원하라"는 글을 쓰기도 했지만, 주변의 비웃음만 샀던 것 같다. 내가 연사로 나선 어느 강연회에선 "강 교수 당신부터 재산의 반을 기부할 생각이 없느냐"는 비아냥거림에 가까운 질문을 받은 적도 있다. 즉, 김대중의 '강남성'은 전반적으로 보아 대한민국 건국 이래 최초의 수평적·평화적 정권 교체라고 하는 시대적 대의와 과업 앞에선 이슈가 되기 어려운, 너무도 사소한 문제로 여겨졌

1998년 2월 25일 김대중이 15대 대통령에 취임했다. 정권 교체에 이은 국민의 정부의 출범으로 우리나라에서도 민주주의가 어느 정도 진일보하는 계기가 되었다.

다는 것이다.

반면 노무현 시대에 들어서자 그런 분위기가 확 달라졌다는 걸 온몸으로 느낄 수 있었다. 절박한 이슈가 사라지면 이미지가 더 큰 힘을 발휘하는 법이다. 서민들이 모아준 돼지 저금통의 이미지가 워낙 강렬하게 작용한 탓이었을까? 사석에서 '골프 치는 노무현'에 대해 불평하는 말을 많이 들을 수 있었다. 어느 보수 언론인이 3·1절이자 철도 파업 첫날인 2006년 3월 1일 이해찬 국무총리가 부산에서 노무현 정권에 정치자금을 제공한 상공인들과 골프를 쳐 논란을 빚은 이른바 '3·1절 골프 파문'을 비난하면서 "초등학생들이 저금통을 깨뜨리고 할머니들이 고쟁이를 열어 모아준 '희망 돼지 저금통' '기타 치는 노무현의 눈물' 모두가 가식이고 위선임을 국민이 느끼고 깨달았"다고 주장한 것은 바로 그런 이미지의 괴리를 겨냥한 비난 공세가 아니었을까?[13]

엘리트주의 이론

강남 좌파의 부각이 민주화 이후의 현상이라는 것은 민주화 이후 엘리트주의와 정치 엘리트의 성격도 달라졌다는 걸 뜻한다. 라틴어 'eligere(선택하다)'에서 유래한 '엘리트(elite)'는 원래 프랑스어로 '선택된 사람'이라는 의미다. 이탈리아 경제학자이자 사회학자인 빌프레도 파레토(Vilfredo Pareto, 1848~1923)는 '엘리트'라는 단어를 정치용어로 처음 사용했지만, 엘리트의 긍정적인 면만 너무 강조한 나머지 파시즘(fascism)과 나치즘(Nazism)의 이론적 토대가 됐다는 비판을 받았다.[14]

엘리트주의(elitism)는 ①엘리트에 의한 지배를 정당화하거나 미화하는 신념, ②엘리트가 자신이 누리는 특권을 당연시하는 과정에서 빚어지는 비(非)엘리트에 대한 차별, ③권력이 소수의 엘리트에 집중된 상황, ④엘리트가 누리는 특권에 상응하는 책임과 의무를 다해야 한다는 신념, ⑤엘리트에 대한 사회적 인식과 엘리트는 어떠해야 한다는 규범 등 다섯 가지의 의미로 쓰이는데, 여기서 말하는 엘리트주의는 주로 다섯째의 것이다.

엘리트주의의 다양한 정의가 보여주듯 엘리트주의는 부정·긍정·중립적 의미를 동시에 내포한다. 그런데 일반적으로 정치와 관련해서 쓰는 엘리트주의는 부정적 의미로 사용되는 경우가 많다. 엘리트주의는 탁월성에 대한 정당한 보상을 강조하는 것일 뿐 민주주의와 양립 가능하다는 '엘리트주의를 위한 변명'이 나올 정도다.[15] ①, ②, ③의 정

2004년 미국 대선에서 공화당 후보로 나선 조지 W. 부시는 민주당 후보인 존 케리를 엘리트주의자로 공격하는 선거 전략을 구사했다. 그렇지만 조지 W. 부시 또한 아이비리그에 속한 예일대학교 출신이었다.

의와 관련된 엘리트주의의 극단을 보여준 파시즘이 미친 영향이 크다. 파시즘은 국민의 자치 능력을 높게 평가하는 건 민주주의의 오류라는 전제하에 철저한 '엘리트 정치(government by elite)'를 강조했으며, 이는 '영웅주의'로 귀결되었기 때문이다.[16]

미국은 엘리트주의에 대한 강한 의문의 토대 위에 세워진 나라지만,[17] 세월이 흐르면서 결국 다른 나라들처럼 사실상 엘리트가 지배하는 나라가 되고 말았다. 그럼에도 공적 영역에선 정치인들이 보통 사람을 예찬하고 흉내 내야만 인기를 얻는 풍토만큼은 여전히 강하게 남아 있다. 정치인들은 모두 엘리트이면서도 엘리트가 아닌 사람들에게서 표를 얻어야 하기 때문에 엘리트주의의 반대라 할 포퓰리즘에 경도

되는 경향이 있다. 2004년 미국 대선에서 공화당 후보 조지 W. 부시(George W. Bush)가 민주당 후보 존 케리(John F. Kerry)를, 2008년 대선 민주당 경선에서 힐러리 클린턴(Hilary Clinton)이 버락 오바마(Barack Obama)를 '엘리트주의자(elitist)'라고 비난한 것이 그 좋은 예라 하겠다.[18] 어느 나라에서건 선거 때는 반(反)엘리트주의적 포퓰리즘이 기승을 부리기 마련이지만, 사실 이는 그만큼 엘리트 지배 체제가 강고하다는 것을 말해주는 반증이다.

막스 베버(Max Weber, 1864~1920)의 제자인 로베르트 미헬스(Robert Michels, 1876~1936)는 1911년 "조직이라는 것은 과두제(寡頭制)로의 경향을 내포하고 있으며 정당이나 노동조합, 또는 다른 어떠한 종류의 단체를 막론하고 모든 조직은 소수에 의해 지배되는 경향이 뚜렷이 나타난다"는 이른바 '과두제의 철칙'을 제창했다. 미헬스는 "엘리트 지배는 대중의 무관심에 의해 조장된다. 대부분의 사람은 지도자들이 대신 결정을 내려주는 걸 선호한다"고 했다. 바로 그런 이유 때문에 권력 집단은 겉으로 내건 목적이 아무리 급진적이라도 종국엔 보수적 속성을 갖게 된다. 그래서 미헬스는 "오늘의 혁명 세력은 내일의 반동 세력이 된다"고 주장했다.[19]

같은 맥락에서 마틴 마거(Martin N. Marger)는 다음과 같이 말한다. "엘리트는 권력을 잡으면 그들이 이끄는 조직의 표면상 목적을 위해 일하기보다는 자신들의 지위를 유지하는 데에 전력하게 된다. 어떤 의미에선 조직이 목적 그 자체가 되며, 조직의 영속화가 지상 목표가 된다. 사회학자들은 이런 조직 현상을 '목표 전치(目標 轉置, goal displacement)'라고 부른다."[20]

지금 우리가 목격하는 것은 바로 그런 '목표 전치' 현상이다. '목표 전치'가 발생하면 정치 집단들이 겉으로 내세운 명분은 아무런 의미를 갖지 못하고 양쪽 모두 비슷한 '인간 본성'만을 드러내게 된다. 이와 관련해 배링턴 무어(Barrington Moore, Jr., 1913~2005)는 "엘리트들이 매우 비슷한 목표와 이해관계를 갖고 있을 때 엘리트들 내부의 경쟁은 서민들에게 아무런 의미가 없다. 오늘날의 미국이 바로 그런 경우다"라고 했다.[21]

경제학자인 조지프 슘페터(Joseph A. Schumpeter, 1883~1950)는 경제사회학적 관점에서 저술한 『자본주의, 사회주의, 민주주의』(1942)에서 인민이 최대한 참여해서 자율적으로 통치하는 것이라는 고전적 민주주의 이념을 매우 비현실적이고 비과학적인 이상이라고 비판했다. 고전적 민주주의 이론은 일반인에게는 전혀 불가능한 수준의 합리성을 요구하기에 비현실적이며, 일반인은 자신이 일상적으로 경험하는 범위 안에 있는 것만 전적으로 현실적이라고 인식하는데, 정치는 이 범위 밖에 있다는 말이다. 그는 대중의 정치 참여가 지나치면 사회 안정과 자유주의적 가치에 방해가 된다고 주장했다.[22] 민주주의는 정치적 '방법'일 뿐이며, "민주주의는 정치인에 의한 지배"라고 본 슘페터의 민주주의론은 정치에 대한 경박하고 냉소적인 견해라는 비판을 받았다. 그러나 슘페터는 번번이 실패로 돌아가는 걸 알면서도 현실과는 동떨어진 이상을 내세우는 것이 오히려 경박하고 냉소적이라고 반박했다.[23]

민주화 이후의 엘리트주의

민주주의의 이상과 명분이 어떠하건 오늘날 우리가 목격하고 실천하고 있는 민주주의는 바로 슘페터의 민주주의임을 어찌 부인하랴. 미헬스가 밝혀낸 '과두제의 철칙'도 그대로 관철되며, 마거가 말한 '목표 전치'도 왕성하게 일어난다. 무어가 말한 '엘리트 내부 경쟁 무용론'은 미국뿐 아니라 한국에서도 '진실'로 여겨지고 있다.

그러나 민주화가 이루어지기 전 한국에서 엘리트에 관한 이 모든 '진실'들은 별 의미가 없었다. 민주주의와 민주화는 종교였기 때문이다. 이승만 정권 때부터 전두환 정권에 이르기까지 민주화를 위해 피흘리고 숨져간 수많은 사람을 생각해보라. 맞아 죽은 사람이 얼마나 많으며 분신자살을 한 사람은 또 그 얼마인가. 독재정권 타도를 위해 싸우는 쪽의 지도자급 되는 엘리트들에게는 목적을 위해 바치는 헌신과 역량만이 중요했으며, 권력 집중과 개인 차원의 행태는 비교적 하찮은 것으로 간주되었다. 이는 그 반대편도 마찬가지였다.

정치 엘리트 개개인의 행태를 자세히 뜯어보기 시작한 건 민주주의의 최소 요건 중 하나라 할 대통령 직선제를 가능하게 만든 1987년 6월 항쟁 이후였다. 그리고 그들의 재산 규모까지 살펴볼 수 있게 된 건 1993년 김영삼 정부의 고위 공직자 재산 공개 조치 이후였다. 1998년 건국 이래 최초의 수평적·평화적 정권 교체가 이루어진 김대중 정권 출범도 큰 의미를 갖겠지만, 김영삼·김대중 정권은 구시대의 유산에서 자유롭지 못했다. 반면에 노무현 정권은 민주화가 완료된 터전 위에 서면서 구시대적 관행과의 단절을 선언했으며, 이 점을 정권 홍보의 주요 포인트로 삼았다. 2004년 열린우리당 상임고문이었던 문희상의 주장에 따르자면, 노무현은 "혁명적으로 민주주의를 실제로 하는 첫 번째 대통령이 된 분"이었다.[24]

그러나 구시대적 관행과의 단절이 디지털식으로 명쾌하게 되는 것이었겠는가. 노무현 정권이 많은 사람에게 큰 실망을 안겨준 것은 꼭 노 정권만의 탓은 아니다. 그간 우리가 민주화를 위해 묻어두었거나 외면했던 정치 엘리트에 관한 진실들에 대해 우리가 주목하기 시작했다는 점이 중요하다. 대중도 마찬가지였다. 대중은 정치 엘리트를 민주화 이전 시대의 관점에서 보는 사람들과 민주화 이후 시대의 관점에서 보는 사람들로 나뉘었다. 바로 이런 차이가 노무현 정권 아래서 '강남 좌파'라는 비판이 나온 주요 배경이었는데, 이에 대해선 「제3장 위선에 대한 분노인가?: 노무현 시대의 강남 좌파 논쟁」에서 자세히 살펴보기로 하자.

민주화 이후는 인터넷 대중화 시대라는 점도 주목해야 한다. 초고속 인터넷 사업은 1999년 6월에 시작되었지만, 본격적인 인터넷 대중화는 노무현 시대에 꽃을 피웠다. 오마이뉴스 대표기자 오연호가 노무현의 2002년 대선 승리를 "네티즌, 인터넷 시민기자가 이뤄낸 혁명"이라고 한 것은 다소 과장됐을망정 상당 부분의 진실을 담았다.[25] 국민 전체의 교육수준 향상은 엘리트의 힘을 약화시키거나 엘리트의 성격마저 변화시키는 법이다.[26] 교육수준의 향상과 더불어 인터넷을 통한 정치 참여는 이제 더 이상 정치 엘리트의 '카리스마'를 허용하지 않는 시대로 진입하게 만들었고, 이에 따라 '친근감'과 '인간적 매력' 등이 엘리트의 주요 정치적 자산으로 각광 받게 되었다. 정치적 이슈와 분리되거나 상대적 독립성을 유지하는 정치인 팬클럽 문화도 조성되었다. 이 팬클럽 문화는 민주화라고 하는 거대 이슈를 전제로 지지를 보냈던 이전의 전통적인 지지자들과는 달리 철저하게 인물 중심적인 연예인 팬클럽 문화에 더 가까웠다. 물론 나름대로 내세우는 이슈와 명분은 있었지만 그건 인물에 종속되었다.

인터넷 대중화 시대는 정치 엘리트의 '카리스마'를 허용하지 않는 시대이기도 하다. 그 대신 정치인 팬클럽 문화가 조성되기 시작했다.

　이는 민주화 이후의 정치적 갈등이 이전에 비해 한 가지 변수를 더 갖게 되었다는 걸 의미한다. 엘리트가 자신이 내세운 이슈와 명분에서 이탈하는 '목표 전치'가 일어났을 때 이에 대한 평가가 그 엘리트 지지자들 사이에서도 크게 둘로 나뉘기 때문이다. '사모'로 대표되는 팬클럽을 비롯한 열성 지지자들은 변함없는 지지를 보내는 반면, 엘리트를 사회 변화의 도구로 간주하는 냉정한 지지자들은 비판하거나 지지를 철회한다. 어느 정도의 '목표 전치'냐 하는 게 문제가 되겠지만, 노 정권에게 부정적 의미의 강남 좌파 딱지가 붙은 배경과 관련된 일련의 사건들은 지지자들을 둘로 가르는 쟁점이 되기에 충분했다. 즉, 노 정권을 향한 강남 좌파 딱지는 보수파의 정략적 공격이었음에도 좌우를 막론하고 의외로 넓은 공감대를 형성한 사안이었다는 것이다.

미국의 '리무진 진보주의자'

강남 좌파는 한국만의 현상이 아니다. 다른 나라들에도 비슷한 현상이 존재한다. 미국의 '리무진 진보주의자(limousine liberals)', 영국의 '샴페인 사회주의자(champagne socialist)', 프랑스의 '캐비어 좌파(gauche caviar)', 캐나다의 '구찌 사회주의자(Gucci socialist)', 호주의 '샤도네이 사회주의자(Chardonnay socialist, 고급 와인 사회주의자)' 등에 상응하는 게 바로 한국의 강남 좌파다.

미국의 '리무진 진보주의자'는 고급 승용차를 타는 등 생활은 상류층처럼 하면서 정치적 성향은 진보 노선을 내세우는 걸 꼬집어서 하는 말이다. 1969년 뉴욕시장 선거에서 도전자인 마리오 프로카치노(Mario Procaccino, 1912~1995)가 재선을 노리는 현직 시장인 존 린제이(John Lindsay, 1921~2000)와 그의 부유한 정치적 후원자들을 비난하기 위해 처음 작명한 것이다.[27]

그다음 해인 1970년 저널리스트 톰 울프(Tom Wolfe)는 진보적 이념을 자신의 사회적 지위와 명성을 위해 이용하는 상류층 사람들을 가리켜 '래디컬 시크(radical chic)'라는 말을 만들어냈다.[28] 울프는 백만장자 지휘자 레너드 번스타인(Leonard Bernstein, 1918~1990)의 경우처럼 흑인 과격

단체인 블랙 팬서(Black Panther)와 히스패닉 일용 노동자들을 위해 뉴욕 파크 에비뉴와 사우샘프턴에서 파티를 열어 '급진적 멋(radical chic)'을 부리는 백만장자들을 풍자했다. 그는 백인 부유층이 급진주의 운동을 지원함으로써 안락하지만 지루한 생활에서 벗어나 색다른 홍분과 유별난 멋을 누리려는 것으로 보았다.

왜 이 시기에 이런 말들이 만들어졌을까? 1968년 대선은 공화당 내부의 분열 양상이 매우 심각한 수준에 이른 선거였다는 점에 주목할 필요가 있다. 당시 공화당에서 세력을 얻고 있던 반(反)기득권적 비주류 보수주의('outsider' conservatism)는 당의 재벌 가문 위주의 '동부 기득권층(eastern establishment)'과 언론사 · 재단 · 싱크탱크 · 아이비리그(Ivy League) 대학 위주의 '동부 자유주의 기득권층(eastern liberal establishment)'을 공격했다.[29]

공화당의 반기득권적 비주류 보수주의를 이끈 인물은 이 대선의 승자인 제37대 대통령 리처드 닉슨(Richard M. Nixon, 1913~1994)이었다. 닉슨은 공화당과 민주당을 막론하고 아이비리그 학벌로 대표되는 동부 기득권층을 죽는 날까지 혐오했다. 서부 캘리포니아 변방 출신으로 별 볼 일 없는 가문과 학벌을 가진 닉슨은 내내 그들로부터 차별을 받았기 때문이다. 심지어 부통령 시절에도 그는 동부 기득권층 인사들만 회원제로 드나드는 워싱턴의 고급 술집에서 문전박대를 당한 적도 있었다.[30]

벤저민 브래들리(Benjamin C. Bradlee)는 "닉슨은 휘티어(Whittier)대학 출신으로, 사우스웨스트 주립 사범대(Southwest State Teachers' College) 출신이었던 린든 존슨(Lyndon B. Johnson, 1908~1973)처럼 아이비리그 대학 출신자들에게 일종의 열등감을 느꼈다"고 주장한다.[31] 반면 데이비드

제36대 미국 대통령 린든 존슨과 제37대 대통령 리처드 닉슨은 평생 동안 아이비리그 출신자들에게 적대적이었다. 1963년 11월 22일 케네디 대통령이 암살되자 부통령인 린든 존슨이 공군 1호기에서 대통령 취임 선서를 하는 장면(위)과 1970년 12월 21일 리처드 닉슨 대통령이 엘비스 프레슬리를 백악관 집무실에서 만난 장면.

브룩스(David Brooks)는 "동부 기득권층 엘리트들은 가문이 별 볼 일 없음에도 불구하고 야심에 찬 사람들(이를테면 린든 존슨이나 리처드 닉슨)을 무지하게 괴롭혔다"고 말한다.³²

누구 말이 더 옳을까? 브래들리가 닉슨과 원수 관계였던 『워싱턴포스트』 사람인데다 닉슨의 정적(政敵)이었던 존 F. 케네디(John F. Kennedy, 1917~1963)의 절친한 하버드대학 후배라는 점을 감안해 듣는다면, '닉슨의 열등감'은 '아이비리그 출신의 우월감'으로 달리 표현할 수 있다. 열등감에서 비롯된 막연한 피해의식인지, 실제로 당할 만큼 당했기 때문에 갖게 된 정당한 피해의식인지, 따져볼 필요가 있다는 뜻이다. 게다가 닉슨은 하버드대학에 합격했는데도 가정 형편상 진학할 수가 없어서 지역의 퀘이커교도 학교인 휘티어대학에 들어갔다. 그랬으니, 아이비리그 출신이라고 '거들먹거리는' 것에 대해 닉슨이 어떤 생각을 가졌을지는 미루어 짐작하기 어렵지 않다.³³

C. W. 밀스(C. Wright Mills, 1916~1962)가 1956년에 출간한 『파워엘리트(The Power Elite)』에서 잘 지적했듯이, 사립 기숙학교를 거친 아이비리그 출신은 배타적인 클럽을 운영하면서 동부 기득권층으로 대변되는 미국 엘리트의 핵심을 형성했다.³⁴ 이 때문에 야망이 큰 비(非)아이비리그 출신들에게 이들은 원성의 대상이었다. 그러나 누가 감히 그런 원망을 발설할 수 있으랴. 그런 점에서 닉슨은 유별난 인물이었다. 닉슨의 정치 인생은 동부 기득권층과의 전쟁이었다고 해도 과언이 아니다. 닉슨이 1940년대에 벌인 맹렬한 반공(反共) 활동은 포퓰리즘이었다는 시각이 나오는 것도 바로 그런 배경에서 비롯되었다. 닉슨이 목표물로 정조준한 친공(親共) 인사들은 모두 동부 기득권층이었으며, 닉슨의 뒤엔 동부 기득권층에 반감을 가진 보통 사람들이 있었다는 것이다.³⁵

닉슨의 처참한 몰락을 가져온 워터게이트 사건은 미국 민주주의와 언론 자유의 승리로 예찬되곤 하지만, 그 이면엔 닉슨의 동부 기득권층과의 전쟁이라는 또 다른 요소가 있었다고 보는 사람도 많다. 미국 체제에 매우 비판적인 노엄 촘스키(Noam Chomsky)가 그런 사람들 중 한 명이라는 게 흥미롭다. 그의 주장에 따르면, "평소에는 누구도 감히 권력자를 비난하거나 공격하지 못합니다.

비록 닉슨 대통령은 탄핵되었지만 그가 비주류였다는 점에서 마음속으로나마 성원했다는 좌파 지식인 노엄 촘스키.

가령 당신이 권력자들을 비난한다면 그들이 거센 반격을 가하면서 당신을 미치광이로 만들어버릴 것입니다. 결국 닉슨이 비도덕적인 인물로 낙인찍히면서 탄핵까지 받은 것은, 그 이전부터 권력자들의 비위를 건드렸기 때문입니다. 솔직히 말해서 나는 닉슨의 그런 용기에 마음속으로 성원을 보냈습니다."[36]

미국 좌파 지식계의 거두인 촘스키가 마음속으로나마 닉슨을 성원했다는 것은 좌우를 떠나 동부 기득권층에 대한 사회적 반감이 미국 사회에 적잖이 자리 잡고 있었다는 걸 시사한다. 이는 '리무진 진보주의자'나 '래디컬 시크'에 대한 비판이나 풍자가 생겨나는 토양이 되었다고 볼 수 있겠다.

미국의 강단 좌파

1980년대의 보수적인 '레이건 혁명'이 미국 대학에 강단 좌파의 층을 두텁게 만들었다는 점도 짚고 넘어갈 필요가 있겠다. 이 시기에 미국 사회가 우경화되면서 비상업적 영역을 터전으로 삼던 좌파의 일자리가 크게 줄어든 상태에서 "대학만이 유일한 살 길"이라며 좌파 지식인들이 대거 대학으로 몰려들었기 때문이다.[37] 미국의 우파는 심심하면 아이비리그를 비롯한 명문대들이 '좌파 천국'이라고 아우성치지만, 그건 우파의 자업자득(自業自得)이다.

강단 좌파의 규모는 어느 정도인가? 워싱턴의 보수 민간 연구기관인 미국기업연구소(AEI)가 발행하는 월간지 『아메리칸 엔터프라이즈』

1983년 9월 21일자 『타임』 표지를 장식한 레이건 미국 대통령. 레이건노믹스는 레이건 대통령이 추진한 경제 정책을 말한다.

2002년 9월호는, 2001년 여름 아이비리그 등 21개 명문 대학의 인문사회 계열 교수들의 유권자 등록 기록을 조사한 결과를 발표했다. 이 잡지는 민주당 등을 지지하는 학자를 '좌파(left)'로, 공화당 등을 지지하는 학자를 '우파(right)'로 규정하고 조사를 실시했다고 밝히고, 미국 대학 사회는 좌파 학자들의 이념적 독점 상태라고 주장했다. 이 조사에 따르면, 하버드대학의 정치·경제·사회학과 교수들 중 좌파는 50명, 우파는 2명인 것으로 나타났다. 스탠퍼드대의 좌·우파 학자 비율은 151 대

17, UC버클리는 59 대 7, UCLA는 141 대 9, 브라운대는 54 대 3이었다.[38]

2005년 3월 조지메이슨대 교수 로버트 리히터(Robert Lichter)와 스미스 칼리지 교수 스탠리 로스먼(Stanley Rothman) 등이 공동 조사한 결과에 따르면, 자신을 진보파라고 밝힌 미국 대학교수의 비율은 무려 72퍼센트였다. 보수파는 불과 15퍼센트에 지나지 않았다. 정당 소속별 분류에서도 민주당원이 59퍼센트, 공화당원이 11퍼센트였다. 진보파 대 보수파 교수의 불균형은 명문대에서 더욱 심하게 나타났다. 명문대의 경우 87 대 13으로 진보파 교수가 압도적으로 많았다. 전공 분야별로 볼 때 진보파 교수는 인문과학(81퍼센트)이나 사회과학(75퍼센트) 분야에서만 많은 게 아니었다. 공대 교수도 51 대 19로 진보파가 많았고, 경영대도 49 대 39로 진보파가 우세한 것으로 조사됐다.[39]

명문 사립대 정교수의 평균 연봉은 12만 7000달러(2004년) 수준이며, 잘나가는 교수들은 수십만 달러의 연봉을 받기 때문에,[40] 이들 중 좌파를 '리무진 진보주의자'로 보아도 무방하다. 흥미롭게도 닉슨을 옹호한 촘스키도 MIT 교수로서 닉슨이 혐오했던 그 반열에 속하는 인물이었다. 그는 보수파에 의해 진보파의 간판으로 간주돼 집중 공격의 대상이 되었다.[41]

2005년 스탠퍼드대 후버센터 연구원 피터 슈바이처(Peter Schweizer)는 촘스키를 '귀족 좌파'라고 규정하며 다음과 같이 비난했다. "촘스키는 입으로는 미국 기업을 '사적(私的) 독재자'로 몰아붙이면서 주식투자를 한다. 자본주의를 '거대한 재앙'이라고 욕하면서 강연료와 인세 수입으로 호화 주택과 별장을 가진 상위 2퍼센트 안의 부자다. 9·11 이후 1회 9000달러 강연료를 1만 2000달러로 올렸다. 국방부를 미국의 암(癌)이라고 하면서 국방부 연구비를 받아썼고 흑인과 여성 차별을 비

위에서부터 아래로 하버드대학교 와이드너 도서관, 스탠포드대학교 전경, UC버클리 세이더타워 모습.

판하면서 자기 연구진은 백인 남성만 쓰고 있다."[42]

이는 과장과 악의가 섞인 이념적 공격이었지만, 촘스키가 '리무진 진보주의자'인 건 분명하다. 우파는 리무진 진보주의자와 강단 좌파에 대해 포퓰리즘으로 맞서고 있다.[43] 노골적인 진보 공격으로 보수파들의 마음을 후련하게 만들어줌으로써 성공을 거둔 우익 케이블 방송 미디어인 폭스뉴스(Fox News)의 이념적 노선은 공화당이라기보다는 반(反)엘리트주의에 가깝다.[44]

혹 강단 좌파는 현실과 점점 멀어지고 있는 건 아닐까? 이런 의문을 제기하는 강단 좌파들도 있다. 1960년대에는 급진파였다가 대학교수로 변신한 토드 기틀린(Todd Gitlin)은 대학 캠퍼스에서 보호받고 있는 상황 때문에 몽상적인 급진성을 고수하는 강단 좌파들을 향해 '문화'는 결코 '정치'가 아니라며 다음과 같이 주장했다.

"나는 '저항 세력 대 엘리트'라는 양 극단의 세계가 존재하는 듯이 가정하는 언어 사용에 골치가 아프다. 그건 미국 문화는 말할 것도 없고 전체 인간 사회를 지나치게 단순화하는 것이다. 그렇게 구분하는 건 천지가 개벽할 정도로 급진적인 정치 변혁의 모델을 버리지 않겠다는 것이나 다름없다. 그건 혁명이 아닌 다른 수단들에 의해 혁명의 환상을 고이 간직하겠다는 걸 의미하는 게 아니고 무엇이겠는가."[45]

또 다른 강단 좌파인 크리스토퍼 래쉬(Christopher Lasch)는 강단 좌파의 폐쇄성을 다음과 같이 비판했다. "열성분자들은 자신들의 신념을 의문에 빠뜨릴 수 있는 주장과 사건들로부터 스스로를 차단한 채 반대자들과의 토론을 한사코 회피한다. 그들이 읽는 문건들은 대부분 자신들과 동일한 견해에서 쓰인 것들뿐이다. 그들은 새로운 주장들에 관심을 가지는 대신에 자신들이 정통인가, 아니면 이단인가를 따지는 데에만 열중한다. 좌우 양측은 모두 사상적 일탈(逸脫)이 노출될 경우 그것을 매도하는 데 모든 에너지를 허비할 뿐이며 전혀 자기비판을 할 줄 모른다. 이러한 자기비판 능력의 결핍이야말로 빈사 상태의 지적 전통을 확인해주는 가장 확실한 징후이다."[46]

유병선은 2005년 미국 대학 교수진에 좌파가 압도적으로 많은 것과 관련, "백악관이 '네오콘'으로 통칭되는 보수파에 장악되고, 전반적 흐름도 보수화인 것과 대조적이다"라며 "그렇다면 과연 미국 대학은 '진보파의 요새'인가, '진보파의 감옥'인가"라고 물었다.[47] 그렇다. 바로 이게 문제다. 강단 좌파는 미국에도 좌파와 진보가 살아 있다는 생색을 내는 데엔 크게 기여하지만, 사회는 물론 학생들에게 별 영향을 끼치지 못하고 있다. 좌파 담론은 그저 '감옥' 내외의 지적 장식품(裝飾品)으로 전락한 느낌마저 준다. 한국도 이런 경우라고 보아야 하지 않을까?

미국의 보보스

미국 정치는 '양당제 형태를 띤 1당제'라거나 "두 개의 우익 정당으로 이뤄진 1당 체제"라는 말이 있다.[48] 그런데 왜 두 정당과 그 지지자들은 '당파싸움 망국론'이 나올 정도로 치열하게 싸우는 걸까? 역설 같지만, 경제적으론 둘 사이에 큰 차이가 없기 때문이다. 그렇기 때문에 자기 당에게 표를 달라고 말하려면 상대편과는 무언가 확연하게 다르다는 걸 보여줘야 할 게 아닌가. 이때 동원되는 게 주로 사회문화적 이슈다. 미국 당파싸움이 종교를 포함한 문화적 양극화, 즉 '문화전쟁

(culture war)'으로 비화되곤 하는 것도 바로 그런 이유 때문이다.⁴⁹

리무진 진보주의자가 본격적으로 부각된 클린턴 행정부 시절(1993~2000)에 그런 '문화전쟁'이 치열하게 벌어진 것은 당연한 일이었다. 이 시절의 진보-좌파 엘리트는 대부분 아이비리그 등의 명문 대학을 나오고 부유한 중상류층 사람들이었으면서도 사회적 약자나 소수 세력의 대변자로 행세했다. 그 때문에 이들은 "좌파처럼 생각하고 우파처럼 생활한다(live right, think left)"는 비난을 받기도 했지만, 이들은 인종과 성을 초월해 '오버클래스(the overclass)'로 불리는 새로운 상류층을 형성하게 되었다.⁵⁰

저널리스트 데이비드 브룩스(David Brooks)는 2000년에 출간한 『보보스: 디지털 시대의 엘리트』에서 그런 '오버클래스'의 일부를 가리켜 '보보스(Bobos)'라고 불렀다. '부르주아 보헤미안(Bourgeois Bohemians)'을 줄여서 만든 말이다. 학생 시절 좌파 지향적이었던 보보스는 부르주아의 영역에 들어가 보헤미안의 특성을 발휘하면서도 부르주아적인 제도와 관행을 받아들였다. 그래서 자본주의의 축복을 한껏 즐기면서도 혁명 투사 체 게바라(Che Guevara, 1928~1967)를 좋아하는 게 아무런 문제가 되지 않았다.

보보스는 상징적 수준에서나마 진보적 참여를 하려고 애쓰는데, 이는 주로 소비 행위를 통해서 이루어진다. 그들은 쇼핑을 하면서도 자기들의 개인적인 관심을 넘어 물질적인 것들이 사회의 긍정적인 변화에 조금이라도 영향을 주기를 바란다. 자기들의 소비력으로 세상을 조금이라도 개선하겠다는 것이다. 그래서 환경보호 운동이나 소비자보호 운동과 같은 공공적인 운동을 지원하는 회사의 제품이나 가게를 이용함으로써 그 뜻을 이루려고 한다.⁵¹

그러나 거기까지뿐이다. 보보스는 자녀교육을 어떻게 하는가? 브룩스는 책을 낸 뒤 보보스가 아이들을 어떻게 키우는지 알아보기 위해 프린스턴대학의 학생들을 방문했다. 그는 그들이 지독한 공부벌레이고 지나치게 출세 지향적이며, 그들의 출세에 도움이 된다면 어떤 권위에 대해서도 고분고분하다는 것을 발견했다.[52]

보보스의 자녀교육이 시사하듯, 보보스가 성공의 목표로 추앙받는 사회는 기존 진보·보수의 구분을 무력화시킨다. 정치의 장(場)에서는 양쪽이 치열하게 싸울망정, 그들을 똑같이 지배하는 우선적인 원칙은 자신의 계급 유지와 그에 따른 학벌 위주의 자녀교육이기 때문이다. 이는 한국의 진보주의자들이 자녀교육에 있어서만큼은 보수주의자와 아무런 차별성이 없다는 데에서도 잘 드러난다. 리무진 진보주의자들이 화려한 진보 수사에도 불구하고 사회문화적 이슈에만 집중할 뿐 빈부 격차 해소 문제엔 소홀하거나 무능하다는 것은 강남 좌파를 포함한 한국의 모든 좌파가 반면교사의 교훈으로 삼아야 할 점이라 하겠다.

지역주의, 학벌주의, 아웃사이더 기질

한국의 강남 좌파를 미국의 '리무진 진보주의자' 등과 비교해서 연구할 때에 주의할 점이 세 가지가 있다. 지역, 학벌, 역사라고 하는 세 가지 코드의 힘이 한국에는 있거나 강한 반면 미국 등 다른 나라에는 없거나 약하다는 점이다. 앞서 지적했듯이, 최근 논의되는 강남 좌파론은 이 점을 외면하고 있기 때문에 여기서 자세히 설명하고 넘어가도록 하자.

첫째, 지역이다. 한국의 지역주의는 '영남=보수' '호남=진보' 라고 하는 희한한 정치 구도를 만들어냈다. 그게 김대중 때문이었는지, 오랜 차별로 인한 한(恨) 때문이었는지는 정확히 알 수 없지만, 호남의 상층마저 투표 시엔 진보가 되곤 했다. 변형된 형태지만, 사실 이들이 바로 강남 좌파의 중요한 한 축을 형성해왔다. 민주화 이후, 그리고 노무현 정권을 거치면서 호남의 단일대오가 흐트러진 이후, 수도권에서 경제적으로 성공한 호남 출신들이 지역 구도 때문에 갖게 된 진보성을 선거 시즌을 넘어 일상적 삶에 투영시키게 된 것이 강남 좌파의 부상에 큰 몫을 했다.

그러나 일부 비호남(특히 영남) 출신들도 호남 출신들과는 다른 이유로 강남 좌파가 되었다는 점에 주목할 필요가 있다. 진보적 영남인들은 정치적으로 딜레마 상황에 처해 있다. 진보라고 해서 지역주의가 없는 게 아니다. 보수 못지않다. 이들은 김대중과 민주당을 혐오했다. 그런데 어쩌란 말인가. 현실 정치판의 진보는 호남이 지배하고 있으니 말이다. 진보였다가 한나라당 정치인으로 변신한 이들의 거의 대부분이 영남 출신이라는 게 그 딜레마의 생생한 증거라 할 수 있겠다. 정치인이건 보통 사람이건 차마 한나라당을 택할 수 없었던 사람들은 이념적 격차가 존재함에도 민주노동당이나 진보신당을 지지하거나 아예 정치판과 거리를 두고 자신의 일상적 삶에서 진보를 실천해보려고 한다.

이들이 바로 강남 좌파의 또 다른 한 축인데, 이들은 대선에서 어떤 방식으로건 민주당의 호남 색깔과 칙칙하고 구질구질해 보이는 면을 좀 사라지게 만드는 '민주당 플러스 알파' 후보가 출현한다면 기꺼이 표를 던질 사람들이다. 아니, 어찌 이들뿐이겠는가. 다음 대선의 향방을 결정할 수 있을 정도로 많은 사람이 그런 생각을 가졌다고 보는 게 옳으리라. 최근 야권에서 이는 여러 움직임은 바로 이를 겨냥했는데, 강남 좌파의 부각은 그런 배경에서 비롯된 것으로도 볼 수 있다. 야권 연대니 대통합이니 하는 말은 그럴듯하지만, 결국 호남 색깔 좀 지워보자는 정치공학의 성격이 강하다. 김대중 때부터 해오던 사반세기 묵은 한국형 정치공학의 결정판이다. 연대나 통합이라는 말이 필요 없도록 처음부터 통합했으면 될 일을, 한국에선 꼭 선거를 앞두고 그 짓을 한다. 그것도 매우 진지하고 심각하고 비장한 표정으로 말이다. 그게 다 지역주의 때문에 벌어지는 희극이자 비극이다.

둘째, 학벌이다. 앞서 김진석은 한국 진보의 가방끈은 세계적으로 길다고 했는데, 아마도 가장 길지 않을까 싶다. 사실 강남 좌파 개념은 한국의 학벌 문제를 이해할 때에 온전히 파악될 수 있다. 강남 좌파는 다분히 학벌 좌파의 성격을 가졌기 때문이다. 한국에서 가장 치열한 계급투쟁은 노동운동이 아니다. 대학입시 전쟁이다. 공부하러 대학 가는 게 아니다. 더 나은 계급을 쟁취하기 위해 대학에 가는 거다. 대학이라고 해서 다 같은 대학이 아니다. 명문대를 나와야 한다. 과거엔 명문대 졸업장이 계층 상승의 주요 수단이었지만, 이제 개천에서 용 나던 시대는 지나갔다.[53] 2000년대 들어 서울대는 '서울 강남대'라는 말을 들을 정도로 주로 부잣집 아이들이 가는 대학이 돼버리고 말았다.

2003년 9월 전국언론노동조합 위원장 신학림은 5년차 이하의 기자들을 놓고 '8학군 기자'라고 부르는 경우가 있다고 말했다. 이는 말 그대로 강남 지역 8학군에서 '배경'이 좋은 집에서 크고 서울대나 연세대, 고려대 같은 대학을 나온 기자들을 지칭하는 말로, 이들은 자신이 속한 기득권의 이익에 따라 대부분의 사건을 보고 취재한다는 것이다. 신학림은 갈수록 '8학군 기자'들이 늘어나면서 사회를 바라보는 다양

한 시각이 사라지고 있다고 우려했다.⁵⁴

물론 '8학군 기자'들에겐 장점도 많다. 다만 이들이 동병상련(同病相憐)하는 입장에서 강남 좌파의 부상에 비교적 열린 자세를 가졌다는 건 분명하다. 그런데 언론 분야만 그런 게 아니다. 시민운동 단체들을 포함해 사회 전 분야에 걸쳐 명문대 출신들의 점유 비율이 점점 높아지면서 이들의 목소리가 '과대 대표'되는 양상이 나타나고 있다. 학벌주의의 확산과 고착화, 이게 강남 좌파가 부상하게 된 또 하나의 배경이기도 하다.

셋째, 역사다. 한국 근현대사의 '파란만장(波瀾萬丈)'이다. 파란만장은 결코 상투적 언어가 아니다. 근현대사는 문자 그대로 파란만장 그 자체였다. 한국은 '아웃사이더 국가'였기에 역사의 격랑에 휩쓸려 상처받지 않은 사람이 없다. 넓은 의미에서 보자면, 한국인은 모두 아웃사이더다. 각자 정도의 차이는 있을망정 한국인에겐 아웃사이더의 피가 흐르고 있다. 물론 돈 많은 부자도 예외는 아니다. 강남 좌파 탄생의 심리적 배경이라 할 수 있다.

아웃사이더 기질의 '내장(內藏)'과 '발산(發散)'은 별개의 문제다. 아웃사이더들만이 모여 사는 세상이라 하더라도 아웃사이더 기질을 밖으로 드러낼 때엔 조심해야 한다. 보통 사람들, 특히 남자들은 '발산'을 술자리로 국한시키며, 대부분의 일상은 인사이더인 양 해맑은 미소를 지으며 세상을 살아간다. 그렇게 사는 게 유리하기 때문이다. 그러나 바로 그런 이유 때문에 아웃사이더 기질을 상황에 잘 맞게 공격적으로 표출하는 사람이 인기를 얻을 수 있다.

강남 좌파의 지형도

이상 논의한 걸 근거로 강남 좌파의 지형도를 그려보자. 강남 좌파는 ①'강남'의 성격, ②주체의 위상, ③'좌파'의 실천 등 세 가지 관점에서 각각 세 가지 유형으로 분류할 수 있다. 따라서 모두 아홉 가지 유형의 강남 좌파를 생각해볼 수 있다.

첫째, '강남'의 성격이라는 관점에서 강남 좌파는 ①경제적 강남 좌파, ②문화적 강남 좌파, ③연고적 강남 좌파로 나눌 수 있다. 경제적 강남 좌파는 부자가 좌파 성향을 갖는 가장 일반적인 유형이다. 문화적 강남 좌파는 부자는 아닐지라도 라이프스타일 등에서 강남 성향을 드러내는 강남 좌파를 말한다. 문화적 강남 좌파는 부자가 될 뜻도 별로 없어 재산을 축적하기보다는 버는 돈을 모두 문화적 풍요를 누리기 위해 소비한다. 연고적 강남 좌파는 부자도 아니고 라이프스타일도 강남 성향이 아닐지라도 최상급의 학벌을 가진 덕분에 그 학벌이 제공하는 학연 인맥의 혜택을 누리면서 엘리트 위치를 누리는 강남 좌파를 말한다. 한국과 같은 특수한 학벌 사회에서 학벌은 엘리트 지위를 누리는 데에 매우 유리한 문화 자본이다. 단지 축적된 재산이 많지 않다는 이유로 '강남'과는 거리가 멀다고 보는 건 한국형 강남 좌파의 특수성을 외면하는 우를 범할 수 있다. 이 세 가지 성격 또는 셋 중 둘의 성격을 동시에 갖는 강남 좌파도 있지만, 일단 분류를 해보자면 이런 세 가지 유형으로 나눌 수 있다는 것이다.

둘째, 주체의 위상이라는 관점에서 강남 좌파는 ①공적 강남 좌파, ②중간적 강남 좌파, ③사적 강남 좌파로 나눌 수 있다. 이는 강남 좌파의 직업과 직책에 따른 분류로, 강남 좌파의 사회적 책임과 더불어 강남 좌파에 대한 평가와 관련해 매우 중요한 의미를 갖는다. 공적 강남 좌파는 지도자·정치인·고위 공직자, 중간적 강남 좌파는 언론인·시민운동가·대학교수, 사적 강남 좌파는 일반 시민 등으로 생각해볼 수 있겠다. 현재 강남 좌파에 관한 논의가 혼란스러운 최대 이유 중의 하나가 강남 좌파 주체의 직업과 직책을 구분하지 않은 채 모두 한 묶음으로 다루려 하기 때문이다. 일반 시민으로서의 강남 좌파는 그 어떤 위선을 범한다 해도 사회적으로 별 문제될 게 없지만, 공적 강남 좌파의 경우엔 결코 그렇지 않다. 사회적으로 심대한 악영향을 끼칠 수 있다. 중간적 강남 좌파는 그 중간에 속하기에 사안에 따라 구체적 평가가 달라질 수 있겠다.

셋째, '좌파'의 실천이라는 관점에서 강남 좌파는 ①이타적 강남 좌파, ②합리적 강남 좌파, ③기회주의적 강남 좌파로 나눌 수 있다. 이타적 강남 좌파는 자신의 좌파적 이념과 일상적 삶의 수준과 방식을 일치시키려고 애를 쓰는 강남 좌파를 말한다. 그 어떤 사심도 없이 자신의 재산 대부분을 사회에 환원하거나 사적 이익 추구에 적잖은 타격을 줄 정도로 자신의 돈·시간·노력 등을 들여가면서 좌파적 실천을 위해 헌신하는 사람이 있다면, 그를 가리켜 이타적 강남 좌파라 할 수 있겠다. 합리적 강남 좌파는 자신의 '강남성'과 이념을 분리시켜, 전자에 대해선 정당한 수준의 이기심을 발휘하지만 후자에 대해선 자신의 소신에 따라 좌파를 지향하는 강남 좌파를 말한다. 자신의 좌파적 의식이나 행동으로부터 소박한 수준의 '자기만족'이나 '인정 욕구 충족'을 넘어선 사적 이익은 취하려 하지는 않는다는 점에서 합리적이라고 볼 수 있다. 그러나 공적 좌파의 경우엔 '사적 이익'의 범위가 넓어지고 자신도 의식하지 못하는 가운데 이념적 실천이 '강남'의 영향을 받을 수 있다는 점에서 일일이 따져볼 점이 많다. 기회주의적 강남 좌파는 사실상 좌파 성향이 없으면서도 자신의 사적 이익을 위해 좌파 성향을 드러내고 이용하는 강남 좌파를 말한다. 공적 강남 좌파가 기회주의적 강남 좌파 노릇을 하는 것이 가장 큰 문제인데, 강남 좌파에 대한 비판의 대부분은 바로 이런 강남 좌파를 겨냥하고 있다.

이상 설명한 아홉 가지 유형은 이론적인 것일 뿐 현실 세계에선 상호 엄격하게 구분되지 않는다. 최근 들어 강남 좌파의 긍정적 이미지와 의미도 나타나고 있는 만큼 불필요한 오해를 피하기 위해 강남 좌파를 '구 강남 좌파'와 '신 강남 좌파'로 나눠보는 것도 가능하겠다. '신 강남 좌파' 현상에서 주목할 만한 점은 정치인이 아닌 일반인들 중에서 강남 좌파로서 '커밍아웃'을 하는 이들이 늘고 있다는 점이다. 다음 장(章)에서 이걸 먼저 살펴본 뒤에 이 책에 등장하는 주요 정치인들이 강남 좌파론과 어떤 관계를 맺는지 그 점에 대해 개괄적인 설명을 해보기로 하자.

chapter
02
너희가 강남 좌파의 비애를 아느냐?
강남 좌파의 커밍아웃

사상·생활 분리주의

탁석산 씨의 『대한민국 50대의 힘』이라는 책을 읽었다. 가장 눈길이 가는 대목은 '사상과 생활의 네 가지 조합'이었다. 그는 사람의 사상과 생활을 좌·우파로 분류해 ①사상 우파-생활 우파, ②사상 우파-생활 좌파, ③사상 좌파-생활 우파, ④사상 좌파-생활 좌파 등 네 가지 유형을 제시했다. ②유형이 가장 바람직하고 ③유형이 최악이라는 탁씨의 주장엔 논란의 소지가 있겠지만, 이제 '사상'만 말하지 말고 '생활'과 '인격'에 대해서도 말할 때가 되었다는 점에서 그의 문제 제기는 소중하다 하겠다.

한국의 엘리트 계급을 놓고 말한다면, 가장 흔한 게 ①과 ③유형이다. 사상에 관계없이 대부분 생활은 우파라는 것이다. 사상·생활 분리주의는 오랜 역사를 자랑하는 것이거니와 여전히 그 장점도 있기 때문에 ③유형이 무조건 잘못됐다고 말하긴 어렵다. 문제는 ③유형이 너무 많다는 데에 있다. 좌우 개념을 세력 균형 중심의 상대적 관점에서 보아 개혁파까지 '사상 좌파'로 간주한다면 말이다. 그로 인한 문제는 대략 네 가지로 보인다.

첫째, 사회적 의제 설정의 왜곡이다. 개혁 의제를 민생과 동떨어진 의제 중심으로 가져갈 가능성이 매우 높다. 생활 중심 의제에선 자신들이 '사상 우파'를 압도할 수 있는 차별성을 보여주기 어렵기 때문이다. '생활 우파'인지라 서민 중심 의제의 절박성을 감지하기 어려운 탓도 있을 게다.

둘째, 출세를 위한 사상의 도구적 이용이다. 사상이 생활과 분리된 채 출세주의의 도구가 되면 '사상 좌파' 권력에 대한 충성 경쟁이 벌어지기 마련이다. 이런 경쟁에선 생활이 우파일수록 강경파 노릇을 하는 법이다. 이는 권력의 자기성찰과 자기교정 기능을 박탈하는 결과를 초래하기 십상이다.

셋째, 불신 초래와 민심 이반이다. 민심은 처음에는 '사상 좌파'가 '생활 우파'일 수 있다는 걸 인정하지만, 그 어떤 임계점을 넘어서 탈법·부도덕의 혐의가 짙은 '생활 극우파'의 모습이 드러나는 일이 빈발할 경우 등을 돌릴 뿐만 아니라 기만을 당했다고 분노하게 된다.

넷째, '생활 좌파'의 득세를 거의 불가능하게 만든다. '생활 우파'는 사상에 관계없이 기득권 세력이기 때문에 모든 면에서 '생활 좌파'보다 높은 경쟁력을 자랑한다. 또 언론은 '사상'만 보도할 뿐 '생활'은 다루지 않기 때문에 일반 대중은 '생활 좌파'의 진정성을 접하거나 그 가치를 평가하기 어렵다.

이런 네 가지 문제를 이젠 본격적으로 거론할 때가 된 것 같다. 김대중·노무현 정권이 국민에게 안겨준 가장 큰 실망은 '사상·생활 분리주의'와 그에 따른 부작용이라는 게 분명해졌기 때문이다. 좌파 쪽 입장에선 생활은 우파인데도 사상은 좌파인 사람들이 힘을 보태준다고 해서 고맙게 생각할 수도 있겠지만, 그들의 득세로 인한 기회비용의 문제를 이젠 심각하게 고려해볼 필요가 있겠다.

고액 연봉을 받는 고위 공직자나 전문직 종사자라고 해서 곧장 '생활 우파'라고 할 수는 없다. 어떻게 사느냐가 중요하다. '사상 좌파'이면서도 소득 상위 20퍼센트 계층의 연간 가구소득(7280만 원)보다 더 많이 재산을 불려놓고선 자신을 '청렴'하다고 생각하는 사람이 많다. 그러고는 가만있으면 모르겠는데, 한국엔 기부 문화가 없어서 큰일이라고 개탄하기까지 한다. 아마도 부정한 돈 한 푼 안 받으면 '생활 좌파'라고 생각하는 듯하다.

한국에서 사상 · 생활 분리주의는 오랜 전통을 자랑하는 데다 그럴 만한 역사적 · 구조적 조건이 있기 때문에 쉽게 극복되진 않을 것이다. 오히려 그런 분리주의를 지지하는 목소리가 더 탄탄한 이론적 배경을 자랑한다고 볼 수도 있다. 사상 · 생활 분리주의의 폐해를 더 겪어봐야 하는 건 아닌지 모르겠다.

강남 좌파의 커밍아웃

윗글은 내가 『한국일보』 2006년 12월 18일자에 기고한 칼럼이다. 당시 노무현 정권의 지지층에서마저 "노 정권이 한국의 개혁을 다 죽였다"는 아우성이 터져 나오고,¹ 여당인 열린우리당은 한 자릿수 지지율인 '8.3퍼센트 정당'으로 몰락하던 상황이었다.² 한국이 세계 최고의 '빨리빨리 공화국'이라곤 하지만, 열린우리당의 흥망성쇠(興亡盛衰) 속

너희가 '강남 좌파'의 비애를 아느냐

세계문학상 당선작 『스타일』 펴낸 백영옥씨 "가진자의 욕망 그려"

제4회 세계문학상을 받은 백영옥(34·사진)씨의 장편소설 《스타일》(예담)이 출간됐다. 백씨는 출간을 기념해 1일 기자들과 만난 자리에서 "고시원생, 백수 등 '88만원 세대'에 관한 소설들은 많지만 오히려 20·30대의 잘나가는 커리어우먼들은 문학에서 소외됐던 것 같다"며 "고시원에 사는 사람뿐 아니라 호텔 스위트룸에 사는 사람에게도 고독과 비애가 있다는 걸 보여주고 싶었다"고 말했다.

《스타일》은 작가가 실제로 패션지 《하퍼스 바자》의 피처 에디터로 일했던 경험을 살려 서른 살 8년차 패션지 기자의 일과 사랑, 고민을 감각적인 문체로 그린 소설이다. 패션잡지 기자를 주인공 삼은 '칙릿'이라는 점에서 베스트셀러 소설이자 흥행 영화인 〈악마는 프라다를 입는다〉가 자연스럽게 연상되지만, 소설은 처음부터 〈악마는…〉처럼 번드르르한 이야기는 '자다가 봉창 두드리는 소리'라고 일축한다. 주인공은 유명 여배우를 섭외하기 위해 매니저에게 '스토커'라는 말까지 들어가며 7개월을 공들이고, 후배에게 '잡지계의 성철스님'이라는 말을 들을 정도로 열심히 일하지만 예금도, 보험도, 펀드도, 애인도 없다.

그는 "패션지에서 일하는 사람들은 명품만 입고, 속물처럼 보이지만 그들에게도 진정성은 있다"며 "좋은 집안에서 혜택 받고 자란 소위 '강남 좌파'의 상반된 욕망에 대한 이야기를 그리고 싶었다"고 했다. "소설의 주인공 이서정처럼 프라다에 대한 속물적인 욕망과 제3세계 아이들에게 기부하고 싶은 선량한 욕망을 어떻게 화해시킬 수 있을까 늘 고민합니다. 그래서 '화해'에 관한 성장소설이라고 말하고 싶습니다." 백씨는 2006년 문학동네 신인상을 받으며 등단했으며, 2007년 산문집 『마늘로 블라너 신고 산책하기』를 냈다.

글 김일주 기자 pearl@hani.co.kr
사진 김경호 기자 jijae@hani.co.kr

백영옥은 『스타일』 출간 직후 가진 인터뷰에서 "좋은 집안에서 혜택 받고 자란 소위 '강남 좌파'의 상반된 욕망에 대한 이야기를 그리고 싶었다"고 밝혔다.(『한겨레』 2008년 4월 2일)

도는 빨라도 너무 빨랐다. 왜 그렇게 됐을까? 그 이유를 나름대로 분석해보면서 완곡하게 제시한 게 바로 '사상·생활 분리주의'였다.

강남 좌파에 대한 온전한 평가는 강남 좌파의 기회비용을 생각하지 않고선 이루어질 수 없지만, 개인 차원에서 그런 걸 일일이 고려하다간 강남 좌파가 공적 영역에 나서는 것 자체가 어려워진다. 딜레마다. 아니 강남 좌파의 비애다. 뚜렷하게 의식하진 못한다 하더라도 많은 강남 좌파들이 바로 그런 문제로 고민하지 않을까?

2008년 4월 2일자 『한겨레』에 실린 「너희가 '강남 좌파'의 비애를 아느냐」라는 제목의 흥미로운 기사에 눈이 간 건 바로 그런 이유 때문이다. 제4회 세계문학상을 받은 백영옥의 장편소설 『스타일』 출간과 관련된 문학 기사다. 이 기사에서 백영옥은 "패션지에서 일하는 사람들은 명품만 입고, 속물처럼 보이지만 그들에게도 진정성은 있다"며 "좋은 집안에서 혜택 받고 자란 소위 '강남 좌파'의 상반된 욕망에 대한 이야기를 그리고 싶었다"고 했다. "소설의 주인공 이서정처럼 프라다에 대한 속물적인 욕망과 제3세계 아이들에게 기부하고 싶은 선량한 욕망을 어떻게 화해시킬 수 있을까 늘 고민합니다. 그래서 '화해'에 관한 성장소설이라고 말하고 싶습니다."³

정치적 상황과 관련해서 볼 때 상징적이거니와 시사적이다. 이즈음 실제로 "그래, 나 강남 좌파다. 그래서 어떻다는 거냐"며 적극적으로 커밍아웃하는 강남 좌파가 늘고 있었기 때문이다. 민주화와 더불어 인터넷 대중화도 이런 강남 좌파의 부상에 큰 몫을 했다. 인터넷은 그간 기성 언로(言路)에서 소외된 사람들에게 새로운 결집의 구심점이 되었는데, 좌우 이분 구도에서 자기 몫을 누리지 못하던 강남 좌파도 인터넷을 통해 목소리를 내기 시작했던 것이다. 물론 그들의 커밍아웃이 실명제로 이루어진 건 아니었다. 강남에 사는 강남 좌파들이 언론 취재에 응할 때에 대부분 신분 노출을 꺼린 것처럼,⁴ 일반인 강남 좌파들은 인터넷의 익명성을 선호했다.

강남 좌파의 커밍아웃과 관련, 『매일신문』(2008년 4월 30일) 논설위원 정경훈은 "많이 배우고 가진 것도 많은 사람들이 약자를 위해준다니 반갑기는 한데 어쩐지 찜찜한 기분을 떨칠 수가 없다. 냉정하게 말해 강남 좌파는 강남을 낳은 사회경제 시스템의 수혜자. 생각을 왼쪽으로 한다고 해서 그런 사실은 바뀌지 않는다. 지금의 풍요로움이 사회 시스템이 준 선물이 아니라 오로지 자신의 재능과 노력으로 일군 결과라고 말하고 싶은가. 그렇다 해도 마찬가지다"라며 다음과 같이 말했다.

"그들의 재능과 노력이 꽃필 수 있도록 해준 것도 바로 현 체제가 아닌가. 강남 사람은 경제가 어려워져도 먹고사는 데 지장이 없다. 다달이 신용카드 대금과 세금 고지서에 골치를 썩일 일도, 자녀 학원비와 대학 등록금 마련에 허리가 휘지도, 노후 대책을 걱정하지 않아도 되는 사람들이다. 민생의 고통을 안다고 하지만 체감하지 않은 앎이다. 추상적일 수밖에 없다. 그런 점에서 계급적 이익과 분리된 의식이라는 것은 잘해야 부유층의 딜레탕티즘(dilettantisme)이고 더 나쁘게 말하면 교묘한 허위의식이다. 강남 좌파라는 말은 일종의 비아냥이다. 그런데도 '그래, 나는 강남 좌파' 라는 선언은 어떤 의미일까. 의식적으로만 좌파이고 현실에서는 강남의 단물을 계속 빨겠다는 것인가. 그렇다면 그런 태도는 진보 진영과 좌파에 대한 불신만 키울 뿐이다. 강남이 상징하는 사회경제적 테두리에 갇혀 있는 한 강남 좌파는 영원히 '강남'이란 수식어를 떼지 못할 것이다. 그것을 깨려면 '나 말고 너부터' 식으로 공적 영역에 대해서만 약한 자를 위한다고 할 게 아니라 자신의 생활에서부터 강남이란 말로 대표되는 것들을 버려야 한다. 그럴 용기가 있는가."[5]

여전히 강남 좌파에 대한 사회 일각의 시선이 곱지 않다는 걸 말해주는 주장이라 할 수 있겠다. 자신의 생활에서부터 강남이란 말로 대표되는 것들을 버리기는 쉽지 않기 때문이다. 아니, 그렇게 해야 할 필요도 느끼지 못할 것이다. 그럼에도 강남 좌파가 커밍아웃을 하게 된 것은 주로 이명박 정부의 '공로' 덕분이었다. 이는 '강남 엄마=반(反)전교조' 라는 통념에도 불구하고, 월 300~400만 원을 사교육비로 쓰는 어느 '대치동 맘' 의 이런 한마디로 압축될 수 있겠다. "이명박이 미워서 전교조 성향의 주경복 후보를 찍었다."[6]

고소영·강부자가 대한민국을 접수했다

2008년 2월 14일 윤곽을 드러낸 이명박 정부 첫 내각의 장관 후보자 15명의 재산 현황이 서민들의 한숨을 자아내게 만들었다. 이들이 소유한 부동산은 평균 25억 6000만 원, 금융자산은 11억 3000만 원을 넘었다. 10억 원 이하의 재산을 가진 사람은 단 한 명뿐이고, 11명이 25억 원이 넘는 자산가였다. 무엇보다 그들 모두 주거용 이외의 부동산을 보유하고 있었다. 네다섯 채 집을 가진 사람에, 40여 곳에 부동산을 가진 후보자까지 있었다.

인터넷을 떠도는 화제의 신조어는 단연 '고소영(고려대·소망교회·영남)'이었다. "고소영이 대한민국을 접수했다"는 말까지 나왔다.[7] '고소영'에 이어 '강부자'라는 말까지 나왔다. 『경향신문』(2007년 2월 25일)은 「이명박 정부, '1퍼센트 프렌들리'에서 벗어나라」는 제목의 사설에서

이명박 대통령이 장로로 있는 소망교회 예배 모습. 이명박 정부 출범 이후 고려대·소망교회·영남 출신이 득세하는 것에 빗대 '고소영'이 대한민국을 접수했다는 말이 사람들 입에 오르내렸다.

이명박 정부, '1% 프렌들리'에서 벗어나라

이른바 1987년 체제 수립과 함께 대통령 직선제가 부활되면서 우리나라는 네 번에 걸쳐 국민들이 직접 뽑은 대통령과, 그 대통령이 구성한 정부를 지켜보았다. 오늘은 그 다섯번째인 이명박 대통령이 취임하는 날인 동시에 이명박정부가 출범하는 의미 깊은 날이다. 한나라당 당내 경선과 대선 본선에서의 숱한 어려움과 역경을 딛고 마침내 대한민국의 최고 통치자로 올라선 제17대 이명박 대통령의 취임을 축하하면서 그의 5년 재임기간 동안 이 나라의 운세가 융성하기를 축원한다.

돌이켜보건대 이명박 대통령의 탄생은 '믿고 또 믿었던' 노무현정부에 대한 국민적 기대가 실망과 환멸로 바뀐 데 기인한 것이었다. 듣도 보도 못한 외환위기라는 국가적 재난을 겪은 우리 국민들은 조금이라도 삶의 질이 나아지기를 바라면서 '반칙과 특권의 철폐'를 부르짖는 노무현정부를 선택했다. 그러나 결과는 부동산 폭등, 중산층과 서민 및 자영업자의 몰락, 비정규직 노동자의 양산 등이었다. 이 같은 척박한 현실에 대한 불만이 '정권 심판론'으로 표출됐고, 그러한 질풍노도의 민의(民意)는 이명박 대통령의 헤아릴 수 없이 많은 도덕적 결함들을 단숨에 묻어버렸다.

우리가 이명박 대통령의 취임과 이명박정부의 출범에 의미를 부여하는 것도 바로 이 대목이다. 그런데 이대통령의 대선 승리 이후 오늘까지 2개월 1주일을 지켜보면서 우리가 내린 잠정적인 결론은 '아니다'이다. 대통령직인수위원회 시기 동안 이명박 예비정부는 노무현정부만큼, 또는 그 이상의 환멸과 실망을 안겨다 주었다. 대학 총장 출신의 이경숙 인수위원장은 '오렌지'라고 해도 아무 탈 없는 것을 굳이 '아륀지'라고 억지를 부려 '국민 개그 우먼'으로 등극했다. 또 군사독재정권 시절에나 가능한 것쯤으로 치부했던 '언론인 성향 분석' 등의 사찰·감시 활동을 버젓이 재개함으로써 국민적 지탄을 받았다. 전두환 정권 시절 '북괴의 금강산 댐에 맞서 세운다'는 '평화의 댐'에 대한 씁쓸한 기억이 아직도 많은 사람들의 뇌리에 남아 있는 상태에서 이대통령은 불에 타 무너진 숭례문을 복원하기 위해 '국민 성금'을 제안하기도 했다.

그러나 이 같은 사례들은 이명박정부의 내각과 청와대 수석 인선에 비춰보면 그야말로 '애교'에 지나지 않는다. 이대통령은 자신의 모교인 고려대와 자신의 고향인 영남, 자신이 장로로 있는 서울 강남 소망교회 등의 사적 인연들을 떨쳐버리지 못한 인사를 강행해 느닷없는 '고소영(고려대·소망교회·영남)' 열풍을 불러일으켰다. 또한 이대통령은 전국 곳곳에 땅과 주택을 사거나, 소유주가 반드시 농사를 지어야 하는 절대농지까지 재산증식의 수단으로 구입한 '강남 땅·집부자'들을 대거 중용함으로써 '강부자' 신드롬까지 낳았다.

그뿐이 아니다. 노무현 정권 시절 한나라당은 논문 중복 게재와 관련해 김병준 교육부총리를 낙마시키면서 "논문 표절 행위의 당사자는 공직뿐만 아니라 교직에서도 영원히 퇴출돼야 한다"며 기염을 토한 바 있는데 정작 이명박 대통령은 그보다 훨씬 '죄질이 무거운' 논문 표절을 일삼은 대학교수 출신들을 보건복지부 장관과 청와대 사회정책 수석비서관으로 임명했다. 또한 이대통령은 취임 이전 자신의 또다른 친정이랄 수 있는 재벌기업에 대해서는 "언제든지 전화하라"고 지극한 친근감을 표시하면서도 한국노총과 함께 우리 노동계를 대표하는 민주노총에 대해서는 위원장의 경찰 출석 여부 등을 이유로 예정된 간담회까지도 일방적으로 취소한 바 있다.

우리는 이대통령의 이 같은 행보에서 우리 사회의 극소수 상위계층에만 친화성을 보이는 '1% 프렌들리'의 면모를 감지한다. 물론 이대통령이 재벌기업 최고경영자 출신이고, 수백억원대의 부동산을 소유한 재력가라는 것은 이미 모든 국민들이 알고 있다. 그런데 그가 앞으로 대변해야 할 계층은 비단 재벌기업이나 부동산 부자뿐만이 아니다. 언제 해고의 칼날이 자신의 목을 향할지 전전긍긍하는 비정규직 노동자나, 강남 부자는커녕 지상에 사글세 단칸방도 마련하지 못하고 있는 수많은 무주택 서민대중들, 88만원의 월급을 받기 위해 각고면려하는 청년세대도 이대통령은 껴안아야 한다. 우리는 대선 이후 오늘까지 이대통령이 꿴 첫 단추는 분명히 잘못됐다고 판단한다. 그가 앞으로 낄 두번째, 세번째 단추를 주목하려 한다.

『경향신문』은 2008년 2월 25일자 사설에서 '고소영' 열풍과 '강부자' 신드롬을 불러온 이명박 정부의 인사 정책을 비판했다.

"이 대통령은 자신의 모교인 고려대와 자신의 고향인 영남, 자신이 장로로 있는 서울 강남 소망교회 등의 사적 인연들을 떨쳐버리지 못한 인사를 강행해 느닷없는 '고소영' 열풍을 불러일으켰다. 또한 이 대통령은 전국 곳곳에 땅과 주택을 사거나, 소유주가 반드시 농사를 지어야 하는 절대농지까지 재산 증식의 수단으로 구입한 '강남 땅·집부자'들을 대거 중용함으로써 '강부자' 신드롬까지 낳았다"며 다음과 같이 말했다.

"우리는 이 대통령의 이 같은 행보에서 우리 사회의 극소수 상위 계층에만 친화성을 보이는 '1퍼센트 프렌들리'의 면모를 감지한다. 물론 이 대통령이 재벌기업 최고경영자 출신이고, 수백억 원대의 부동산을 소유한 재력가라는 것은 이미 모든 국민이 알고 있다. 그런데 그가 앞으로 대변해야 할 계층은 비단 재벌기업이나 부동산 부자뿐만이 아니다. 언제 해고의 칼날이 자신의 목을 향할지 전전긍긍하는 비정규직 노동자나, 강남 땅부자는커녕 지상에 사글세 단칸방도 마련하지 못하고 있는 수많은 무주택 서민 대중들, 만 원의 월급을 받기 위해 각고면려하는 청년 세대도 이 대통령은 껴안아야 한다. 우리는 대선 이후 오늘까지 이 대통령이 끼운 첫 단추는 분명히 잘못됐다고 판단한다. 그가 앞으로 끼울 두 번째, 세 번째 단추를 주목하려 한다."[8]

김종철 『한겨레』(2008년 2월 26일) 논설위원은 "'강부자' 내각과 '고소영' 청와대 수석들의 돈 버는 재주나 출세하는 방법도 갖가지다. 각료들의 평균 재산액은 39억 원에 이르며, 집도 대부분 두 채 이상씩 가지고 있다. 유인촌 문화부 장관 후보자와 박은경 환경부 장

위에서부터 유인촌 문화부 장관, 박은경 환경부 장관 후보자, 이영희 노동부 장관, 남주홍 통일부 장관 후보자. 이들 중 박은경 후보자와 남주홍 후보자는 결국 낙마했다.

관 후보자는 집이 네 채다. 노동자 이익을 대변해야 할 이영희 노동부 장관 후보자도 강남에 아파트 한 채와 오피스텔 한 채를 갖고 있다. 남주홍 통일부 장관 후보의 부인은 미국 영주권자로서 미국에 거주지가 있으면서 수원의 상가를 사들였다"며 다음과 같이 말했다.

"그들의 자녀에게 눈길이 미치면 대한민국 1퍼센트 특권층의 최신 유행이 한눈에 잡힌다. 이들에게 조기 외국 유학은 아무나 하는 시대에 뒤떨어진 일이다. 미국 시민권자나 최소한 영주권자로 만들어야 명함을 내민다. 외국 국적을 얻기 위해 우리나라 국적을 버리는 일은 고민거리도 아니다. 문제는 이들을 두고 '업무 수행에 결격 사유가 아니다' 거나 '법적으로 문제가 없으면 괜찮은 것 아니냐'는 이 대통령 주변의 인식이다. 소수 특권층인 그들의 성공을 보장할 수 있을지는 몰라도 국민이 성공하는 시대를 바라기는 글렀다."[9]

2월 27일 이해영 한신대 교수는 "이명박 정부 혹은 실용정부의 앞날이 어딘지 심상찮다. '오륀지, 후렌들리'로 시작하더니, 영어 '몰빵'으로 서민들의 가슴을 후벼 판다, '고소영'으로 소외감을 부채질한다. 이명박 대통령의 말처럼 각료가 돈이 많다고 굳이 문제가 될 일은 아닐지 모른다. 하나 각료가 부동산이 그렇게 많아야 될 특별한 이유가 있는 것도 아니다. 더군다나 그 의도와 용처가 매우 의문스러운 경우에는 더욱 그렇다"며 다음과 같이 말했다.

"대중은 부자가 되고 싶어서 부자 대통령을 뽑았지 부자 각료와 측근을 뽑은 것은 아니다. 하지만 그 욕망이 채워지지 않을 때, 대중들은 서슴없이 등을 돌릴 것이다. 나는 이를 실용주의의 두 얼굴이라 생각한다. 한편으로 '나도 잘살게 해줄 것'이라는 실용적 이유에서 지지하다, 다른 한편으로 이 가능성이 소진될 때 마찬가지 실용적 이유에서

언제든 지지를 철회할 수 있는 것이다."¹⁰

강남 좌파의 비애

그러나 이후에도 이명박은 달라지지 않은 채 계속 국민을 실망시키고 분노케 함으로써 이전 강남 좌파 정권의 위선을 사소한 것으로 만드는 데에 결정적으로 기여했다. 강남 좌파의 커밍아웃은 바로 이런 배경에서 비롯된 것이었다. 2008년 9월 『시사인』은 「'강남 좌파' 세상 밖으로 걸어 나오다」는 제목의 특집 기사를 게재했는데, 이 기사는 강남에 사는 강남 좌파의 비애와 더불어 그들이 커밍아웃을 할 수밖에 없었던 이유를 구체적 사례를 들어 상세히 전했다.

이 기사에 따르면, 취재 과정에서 만난 강남 좌파들은 이명박 대통령으로 상징되는 집권 보수 세력이 "촌스러워서 싫다"라는 표현을 자주 썼다고 한다. "같은 촌놈이라도 '촌놈 같은 촌놈'은 호감이 간다. 그런데 대통령과 그 주변 사람은 '도시놈을 흉내 내는 촌놈'이라 싫다"는 것이다. "그들은 엘리트 집단도 아니고 전통 있는 '올드 머니'도 아닌 강남에서도 가장 질이 떨어지는, 땅 투기로 갑자기 부자가 된 졸부 같다."¹¹

실제로 비(非)강남 사람들도 자주 그런 말을 하곤 했는데, 이명박 정권이 그런 비난을 얻게 된 가장 큰 이유는 정부 산하기관 인사 문제였다. 정부 산하기관 인사 관련 문제의 심각성은 '고소영'이나 '강부자' 수준을 넘어서는 것이었다. 3월 12일 유인촌 문화체육관광부 장관은 "산하기관장들 중 (새 정권과 딴판인 자기들만의) 분명한 철학과 이념을 가진 사람들이 성향이 다른 새 정권에서도 계속 자리를 지키겠다는 것은 자신이 살아온 인생을 뒤집는 것"이라며, 노무현 정권에서 임명된 문화 관련 기관장들에게 그만 물러나라고 했다. 11개 소속 기관과 34개 산하기관이 있는 문화체육관광부에서부터 본격화된 '노 정권 지우기' 작업은 이른바 '한예종(한국예술종합학교) 사태'를 비롯해 각 분야에서 수많은 갈등을 야기했다. 이게 정녕 이명박식 실용주의의 정체였단 말인가? 이명박 지지자들에게 고급 일자리를 만들어주기 위한, 밥그릇 싸움의 탐욕을 적나라하게 드러낸 건 아니었을까?

그런데 강남에 사는 강남 좌파에겐 도대체 어떤 비애가 있는 걸까? 『시사인』 기사가 소개한 사례 하나를 살펴보자. 폴로셔츠에 CP컴퍼니 재킷, 450만 원짜리 까르띠에 시계. 엔터테인먼트 관련 중소기업체 사장으로서 거래처를 접대하느라 고급 일식집과 룸살롱을 내 집처럼 드나들고, 한 달 접대비로만 2억 원 넘게 쓰기도 한다는 최만수 씨(41, 가명). 그는 스스로를 '강남 좌파'라 부른다. 말로만이 아니다. 그는 민주노동당 창당 때 당원으로 가입하고, 민노당이 분당한 뒤에는 진보신당에 당비를 꼬박꼬박 납부하는 진성 당원이다. 대기업 해외 지사장이 된 친구나 유력 증권사 애널리스트가 된 친구나 촛불집회에 나가는 그를 보고 철이 덜 들었다고 한다. 심지어는 가증스럽다고도 한다. 외제차 몰고 다니면서 하룻밤 술값으로 노동자 평균임금 서너 배를 쓰면서 좌파라니, 가당키나 하냐는 힐난이다.

그 또한 딜레마를 느낄 때가 많다. 그가 주식을 산 유망 기업에서 장기 노동쟁의가 벌어졌을 때 그는 '어느 편을 들어야 하나' 갈등할 수밖에 없었다고 말한다. 진보 정당 당원이지만 진보 정당이 정권을 잡는 일은 결코 없어야 한다고 생각하는 것도 이율배반적이다. 융통성이 없고 대안 제시 능력이 떨어진다고 보기 때문이다. 따라서 그는 우리 사회 20~30퍼센트의 목소리를 제대로 대변하고, 보수 정당을 견제하는 것 정도가 진보 정당의 역할이라고 판단한다. 그렇다면 무늬만 좌파? 스스로도 의심스러울 때가 있지만 그는 곧 반격에 나선다. 나처럼 제대로 돈 벌면서 부유세·종부세(종합부동산세) 내겠다고 큰소리치는 사람도 있어야 하지 않겠느냐고.[12]

진보주의와 냉소주의의 유착인가?

주변에서 조롱의 대상이 되는 것 못지않게 강남 좌파를 서글프게 하는 건 바로 '이웃 효과(neighbors effect)'에서 비롯된 상대적 박탈감이다. 카를 마르크스는 "집은 클 수도 작을 수도 있다. 주변의 집들이 똑같이 작다면 그것은 거주에 대한 모든 사회적 수요를 충족시킨다. 만약 작은 집 옆에 궁전이 솟아오르면 그 작은 집은 오두막으로 위축된다"고 했다. "부자란 그의 동서(아내의 여동생의 남편)보다 더 많이 버는 사람을 가리킨다"는 헨리 루이스 멩켄(H. L. Mencken, 1880~1956)의 말이 더 가슴에 와 닿는다. 실제로 미국에서 이루어진 조사에 따르면 여동생의 남편이 자기 남편보다 소득이 더 많은 여성은 그렇지 않은 경우에 비해 취업할 확률이 20퍼센트 더 높은 것으로 나타났다.[13] 이게 바로 '이웃 효과'다. 그 어떤 절대적 기준이 아니라 이웃과의 비교를 통해 자신을 평가함으로써 발생하는 효과다.

부자들 사이에서도 존재하는 빈부 격차는 부자와 빈자 사이의 빈부 격차 못지않게 상대적 빈자의 의식에 영향을 끼친다. 강남 좌파를 심층 취재한 고재열에 따르면, "강남 좌파의 자기고백에서 흥미로운 점은 연봉이 1억 원이 훌쩍 넘어도 스스로를 '강남 서민'으로 생각한다는 점이었다. 국산 고급 차를 타는 사람은 외제 차를 타지 않기 때문에 '강남 좌파'라 불리기에 부족한 것 같다고 말하기도 했다. 『한겨레』나 『경향신문』을 구독하려면 눈치가 보인다. 경비원들도 무시하는 것 같다'라며 '강남 좌파'의 애환을 전하기도 했다."[14]

강남 좌파의 고백 중 가장 인상적인 건 자신은 진보 정당 당원이지만 진보 정당이 정권을 잡는 일은 결코 없어야 한다고 생각한다는 발언이다. 사실 진보 정당을 지지하는 사람들의 상당수가 그런 생각을 한다. 이게 바로 진보 정당들이 당면한 최대의 문제이기도 하다. 진보 정당을 지지하는 강남 좌파들이 일반 좌파보다 훨씬 '강경' 성향을 보이는 것도 그런 사정과 무관치 않다.[15] 이는 그들이 비교적 젊고 고학력층이라는 점이 작용한 탓도 있겠지만, 집권 가능성보다는 참여 자체에만 의미를 두기 때문이다.

나는 강남 좌파라는 말을 듣거나 생각할 때에 2004년 말 한국방송프로듀서연합회가 전국의 회원 방송사 PD 314명을 대상으로 실시한 설문조사를 떠올리곤 한다. 이 설문조사 결과가 매우 흥미롭기 때문이다. PD들의 정당 지지율을 보면 민주노동당 32.5퍼센트, 열린우리당 23.2퍼센트, 한나라당 6.7퍼센트로 나왔다. 이걸 어떻게 보아야 할까? '야, 한국 PD들 매우 진보적이네!' 그렇게 보아야 할까?

그렇게 볼 점도 전혀 없진 않지만, PD들이 일반인들에 비해 더 냉소적일 수 있다는 점에 주목하는 게 옳으리라. 이 경우의 냉소주의는 현실, 특히 사회 각계 엘리트 집단의 이면을 꿰뚫어보는 전문가로서 현실의 어두운 면에 대해 갖기 마련인 반응으로 볼 수도 있는 것이다. 실제로 한국 사회에선 진보주의와 냉소주의의 경계가 명확치 않아 냉소주의자가 진보주의자로 오인되는 일이 자주 벌어진다. 진보주의와 냉소주의의 유착이라고 해야 하나?

정치는 더러운 것이고 그 더러움을 담아내는 정당은 더더욱 더럽기 마련이다. 정당의 추한 이면까지 다 아는 전문가가 정권 장악을 다투는 거대 정당들을 지지하기는 쉽지 않은 일이다. 그렇다고 정치를 완전히 외면하는 것도 민주 시민으로서 그리 떳떳한 일은 아닌지라 이때 선택하는 정당이 민주노동당과 같은 진보 정당이다. 정치적 지지를 상징적 제스처로 대체해야 하는 것, 이 또한 강남 좌파의 비애는 아닐까?

총론 진보, 각론 보수

앞서 나는 문제가 있을망정 일반 국민이 생각하는 '진보' 개념을 수용해보는 것도 좋지 않겠느냐고 했는데, 과연 어떤 문제가 있는 걸까? 이 문제를 잘 보여주는 것이 2007년 한국 사회과학데이터센터와 『한겨레』가 공동으로 진행한 '2007 국민 이념 성향 조사' 결과다.

이 조사에 따르면 자신의 이념 성향이 무엇인가라는 질문에 상위 계층의 46.6퍼센트가 진보라고 답해 중위 계층(34.5퍼센트), 하위 계층(29.0퍼센트)을 크게 앞질렀다. 학력 차원에서도 학력이 높을수록 진보 성향이 강함을 보여주었다. 대학 재학 이상의 응답자는 41.6퍼센트가 자신이 '진보'라고 대답한 반면 고졸 응답자는 31.7퍼센트, 중졸 이하 학력의 응답자는 20.9퍼센트만이 진보라고 대답했다. 그러나 구체적인 개별 질문에서는 고소득, 고학력일수록 보수적으로 대답하는 이율배반적 성향을 보였다. 예컨대, '비정규직 노동자를 정규직으로 바꾸는 것이 바람직하다' '가난한 사람들에 대한 지원을 늘려야 한다' '정부는 기업 활동에 간섭하지 말아야 한다'는 질문에 대해 소득이 많고 고학력일수록 보수 성향을 나타낸 것이다.[16]

이게 도대체 무슨 조화일까? 서울대 언론정보학과 교수 윤석민은 이 조사 결과를 '강남 좌파' 현상으로 지목하면서 "머리는 이념을, 삶은 욕망을 지향하는 이 같은 현 시대 한국 사회 진보 집단의 단면은 한편으로 개인적 욕망, 다른 한편으로는 이념적 가치에 경도되어 있는 한국 사회 구성원의 모습을 잘 보여준다"고 평가했다.[17]

그런데 과연 '머리' 나마 이념을 지향하긴 하는 걸까? 혹 진보적 이념의 장식적(裝飾的) 가치를 누리려는 고소득·고학력자들의 '잔머리 굴리기'는 아닐까? 물론 설문조사에서 무슨 이득을 취하겠다고 '진보'에 동그라미를 쳤겠는가마는, 평등주의 정서가 강한 한국 사회에서 평등을 지향하는 진보적 이념이 자신의 성향이라고 일순간이나마 주장하는 게 마음의 평안을 위해서도 좋은 일 아닐까?

그게 아니라면 문제는 심각해진다. 무시할 수 없는 규모의 유권자가 '총론 진보, 각론 보수'의 성향을 가지면, 이로 인한 괴리가 정권의 운영과 정책의 집행에 큰 혼선을 빚어 피해갈 수도 있는 실패를 유발할 수 있기 때문이다. 이뿐만 아니라 이런 괴리는 사회적 '분열과 증오'를 악화시키기도 하며, 이는 실제로 우리 사회에서 일어나고 있는 일이다.

'총론 진보, 각론 보수' 때문에 일어나는 가장 큰 문제가 바로 '투표와 여론의 괴리 현상'이다. 쉽게 말해서, 투표는 김대중·노무현에게 했는데 신문은 김대중·노무현에게 비판적인 보수 신문을 구독함으로써 빚어지는 현상이다. 대통령 선거 시의 투표 행위는 그 어떤 시대정신이나 큰 정치적 바람의 영향을 많이 받기 때문에 언론의 영향력에서 비교적 자유로울 수 있다. 반면 대선 후의 국정 운영에 큰 영향을 끼치는 일상적 여론은 언론에 크게 의존한다. 그래서 투표와 여론의 괴리 현상이 빚어지기도 한다. 물론 이러한 괴리 현상은 보수의 목소리가 한국 신문시장을 지배하는 현실과 맞물려 있다.

한국인은 물질적 삶과 정신적 삶에서 서로 융합하기 어려운 두 개의 패러다임을 가지고 있다. 물질적 삶은 박정희식 개발독재 패러다임의 지배를 받는다. 반면 정신적 삶은 개발독재 패러다임을 거부하며 세계 최첨단을 달리는 패러다임을 기웃거리기도 한다. 한국 사회 도처에 그런 모순이 널려 있다. 이게 바로 '총론 진보, 각론 보수'와 그에 따른 '투표와 여론의 괴리 현상'이 나타나는 배경이기도 하다.

투표와 여론 괴리가 너무도 자연스러운 현상으로 통용되기 때문에 다른 생각을 해보는 것이 어렵겠지만, 이런 가정을 한번 해보자. 보수 신문의 색깔에 맞는 사람만 보수 신문을 이용하고 구독함으로써 '투표와 여론의 괴리 현상'을 극복한다면 어떤 일이 일어나겠느냐는 것이다. 무엇보다도 현재 한국 사회를 지배하고 있는 '분열과 증오'가 크게 약화될 것이다. 왜? 피차 너그러워질 것이기 때문이다. 사람은 무턱대고 남의 것을 탐하진 않지만, 자신이 마땅히 누려야 한다고 생각하는 것을 누리지 못할 땐 분노하는 법이다. 보수 신문의 색깔에 맞는 사람들만 그 신문을 구독했다면 '신문과의 전쟁'을 벌였던 노무현 정권도 보수 신문의 기사에 대해 과도한 피해의식을 갖지는 않았을 것이다. 보수 신문도 조금은 더 겸허해졌을 것이다. 양쪽 모두에게 이 얼마나 좋은가!

그러나 그 좋은 일은 일어나기 어렵게 돼 있다. '총론 진보, 각론 보수'는 사회는 진보적으로 가는 게 좋다고 보지만, 당장 내 문제에 닥쳐선 내 이익을 취하는 게 우선이라고 보기 때문이다. 즉, 자신이 표를 던진 김대중·노무현 정권이 성공하길 바라지만, 그 성공을 방해하는 신문일지라도 그 신문이 주류 메이저 신문이라면 내 이익을 위해 그 신문을 구독하는 건 포기하지 않겠다는 것이다. 물론 이것이 나쁘다거나 잘못되었다고 말할 순 없다. 다만 이게 '총론 진보, 각론 보수'의 성향이 강한 강남 좌파의 일면이라는 것이다. 아니, 그거야 한국인 대다수의 특성이겠지만 강남 좌파의 경우 그런 점이 더 두드러져 보인다는 뜻이다. 이 또한 강남 좌파의 비애라 할 수 있겠다. "아, 나의 발전과 내가 믿는 방향으로의 사회 발전을 일치시키는 게 이리도 힘들단 말인가!"

제3장~제11장의 개괄적 설명

자, 이제 이론적 논의는 이 정도로 그치고 구체적 분석으로 들어가 보자. 제3장에서 제11장까지 9개 장(章)을 강남 좌파라는 테마와 연결해 개괄적 설명을 해보자면 다음과 같다.

「제3장 위선에 대한 분노인가?: 노무현 시대의 강남 좌파 논쟁」은 '배부른 진보' '강남 좌파' 등의 용어가 노무현 정권 시절에 등장하게 된 배경과 이유를 다루었다. 이때의 강남 좌파는 매우 부정적인 의미로 노 정권의 위선 또는 이미지와 실체 사이의 괴리를 겨냥한 비판이었다.

「제4장 오마이뉴스의 강남 좌파 띄우기: 문국현의 창조한국당」은 일부 진보 세력이 진보 정권 재창출의 전망이 부재한 가운데 정치공학적 용도로 신(新)강남 좌파를 등장시킨 사건을 다루었다. 노 정권 상층부의 주요 구성원들은 강남 좌파 요소를 일부 가지기는 했지만 이미지상으론 강남 좌파와 거리가 멀었다. "늦게 배운 도둑질에 날 새는 줄 모른다"거나,[18] "냉동실에 들어갔던 고기가 해동되면 더 빨리 썩는다"는 비아냥의 연장선상에서,[19] 강남 좌파라는 딱지를 붙인 것이다. 그렇다면 오히려 정반대의 이미지를 가진 정통 강남 좌파야말로 그런 비아냥을 원천 봉쇄하는 동시에 유능하고 세련된 이미지로 노 정권에 대한 실망·좌절·환멸을 뒤집을 수 있지 않겠느냐는 생각을 했을 법하다. 그게 바로 오마이뉴스가 '강남 좌파 띄우기'를 한 배경이었다. 이는 '정치 엘리트의 급조'라 부를 만한 것이었지만, 그 바탕엔 유권자들의 뿌리 깊은 기성 정치 혐오와 새것을 좋아하는 '새것 신드롬'이 있었다.

「제5장 왜 또다시 강남 좌파인가?: 조국-오연호의 진보 집권 플랜」은 오마이뉴스가 대선 시즌을 맞아 이전의 실패에도 불구하고 또다시 '강남 좌파 띄우기'를 시도하는 사건을 다루었다. 이전과 다를 바 없는 이유와 배경으로 시도된 일이지만, 지난 5년간 이루어진 한국 사회의 변화상에 큰 기대를 걸고 있는 것으로 보인다. 앞서 지적한 일반인 강남 좌파의 커밍아웃으로 상징되는 강남 좌파층의 확대, 이명박 정권의 '촌스러움'에 대한 유권자들의 절망, 여전히 상존하거나와 더욱 강해진 기성 정치에 대한 혐오 등이 그 변화상의 주요 내용이라 할 수 있겠다.

「제6장 왜 박근혜는 침묵하는가?: 박근혜 인기의 비밀」은 박근혜 인기의 비밀 중 하나가 부정적 의미의 강남 좌파에 대한 반작용이라는 것을 밝히고자 했다. 위선의 반대는 침묵인가? 그녀의 침묵마저 정치적 자산이 되는 이상 현상이 제기하는 질문이다. 그녀의 지지자들이 지지의 이유로 그녀의 신뢰·헌신·애국심 등을 꼽는 것은 복고적 엘리트주의를 떠올리게 하지만, 그 이면엔 민주화 이후의 엘리트주의가 노정하는 한계에 대한 염증이 있다고 보아야 할 것이다.

「제7장 분당은 미리 보는 2012년 대선인가?: 손학규의 재기」는 좌파에서 우파를 거쳐 다시 분당 좌파로 재기에 성공한 손학규를 다루면서 분당 좌파 · 강남 좌파는 분당 우파 · 강남 우파 정권에 대한 반감과 반작용으로 부각된 면이 있음을 밝히고자 했다. '반감과 반작용'은 한국의 모든 선거를 지배하는 철칙으로 정치 엘리트들에게 성찰을 필요 없게 만드는 주요 이유가 되고 있다. 좌우 진영을 옮겨 다니다가 유력 대선 후보가 된 '손학규 현상'은 전례가 없는 일이기에, 그의 정치적 행보와 운명은 강남 좌파에 대한 논의를 풍요롭게 만들어줄 것이다.

「제8장 노무현 정신으로 돌아가자: 유시민의 국민참여당」과 「제9장 이명박 정권이 나라를 망친다: 문재인의 분노」는 노무현과 노 정권에 덧쓰인 부정적 강남 좌파 이미지를 벗기고 명예회복을 하려고 분투하는 유시민과 문재인의 '인물 중심주의' 정치관을 다루었다. 이들의 정치적 활동에 대한 평가는 민주화 이전의 엘리트주의와 민주화 이후의 엘리트주의가 충돌함으로써 매우 복잡한 모습을 보일 수밖에 없다는 것을 말하고자 했다.

「제10장 강남 우파의 강남 좌파적 언어: 오세훈의 따뜻한 보수」는 강남 우파이면서도 강남 좌파적 언어를 전복적으로 구사하면서 반(反)포퓰리즘 노선을 전투적으로 밀어붙이는 오세훈의 전투적 '프레임 전략'을 다루었다. 소통을 희생으로 한 그의 '프레임 전략'은 정치 엘리트의 '브랜드화 전략'에 대해 우리 모두가 주목해야 함을 보여주는 사건이라 하겠다.

「제11장 가장 치열한 계급투쟁은 입시 전쟁: 강남 좌파는 학벌 좌파」는 한국 사회의 학벌 인맥이 갖는 파워에 주목하면서 엘리트주의의 동의어라 할 수 있는 '능력주의 사회(meritocracy)', 그리고 강남 좌파와 학벌의 상호 관계를 다루었다. 좋은 학벌을 갖기 위해 어린 시절부터 '전쟁'을 치르는 과정의 사회화가 바람직한 엘리트 품성 함양에 기여할 것인가? 노블레스 오블리주(Noblesse Oblige)의 실천은 가능할 것인가? 이런 의문을 제기하는 관점에서 기존 입시 전쟁 문제와 정치개혁 문제가 상호 무관치 않음을 역설했다.

chapter
03

위선에 대한 분노인가?

노무현 시대의 강남 좌파 논쟁

노무현과 남상국

앞서 논의한 바와 같이 '민주화 이후의 엘리트주의', 즉 엘리트관의 변화와 그에 따른 엘리트관의 차이는 지금도 자주 인터넷을 뜨겁게 달구는 노무현에 관한 논쟁이 이전투구(泥田鬪狗)로 빠지곤 하는 주요 이유가 되고 있다. 과거에도 노무현의 언행과 관련된 그런 이전투구는 크게 보아 "대체적으로 맞는 말 아니냐"와 "너는 얼마나 깨끗하기에"의 대결 구도를 형성하곤 했다. 사실 이게 강남 좌파를 둘러싼 찬반 논쟁의 핵심이기도 하다.

친노(親盧)는 수많은 논란을 빚었던 노무현의 설화(舌禍)가 대체로 다 옳은 말씀이라는 데에 주목했지만, 반노(反盧)는 그 옳고 그름 이전에 다른 사람들을 면박 주고 비난해가면서 과시하는 '도덕적 우월감'에 '위선'과 '기만'은 없는가 하는 점에 주목했다. 친노는 "그까짓 스타일" 하면서 가볍게 여겼지만, 반노는 스타일이 알맹이 못지않게 또는

2004년 3월 11일 청와대 춘추관에서 노무현 대통령이 기자회견을 하고 있다.

그 이상으로 중요하다고 보았다. 이를 잘 보여준 대표적인 예가 바로 '남상국 사건'이다.

2004년 3월 11일 아침 노무현은 자신의 선거 개입으로 촉발된 대통령 탄핵소추안 발의와 관련한 기자회견에서 "학벌 사회, 연고 사회인데 일류 학교 나온 사람들 사이에서 잘 짜인 사회 속에 제가 돛단배처럼 떠 있지 않나"라면서, 대우건설 사장 남상국이 경남 김해에 사는 자신의 친형 노건평을 찾아가 3000만 원을 주면서 청탁했다며 "좋은 학교 나오고 크게 성공한 분이 시골에 있는 별 볼 일 없는 사람에게 가 머리 조아리고 돈 주는 일은 없으면 좋겠다"고 비난했다. 이 공개 비난에 충격을 받은 남상국은 11시 30분경 집을 나와 12시 10분경 한강에 몸을 던져 자살했다.

이후 벌어진 탄핵 사태의 촉발 이유에 대한 시각은 극과 극으로 갈렸다. 거시적인 '의회 쿠데타론' 대 미시적인 '남상국 자살론'의 대결구도였다. 전자는 우리가 익히 잘 아는 것이지만, 후자는 의외로 무시돼왔다. 국회의장 박관용은 "남 사장의 죽음이 대통령의 '수준'과 '자격'에 대해 근본적인 회의를 품고 있던 야당 의원들의 결단을 돌이킬 수 없는 것으로 굳힌 결과가 되었다"고 말했다.¹ 한나라당 대표 최병렬도 "남상국을 비꼰 내용과 남상국의 한강 투신자살이 한나라당 의원 등을 크게 자극해 탄핵안이 가결됐다"고 했다.²

그러나 당시 개혁·진보파는 남상국의 자살을 사소한 사건으로 간주했다. 아니, 비웃는 이들도 있었다. 진보 논객 진중권이 당시 남상국에 대해 "그렇게 명예를 중시하는 넘이 비리나 저지르고 자빠졌습니까?……검찰에서 더 캐물으면 자살하겠다고 '협박'하는 넘들이 있다고 합니다.……검찰에서는 청산가리를 준비해놓고, 원하는 넘은 얼마든지 셀프서비스하라고 하세요"라고 말한 것에 대해 비판한 사람은 아무도 없었다.³ 진중권은 노무현 서거 시 비통한 애도를 표한 자신의 이중성 또는 '죽음에 대한 정파성'이 논란이 되자 5년 전의 발언에 대해 사과하긴 했지만, 당시 그의 발언을 즐긴 사람들도 면책되긴 어려운 게 아닐까?

탄핵 역풍으로 한동안 노무현의 전성시대가 열리면서 남상국은 쓸쓸하게 잊혔지만, 2008년 12월 4일 '시골에 있는 별 볼 일 없는 사람'이라던 노건평이 농협의 세종증권 인수에 개입하고 거액의 대가를 받은 혐의(특정경제범죄가중처벌법상 알선수재)로 검찰에 구속되면서 그의 억울함이 부각되었다. 남상국의 부인 김선옥도 언론 인터뷰 등을 통해 남편의 억울함을 하소연하고 나섰다. 진보 신문들은 침묵하는 가운데 보수 신문들은 '인간의 도리'를 내세워 노무현을 비판했다.

『조선일보』는「5년 만에 입 연 남상국 씨 유족과 인간의 도리」라는 제목의 사설에서 "남씨가 머리 조아리며 돈 준 것이 아니라 노씨 처남

> ### 5년 만에 입 연 남상국씨 유족과 인간의 도리
>
> 2004년 3월 노무현 전 대통령이 TV 생중계 연설에서 자신을 공개 비난하는 것을 보고 한강에 투신 자살한 대우건설 사장 남상국씨의 부인과 동생들이 "사건 진상이 잘못 알려졌으며 노 전 대통령이 사과하지 않으면 소송도 검토하겠다"고 말했다. 당시 노 전 대통령은 형 건평씨가 남씨로부터 사장 연임 청탁과 함께 3000만원을 받은 사실을 언급하면서 "좋은 학교 나오시고 크게 성공하신 분들이 시골에 있는 별 볼일 없는 사람에게 가서 머리 조아리고 돈 주고 그런 일 이제 없었으면 좋겠다"고 했었다.
> 남씨의 부인은 "처음 만나는 사람(노건평씨)한테 어떻게 '사장 임기가 다 돼가니 다시 사장 시켜주세요'라고 말할 수 있겠느냐"고 했다. 사기 펀드로 650억원을 모아 구속됐던 노건평씨 친남 민경찬씨가 대우건설 간부에게 '병원 건물 공사를 싸게 해달라'며 먼저 접근해왔다는 것이다. '남 사장이 연임하려면 로비가 필요하다'며 노건평씨에게 돈을 주라고 제의한 것도 민씨라고 했다. 남씨는 마지못해 노씨에게 3000만원을 주라고 지시했고 대우건설 직원이 김해에 가서 노씨에게 돈이 든 쇼핑백을 전달했다고 한다. 남씨가 머리 조아리며 돈 준 것이 아니라 노씨 친남이 공사 민원을 하면서 인사 청탁 명목으로 돈을 뜯어간 것에 가까울 정도다.
> 노 전 대통령은 이런 전후 사정을 보고받았을 것이다. 그렇다면 노 전 대통령은 그 일에 대해 언급하려면 먼저 노건평씨와 민경찬씨의 행동을 사실대로 말하고 국민에게 사죄했어야 옳을 일이다. 그러나 노 전 대통령은 국민이 지켜보는 가운데 사실과 다른 이야기를 만들어내 남씨의 인격을 무자비하게 짓밟아 버렸다. 남씨를 한강다리 난간 밖으로 떠민 거나 마찬가지 행동이었다. 그 남씨의 상가(喪家)는 권력의 눈이 두려워 사람들이 발길을 옮기지 않아 고적(孤寂)하기 짝이 없었다. 남씨의 부인은 "그동안 숨만 쉬고 살아왔다"고 했다.
> 노 전 대통령이 "아무 것도 모르는 시골 노인"이라고 했던 노건평씨는 이 일로 법원에서 집행유예를 선고받고 나서 집행유예 기간 중 서울 호텔에 나타나 농협회장에게 세종증권을 인수하라는 청탁을 했다. 그 대가로 세종증권으로부터 30억원을 받았다. 노 전 대통령은 이 일에 대해서도 뭐라 말이 없다.
> 남씨의 유족들은 노 전 대통령이 사과하지 않으면 민·형사 소송도 고려하겠다고 했다. 자기 형님의 허물을 덮으려고 다른 사람에게 씻을 수 없는 모욕을 줘 목숨을 끊게 만들었다면 뒤늦게라도 죄송하다는 말 한마디는 전하는 게 인간의 도리일 텐데. 그것마저 그렇게 인색한가.

『조선일보』는 2008년 12월 17일자 사설에서 "노 전 대통령은 국민이 지켜보는 가운데 사실과 다른 이야기를 만들어내 남 씨의 인격을 무자비하게 짓밟아버렸다"고 비난했다.

이 공사 민원을 하면서 인사 청탁 명목으로 돈을 뜯어간 것에 가까울 정도다. 노 전 대통령은 이런 전후 사정을 보고받았을 것이다"라며 다음과 같이 말했다. "그러나 노 전 대통령은 국민이 지켜보는 가운데 사실과 다른 이야기를 만들어내 남씨의 인격을 무자비하게 짓밟아버렸다. 남씨를 한강 다리 난간 밖으로 떠민 거나 마찬가지 행동이었다. 그 남씨의 상가(喪家)는 권력의 눈이 두려워 사람들이 발길을 옮기지 않아 고적(孤寂)하기 짝이 없었다. 남씨의 부인은 '그동안 숨만 쉬고 살아왔다'고 했다. …… 남씨의 유족들은 노 전 대통령이 사과하지 않으면 민형사 소송도 고려하겠다고 했다. 자기 형님의 허물을 덮으려고 다른 사람에게 씻을 수 없는 모욕을 줘 목숨을 끊게 만들었다면 뒤늦게라도 죄송하다는 말 한마디는 전하는 게 인간의 도리일 텐데, 그것마저 그렇게 인색한가."[4]

그러나 노무현의 사과는 없었고, 그래서 유족들은 12월 19일 노무현을 명예훼손 혐의로 서울 중앙지검에 고소했다. 유족은 고소장에서 "남 전 사장이 노 전 대통령의 형 노건평 씨를 찾아가 머리를 조아리거나 돈을 준 사실이 없으며, 오히려 노 씨와 그의 처남 민경찬 씨가 사장 연임을 도와주겠다며 먼저 요구해 어쩔 수 없이 3000만 원을 준 것"이라고 밝혔다. 이들은 또 "이 같은 내용은 2004년 3월 10일 검찰의 수사 발표에서 대부분 사실로 밝혀졌다"며 "수사 결과를 보고받는 위치에 있던 노 전 대통령이 다음 날 기자회견을 통해 남 전 사장을 사장 연임을 위해 시골 노인에게 찾아가 돈이나 주는 파렴치한 사람으로 무참히 매도해 굴욕을 못 이겨 자살하게 만들었다"고 말했다.[5]

여전히 노무현의 사과는 없었고, 수사도 진척되지 않았다. 유족들은 노무현의 비리 혐의까지 제기되던 2009년 4월 6일 서울 중앙지검에 수사 촉구서를 제출했지만, 노무현은 5월 23일 투신자살로 서거한다. 노무현과 남상국 두 사람의 죽음 모두 억울한 것이었건만, 세상의 반응과 대접은 천지 차이였다. 지위의 높고 낮음에 따라, 정파성에 따라, 어떤 죽음은 통곡하는 애도의 대상이 되고 또 어떤 죽음은 비웃는 경멸의 대상이 된다면, 이건 정말 너무 치사하지 않은가? 노무현에 대한 평가와 관련해 이 세상엔 좌우 구분을 떠나 두 종류의 사람들이 있다. 여전히 남상국의 자살은 비교적 사소한 사건이라고 보는 사람들과 남상국의 자살과 이후 보여준 노무현의 태도는 매우 중요한 사건이라고 보는 사람들이다. 후자의 사람들 중 일부는 노무현의 자살을 심지어 "남상국의 자살에 대한 업보(業報)"라고까지 했다.

강남 좌파의 원조는 노무현

이렇듯 두 죽음을 바라보는 시각의 격차가 크다는 게 개탄스럽긴 하지만, 사실 이런 성격의 차이는 우리의 일상적인 삶에서도 자주 부딪히는 문제다. 의도가 어떠하건 결과적으로 위선을 저지르면서 입바른 소리를 잘하는 사람이 있다고 가정해보자. 어떤 사람은 위선보다 '입바른 소리'를 더 높게 평가하지만, 또 어떤 사람은 위선을 더 중요하게 여기면서 혐오감을 표시한다. 이런 차이가 정치 마당에서 부풀려지면서 격돌한다면 소통이 될 리 없다. 강남 좌파라는 말이 부정적 의미로 노 정권 시절에 등장하게 된 것은 바로 이런 배경에서다.

앞서 논의한 강남 좌파론의 관점에서 보자면 한국 정치 지도자들 중 강남 좌파의 원조는 노무현이다. 아니, 정치 지도자들 가운데 노무현만큼 강남에 비판적이거나 강남을 적대시한 이도 없는데, 노무현이 강남 좌파의 원조라니 그게 말이 되는가? 물론 말이 된다. 목동 또는 분당 주민이 강남 주민에 대해 비판적이라고 해서 그들을 강남 주민과는 본질적으로 다른 사람들이라고 보는 건 큰 착각이다. 노무현의 강남 비판은 그가 '아파트 분양원가의 공개 거부'라고 하는 강남 좌파적 부동산 정책을 폈다가 정권의 토대마저 흔들거리는 위기 상황에 처하게 되자 나온 원망의 담론이었을 뿐이다.

김영삼, 김대중, 노무현의 공통점은 모두 자식 관련 비리 문제로 큰 정치적 타격을 받았다는 점이다. 자식 관련 비리 문제의 바탕에 깔린 공통점은 자식에 대한 지극한 사랑이겠지만, 그 사랑은 강남 학부모들의 공격적인 교육열과 전혀 다르지 않다. 그 사랑을 비판하긴 어렵다. 그러나 나의 사랑은 고귀하지만 너의 사랑은 심각한 사회문제라며 비난하는 이중적 자세를 취하는 건 전혀 다른 문제가 된다. 강남 좌파의 가장 큰 문제로 지적되곤 하는 그런 이중성의 문제가 노무현 정권의 몰락에 큰 영향을 끼친 이유였다는 걸 이해할 필요가 있다는 뜻이기도 하다.

노무현은 골프와 요트를 사랑하며 강남의 라이프스타일을 즐기는, 잘나가던 세무 변호사였다. 이미 1983년 부산의 요트클럽 회원들과 함께 일본까지 찾아가 열흘간 머물면서 요트 지도원 자격증까지 땄으니, 대단히 선진적인 강남파였다고 할 수 있다.[6] 노무현은 학벌주의의 피해자였지만, 동시에 서울 법대 출신도 적잖이 떨어지는 사법고시를 상고 출신으로 통과해 판사까지 지낸 변호사였다. 노무현에겐 일류 대학 졸업장과 맞먹거나 그것을 능가하는 '신분증명서'가 있었던 만큼 강남 좌파로서 최소한의 조건은 갖춘 셈이었다.

민주화 운동가로 변신한 이후 노무현은 달라졌지만, 민주화 문제를 제외하고 세상을 바라보는 시각까지 근본적으로 달라진 건 아니었다. 노무현은 대통령 재임 시 엄청난 양의 말을 쏟아냈으면서도 노 정권 내부의 강남 좌파, 그것도 기회주의적 강남 좌파들의 위선적 행태가 민심 이반을 초래하고 있을 때 이를 시정하기는커녕 이에 대해 단 한마디도 하지 않았다. 그 누구건 노 정권의 정적(政敵)을 맹비난하면 노 정권 진영에선 영웅이 되는 분위기였다. 그래서 과거가 좀 이상하거나 자신의 입지가 약한 이들이 그런 돌격대 노릇을 즐겨 함으로써 민심이 떠나게 하는 데에 크게 기여했다. 노무현은 정적을 상대하는 데에만 몰두했을 뿐, 자기편의 문제는 전혀 보지 않으려 했다.

노무현은 '아웃사이더'의 지존

　파란만장한 역사가 낳은 집단적 아웃사이더 기질은 노무현 현상을 이해하는 데에 가장 중요한 개념이다. 앞서 지적했듯 한국인에겐 아웃사이더의 피가 흐르는데, 아웃사이더의 화신이자 지존이라 할 수 있는 노무현은 그 피의 축복을 받고 대통령에 당선되었기 때문이다. 노무현은 한국인의 아웃사이더 기질을 온몸에 농축한 인물이었다. 노무현 정권 또한 영남 정치권 아웃사이더와 호남 정치권 아웃사이더의 연합으로 결성되었으며, 권력 핵심부에도 그간 절치부심(切齒腐心)해온 아웃사이더들이 포진했다.

　아웃사이더 기질은 진보성과 상통하지만, 아웃사이더 기질이 곧 진보성은 아니다. 바로 이게 한국의 진보 정치 세력을 헷갈리게 해 자주 오판하게 만드는 최대 이유다. 아웃사이더 기질은 수많은 장점에도 불구하고 과장된 피해의식이라는 치명적인 문제를 안고 있다. 물론 그 과장된 피해의식마저도 자기발전을 위한 동력으로 쓰일 수 있지만, 뜻을 이뤄 권력을 가진 후 정치·통치 영역에 들어선 뒤엔 독약(毒藥)이 될 수 있다.

　과장된 피해의식만이 전부는 아니다. 열악한 처지에서 높은 곳을 향하기 위해선 권모술수(權謀術數)의 내재화 현상이 일어난다. 남들이 보기엔 권모술수지만, 자신이 생각할 때엔 진정성이다. 자신이 아웃사이더요, 약자라는 걸 '만병통치용 면죄부'로 삼는다. 아웃사이더 기질을 밖으로 강하게 드러내는 사람일수록 그 구분 능력이 박약하다.

　늘 모든 걸 다 걸고 도박을 하는 '올인'의 상례화도 빼놓을 수 없겠다. 아웃사이더가 인사이더가 되기 위해선 늘 고위험을 감수해야 한다. 그렇게 살아온 세월이 길수록 '치킨 게임'을 하는 게 버릇이 돼 있다. 막중한 공적 책임을 맡았으면서도 자신은 잃을 게 없다는, 극도의 책임윤리 부재 현상을 보인다.

노무현에게 표를 던진 아웃사이더 유권자들은 노무현이란 거울에 비친 자기 모습을 보고 당혹감을 느꼈다. '내장'과 '발산'의 차이 때문이기도 하겠지만, 낮은 곳에 있었을 때엔 아름답던 아웃사이더 기질이 높은 곳에 오르면 달리 보인다는 걸 깨달았기 때문일 게다. '열정'이 '냉정'으로 바뀌는 순간이다.

그러나 그들이 '아웃사이더 죽이기'를 용인할 만큼 싸늘해진 건 아니었다. 집권 이후 계속 내리막길을 걷던 노무현의 1차 부활이 대통령 탄핵(2004년 3월 12일)으로, 이후 또 계속 내리막길을 걷다가 퇴임 이후 비리의 피의자 신분으로까지 전락한 노무현의 2차 부활이 투신 자살(2009년 5월 23일)에 의해 이루어졌다는 건 무엇을 의미하는가?

특히 노무현 서거 이후 노무현을 지켜주지 못했다며 후회와 참회의 목소리가 폭포수처럼 쏟아졌고, '열병과도 같은 눈물의 행렬'이 전국을 휩쓴 건 어떻게 이해해야 할까?[7] 조문객은 500만 명에 이르렀으며, 수많은 시위가 시도되었다. 그 와중에서 노무현의 과오에 대해 일정 부분 비판적이었던 진보적 신문들마저 호된 비난의 대상이 되자 이 신문들은 반성의 자세를 보였다. 5월 31일 민주당도 노무현과의 결별을 시도했던 이전과는 달리 "민주당은 '노무현 정신'을 이어가겠다"고 선언함으로써 4년 8개월 만에 한나라당에 앞설 정도로 지지율이 급등했다. 적어도 외국인들이 보기엔 참으로 불가사의한 일이 아닐 수 없었다.

탄핵반대 촛불집회 한나라당과 민주당이 시도한 대통령 탄핵은 오히려 노무현 대통령이 부활하는 기회를 주었다. 여론의 거센 역풍은 결국 헌법재판소가 탄핵소추안을 기각하게 만들었다.

노무현은 코리언 드림의 상징

6월 1일 문재인 전 청와대 비서실장은 『한겨레』 인터뷰에서 "예상 밖의 조문과 추모 열기가 어디서 비롯된 걸까?"라는 질문에 이렇게 답했다. "저도 솔직히 잘 모르겠다. 이것이 전부 노 대통령에 대한 애정이나 지지 표현으로 보기에는……, 그렇다면 불과 얼마 전까지 비난 일색이었던 싸늘했던 민심은 무엇이었는지……. 우선은 두 가지가 복합된 것 같다. 첫째로는 이분이 목숨을 버린 다음에야 그의 진정성을 국민들이 알게 되면서 공감과 안타까움과 자책이 있었던 것 같고, 또 한편으로는 죽음으로 몰고 간 상황에 대한 분노, 즉 참여정부의 가치들이 깡그리 부정되면서 민주주의나 인권, 복지 등 모든 면에서 후퇴하는 정치 현실에 대한 분노가 복합된 것 아니겠나."[8]

매우 설득력이 높은 설명이다. 그럼에도 무언가 부족하다는 느낌을 지우기 어렵다. 노무현 서거 책임의 장본인으로 지목된 이명박 정권의 반대편에 있던 사람들도 서거 전의 노무현에 대해 실망과 분노와 좌절을 드러냈었으며, 이미 그때에도 검찰 수사의 문제를 몰랐던 게 아니었기 때문이다. 그걸 충분히 감안하더라도 부정부패에 대해 '패가망신'을 외치며 도덕적 우월감을 과시했던 노무현 측이 "해도 너무했다"는 정서였다. 그러나 노무현의 서거로 모든 게 일순간에 역전되었다. 그의 자살이 '정치적 보복에 의한 타살'로 규정되면서 이명박 정권에 대한 반감과 분노가 하늘을 찔렀고, 이런 상대적 관점이 모든 판단을 지배했다. 이런 '노풍(盧風)'은 당시엔 '폭발'의 수준에까지 이르진 못했지만, 1년여가 지난 2010년 6·2 지방선거에까지 큰 영향을 끼칠 정도로 강한 지속성을 보였다.

노무현 전 대통령 영결식 노무현 전 대통령의 서거는 노무현을 재평가하게 하는 계기를 제공했다. 이 과정에서 노무현에 비판적이었던 진보적 신문들은 호된 비난을 받아야 했다.

왜 그런 일이 벌어진 걸까? 한 가지 설명을 추가해보자. '우리 안의 노무현'이 총궐기했기 때문이다. 이는 파란만장한 한국의 근현대사를 떠올리지 않고선 이해하기 어려운 현상이다. 한국인들은 고난과 시련의 역사로 인해 '영웅 대망론'에 친숙하다. 망국 직전의 개화기 조선을 휩쓸던 영웅사관은 지금도 건재하다. 희망이 없는 상황에서 영웅이 모든 걸 돌파해주길 기대하는 심리다.

독립투쟁을 하거나 민주화투쟁을 하던 비상한 시절 지도자는 투쟁 역량을 키우는 구심점이 되었기에, 이때의 인물 중심주의는 필요했거니와 바람직한 면이 있었다. 문제는 그런 비상한 시절의 멘털리티가 평상시에도 발휘된다는 데에 있다. 지금도 이승만이나 박정희를 영웅으로 여기는 사람들이 좀 많은가. UN 사무총장 반기문도 '세계 대통령'이라고 불러야 직성이 풀리는 사람들이 한국인이다.

그런 '인물 중심주의'는 악(惡)을 주로 관계의 관점에서만 이해하는 한국인의 상대주의로 인해 더욱 강화된다.[9] 한국인의 정의관(正義觀)은 누가 더 나쁜가 하는 상대적 기준에 따라 평가를 내리는 '인간 관계형 정의관' 또는 '인간 중심적 정의관'이다. 이런 정의관은 죽음으로 인해 증폭된다. 3·1운동과 6·10만세운동과 같은 일제 강점기의 항일 시위는 물론 4·19혁명에서부터 6월 항쟁에 이르기까지 한국 민주화에 기여한 주요 시위는 모두 누군가의 죽음으로 인해 촉발하거나 폭발한 것이었다. 억눌림에 대해 잠자코 인내하다가 어느 순간 누군가의 죽음을 계기로 일시에 욱하고 폭발하는 패턴이 반복돼왔다.[10] 성공회대 교수 조희연은 '죽음의 비극성'이 갖는 효과에 주목하면서 "한국 역사에서 흥미로운 사실을 발견하게 되는데, 그것은 한국의 정치 지도자들의 경우 '비운에 간' 인물들에 대해서만 '동의적' 태도가 존재한다는 것이다"라고 말한다.[11] 이는 진보적 관점에서 이른바 '박정희 신드롬'을 설명하기 위해 한 말이지만, 김구에서부터 노무현에 이르기까지 '비극적 죽음'을 맞은 모든 정치 지도자에 대한 대중의 태도에도 똑같이 적용될 수 있다.

서양에선 과오 논란에 휩싸인 사람이 자살을 하면 억울함이 풀어지는 게 아니라 스스로 입증하는 게 되지만, 한국에선 정반대로 "오죽 억울하면 그랬을까" 하고 동정의 대상이 되는 동시에 정당성까지 확보하는 경향이 있다.[12] 서거 후 노무현의 정치적 부활은 논리나 이성으론 설명할 수 없다. 그건 한(恨)의 영역이기 때문이다. 노무현은 밑바닥에서 일어난 '코리언 드림'의 상징이다. 대부분이 아웃사이더인 우리는 노무현에게서 자신을 본다. '투영'의 수준을 넘어 '동일화'의 경지에까지 이른다. 노무현에게 보낸 지지자들의 '연애편지'를 묶은 『노하우에 쓴 러브레터』(열음사, 2002)라는 책을 열어보자. 이 편지들은 대부분 노무현의 이념이 아니라 노무현의 험난한 수난·투쟁 과정에 높은 점수를 주고 있다. 일종의 '신앙' 고백이다. 세 편의 고백을 소개한다.

(1) "당신의 순수한 모습에, 당신의 진실의 눈물에, 당신의 확고부동한 의지에 눈물이 흘렀습니다. 천주교 신자인 저는 예수님의 고통을 생각했습니다. 고향에서 인정받지 못하고 오직 정의와 진실만을 위해 한 곳만 바라보면서 십자가를 지고 돌아가신 주님. …… 지금은 당신을 위해 미치고 싶습니다. 아니, 죽도록 사랑하며 흠모하고 싶습니다."

(2) "빈농의 자식으로 내세울 것 하나 없는 집안에 고등학교만 나온, 하지만 그러한 환경에서도 자신이 하고자 하는 목표와 당위성을 가지고서 꿈을 이루어내지 않았습니까? 네, 제가 말하고 싶은 것은 바로 이러한 꿈입니다. 우리 아이들에게 이러한 꿈을 심어주고 싶습니다."

(3) "나중에야 나는 알게 되었다. 한 인간의 영혼은, 그 품격과 의지들은 외부 상황 때문에 시들지 않는다는 것을. …… 그의 모습의 한 이면에는 언제든 나를 뒤흔들어놓을 섹시함이 존재한다. 그 어떤 정치인에게서도 느낄 수 없는 순수한 정열, 뜨거움, 강렬한 파워가 있다. 알 수 없는 흥분과 기대감, 끝없는 달아오름이 존재한다. 인간의, 역사의 오르가슴을 느낄 수 있는 가능성을 그에게서 발견한다."

모두 다 아름다운 말이지만, 이는 결코 '진보성'은 아니다. 아웃사이더 기질일 뿐이다. 이는 강남 좌파가 좌파와 상통하는 점이 있으면서도 때로 좌파 노선으로부터 이탈하는 이치와 같다. 그래서 아웃사이더의 지존이 진보성에 반하는 정책을 펴더라도 그걸 옹호할 수 있는 심성이 생겨나는 것이다.

노무현의 위대한 점

 노무현 지지자들이 노무현에게 보내는 사랑의 성격을 이해하지 못하면 한국 정치를 이해하는 것도 어려워지므로 좀 더 파고들어 가보자. 아웃사이더 기질만으론 다 설명할 수 없는 또 다른 무엇이 있는지 생각해보자. 노무현의 서거 직전, 그에 대한 좌우의 비난이 빗발치다 못해 하늘을 찌르던 시점에서도 노무현에 대한 지지와 사랑을 포기하지 않는 이들이 있었다. 이들의 생각을 알아야 할 게 아닌가. 2009년 5월 5일 강병태 『한국일보』 논설위원실장이 그런 생각의 핵심을 잘 전달했다.
 "내 가까운 친구 가운데도 노무현 전 대통령을 변함없이 지지하는 이가 있다. 그가 유행시킨 말처럼 아무리 깽판을 쳐도, 대통령이 된 것만으로 이미 세상을 바꾼 때문이라고 한다. 그야말로 별 볼 일 없는 성장 배경과 학력 등을 지닌 인물이 세상의 편견과 모순에 맞서 이기는 모범을 보였다는 것이다. 내 친구는 유복한 가정 출신에 좋은 학교를 나왔다. 노 전 대통령의 부침과 얽힌 세속적 이해관계도 없다. 다만 인간 노무현의 도전과 성공이 사회를 정의롭게 변화시키는 큰 디딤돌을 놓은 것으로 믿는 듯했다."[13]
 맞다. 바로 그것이다. 나는 앞서 노무현 지지자들이 세상을 미시적으로 보는 것처럼 말했지만, 사실 이 점을 생각하면 노무현 지지자들이야말로 세상을 가장 거시적으로 보는 사람들인지도 모른다. 시대적 상황이 만들어냈건 노무현 자신이 만들어냈건, 노무현의 가장 위대한 점은 그가 현실 세계의 기존 문법에 정면 도전하면서 권력, 그것도 대통령 권력의 성격을 혁명적으로 바꾸려는 시도를 끊임없이 해왔다는 점이다. 그 기존 문법은 우리 모두 어쩔 수 없이 적응하려고 애쓰는 것이다. 이는 결코 공정하거나 아름답지 않은 것이었음에도 자연의 법칙이라도 되는 것처럼 우리를 옥죄어왔다. 그것에 온몸을 던져 도전한다는 건 상상조차 하기 어려운 일이었다. 그런데 노무현은 그 일을 끊임없이 시도했고, 대통령에 당선되는 성공까지 거두었다. 그것만으로도 그는 위대한 영웅이며, 이후 벌어진 그 밖의 모든 것은 사족(蛇足)에 불과한 것이다!

더욱 중요한 것은 노무현의 그런 의도와 시도가 일상적 삶에 고스란히 배어 있었다는 점이다. 그는 늘 수줍어할 정도로 겸손하고 격의 없는 이웃집 아저씨처럼 소탈했다. 유력 정치인이 된 후에도, 심지어 대통령이 된 후에도 변함이 없었다. 그건 그의 이미지인 동시에 실체였다. 지지자들은 그에게 매료되지 않을 수 없었다. "아 세상에 저런 사람이 있을 수 있는가!"라고 놀라지 않을 수 없었다. 그는 인간적으로 아름다운 사람이었으며, 우리는 다시 노무현과 같은 대통령을 만나지 못할 것이라는 게 지지자들의 한결같은 증언이다.

그런데 바로 여기에 패러다임, 즉 틀의 격차가 존재한다. 노무현과 친노 정치인들에게 열정적 지지를 보내는 사람들의 그런 생각과 심정은 이해할 수 있지만, 문제는 생각을 달리하는 사람들을 대하는 태도와 방식이었다. 더 본질적으로 들어가자면 인간으로서의 오류 가능성에 대한 성찰 능력이었다. 노무현과 친노에겐 그게 약하거나 없었다. '숭고하고 빛나는 전투성'과 '독선적이고 누추한 폭력성' 사이의 거리는 그리 멀지 않다. 우리 인간이 늘 큰 틀만을 염두에 두고 세상을 살아가는 건 아니기 때문이다. 위대한 영웅이 탄생한 이후 나머지 모든 것을 사족으로 여기는 사람들에겐 그렇게 다른 틀을 적용해보려는 사람들과의 소통 채널이 존재할 수 없었다. 비극의 시작이었지만, 아직도 끝나지 않은 우리 모두의 비극이다. 이제 틀을 달리해 왜 노 정권에게 강남 좌파라는 딱지가 붙게 됐는지 그런 '사소한' 문제들을 짚어보도록 하자.

아파트 분양원가 공개 논란

아직 강남 좌파라는 말은 등장하지 않았지만, 2004년 6월에 일어난 아파트 분양원가 공개 논란은 노무현 정권의 강남 좌파적 정체성을 보여주고 서민이 노 정권에 등을 돌리게 만든 결정적 사건이었다.

6월 9일 노무현은 "아파트 분양원가 공개는 개혁이 아니라고 생각한다"며 "시장을 인정한다면 원가 공개는 인정할 수 없다"고 주장했다. 그는 "이것은 경제계나 건설업계의 압력이 있어서가 아니라 대통령의 소신"이라고 단언했다. 노무현의 이 뒤집기 발언은 많은 지지자에게 큰 충격을 안겨주었다. 열린우리당은 4·15 총선 공약으로 분양원가 공개를 내세웠으며, 총선 직후인 4월 20일 KBS 1라디오 여론조사에서 86.9퍼센트가 분양원가 공개에 찬성한 것으로 나타났기 때문이다.

그럼에도 노무현은 6월 11일엔 아예 한 걸음 더 나아가 공공 부문의 분양원가 공개를 주장한 한나라당에 대해 "경기가 나쁘다고 탄핵을 추진한 한나라당이 경기를 죽일 수 있는 이런 규제를 만들자는 것이냐"며 "본질적인 문제를 가지고 제발 이랬다 저랬다 하지 말아줬으면 좋

겠다"고 맹비난했다.[14]

6월 12일 『한겨레』 여론조사에서 노무현의 지지율은 37.8퍼센트로 뚝 떨어진 것으로 나타났다. 6월 14일 열린우리당 의원 김근태는 노무현의 아파트 분양원가 공개 불가 방침에 반발하면서 "계급장을 떼고 논쟁하자"고 주장했지만, 유시민 등 친노 의원들의 공세에 밀려 무릎을 꿇고 말았다. 7월 2일자 신문들은 열린우리당의 위기 상황을 크게 보도했다. 열린우리당의 지지율이 27퍼센트로 추락해 30퍼센트대 초반인 한나라당에도 뒤졌다는 내용이었다. 열린우리당도 스스로 '창당 이래 최대의 위기 상황'이라는 진단을 내리고 있었다.

아파트 분양원가 공개 거부 1년 후 어떤 일이 벌어졌던가? 문자 그대로 '부동산 투기 광풍'이 전국을 휩쓸고 있었다. 2005년 6월 초 서울 강남의 전용면적 25.7평(32~35평형) 안팎 일반 아파트의 호가가 10억 원대에 진입했으며, 강남구 대치동 선경아파트 55평형은 보름 동안 1억 원 이상 올라 19억 원 선에 거래되는 등 '강남 불패' 신화가 되살아났다.[15] 강남뿐만이 아니었다. 『경향신문』 2005년 6월 17일자 1면 머리기사 「전국 '투기 광풍' 땅값이 춤춘다」는 "투기 열풍이 '땅 끝 해남에서 휴전선 인근 철원까지' 번지고 있다"고 보도했다.

이런 '투기 광풍'으로 지지율이 밑바닥을 헤매자 노무현은 2005년 7월 13일 "나는 취임 초기부터 레임덕에 빠져 있었다"고 푸념했다.[16] 그러나 진보적 언론인 박태견은 이를 '사실과 다른 궤변'으로 단정했다. 취임 이틀 뒤인 2003년 2월 27일 지지도는 92.2퍼센트였으며 지지율 급락의 가장 큰 요인은 아파트값 폭등이었다는 것이다.[17] 그럼에도 노무현은 자신보다는 강남 탓을 하기에 바빴다. 그의 강남 비판은 이런 맥락에서 나온 것이었다. 그는 2005년 8월 25일 '국민과의 대화'에서 "강남 재건축 아파트를 사서 기분 좋아하는 분들이 언제까지 웃을 수 있을지"라고 말했다. 이에 대해 『중앙일보』는 "'어디 두고 보자'는 식의 증오와 뒤틀린 심정이 읽힌다"고 비판했지만,[18] 이는 정확한 진단은 아니었다. "10배 남는 장사도 있다"는 강남 좌파적 철학의 부메랑에 대한 자포자기적 발언이었을 뿐이다.

박태견은 노무현이 2005년 7~8월에 한 일련의 발언들은 부동산 정책 실패의 책임을 국민과 지식인 집단, 김대중 정부 탓으로 돌리는 걸로 일관했다고 지적하면서 "노 대통령이 '네 탓 타령'으로 일관하는데 대한 국민 반응은 얼음장 그 자체였다"고 했다.[19] 이후에도 노무현의 항변은 계속됐는데, 이에 대해 박태견은 "'공격적 뻔뻔스러움'의 극치"를 보였다고 비판했다.[20] 여론조사에서 '서민을 위한 정당'으로 열린우리당보다는 한나라당을 지목한 비율이 더 높게 나타난 결과엔 바로 이 '아파트 분양원가 공개' 논란이 미친 영향이 컸다. 이후의 역사가 말해주지만, 노 정권 몰락의 결정적 계기는 "10배 남는 장사도 있다"는 강남 좌파적 철학으로 대변된 아파트 분양원가 공개 거부와 그에 따른 아파트값 폭등이었다.[21]

'배부른 진보'

'강남 좌파'의 아류라 할 '배부른 진보'라는 말이 처음 등장한 것은 2005년 3월 24일 『문화일보』 논설위원 이신우가 쓴 「배부른 진보」라는 제목의 칼럼인 것 같다. 당시 어떤 일들이 있었기에 이런 말이 나오게 된 걸까? 몇 가지 주요 사건들만 살펴보기로 하자.

고위 공직자의 재산 공개를 시행한 지 13년째를 맞아 2005년 2월 24일 공직자윤리위원회는 1급 이상 고위 공직자 594명의 재산 변동 내역을 공개했다. 594명 가운데 75퍼센트인 447명이 전년도에 재산을 불렸으며, 1억 원 이상 재산을 늘린 고위 공직자는 87명인 것으로 나타났다. 직계존비속의 재산 공개를 거부한 사람은 337명이었다. 재산이 증가한 상위 20위 내 공직자 중 토지·임야의 수용보상액과 아파트 매매차익 등 소위 부동산 재테크로 재산을 늘린 사람이 14명이었는데, 경제 부총리 이헌재는 6년 새 65억을 불린 것으로 나타나 부동산 투기 의혹이 제기되었다.

그다음 날인 25일 노무현은 취임 2주년 국정연설에서 '부동산 투기와의 전쟁'을 선언했다. 그러나 일부 시민들은 이 발언에 분통이 터졌다며 신문사에 전화를 걸어 "고위 공직자라는 사람들이 대부분 부동산으로 재산을 불리고 있지 않습니까. 국민을 설득하려면 집안 단속부터 먼저 하라고 하십시오"라고 비난했다.[22]

『서울신문』 2월 25일자 사설 「공직자의 월급 저축 어찌 볼 것인가」는 "'봉급 대부분을 저축했다'는 일부 공직자의 신고 내용은 상식선에서 이해되지 않는다. 그것이 관용예산의 유·오용의 덕택이 아닌지 따져봐야 한다"고 말했다. 이 사설은 또 "노무현 대통령은 본인 및 장남의 봉급 저축으로 재산이 5800여만 원 늘었다고 신고했다. 이해찬 총리 역시 봉급 등을 저축해 3000여만 원을 늘렸다. 수백, 수천억 원을 정치자금으로 받던 과거 집권자와 비교하면 대견한 내용이다. 그러나 이제는 그것까지도 달라져야 한다고 본다. 세심한 부분까지 국민들의 마음을 얻어야 진정한 리더십이 생긴다"고 말했다.

『동아일보』 논설위원 방형남은 2월 26일자에 쓴 「봉급 저축」이라는 제목의 칼럼에서 "1급 이상 공직자 87명이 1년 새 재산을 1억 원 이상 늘렸다. '봉급 저축'을 억대 재산 증식의 비결로 꼽은 고위 공직자가 9명이나 된다. 노무현 대통령도 연봉의 대부분인 1억 6100만 원을 저축했던 2003년보다는 못하지만 지난해에도 봉급 가운데 3800여만 원을 저축했다고 신고했다"며 이렇게 말했다. "자신들이 낸 세금으로 봉급을 받는 공직자들이 차곡차곡 거금을 쌓아가고 있다는 소식을 듣고 적자에 허덕이는 가난한 납세자들은 '절약이 미덕'이라는 생각을 할지……. 4700만 명이 같은 하늘 아래 한국인으로 살지만 삶의 모습은 이렇게 천차만별이다. '인간은 평등하다'는 말은 고상하기는 하지만 아무래도 진실은 아닌 것 같다."

『한국일보』 2월 26일자 사설 「고위 공직자 재산 증식 씁쓸하다」는 "'부동산 투기는 반드시 뿌리 뽑겠다'고 큰소리치면서 토지와 아파트 매매를 통해 수억 원에서 수십억 원을 벌어들이는 것을 보고서는 당국의 정책의지에 의구심을 갖지 않을 수 없다. 봉급을 착실히 모아 재산을 늘렸다는 공직자가 많은 것은 장려해야 할 일이기는 하지만 선뜻 수긍이 가지 않는다. 별도 수입이 있지 않는 한 판공비로 생활하고 월급은 저축했다는 의혹을 사기에 충분하다. 판공비는 공직자들이 맘대로 쓸 수 있는 쌈짓돈이 아니라 공무 처리를 위한 비용이다. 만에 하나라도 그런 일이 없도록 최소한의 투명성이 확보돼야 할 것이다"라고 말했다.

2005년 2월 28일 국회 공직자윤리위는 국회의원 294명의 재산 변동 사항을 공개했는데, 놀랍게도 1억 원 이상 증가자의 수에서 열린우리당이 31명으로 전통적으로 재력가들이 모인 한나라당(29명)을 앞선 것으로 나타났다.[23] 이에 대한 비판이 빗발친 가운데 부동산 투기 의혹에 휩싸인 이헌재에 대한 여론도 악화되었다. 그러나 노무현은 3월 2일 이헌재에 대해 "경제정책의 일관성이 필요한 시기"라며 재신임 방침을 밝혔다. 4일 노무현은 재정경제부의 업무보고 내용을 극찬한 뒤 이헌재와 별도로 점심식사까지 하면서 재신임 의지를 재천명했다.

3월 7일 이헌재에 대한 부동산 투기 의혹이 가라앉지 않고 계속 제기됨에 따라 노무현은 결국 이헌재의 사표를 수리했다. 『경향신문』 정치부 차장 박래용은 3월 8일자에 쓴 「이 부총리 사퇴의 교훈」이라는 제목의 칼럼에서 "명분도 실리도 원칙도 신뢰도 다 잃었다. 이헌재 경제부총리 유임과 사퇴 파동 과정에서 노무현 대통령과 청와대가 보여준 12일간의 태도는 국정을 책임진 위정자의 자세라 하기에는 너무나도 실망스럽다"며 다음과 같이 말했다.

"본질은 경제가 아니라 이 부총리를 둘러싼 의혹이 사실이냐, 아니냐는 단순한 것이었다. 그럼에도 위장 전입, 명의 신탁, 매각 금액 축소, 미등기 전매, 특구 지정, 대출 과정 외압, 허위 계약서 작성 등 각종 의혹에 대해 청와대는 침묵했다. …… 이번에 참여정부가 잃은 것은 이 부총리뿐이 아닌 것 같다."

3월 중순엔 국가인권위원장 최영도도 부동산 투기 의혹으로 사임하는 일이 벌어졌다. 그가 공직자윤리위원회에 신고한 63억여 원의 재산 중 부동산은 55억 원이었는데, 여기서 문제가 빚어진 것이다. 『한국일보』(2005년 3월 19일)는 "그런 사람이 참여연대 공동대표, 민변 회장, 대한변협 인권위원장이라는 이력을 갖게 된 것에 배신감을 느끼고 있다"며 "시민운동계의 '도덕성'을 대표한다고 봐왔기 때문에 허탈감과 분노가 더 큰 것이다"라고 말했다.[24]

『경향신문』(2005년 3월 21일) 사설 「청와대의 안이한 인식이 문제다」

공직자의 월급저축 어찌 볼 것인가

예전 정부에서 장관급 고위공직을 지낸 인사들은 "현직에 있을 때 지갑을 열 일이 별로 없었다."고들 말한다. 부하 직원이 따라다니면서 관용카드로 음식값 등을 모두 계산했기 때문이다. 지극히 개인적인 축·부의금도 그런 식으로 처리하는 게 관행이었다. 공사(公私) 구분이 모호하게 판공비를 쓰다 보니 월급은 거의 남았다. 정부가 어제 공개한 1급 이상 공직자 재산변동 현황을 보면 과거 관행이 지금도 이어지는 것 아니냐는 의구심을 갖게 한다.

발표에 따르면 1급 이상 공직자 594명 가운데 75%인 447명이 지난해 재산을 불렸다. 87명이 1억원 이상 늘었다. 이헌재 경제부총리는 2000년 재경부 장관에서 물러난 뒤 지난해 복귀하는 사이에 땅과 각 등으로 60억원의 재산이 증가했다. 이런 통계만으로도 서민들은 우울해진다. 신용불량자가 360만 명에 이르고, 빚을 내지 않으면 생활하기 힘든 가구가 많다. 공무원들은 연금까지 보장돼 어느 직종보다 미래가 안정돼 있다. 불황속 고위공직자 재산증가는 '국민의 공복'이란 구호를 공허하게 한다.

공직자가 재테크나 저축을 한다고 문제삼을 일은 아니다. 공직에서 얻은 정보로 부동산 투기, 주식 거래를 하지 않는다면 시비 걸 수 없다. 아껴서 저축하는 것을 오히려 장려해야 한다. 하지만 "봉급 대부분을 저축했다."는 일부 공직자의 신고내용은 상식선에서 이해되지 않는다. 그것이 관용예산의 유·오용의 덕택이 아닌지 따져봐야 한다.

관용 외에 개인카드를 갖고 다니면서 자리에 따라 공사를 구별해 쓰는 광역단체장도 있다. 재산이 많은 한 단체장은 봉급 대부분을 구호단체 등에 기부하고 있다. 노무현 대통령은 본인 및 장남의 봉급 저축으로 재산이 5800여만원 늘었다고 신고했다. 이해찬 총리 역시 봉급 등을 저축해 3000여만원을 늘렸다. 수백, 수천억원을 정치자금으로 받던 과거 집권자와 비교하면 대견한 내용이다. 그러나 이제는 그것까지도 달라져야 한다고 본다. 세심한 부분까지 국민들의 마음을 얻어야 진정한 리더십이 생긴다.

고위 공직자 재산증식 씁쓸하다

어제 시중의 화제는 단연 고위공직자 재산변동 현황이었다. 지난해 행정부 고위공직자 10명 가운데 7명 이상이 재산을 늘린 것으로 나타나자 "요즘 같은 어려운 때 어떻게 재산증식이 가능했을까" 의아해 했다. 공교롭게도 같은 날 통계청이 발표한 '지난해 10가구 중 3가구 꼴 적자 기록' 소식을 떠올리며 시민들은 한숨을 내쉬었다.

재산이 늘었다고 신고한 공직자 대부분이 부동산값 상승에 따른 거래차익과 봉급저축 등을 이유로 들었다. 공직자들의 재테크 비결이 부동산이라고 해서 꼭 사시로 볼 것은 아니다. 공직에서 얻은 정보를 이용한 것이 아닌 바에야 그것도 정당한 재산증식 수단이기 때문이다. 하지만 "부동산 투기는 반드시 뿌리뽑겠다"고 큰소리 치면서 토지와 아파트 매매를 통해 수억원에서 수십억원을 벌어들이는 것을 보고서는 당국의 정책의지에 의구심을 갖지 않을 수 없다.

봉급을 착실히 모아 재산을 늘렸다는 공직자가 많은 것은 장려해야 할 일이기는 하지만 선뜻 수긍이 가지 않는다. 별도 수입이 있지 않는 한 판공비로 생활하고 월급은 저축했다는 의혹을 사기에 충분하다. 판공비는 공직자들이 맘대로 쓸 수 있는 쌈짓돈이 아니라 공무처리를 위한 비용이다. 만에 하나라도 그런 일이 없도록 최소한의 투명성이 확보돼야 할 것이다.

고위공직자와 서민과의 빈부격차가 갈수록 커지는 것은 안타까운 일이다. 불황 속에서도 재산을 쉽게 늘리는 허덕이는 서민들의 어려움을 제대로 이해하고 정책을 펴 나갈 수 있을 것인가. 다산 정약용은 '목민심서'에서 길게 보면 부자가 되는 것은 탐관오리가 아니라 청백리라고 강조했다. 청렴이 공직자의 최소 덕목임을 잊어서는 안 된다.

횡설수설 — 봉급 저축

서울역 노숙자 A씨는 일요일 새벽이면 전철을 타고 경기 광명시로 간다. 그곳의 한 교회 주일예배에 참석한 한 시간 동안 앉아 있으면 1000원을 받는다. 오후 3시까지 교회 세 곳에서 '신자 행세'를 하면 5000원이 생긴다(23일 KBS 2TV '추적 60분'). 라면값을 주는 서울 마포구의 한 교회에도 매주 토요일 노숙자들이 줄을 선다. 교회에는 이웃사랑이지만 노숙자들에게는 생명줄을 잡으려는 몸부림이다.

▷가난한 사람들의 뉴스는 끝이 없다. 노숙자뿐 아니라 서민들의 삶에도 여전히 칼바람이 몰아친다. 전국 10가구 중 3가구가 지난해 수입보다 지출이 많았다고 한다. 소득수준 하위 30% 중에서는 52.7%의 가구가 적자였다. 이들에게 세월의 흐름은 쌓이는 빚더미의 고통일 것이다. 양극화도 점점 심해져 전국 가구 상위 20%의 소득이 하위 20% 소득의 7.35배로 늘어났다.

▷부자들의 뉴스도 끝이 없다. 엊그제 고위 공직자 재산이 공개돼 부자들의 실상이 또 드러났다. 1급 이상 공직자 87명이 1년 새 재산을 1억 원 이상 늘렸다. '봉급 저축'을 억대 재산 증식의 비결로 꼽은 고위 공직자가 9명이나 된다. 노무현 대통령도 연봉의 대부분인 1억6100만 원을 저축했던 2003년보다는 못하지만 지난해에도 봉급 가운데 3800여만 원을 저축했다고 신고했다.

▷요즘 지하철역에는 전 재산의 절반인 27조 원을 사회복지를 위해 기부한 빌 게이츠 마이크로소프트사 회장의 미담을 소개하는 글이 붙어 있다. 게이츠 회장이 부인의 권유로 불우한 사람들에게 관심을 기울이게 됐다는 사연을 읽고 노숙자들이 가슴을 적실지…. 자신들이 낸 세금으로 봉급을 받는 공직자들이 차곡차곡 거금을 쌓아가고 있다는 소식을 듣고 적자에 허덕이는 가난한 납세자들은 '절약이 미덕'이라는 생각을 할지…. 4700만 명이 같은 하늘 아래 한국인으로 살지만 삶의 모습은 이렇게 천차만별이다. '인간은 평등하다'는 말은 고상하기는 하지만 아무래도 진실은 아닌 것 같다.

방형남 논설위원 hnbhang@donga.com

고위 공직자의 재산이 늘었다는 보도는 서민들의 가슴에 불을 지른 꼴이 되었다. 위에서부터 공직자 재산증식을 비판적으로 다룬 『서울신문』 2005년 2월 25일자 사설, 『한국일보』 2005년 2월 26일자 사설, 『동아일보』 2005년 2월 26일자 칼럼.

오후여담
배부른 진보

■ 한국사회에서 보수와 진보 논란은 어제 오늘의 이야기가 아니다. 따라서 이제 와서 새삼스레 보수와 진보의 정의(定義)에 대해 재론할 필요는 없을 것이다. 다만 궁금한 것은 요즘들어 아무리 봐도 진보같지 않은 진보들의 등장이 잦아 이따금 정체성의 혼란을 겪어야 할 때가 있다는 점이다.

통념상 진보라면 사회적 약자를 대변하며 경제적으로 성장보다는 분배에 비중을 두는 경향이 있다. 이런 배경에서인지 진보주의자 스스로 물질적으로는 풍요롭지 못한 대신 도덕주의를 강하게 어필하는 경우가 많다. 그런데 최근에는 막대한 부(富)를 갖고 있으면서도 이념적으로는 진보를 지향하거나 주창하는 사람들이 많이 출현하고 있다. 소위 '배부른 진보' 들이다.

하긴 이 세상에 배부른 진보처럼 멋있는 삶의 방식도 흔치 않을 것이다. 개인적으로야 불투명한 방식의 부동산 투기를 동원하면서까지 물질적 혜택을 한껏 향유하면서도 세상에 나가서는 사회적 약자를 위해 속세의 도덕과 정의의 빈곤을 질타할 수 있다면 그보다 신나는 인생이 어디 있겠는가. 게다가 이들은 진보적 가치에의 편승에만 만족하지 않는다.

때마침 현 정부는 사회개혁을 빙자해 하루가 멀다하고 온갖 성격의 위원회를 양산해내고 있다. 이런 판에 조금만 진보 인맥을 동원한다면 위원회의 장(長) 자리를 얻는 것은 그다지 어려운 일이 아니다. 문제는 어떻게 진보 인맥에 줄을 대느냐는 것이지만 이마저 손쉬운 방법이 있다. 자신의 물질적 수단을 발판으로 삼아 진보적 시민단체를 설립하거나 적극 활동함으로써 세상의 민심과 명성을 획득한 후 이를 출세의 도구로 삼는 것이다.

진보 정당이나 사회단체들도 이들을 폭넓게 활용하는 경향이 있다. 때문에 이들이야말로 지식인 그룹 '자유지식인선언' 이 지목하고 나선 한국사회의 '좌파 바이러스' 에 가장 적합한 증식 환경을 제공하고 있는지도 모른다. 자유지식인선언은 한 포럼에서 좌파 바이러스를 차단하기 위해 자유시장경제 논리의 확산이 필요하다고 진단했지만 그것으로는 턱없이 부족하다. 환경 조성에 못지않게 백혈구에 비유할 수 있는 '배고픈 보수' 들이 많이 등장해야 한다. '배고픈 보수' 들의 출현이야말로 '배부른 진보' 의 허구를 드러내는데 최적의 역할을 할 수 있기 때문이다. **이신우 논설위원**

『문화일보』 논설위원 이신우는 '배부른 진보' 의 허구를 드러내려면 '배고픈 보수' 가 출현해야 한다고 역설했다.(『문화일보』 2005년 3월 24일)

는 "부패와의 전쟁을 외치고, 잘못된 과거 청산을 일관되게 주창해온 참여정부다. 그런 청와대가 '이미 걸러진 것' 이라거나 '과거 일' 이라는 자가당착적 기준으로 연달아 인사 파동을 자초하고 있다. 혹여 '남이 하면 불륜, 우리가 하면 로맨스' 라는 그 편한 논리에 빠져 있는 것은 아닌가"라고 말했다.

「배부른 진보」라는 칼럼은 이런 상황에서 나온 것이다. 이 칼럼은 "최근에는 막대한 부(富)를 갖고 있으면서도 이념적으로는 진보를 지향하거나 주창하는 사람들이 많이 출현하고 있다. 소위 '배부른 진보' 들이다. 하긴 이 세상에 배부른 진보처럼 멋있는 삶의 방식도 흔치 않을 것이다. 개인적으로야 불투명한 방식의 부동산 투기를 동원하면서까지 물질적 혜택을 한껏 향유하면서도 세상에 나가서는 사회적 약자를 위해 속세의 도덕과 정의의 빈곤을 질타할 수 있다면 그보다 신나는 인생이 어디 있겠는가"라며 다음과 같이 주장했다.

"게다가 이들은 진보적 가치에의 편승에만 만족하지 않는다. 때마침 현 정부는 사회개혁을 빙자해 하루가 멀다 하고 온갖 성격의 위원회를 양산해내고 있다. 이런 판에 조금만 진보 인맥을 동원한다면 위원회의 장(長) 자리를 얻는 것은 그다지 어려운 일이 아니다. 문제는 어떻게 진보 인맥에 줄을 대느냐는 것이지만 이마저 손쉬운 방법이 있다. 자신의 물질적 수단을 발판으로 삼아 진보적 시민단체를 설립하거나 적극 활동함으로써 세상의 민심과 명성을 획득한 후 이를 출세의 도구로 삼는 것이다. 진보 정당이나 사회단체들도 이들을 폭넓게 활용하는 경향이 있다."

이념 투쟁과 '밥그릇 싸움'

A: "정치학자들의 입장이 너무 정해져 있어 문제 해결과 대안 마련을 위한 토론이 실종됐다. 입장의 차이만 존재한다."
B: "그 입장은 대개 사람과 연결돼 있다. 철학이나 이데올로기에 기반을 둔 입장의 차이가 아니다."[25]

『신동아』 2005년 4월호에 실린 대화 한토막이다. B는 노무현 정권에서 국가정보원 기획조정실장을 지낸 서동만 상지대 교수인지라 경험담으로 여겨도 무방할 듯하다. 이 대화는 당시 한국 사회를 지배하고 있던 분열주의와 그에 따른 이전투구(泥田鬪狗)의 정체에 대해 흥미로운 시사점을 던져주었다. 보수 지식인들이 총궐기하다시피 하면서 노 정권에 대해 '좌파'라는 딱지를 열심히 붙여대고 있던 현실에 비추어 더욱 그랬다.

당시의 주요 분열 전선은 좌우 갈등이었나? 아니었다. 이념에 매몰된 사람이 없지는 않았지만 그들은 소수였다. 보수 지식인들의 지적 수준이 노 정권을 좌파로 판단할 만큼 낮진 않았다. 좌파 딱지는 그냥 비난의 용도로 쓰는 것뿐이었다.

한국 사회의 극심한 분열주의는 '승자 독식주의'에서 비롯된다. 승자 독식주의는 강한 연고·정실 문화로 인해 증폭된다. 줄 한번 잘못 서면 큰일 난다. 줄 서는 게 싫어서 점잖게 지내는 사람에게는 기회가 오지 않는다. 줄 선 사람들끼리 다 해먹기 때문이다.

노 정권은 '지배 세력 교체'를 내세움으로써 승자 독식주의를 강화했으니, 그만큼 반발이 거세지는 건 당연했다. 체면상 '밥그릇 타령'을 할 수는 없으니 명분을 갖춰 욕하는 게 주로 '좌파 타령'이었다. 노 정권은 승자 독식주의에 대한 반발을 '수구 기득권 세력의 저항·반동'으로 규정함으로써 그런 이념 공세에 맞장구를 치는 동시에 자신들의 승자 독식을 정당화했다.

당시 외쳐진 이른바 '개혁'이 서민의 민생과는 별 관련이 없었다는 건 한국 사회를 '개혁 대 보수'의 구도가 아니라 '엘리트 대 비엘리트'의 구도로 이해하는 것이 더 옳을 수도 있음을 암시해준다. 즉, 개혁·보수의 구분을 넘어서 늘 재미 보는 건 엘리트뿐이지 않느냐는 항변에도 일리는 있다는 것이다. 공기업에 낙하산으로 파견된 '개혁 임원'들

중에 이렇다 할 개혁을 했다는 말은 없었다. 들려오는 건 자신의 연고·정실 네트워크에 포진한 사람들에게 무언가를 베풀었다는 이야기뿐이었다.

개인적으로 그렇게 재미를 보는 데다 '도덕적 우월감'까지 누리는 이들이 보수파를 향해 '수구 기득권 세력'이라고 삿대질을 해대는 건 위선이었다. 무슨 '개혁 유전자'가 따로 있는 것처럼 굴면 안 되는 일이었다. 개혁을 외치는 것도 전부는 아닐망정 대부분은 '입장'에 따른 것이지 출세시켜주는 데 개혁 완장을 마다할 사람이 있을 리 만무했다. 예컨대, 재무부 고위 관료 출신으로 민간 기업의 장을 맡고 있는 한 인사는 이런 주장을 폈다.

"경제 부처 사람들은 원래 일의 특성상 거의 모두 보수, 아니 극우일 수밖에 없어요. 근데 그 사람, 여당 의원으로 국회에 들어가더니 하루 아침에 왼쪽으로 확 돌았어요. 1인당 국민소득 2만 달러가 될 때까지는 무슨 일이 있어도 볼륨(경제규모)을 키워야 한다던 사람이 이젠 나눠 갖자고 외치고 있으니. 그 가면들이 너무 메스꺼워요."

『한국일보』 사회2부장 김동영은 위 발언을 소개하면서 "자리 보전과 위치 상승을 위해 '가면'을 쓸 수밖에 없는 경직된 상황이 성격만 바뀌었을 뿐 군사정권 때나 지금이나 크게 다르지 않다는 점은 무섭다"고 말했다.[26]

2005년 8월 서강대 명예교수 이태동은 "지금 국민 사이에서 정치인들에 대한 평판은 '쓰레기'라는 말이 나올 정도로 품위와 신뢰를 잃어 바닥을 헤매고 있다"고 주장했다.[27] 이 정도면 '정치 불신'이나 '정치 혐오'를 넘어 아예 '정치 저주'라고 해야 어울릴 듯한데, 왜 그런 '저주'가 나오게 된 걸까?

공직자 재산 공개는 한국 정치사상 가장 개혁적이라고 자화자찬하던 17대 국회도 의원들의 재테크 실력만큼은 1993년 9월 공직자 재산 공개가 이뤄진 후 최고임을 보여주었다. 이 나라의 양심과 도덕을 대변한다고 알려진 저명인사들은 어떤가? 그들조차도 땅 투기에서 자유롭지 못하다는 게 여러 차례 밝혀졌다. 평범한 노동자가 평생을 벌어도 모으지 못할 액수의 돈을 불과 수개월 또는 수년 만에 땅 투기로 챙기고 나서도 아무런 도덕적 거리낌 없이 '정의'와 '개혁'의 선봉에 설 수 있다는 게 이 나라 엘리트층의 슬픈 자화상이었다.

2005년 10월에 실시한 한국사회여론연구소의 조사에서, 일반 대중은 대선 후보들의 진보성 순서를 '정동영〉김근태〉이명박〉이해찬〉손학규〉고건〉박근혜' 순으로 평가했다. 오피니언 리더들은 이명박이 박근혜 다음으로 보수적이라고 평가했지만, 일반인들은 이명박이 이해찬이나 손학규보다 더 진보적이라고 봤다.[28] 오피니언 리더들이 볼 때엔 황당했겠지만, 그건 강남 좌파 정권의 자업자득(自業自得)이었다.

'강남 좌파' 용어 등장

'강남 좌파'라는 말이 언론에 처음 등장한 건 2006년 3월 13일 『동아일보』 편집국 부국장 박영균이 쓴 「내기 골프 즐기는 '강남 좌파'」라는 제목의 칼럼으로 보인다. 앞서 말한 '이해찬의 3·1절 골프 파문'과 관련해 나온 칼럼이다. 이번엔 좀 다른 관점에서 자세히 살펴보되, 그 직전에 어떤 일이 있었는지부터 알아보자.

2006년 2월 행정부 1급 이상 공직자 643명의 재산 변동 신고 내역에 따르면, 노무현 대통령을 비롯한 정부 고위 공직자 중 81.8퍼센트가 재산을 늘렸으며, 특히 10명 중 2명은 1억 원 이상 불린 것으로 나타났다. 국회의원의 경우도 74퍼센트가 재산을 불렸으며, 1인당 평균 증가액은 1억 4000여만 원이었다. 행정부 1급 이상, 국회의원, 사법부 고위 법관 1071명의 평균 재산이 10억 원을 넘고, 전체의 26퍼센트인 270명이 2005년 한 해 1억 원 이상 재산을 불린 것으로 나타났다. 재산 증가분은 대개 주식과 부동산 가격 상승에 따른 이익이었다.

이에 『한국일보』는 "청와대는 홈페이지에 '승자 독식의 카지노 경제는 사회적 양극화가 심화될 수밖에 없다. 국가는 빈곤층에게 삶의 희망을 심어줄 의무가 있다'고 썼다. 그러나 서민층 중산층 모두 재산 공개를 보며 절망하거나 깊은 한숨을 쉬고 있다"고 말했다.[29]

『조선일보』는 청와대가 '양극화 시한폭탄'이란 홈페이지 특집에서 한국을 "소수의 승자만 존재하고 다수의 패자는 존재할 수 없는 비정한 카지노 경제" "아프리카 밀림의 사자는 배가 부르면 더 이상 사냥을 하지 않지만 승자 독식의 카지노 경제에서는 강자의 탐욕에 끝이 없다"고 한 걸 상기시키면서 "그렇게 양극화론을 외쳐온 집권 여당 의원의 작년 한 해 재산 증가액이 평균 7300만 원이었다"고 지적했다. "7300만 원이면 이 정권 사람들이 '잘나가는 20퍼센트'라고 말하는 상위 20퍼센트 계층의 연간 가구 평균 소득(7280만 원)에 해당하는 돈이다. 그렇다면 이 정권 사람들은 스스로를 '희망 없는 80퍼센트'를 수탈하는 '탐욕스러운 강자'로 보고 있는 것일까."[30]

『동아일보』는 "노 대통령은 9447만 원, 여당 국회의원은 평균 7300만 원, 수석 비서관들은 수천만 원씩 불렸다"며 "진심으로 양극화를 걱정한다면 소득 상위 20퍼센트 계층의 연간 가구소득보다 더 많이 재산을

불린 청와대와 여당 사람들이 삼성그룹처럼 재산 헌납이라도 해야 하지 않겠는가"라고 했다.[31]

사실 당시 여권이 심혈을 기울이던 '지방권력 교체론'이 큰 설득력을 갖기 어려운 이유도 바로 여기에 있었다. 유권자들의 입장에선 '그놈이 그놈'이라거나 '그놈들끼리의 밥그릇 싸움'이라는 생각을 갖기 마련이었다. 3월 들어 서민들의 그런 생각을 굳히게 만들 사건까지 일어났는데, 그게 바로 이해찬 국무총리의 3·1절 골프 파문이었다.

「내기 골프 즐기는 '강남 좌파'」 칼럼에서 박영균은 "요즘엔 잘나가는 사람들을 '강남 좌파'라고 부른다. 아마도 생각은 좌파적인데 생활 수준은 강남 사람에 못지않다고 해서 붙여진 이름인 듯하다. 골프를 너무나 좋아하다가 탈이 난 이해찬 총리가 대표적인 사례가 아닐까. 지난달 발표된 고위 공직자 재산 내용을 보면 이 총리와 비슷한 강남 좌파의 실체를 확인할 수 있다. 부자들을 부동산 투기꾼으로 몰아 공격하던 정권의 핵심 실세들 중에도 이런 부류의 사람들이 적지 않다"며 다음과 같이 말했다.

"강남 좌파의 첫째 유형은 부동산 부자이다. 스스로가 부동산을 포함해 재산이 많은데도 다른 부동산 부자들을 투기꾼으로 비난하면서 자신은 결백하다고 주장한다. 자신이 갖고 있는 땅은 노후에 대비한 전원주택용이고 다른 사람들이 산 땅은 투기라고 우긴다. …… 두 번째는 해외 유학파다. 반미 자주를 외치면서도 자식들은 미국에 유학 보내는 사람들이다. 다른 사람들이 자식을 외국에 유학 보내는 것은 문제이고 본인 자식들의 유학은 괜찮다고 주장한다. 세 번째는 골프나 요트를 즐기는 고급 스포츠 애호가형이다. 본인들이 즐기는 고급 스포츠는 건강을 위한 투자이고 남이 하는 스포츠는 과시형 사치라고 여긴

"자신이 갖고 있는 땅은 노후에 대비한 전원주택용이고 다른 사람들이 산 땅은 투기라고 우긴다." (『동아일보』 2006년 3월 13일)

다. 이들의 부동산 소유와 해외 유학 자체를 비난할 생각은 추호도 없다. 식구가 늘어나고 아이들이 크면 집을 늘려 가고 싶은 것은 강북 사람이건 강남 사람이건, 좌파이건 우파이건 다 같지 않은가."

그런데 왜 하필 그런 좌파에 '강남'이라는 딱지가 붙었을까? 노 정권이 아파트 분양원가 공개를 거부한 이후 아파트값이 폭등하면서, 2006년 들어 강남·강북의 격차가 최고조에 이르렀기 때문이다. 2006년 1월 초순 부동산 포털 닥터아파트가 서울시내 아파트 평당 시세를 조사한 결과 상위 5위는 ①개포동(강남) 3127만 원, ②압구정동(강남) 3037만 원, ③대치동(강남) 2848만 원, ④잠실동(송파) 2656만 원, ⑤반포동(서

초) 2537만 원이었다. 하위 5위는 ①쌍문동(도봉) 546만 원, ②번동(강북) 566만 원, ③신사동(은평) 597만 원, ④도봉동(도봉) 625만 원, ⑤상계동(노원) 626만 원 등이었다.[32] 2006년 들어 전 사회적으로 가장 뜨거운 화제가 강남이었으며, 노 정권이 악화된 민심을 달래기 위해 감정적인 '강남 때리기'에 돌입했기 때문에 이런 상황에서 '강남'과 '좌파'의 모순어법적 대비 효과를 노려 '강남 좌파'라는 말이 생겨났다는 가설이 가능하겠다.

이율배반적 강남 좌파에 대한 대중적 공분인가

『국민일보』는 3·1절 골프 사건이 '이해찬의 3·1절 골프 파문'이라기보다는 사실상 '노무현 정권의 골프 파문'이라고 주장했다. 이 신문은 전 대통령 김영삼은 취임 초 공직자들에게 '골프 금지령'을 내렸고, 전 대통령 김대중은 야당 시절 "모든 골프장을 갈아엎어 논밭으로 만들어야 한다"고 주장할 정도였지만, "그러나 노 대통령 집권 이후 양상은 크게 달라졌다"며 다음과 같이 말했다.

"본인은 물론 부인 권양숙 여사까지 소문난 애호가로 알려졌고, 집권 초부터 주변의 시선을 의식하지 않고 골프를 즐겼다. 노 대통령은 2003년 6·15 공동선언 3주년 때 아무런 기념행사도 갖지 않은 채 청와대 참모들과 '우중(雨中) 골프'를 치고, 같은 해 11월에는 충북 충주시 시그너스 골프장에서 자신의 후원자인 강금원 전 창신섬유 회장과 부부 동반으로 라운딩하는 등 심심찮게 골프 구설수에 올랐다. 이처럼 대통령이 골프에 적극적이다 보니 과거 정권 때와 달리 공직 사회 전

참여정부 인사의 골프 사랑을 풍자한 『한겨레』 2006년 3월 3일자 만평.

반에 전면적 '골프 자유화' 분위기가 퍼졌다. 이에 따라 고위 공직자들이 국민 눈치를 안 보고 주말은 물론 평일에까지 필드에 나서는 지경이 됐다. 이 과정에서 이권과 관련된 '업자'들의 접대 골프 소문이 관가에 끊임없이 나돌았다."[33]

보수파만 이해찬을 비판한 게 아니다. 사실 진보파의 비판이 더 매서웠다. 이해찬이 진보를 도매금으로 망신시키고 모독했다고 보았기 때문에 터져 나온 분노였다. 손호철은 "이 총리가 치매를 앓고 있을 가능성이 높다. 치매가 아니라면 이미 다섯 번이나 곤욕을 치르고 바로 전날도 이 문제로 난리를 치고도 그다음 날 다시 골프를 칠 수는 없다"고 했다.[34]

『경향신문』 편집국 부국장 전남식은 "이해찬 총리는 골프에 빠져 있는 게 아니라 권력에 취해 있는 것 같다"며 다음과 같이 말했다. "이 총리 얘기를 하면서 운동권 출신들을 매도하고 싶은 생각은 없다. 그러나 1960년대의 6·3세대와 1970년대 민청학련 세대, 1980년대 아스팔트 세대들에서 잘나갔거나 잘나가고 있는 정치인들을 보면 역겹게 느껴질 때가 있다. 이들은 출세주의를 지향하고 조금이라도 권력을 얻었다 하면 국민을 무시하고 가르치려 들었다. 말로만 국민을 받들었을 뿐 그들의 머리는 항상 국민 위에 군림했다."[35]

진보적 언론운동가 양문석은 "이해찬의 골프 파동이 불러온 한국 사회의 신주류, 특히 한때 운동권 또는 진보 인사로 분류되던 인간들이 보여주는 추태와 작태에 분노한다. '냉동실에 들어갔던 고기가 해동되면 더 빨리 썩는다' 는 수구 세력들의 비아냥거림에 할 말 없게 됐다"고 했다.[36]

진보적 문화평론가 천정환은 「'그들' 이 골프장에서 노는 이유」라는 제목의 칼럼에서 "이해찬 총리 접대 골프 사건의 상징성은 그가 '민주화 운동권에서 필드 운동권' 으로 변신한 대표적인 인물이라는 데서 드러난다. 이 사건은 '민주 정부' 의 타락과 참여정부의 정신적 한계를 보여준다"며 다음과 같이 말했다.

"왜 그런가. 민주화운동과 골프 사이에는 그토록 먼 거리가 있는 것일까. 그 나이에, 그 지위에 민주화운동 출신들은 골프 좀 하면 안 되나? '안 된다' 가 여전히 정답이라 생각한다. 만약 '된다' 고 생각하면 '양극화 해소' 니 '참여' 니 하는 거짓말을 그만두거나 정치를 때려치우면 된다. 또한 더 이상 민주화운동을 했다는 과거를 상징 자본으로 내세우면 안 된다."

천정환은 "'그들' 이 골프장을 거닐면서 대화하고, 클럽하우스에 모여 밥 먹고 술 마시고 싶어 하는 이유는 하나밖에 없다"고 했다. "국민의 대부분인 '서민' 들이 절대 그렇게 하지 못하기 때문이다. 골프가 미치도록 재미있는 것은 골프가 여전히 그들만의 '문화' 이기 때문이다.

골프 정도는 해야 폼이 나기 때문이며 다른 이유는 없다. 아무리 우겨도 골프는 특권층 문화이지 대중 스포츠가 아니다. 이 좁아터진 땅덩어리에서, 천성산이나 새만금처럼 그야말로 지역민들의 밥줄 문제가 달려 있는 개발사업도 환경문제 때문에 그처럼 진통을 겪는 판에, 평균 넓이 20만 평이나 되는 골프장을 한가롭게 거닐고 싶다는 발상은 '참여'나 '양극화 해소'와는 철천지원수지간일 뿐이다."[37]

노 정권에 대한 유권자들의 환멸은 5·31 지방선거 성적표를 통해 고스란히 드러났다. 여당인 열린우리당의 사실상 전멸이었다. 2006년 5월 31일에 치러진 제4회 전국 동시 지방선거의 최종 개표 결과 16명의 광역단체장 중 한나라당 12곳, 민주당 2곳, 열린우리당과 무소속(제주·김태환 후보)이 각 1곳에서 당선됐다. 전국 230개 기초단체장은 열린우리당 19곳, 한나라당 155곳, 민주당 20곳, 국민중심당 7곳, 무소속 29곳으로 나타났다. 광역의원은 한나라당 557명, 민주당 80명, 열린우리당 52명, 국민중심당 15명, 무소속 15명, 민주노동당 14명 순이었다.[38]

뉴라이트인 자유주의연대 대표 신지호는 열린우리당의 패인은 "자기 자식은 1년에 수천만 원 소요되는 고급 유학을 보내놓고 실업고에 찾아가 양극화 선동을 하는 이율배반적 강남 좌파에 대한 대중적 공분"이었다고 주장했다.[39] 노무현과 열린우리당의 적극적 지지자였던 고종석은 "정치인 노무현은 늘 어려운 사람들의 희망을 얘기했"지만 "그러나 그는 대통령 취임 이후 그것이 사탕발림이었음을 차근차근 드러냈다"고 비판했다.[40] 박승옥 시민발전 대표는 "노 대통령은 민주 세력의 무능력과 무책임을 보여주는 상징이 됐으며 한국의 보수 세력이 수구 반동 집단에서 선진 진보로 자신을 명명할 수 있게끔 도와주는 데 으뜸의 공로를 세웠다"고 비판했다.[41]

'이해찬의 3·1절 골프 파문'에 대해 이해찬과 노 정권은 억울하다는 생각을 했을 법하다. 일리 있는 생각이다. 예전 같으면 그렇게까지 큰 문제가 되지 않을 수도 있는 사건이었다는 점에서 말이다. 그러나 그만큼 세상이 달라졌다. 엘리트에 대한 생각이 달라진 것이다. 강남 좌파 비판은 그렇게 달라진 새로운 풍토 속에서 나온 것이었다.

"열린우리당 70퍼센트는 기회주의자들"

'이해찬의 3·1절 골프 파문'과 비슷한 시기에 터져 나온 '낙하산 인사' 파동도 참여정부의 정체성을 의심케 하는 데에 일조했다. 『경향신문』 2006년 3월 11일자는 "참여정부 들어 산하단체·공기업에 대한 이른바 '낙하산 인사'가 2년 만에 2배 이상 늘어난 것으로 드러났다. 이들은 특히 '청맥회'라는 친목단체를 결성, 국정 철학 전파 등을 5대 실천 강령으로 내세우는 등 정부의 '전위대' 역할을 자임하고 있다"고 보도했다. 이 신문이 입수한 '청맥회'의 2006년 1월 회원 명단에 따르면 134명의 정치권 인사들이 112개 정부 산하기관, 공기업 등의 회장이나 감사 등으로 취업했다. 청맥회는 노무현 정권 탄생에 기여한 공로를 인정받아 공기업 및 유관기관에 진출한 인사들의 모임이었다.[42]

이와 관련, 2002년 대선에서 노무현을 찍었다는 중국 저장(浙江)대학 교수 박인성은 다음과 같이 말했다. "참여정부가 들어서고 난 후 믿었던 당신들에게 종종 실망하고 있고, 심지어 배신감을 느끼는 경우도 있다. 오히려 당신들이 반면교사의 역할을 하는 것 같아서 안타깝다. 그리고 가끔 의문과 의심도 든다. 당신들이 과거에 민주화운동을 한 목적이 무엇인가?"[43]

2006년 9월 8일, 2000~2005년 사이에 정부 산하 69개 공공기관의 감사 평균 인건비 상승률은 78퍼센트였으며, 한국석유공사·한국토지공사 등 주요 10여 개 공공기관 감사의 임금은 노무현 정권 3년(2003~2005년) 동안 2~3배 급증한 것으로 밝혀졌다. 연봉은 대부분 억대였으며, 최고는 한국산업은행으로 4억 8500만 원이었다.

『경향신문』은 "외환위기 당시를 방불케 하는 경기 침체로 대부분의 국민이 고통을 받고 있다는 사실을 감안한다면 경영평가 상여금 등의 해괴한 명목으로 해마다 1억 원 안팎을 지급하는 '공기업 감사 배불리기'의 관행은 하루 빨리 없애야 한다. 그런 다음에야 국민에게 고통 분담을 호소할 수 있지 않겠는가"라고 비판했다.[44]

『동아일보』는 "운전사 딸린 고급 승용차, 넓은 사무실과 여비서, 역대 연봉에 마르지 않는 판공비" 등을 거론하면서 "보통 사람들은 이런 복 받은 자리에 침 흘릴 엄두도 못 낸다. 하지만 정권에 투기(投機) 잘한 덕에 낙하산을 타고 공기업 감사나리로 변신한 준(準)건달이 적지 않다. 이른바 운동권 출신도 꽤 있다"고 비판했다.[45]

『매일경제』는 "지금 경제가 어려워 하루하루 생계조차 꾸려가기 힘든 근로자나 자영업자들이 수두룩하다. 참여정부가 양극화 해소를 그토록 강조하면서도 낙하산·보은 인사로 자기편 사람이 된 감사들에게 수억 원이나 되는 터무니없이 높은 임금을 준다면 이율배반적인 행태라 하지 않을 수 없다"고 비판했다.

『한국일보』는 "감사 자리만 나면 권력 주변의 사람들이 '코드'를 앞세워 파리처럼 꾀는 바람에 청와대 등이 안면 몰수하고 이들을 교통정리 하기에도 바쁜 사정을 짐작하고도 남는다"며 "국민의 세금보다 '내

사람'을 먼저 챙기면 악어와 악어새의 공생 관계는 절대 깨지지 않는다"고 비판했다.⁴⁶

노무현 대통령 후보 시절의 '경제 가정교사'로 불렸던 유종일 한국개발연구원(KDI) 국제정책대학원 교수는 『한겨레21』(2006년 9월 19일) 인터뷰에서 참여정부의 지지층 붕괴를 초래한 개혁 실패의 요인으로 노 정권의 모호한 강남 좌파적 정체성을 지적했다. "5·31 지방선거에서 '사형선고'를 받고 처음 나온 얘기라는 게 '부동산세' 완화였다. 완전 '바보'들이다. 자기 지지 베이스(기반)가 무슨 생각을 하고 뭘 느끼는지 전혀 모른다. '상류사회'에서 놀고 거기서 듣는 얘기로 판단한다. 열린우리당은 애초 정책 방향성으로 모인 게 아니다. 70퍼센트의 기회주의자와 10퍼센트의 '또라이'와 20퍼센트의 비교적 괜찮은 이들이 있을 뿐이다."⁴⁷

노무현 정권의 싱크탱크는 삼성경제연구소

유종일의 진단은 과도한 독설이기는 하지만 노무현 정권의 그런 강남 좌파적 정체성은 상당 부분 노 정권이 삼성경제연구소를 싱크탱크로 삼아 출범한 정권이었기 때문에 빚어진 문제로 보인다. 노무현과 삼성의 긴밀한 관계는 노무현이 새정치국민회의의 동남지역발전특별위원회 위원장으로 '삼성자동차 살리기 운동'을 벌이던 1999년으로 거슬러 올라간다. 당시 삼성 구조조정본부장으로 삼성차 매각 처리를 도맡고 있었던 삼성의 2인자 이학수 전략기획실장은 노무현의 부산상고 1년 선배였다.

2010년 3월 17일 과거 노무현의 경선캠프 상황실장과 후보 비서실 정책팀장 등을 맡았던 윤석규 전 열린우리당 원내기획실장은 인터넷 언론 프레시안에 「노무현의 불행은 삼성에서 비롯됐다」는 제목의 글을 올렸다. 윤석규는 이 글에서 "캠프 내부 멤버들의 입을 통해 노무현 후보와 삼성의 관계에 대해 들었다"며 "국민의 정부 시절 노무현 후보가 민주당 동남특위 위원장으로 활약할 당시 청산 이외엔 답이 없다던 삼성자동차를 르노에 넘기는 과정에서 비중 있는 역할을 했고, 삼성 쪽 파트너였던 부산상고 선배 이학수 삼성 부회장과 (노 전 대통령이) 매우 긴밀한 교류가 있었다고 한다"고 말했다. 김용철 변호사도 『삼성을 생각한다』에서 "노무현은 대통령이 되기 전부터 이학수를 '학수 선배'라고 부르며 잘 따랐다고 한다"며 참여정부와 삼성의 관계에 의혹을 제기했다.[48]

노무현 정부 출범 직전인 2003년 2월 대통령직 인수위원회에 삼성경제연구소의 『국정 과제와 국가 운영에 관한 어젠다』라는 400여 쪽 분량의 방대한 보고서가 제출돼 참여정부의 국정 방향에 적지 않은 영향을 끼침으로써 삼성과 참여정부가 밀월 관계를 맺고 있다는 차원을 넘어 "삼성이 가리키는 방향으로 국정이 굴러간다"는 분석이 나왔다. 당시 참여연대 사무처장 김기식은 "노무현 당선자 책상에는 인수위 보고서와 삼성연 보고서가 같이 놓여 있었다. 386 측근 참모가 삼성경제연구소와 같이 만든 보고서였다"면서 "핵심 내용이 '대미·대북 관계는 진보적으로, 사회경제 정책은 보수적으로' 였다"고 말했다.

실제로 이후 북핵 문제, 전시작전통제권 등에 대한 노무현의 발언과 "장사의 원리"에 따른 아파트 분양원가 공개 반대, 한·미 FTA 등 경제 분야 정책은 모두 삼성경제연구소의 주장과 일치했다. 노 정권의 강남 좌파 노선을 삼성이 제시해준 셈이었다. 노무현이 취임 6개월 만인 2003년 8·15 광복절 경축사에서 제기한 '2만 달러론'이나 참여정부 산업정책의 주요 줄기로 제시된 산업 클러스터(집적단지) 조성 방안 역시 삼성그룹에서 선도적으로 제기한 구호였다. 출범 첫해 삼성전자 사장 진대제를 정보통신부 장관에 임명한 것, 『중앙일보』 회장 홍석현을 주미 대사로 발탁한 것, 그리고 2005년에 삼성경제연구소 전무 이언오를 국가정보원 최고정보책임자로 영입한 것 등도 노 정권과 삼성의 특별한 관계를 말해주는 사례로 해석되었다.[49]

2005년 6월 27일 금융감독위원회 부위원장을 지낸 금융연구원 연구위원 이동걸은 「금융 선진화의 전제 조건: 법치금융의 확립」이란 보고서에서 노무현 정부의 '삼성 봐주기' 식 금융 감독 정책이 법치금융 원칙을 훼손하고 있다고 강도 높게 비판했다. 그는 법치금융이 흔들린 대표적인 사례로 삼성카드의 '금융산업구조개선법률(금산법)' 제24조 위반, 삼성 에버랜드의 변칙 회계 처리, 삼성생명의 투자유가증권 평가손익 불법 배분 처리 등을 꼽았다.[50]

왜 그런 일이 벌어진 걸까? 2006년 4월 4일 청와대 전 경제비서관 정태인은 진보 인터넷 매체인 레디앙과의 인터뷰에서 노무현이 급하게 FTA를 서두르는 배경은 "청와대가 재경부에 둘러싸여 있고 재경부는 삼성의 로비에 놀아나는 집단"이기 때문이라고 주장했다. 그는 "L 의원이 재경부하고 삼성하고 착 달라붙어서 그런 분위기를 주도했다"면서 "대통령 최측근이 그런 짓을 한 거예요"라고 했다. 그는 "재경부 국장쯤 되면 삼성맨이 많다"며 "그 사람들은 자기 돈으로 술값 계산 안한다. 1차 밥 먹는 정도는 자기 카드가 있으니까 자기 돈으로 하지만, 2차는 삼성이 한다"고 주장했다. 그는 "꼭 한 군데 가고 싶은 곳이 국정원"이라며 "국정원에 가서 재경부하고 삼성 간 유착을 낱낱이 다 밝혀내고 싶다"고 했다.

정태인은 "삼성이 재경부안을 만들어주는 경우가 있다. 재경부는 주로 삼성 것만 가지고 (정책을) 만든다"고 말했다. 그는 또 "이동걸 금감위 부위원장은 삼성생명 문제 건드려서 옷 벗은 것"이라며 "이 부위원장이 사실상 항복을 했는데도 여기저기서 로비가 들어오는데, 이정우 선생하고 저하고 도저히 막을 수가 없었다"고 말했다. 그는 특히 "그런 로비와 압력이 다 386들을 통해서 올라온다"면서 "386이 재경부 앞잡이 돼서 개혁파를 몰아낸다"고 했다. 그는 "그 친구들은 자기 논리가 없기 때문에 재경부가 잘하는데 왜 항상 저렇게 반대만 할까, 이런 생각을 한다"고 말했다.[51]

정태인이 말한 L 의원이 누군지는 모르겠지만, 앞서 거론한 윤석규는 노무현과 삼성의 관계를 이었던 또 하나의 고리로 당시 민주당 의원으로 노무현의 최측근인 이광재를 지목했다. 2002년 참여연대가 소액주주 운동의 일환으로 삼성 주주총회에 참여해 이학수 부회장의 이사 선임을 반대했는데, 이를 주도한 장하성 교수를 두고 이광재가 "장 교수 빨갱이 아니냐. 삼성을 세계적 기업으로 키운 이 부회장의 이사 선임을 왜 반대하느냐"고 말했다는 게 윤석규의 기억이다. 그는 이광재가 2004년 노무현의 측근 몇 사람과 함께 의정연구회를 결성해 삼성경제연구소와 공동 세미나를 개최했다는 사실도 덧붙였다. 이에 대해 이광재는 "노 전 대통령이 지방자치연구소를 운영하던 1993년께부터 삼성경제연구소로부터 자문을 받았다"며 "우리가 진보적인 입장에 서 있어서 다른 편의 이야기도 들어보는 것이 필요했다. 특히 국정 운영을 하려면 여러 의견을 청취해야 하는 것 아니냐"고 말했다.[52]

삼성도 노 정권에 대한 애정을 드러내곤 했는데, 삼성 회장 이건희는 2003년 5월 노무현의 미국 방문 시 자신이 후원한 코리아소사이어티 만찬 환영사에서 노무현을 "21세기 한국의 비전이자 희망"이라고 극찬했다.[53] 노 정권과 삼성과의 관계를 협력이라 부르건 유착이라 부르건, 그 바탕엔 노무현의 국가주의가 자리 잡고 있었다. 물론 이건 노무현이 구질구질한 정경유착을 할 사람은 아니라는 전제하에 그의 뜻을 선의로 해석한 것이다. 삼성이 내부적으론 어떤 문제가 있을망정 해외에서는 국가적 자긍심을 높이는 데에 견인차 역할을 하고 있으니, 삼성의 뜻대로 국가를 운영한다고 해서 무슨 문제가 되겠느냐는 발상이 아니었겠느냐는 것이다.

노 정권의 문제는 개혁 역량의 한계인 동시에 개혁 의제 설정의 한계였으며, 그 한계는 강남 좌파적 개혁관에서 비롯된 것이었다. 이 문제는 이미 2004년 10월 고려대 교수 최장집이 계간 『아세아연구』 2004년 가을호에 기고한 「한국 민주주의의 취약한 사회경제적 기반」이라는 논문에서 지적한 바 있다. 최장집은 강남 좌파라는 말은 쓰지 않았지만 사실 그의 논문은 강남 좌파적 개혁 의제에 대한 비판이었다. 그는 현 단계 한국 민주주의의 핵심 과제는 '사회경제적 삶의 조건'에 있음에도 불구하고 "민주화 이후 한국 정치는 비정치경제적 이슈들이 과도하게 정치화되고, 결과적으로 정치는 이데올로기적 쟁투의 장이 되는 동안 사회경제적 이슈들은 방치되고 탈정치화됐다"고 지적했다.[54]

노 정권이 '대미·대북 관계는 진보적으로, 사회경제 정책은 보수적으로'라는 삼성경제연구소 조언을 얼마나 진지하게 받아들였는지는 알 수 없지만, 그 노선은 결과적으론 현실화되고 말았다. 열성 지지자들의 대표성 왜곡도 일조했다. 열성 지지자들은 먹고사는 문제에 대한 구속이 비교적 덜한 젊은 층이었는데, 이들의 뜨거운 분노와 그에 따른 열화와 같은 지지는 주로 '이데올로기적 쟁투'에서 비롯되었기 때문이다. 반면 사회경제적 이슈에 민감한 서민층은 인터넷을 들여다볼 시간조차 없을 정도로 먹고사는 일에만 몰두하느라 자신들의 목소리를 낼 수 없었으니, 그런 대표성 왜곡으로 인한 문제가 노 정권의 성찰과 자기교정을 방해한 것이다.

chapter
04

오마이뉴스의 강남 좌파 띄우기

문국현의 창조한국당

신당, 그 무덤에 아무도 초대 말라

2007년 8월 20일 한나라당 대통령 후보 경선은 격렬한 이전투구 끝에 이명박의 승리로 끝났다. 이명박은 선거인단 투표에서는 박근혜에게 432표를 뒤졌으나 전체의 20퍼센트가 반영되는 일반 국민 여론조사에서 8.5퍼센트포인트(표로 환산하면 2884표) 앞서 승리했다. 박근혜는 경선 막바지에 "의혹 덩어리인 이명박 후보를 뽑으면 본선에서 필패한다. 천추의 한이 될 것"이라고 했지만, 결국 뜻을 이루지 못했다. 8월 21일 '박근혜를 사랑하는 사람들의 모임' 소속 회원들은 서울 여의도 한나라당 당사 앞에서 경선 결과에 승복할 수 없다며 시위를 벌였지만, 박근혜는 승복을 선언했다.

경선 효과는 컸다. 8월 21일 여론조사 전문 기관인 리서치앤리서치의 호남 지역 조사에서 한나라당은 25.2퍼센트의 지지율로 호남 맹주를 다투고 있는 민주당(23.1퍼센트)과 대통합민주신당(16.1퍼센트)을 제쳤다.

코리아리서치센터의 20일 조사에서도 한나라당은 1위를 차지했다. 한나라당 한영 최고위원은 23일 최고위원회의에서 "호남에서 한나라당이 1위를 차지한 것은 1987년 이후 20년 만에 처음"이라고 평가했고, 나경원 대변인은 "동토에 꽃이 핀 것"이라고 말했다.

여론조사 전문가들은 컨벤션 효과(전당대회 직후 지지율이 급상승하는 현상)를 첫째 요인으로 꼽았다. 다음으로는 '이명박 효과'를 꼽았다. 이명박이 비교적 한나라당 색채가 짙지 않은 탓에 거부감이 작고, 호남 유권자들 역시 경제 회생에 대한 기대감이 크다는 점이 작용했다는 것이다. 유력한 범여권 후보의 부재와 노무현 정부에 대한 반감도 큰 몫을 차지하고 있는 것으로 풀이되었다.'

이제 정치권의 관심은 대통합민주신당의 경선으로 모였다. 손학규-정동영-이해찬 3인 주자들 역시 한나라당 못지않은 이전투구로 경선에 임한 데다 노무현 대통령이 개입 의지를 강하게 드러냄으로써 그럴듯한 구경거리가 되긴 했지만, 이미 떠난 민심을 다시 붙잡기엔 역부족인 것처럼 보였다.

9월 13일 『경향신문』 정치·국제 에디터 이대근은 「신당, 그 무덤에 아무도 초대 말라」는 제목의 칼럼에서 "이 당이 당면한 진짜 문제는 정체성 상실이다. 왜 존재해야 하는지 누구도 설명할 수 없다. 무엇을 위해 뭉쳤는지도 모른다. 대통합했다고 하지만 뚜껑을 여는 순간 열린우리당에서 의원 한 명 나가고 한나라당 경선 탈락자와 민주당 몇 명 들어온 순도 99퍼센트 열린우리당임이 금방 발각된다. 짝퉁이 아니다. 신당을 만든다고 해서 사람들을 잠시 헷갈리게 했지만, 그 내용뿐 아니라 행태가 꼭 열린우리당이다"라며 다음과 같이 말했다.

"대통합민주신당은 무덤이다. 문국현이든 누구든 더 이상 이 죽음

대통합민주신당을 '대실패연합'이라고 깎아내린 『경향신문』 2007년 9월 13일자 이대근 칼럼.

의 집으로 초대해서는 안 된다. 문국현 미풍이 불고 있지만, 이 신인이 성공할지는 알 수 없다. 명백한 것은 그가 대통합과 손을 잡는 순간 죽음의 키스가 될 것이라는 점뿐이다. 물론 이 죽음의 잔치에서도 살아날 수는 있다. 자기 원칙과 노선, 정책을 견지하며 외롭더라도 꼿꼿하게 앞으로 나아가는 것이다. 그런 비장함이 죽은 열정을 살려 태풍을 몰고 올 수 있다. 그렇지 않더라도 최소한 '미래가 있는 패배'는 할 수 있다. '올바른 패배'도 준비해야 한다."

우여곡절 끝에 10월 15일 정동영이 대통합민주신당 대선 후보로 선출되었지만, 후보 확정 직후 이명박과 정동영의 지지율은 각각 50퍼센트, 16퍼센트로 3배 이상의 격차를 보였다. 국민에게 한 약속 때문에 이해찬 전 총리는 선거대책위원장을 맡기로 했지만, '친노 세력'은 정동영 후보를 위해 뛸 마음이 없었다. 이와 관련, 성한용 『한겨레』 선임 기자는 "'친노'들은 요즘 무슨 생각을 하고 있을까? 친노의 '몸통'인 노무현 대통령은 심사가 약간 꼬여 있는 것 같다. '내가 당에서 사실상 쫓겨났는데, 그렇게 할 만한 심각한 하자가 나에게 뭐가 있었는지 설명돼야 한다.' 청와대 출신 '친노'들의 표정도 흔쾌하지가 않다. 문국현 예비 후보 쪽으로 기웃거리는 흔적도 분명히 감지된다"[2]고 말했다.

그러나 친노가 돕건 안 돕건 그게 중요한 건 아니었다. 정동영이 대통합민주신당 대선 후보로서 당면한 문제는 그런 수준을 훨씬 넘어서는 것이었다. 민심이 노 정권에 등을 돌린 게 가장 큰 문제였다. 게다가 '100년 정당'의 꿈이 3년 9개월 만에 사라진 것을 어떻게 설명할 것인가? 각자 져야 할 책임은 무엇인가? 범여권에서 문국현이 부상한 것은 이런 의문에 답하는 것이 거의 불가능하거나 무의미하다는 인식에서 비롯되었다.

문국현의 창조한국당 창당

정동영이 대통합민주신당 대선 후보로 선출되기 하루 전인 2007년 10월 14일 범여권 장외 대선 주자인 문국현 전 유한킴벌리 사장이 서울 여의도 63빌딩에서 자신을 지지하는 신당인 가칭 창조한국당을 출범시켰다. 본격적인 강남 좌파의 출현이었다. 문국현은 100억 원대의 재산, 깨끗하고 참신한 이미지, '사람 중심 경제' 주창, 환경보호 운동, '창조적 진보' 강조 등 강남 좌파로서의 요건을 다 갖춘 듯 보였다. 김봉선 『경향신문』 정치부장은 문국현이 하루아침에 기업 CEO에서 대

2007년 10월 14일 여의도 63빌딩에서 열린 창조한국당 창당 발기인 대회에서 문국현 대선 후보가 연설을 하고 있다.

통령 후보로 주목받게 된 데 대해 이렇게 말했다.

"그는 이제 개별 기업의 CEO를 넘어 하나의 '기호'가 됐다. 삼성전자·포스코·한국타이어 등 200여 개 기업이 '뉴 패러다임'으로 명명된 4조 2~3교대제와 평생 학습 프로그램을 배워 갔다. 일은 덜 시키되, 공부할 기회를 주고, 사실상 평생 고용을 보장하면서도 성장을 거듭하는 기업의 CEO. 신자유주의가 대세인 시대에 '진보적이고 민주적인'(신자유주의자들 입장에서는 '낡고 좌파적인'?) 방식으로도 '먹고살' 수 있고, 나아가 '1등 할' 수도 있다는 대안을 내놓은 것이다."[3]

창조한국당 출범 행사장에 2500여 명의 지지자가 몰려 행사 중간 '문국현'을 연호한 것도 바로 그런 '창조적 진보'에 대한 목마름 때문이었을까? 창조한국당 발기인에는 문국현을 비롯해 김태동 전 청와대 정책기획 수석, 곽노현 전 국가인권위 사무총장, 김형기 경북대 교수,

김종식 전대협 5기 의장 등 3200여 명이 참여했다. 정범구 전 의원은 창당준비위 공동위원장을 맡았다. 특히 시인 김용택과 도종환, 소설가 송영, 연출가 임진택, 영화감독 이장호, 윤형두 범우사 회장 등 문화예술계 인사가 발기인에 다수 포함돼 눈길을 끌었다.

문국현은 "한국 사회가 승자 독식의 약탈적 천민자본주의의 늪에 빠질 것인가, 성장과 복지를 함께 중시하는 깨끗하고 따뜻한 번영의 길로 갈 것인가 기로에 서 있다"며 "자신들만의 권력을 위해 신물이 나도록 싸우는 무책임한 정치는 청산돼야 한다"고 역설했다. 그는 또 "한나라당 이명박 후보는 청년 실업 등 사회적 약자에 대한 경멸과 무책임이 가득하고 경부 대운하는 부동산 광풍을 불러일으킬 대재앙의 지뢰밭"이라며 "5퍼센트의 특권층만 행복한 비정상적 국가 시스템을 전면 혁신하겠다"고 다짐했다.

문국현을 지지하는 대통합민주신당의 원혜영·문병호·이계안·이상민 의원은 이날 공동성명에서 "신당이 이번 경선으로 평화 민주 개혁 세력을 대표하는 후보를 확정했다고 생각하지 않는다"며 "아직 장외에 머물러 있지만 의미 있는 지지율을 확보하고 있는 문 전 사장과 반드시 단일화를 이뤄야 한다"고 촉구했다.[4]

문국현은 젊은 층의 비상한 관심과 지지를 받았는데, 그 이면엔 오마이뉴스의 역할이 결정적이었다. 오마이뉴스는 2007년 7월 중순부터 「문국현 "10월 25일경 대선 출마 결정하겠다"」 등의 인터뷰를 싣는 것을 시작해 김헌태 전 한국사회여론연구소장의 문 후보 캠프 합류에 이르기까지 문국현을 긍정적으로 조명하는 기사를 여러 차례 비중 있게 보도했다. 창조한국당의 창당대회가 있기까지 어떤 과정을 거쳤는지 살펴보기로 하자.

오마이뉴스의 '문국현 띄우기'

2007년 9월 5일 미디어오늘은 "특정 후보를 띄우는 것인가, 보도 가치가 있는 뉴스를 선택한 것인가. 대선을 앞두고 오마이뉴스가 독자 출마한 문국현 후보를 집중적으로 보도하고 있어 특정 후보 띄우기라는 논란이 일고 있다. 지난 2002년 대선 당시, 오마이뉴스가 노무현 대통령 당선에 큰 역할을 했다는 점에서 오마이뉴스가 '킹메이커'로 나선 것이 아니냐는 의혹도 일고 있다"고 했다.

오마이뉴스의 친(親)문국현 행보는 내부에서도 논란이 되었다. 9월 3일 저녁에 열린 오마이뉴스 노동조합 공정보도위원회가 주최한 대선 보도 토론회에서 문국현 보도를 두고 첨예한 논쟁이 있었다. 오연호 대표, 이한기 뉴스게릴라본부장, 기자 20여 명이 참석해 세 시간가량

오마이뉴스의 친문국현 행보는 오마이뉴스 내부에서도 논란이 되었다.

진행된 이날 토론회에서는 문국현 보도에 대해 '문국현 띄우기'라는 비판, '띄우기로 보일 수 있다'는 우려, '있는 현상을 그대로 전한 것'이라는 반론이 맞선 것으로 전해졌다. 이외에 문국현 관련 기사를 오연호 대표가 주로 작성한 것에 대해, "누구나 기사를 쓸 수 있다는 명제와 별개로 외부에서 오마이뉴스 공식 입장으로 보고 있다"는 우려와 더불어 문국현 관련 기사가 다른 기사에 비해 주요 뉴스로 편집되는 것에 대한 지적도 이어졌다.

A 기자는 "언론은 대중이 주목하는 것이 무엇인지 전해줄 필요가 있다는 것은 공감하나 특정 후보 밀어주기로 보는 외부 시선도 부정할 수 없다"며 "그러나 당선 가능성이 있는 후보도 아니고 문 후보가 지지율이 낮은 상황에서 띄우기라고 말하는 것은 맞지 않다"고 말했다. B 기자는 "정치적 의도가 있다기보다 독자의 관심을 충족시키는 측면이 강한 것 같다"며 "그러나 공정성과 관련해 외부의 항의와 비판을 받아서는 곤란하다"고 말했다. C 기자는 "문국현의 새로운 가치가 무엇인지에 대한 설득력이 없다"며 "현상만 전하며 무조건 긍정적인 보도를 하는 것은 문제"라고 비판했다. D 기자는 "우리의 의도가 그렇지 않더라도 조중동(조선일보·중앙일보·동아일보)의 이명박 보도와 비교해서 말할 때 뭐라 할 말이 없다"고 자조했다.

이한기 본부장은 문국현 띄우기 논란과 관련해, "특정 후보 지지의 문제가 아니라 선택지(選擇肢)가 지지부진하고 제한된 상황에서 새로운 선택지를 찾고 소개하는 것은 언론의 역할"이라며 "지지율이 낮은데도 베테랑 여론조사 전문가가 지지를 하고, 네티즌들이 열광하는 것은 언론으로서 주목할 만한 현상"이라고 반박했다. 이한기는 "문 후보에 대한 검증이 필요하다면 검증을 할 것"이라고 덧붙였다.[5]

그러나 양문석 언론연대 사무총장은 오마이뉴스의 문국현 관련 기사를 '문비어천가'라고 비판했다. 그는 "경제 프레임에는 경제 프레임으로 대응하는 것이 정답이라며 맞바람을 일으키고 있는 문국현!!! 하지만 문제는 이명박에게는 조중동이 있는데, 문국현에게는 조중동과 같은 언론 매체가 없었다. 그런데 백기사가 나타났다. 오마이뉴스 대표 오연호가 느닷없이 여론조사 전문가 김헌태를 5년 전 '노무현의 유시민' 역할로 부각시키며 그의 입으로 '문국현이 이번에 대통령이 된다'는 예언을 하게 만든다. 예언자의 한마디는 인터넷판에서 불과 열흘 만에 1퍼센트 미만의 지지율을 3퍼센트까지 끌어올리는 동력을 만들어냈다"며 다음과 같이 말했다.

"오연호 대표의 장문 기사에 수십, 수백 개의 댓글이 달리기 시작한다. 오마이뉴스는 문국현과 이인영의 대담으로 386 정치에 대해서 평가하며 수많은 네티즌들에게 동원 명령을 내린다. 가서 보라. 이제는 문국현이 쓴 책까지 기사처럼 광고로 붙여놓고, 온통 문국현 관련 댓글은 기사로 둔갑해 있다. 가히 '문국현 현상'이다. 최소한 지금 상태를 보건대 오마이뉴스는 확실히 '문국현 홈페이지'를 자임하고 나섰다. 그들은 판단했을 터. 시장은 있다. 노무현 신드롬을 일으켰던 5년 전의 쏠쏠한 장사를 다시 한 번 더 해보는 것도 남는 장사라는 판단이 섰을 것이다. 지금 보이고 있는 객관적이고자 하는 시선은 더 이상 언론으로서의 역할을 포기한 행위다. 결국 조중동과 오마이뉴스는 같은 선상에서 같은 태도로 다른 후보를 지지하고 있다. 조중동과 오마이뉴스는 이명박을 위해, 문국현을 위해 스스로 언론이기를 포기했음에도 불구하고 여전히 언론의 탈을 쓰고 있다는 것도 다르지 않다. 언론이라는 탈을 쓰고 이명박의 홈페이지, 문국현의 홈페이지를 자처하면서 대선

판에서 벌이는 이 희한한 굿판에 조중동 탈춤과 오마이뉴스 탈춤. 재미는 있다."⁶

김영춘의 문국현 지지 선언

"17대 총선에서 열린우리당에 지지를 보내주셨던 많은 국민에게 직업 정치인인 제가 사죄의 뜻으로 바칠 수 있는 가장 큰 변제물이 총선 불출마라고 생각했습니다." 2007년 10월 11일 대통합민주신당 탈당과 2008년 총선 불출마를 전격 선언한 김영춘 의원(재선·서울 광진갑)의 말이다. 김영춘은 "이번 대선에서 문국현 후보를 지지하고자 한다"며 "문 후보의 당선을 위해, 최소한 그의 한국 경제 진단과 해법의 목소리가 이 나라 정치권에서 살아남게 하기 위해 최선을 다해 노력하겠다"고 말했다.

고려대 총학생회장 출신으로, 대표적 '386' 의원으로 분류되는 김영춘의 '결단'은 정치인으로선 흔치 않은 '선택'으로 받아들여졌다. 특히 범여권이 지리멸렬한 상황에서 스스로 책임지는 모습을 보였다는 점은 평가할 만하다는 지적이었다. 김영춘은 16대 총선 때 한나라당 소속으로 국회에 입성한 뒤 당내 정풍운동을 주도하다 2003년 7월 한나라당을 탈당해 열린우리당 창당에 주도적으로 참여했다. 그는 2006년 2월 열린우리당 전당대회에서 참여정부와의 관계 단절을 주장하며 최고위원에 출마했으나 쓴잔을 마셨고, 2007년 2월 전당대회에서 최고위원으로 지명됐다.

김영춘은 이날 국회 회견에서 "열린우리당이 실패로 끝났다는 것을 인정했기에 대통합민주신당이 창당되었지만, 현재의 모습은 오히려 열린우리당보다 못한 결과가 되고 말았다. 하지만 누구를 탓하기보다는 '내 탓이오'라고 생각하고 싶고, 누군가는 열린우리당 실패에 대한 책임을 져야 한다"고 말했다. 김영춘은 그러면서 "문국현 후보는 정치에 문외한인 분이지만, 신자유주의 물결 속에서 경제 양극화로 인해 고통 받고 있는 국민들의 팍팍한 삶에 희망의 빛이 될 수 있는 분"이라며 "대선이 끝날 때까지 한 사람의 자원봉사자로서 문 후보를 돕겠다"고 말했다.[7] 한 386 재선 의원은 "김 의원은 당을 망친 장본인들이 대선 후보로 나서고 공천을 위해 뛰는 모습에 회의를 느낀다며 최근 다른 386 의원들에게도 동반 탈당할 것을 제안했었다"고 전했다.[8]

문국현의 두 딸 5억 증여 파문

2007년 10월 16일 문국현은 지하철을 타고 서울 영등포구청역에서 신촌역까지 다섯 정거장을 가는 동안 쉴 새 없이 자신의 명함을 돌리며 승객들에게 악수를 청했다. 지하철 안에서 기자들에 둘러싸인 그를 본 철없는 고등학생 몇몇은 "정동영이야"라며 휴대폰으로 사진을 찍기도 했다.

이런 풍경을 전한 『한국일보』 정치부 이태희 차장대우는 "문 전 사장을 떠올릴 때마다 필자는 사실 불편하다. 그를 판단할 눈에 잡히는 정보가 많지 않기 때문이다. 외견상 문 전 사장의 인생은 상당히 성공한 듯하다. 그는 25년간 기업에 투신해 성공한 CEO가 됐고, 환경운동에 상당한 정열을 쏟았다고 한다. 그를 아는 사람들은 인간적 매력을 이야기한다. 지식인층에선 그에 대한 마니아도 제법 많아 보인다"며 다음과 같이 말했다.

"그는 재산 공개를 하며 스스로를 '증권 전문가'라고 자랑했다. 실제 그의 재산 중 절반이 넘는 75억여 원이 주식이다. 그러나 문 전 사장이 국방과 외교, 행정을 '증권투자'만큼 잘할 수 있을지 궁금하다. 국정 분야에선 주식투자 실적만큼 눈으로 확인할 실적은 없다. 그래서 그가 국가수반으로 적합한 인물인지는 여전히 의문부호이다. 이는 그가 명함을 돌린다고 해결될 문제는 아닌 듯싶다. 대선을 두 달여 앞두고 갑자기 당을 만들어 대통령이 되겠다고 정치 무대에 선 경제인을 어떻게 보아야 할지 당혹스럽다."9

11월 하순 문국현이 합쳐서 5억 원이 넘는 주식과 예금 재산을 두 딸 이름으로 해놓았다가 대선 출마 선언 직후인 9월 초 자신의 소유로 되돌려놓은 사실이 밝혀져 논란이 되었다. 이런 내용은 문국현이 중앙선거관리위원회에 신고한 후보 등록 자료에서 드러났다. 앞서 문국현은 비정규직 일자리 창출을 강조하면서 자신의 두 딸도 임금 수준이 낮은 비정규직에 근무한 적이 있거나 근무하고 있다고 밝혀 유권자들의 눈길을 끌었다. 문국현의 큰딸은 한때 유치원 교사(비정규직)로 일하다 아버지의 선거운동을 돕고 있었고, 작은딸은 외국계 은행에서 인턴으로 근무하다 대학 4학년에 복학한 상태였다.

이와 관련해 11월 27일 문국현 선거대책본부의 장유식 대변인은 "문 후보의 수입을 관리하는 부인이 펀드매니저의 조언에 따라 포트폴리오(재산 분할 관리) 차원에서 자신과 두 딸 명의로 각각 3분의 1씩 분산 관리했던 것으로, 일반적인 재산 관리 형태일 뿐"이라며 "증여세 탈루나 금융실명제 위반, 금융소득종합과세 회피 등에는 해당되지 않는다"

고 해명했다. 그러나 문국현이 이를 계속 방치하다 대선 출마 직후에야 자기 명의의 재산으로 환원한 사실이 밝혀져 도덕성 논란을 피해가긴 어려웠다.[10]

문국현은 11월 28일 오전 MBC 라디오 〈손석희의 시선 집중〉에 출연해 "문 후보께서 두 따님이 비정규직에서 일했다는 말씀을 할 때 같은 비정규직으로서 동료의식을 느꼈을지도 모르겠는데 이번 일로 실망했다는 의견이 있다"는 질문을 받고 "애들 엄마가 일시적으로 혼사가 앞에 있고 그러니까 잠깐 (물려줄) 생각은 했었던 것 같다"며 혼수에 대비한 사실상의 증여였음을 시인했다. 또 문국현은 이날 한국여성단체연합회 주최로 열린 후보 초청 토론회에 참석해 "다 제 책임이고, 제 돈을 25~30년 관리한 처의 잘못은 아니다"라며 "이 자리를 빌려서 혹시나 이 문제로 상처받은 분들, 마음 아프신 분들이 있다면 모두 제 잘못"이라고 사과했다.[11] 다른 후보라면 크게 문제될 게 없는 일이었을지 몰라도, 깨끗한 강남 좌파 이미지로 부각된 문국현에게 이 사건이 미친 타격은 매우 컸다.

흥미롭게도 제17대 대선에서 사실상의 강남 좌파 이미지는 한나라당 후보 이명박이 누린 것처럼 보였다. 이명박은 강남과 부유층은 물론 강북과 서민층에서도 압도적 우위를 보이면서 12월 19일에 치러진 대선에서 유효 투표 수 2373만 2854표의 48.7퍼센트인 1149만 2389표를 얻어 대통령에 당선됐으니 말이다. 정동영 대통합민주신당 후보는 617만 4681표(26.1퍼센트), 이회창 무소속 후보는 355만 9963표(15.1퍼센트), 문국현 창조한국당 후보는 137만 5498표(5.8퍼센트)를 각각 얻었다. 권영길 민주노동당 후보는 71만 2121표(3.0퍼센트), 이인제 민주당 후보는 16만 708표(0.7퍼센트)의 지지를 받은 것으로 나타났다. 보수 후보인

이명박·이회창 두 후보의 득표율 합계는 63.7퍼센트인 반면, 진보개혁 성향의 표(정동영·문국현·권영길)는 모두 합해도 34.9퍼센트로, 지난 대선 때(노무현·권영길)의 52.8퍼센트에 크게 못 미쳤다.

12월 26일 노무현 대통령의 측근인 안희정 참여정부평가포럼 상임집행위원장은 자신의 홈페이지에 "우리는 폐족(廢族)"이라는 글을 올렸다. '조상이 큰 죄를 지어 후손이 벼슬에 오르지 못하게 됐다'는 뜻이니, 친노(親盧) 세력이 국민의 버림을 받아 결국 몰락의 길을 걷게 됐다는 탄식인 셈이었다.[12] 좌파적 이미지를 오히려 보수 후보가 가져가게 할 정도로 정치 지형도를 왜곡시킨 강남 좌파 정권의 실세들은 '폐족'으로서 통렬한 자책과 성찰을 해야 마땅한 일이었음에도, 2009년 5월 23일 노무현의 서거와 그로 인한 정치적 부활은 그런 기회마저 앗아가버리고 만다. 적대와 증오 정치의 악순환 속에서 강남 좌파에 대한 분석과 평가의 기회마저 박탈당한 셈이었다.

창조한국당의 존립 위기

2008년 1월 24일 『한겨레』는 창조한국당의 존립 위기를 전했다. 50명 규모이던 당직자 중 김갑수 대변인 등 15~20명이 당을 떠났고, 유일한 현역인 김영춘 의원과 지난 대선 때 선거대책본부장을 지낸 정범구 전 의원도 당에 잔류할지를 심각하게 고민하는 중이라는 이야기였다. 지난 대선 때 정무특보를 지낸 김헌태 전 한국사회여론연구소장은 사실상 발길을 끊었고, 고원 전 전략기획단장도 2월 말까지 휴가를 내고 지방에 내려가 있다고 했다. 정범구 전 의원은 "정치는 여러 가지 가능성을 열어놓고 해야 하는데, 문 대표는 자기와 다른 의견은 잘 받아들이지를 않는다"며 "공당을 하자고 당을 만들었는데, 여전히 '문국현 사당'을 못 벗어나고 있다"고 비판했다.[13]

결국 2월 13일 곽광혜 전 대변인, 정상영 공보실장 등 전직 선대위 간부 26명이 "지금 문 대표와 당으로는 '사람 중심'의 가치를 실현할 희망이 없다"며 당적을 정리했고, 14일 정범구 전 의원과 이정자 공동대표 등 고위 간부 4명은 "우리들의 정치실험은 실패했다"며 탈당했다. 탈당과 분열을 부른 직접적인 발단은 총선 전략, 특히 통합민주당(가칭)과의 통합 문제였다. 한 전직 당 간부는 "문 대표는 통합의 '통'자만 들어도 알레르기 반응을 보이고, 해당 행위로 몰아세웠다"며 "문 대표에게는 '여의도 정치'에 대한 강한 불신이 있다"고 말했다.[14]

이와 관련, 서강대 정치외교학과 교수 손호철은 "문 후보가 유한킴벌리 시절 사람 중심의 경영으로 주목을 받았는지 모르지만 역시 CEO 출신은 CEO 출신이고 수직적 지시 관계를 중심으로 하는 기업은 수평적 논의를 중심으로 하는 정치와 다를 수밖에 없는 것 아니냐는 느낌을 지울 수 없다. 또 아무리 사람 중심을 내걸어도 한 개인에 의존하는 1인 정당은 1인 정당의 한계를 벗어날 수 없는 것 같다"고 논평했다.[15]

그럼에도 문국현은 2008년 4·9 총선 때 서울 은평을에서 '한반도 대운하 반대'를 외치며 한나라당의 거물 이재오를 꺾음으로써 화려하게 재기했다. 이재오 측은 문국현을 '강남 부자'로 공격했고,[16] 4월 5일 이명박 대통령이 서울 은평 뉴타운 건설 현장을 방문하는 등 사실상의 지원 사격을 했지만, 별 효과를 보지 못했다.[17] 또한 창조한국당은 전국적으로 3.8퍼센트의 정당 지지율을 기록, 비례대표 2석까지 얻었다. 지난 대선 당시 문국현의 득표율(5.8퍼센트)에 미치지 못했고, 여전히 '1인

정당'의 한계를 벗어나지 못했지만 결과로만 보면 창조한국당은 소기의 목적을 달성한 셈이었다.[18]

4월 23일 4·9 총선 결과를 평가하는 참여연대 토론회에서 김호기 연세대 교수는, 욕망의 정치는 세계화와 신자유주의 시대의 '이익의 정치'라며, 이에 대한 대립 개념으로 '가치의 정치'를 들었다. 이는 경제적 안정보다 자아실현, 환경, 평화, 여성 등 탈물질적 가치를 중시하는 정치라고 했다. 그는 가치의 정치를 실현할 대표 주자로 문국현 창조한국당 대표를 꼽았다.[19] 그러나 성급한 판단이었다. 문국현의 영광은 그리 오래가지 않았기 때문이다.

'실패한 문국현의 정치실험'

총선 직후 창조한국당 비례대표 2번 이한정 당선인이 학력·경력 위조와 전과기록 신고 누락 등의 혐의로 구속되면서 "당에 6억 원을 빌려줬다"고 말해 이른바 '비례대표 공천헌금' 파동이 일어났다. 그 파동의 와중인 5월 23일 자유선진당 이회창 총재와 창조한국당 문국현 대표는 국회 의원회관에서 만나 "두 당이 공동 원내교섭단체를 구성한다"는 합의문을 발표했다. 이 총재로선 교섭단체 구성(20석)에 2석이 모자라는 상황을 돌파하고, 문 대표는 총선에서 3석을 확보하는 데 그쳐 정치적 입지가 극히 좁은 현실을 타개한다는 이해가 맞아떨어져서 성사된, '정통 보수'와 '창조적 진보'의 동거 체제였다.

두 당은 "당 대 당 합당이 아니라 정책 연대"라며 "국고보조금을 더 받기 위해 당을 합한 것도, 의원 꿔주기나 무분별한 영입도 아니다"라고 주장했지만, 세간의 시선은 싸늘했다. "당리당략을 위해 정당정치와 의회주의 근간을 흔든 야합"이라는 비판이 쏟아졌다. 한나라당 강재섭 대표는 이날 의총에서 "자유후진당인지, 구태모방한국당인지 의심스럽다"면서 "보수 언론인 『문화일보』와 『한겨레』가, 자유총연맹과 진보단체가 위장 결혼하는 셈"이라고 꼬집었다. 통합민주당 최재성 원내대변인도 "명분 없는 자기부정"이라고 비난했다.[20] 독단적 합의 과정에 대한 문제 제기로 당 내부는 들끓었고 탈당 의사를 밝힌 당원들이 속출했지만 '창조적 진보'를 주창했던 문국현은 '나의 이념은 창조적 보수'라고 해명했다. 한 진보 진영 인사는 "그토록 비판했던 구태 정치인의 행태를 닮아가고 있다"고 한숨을 내쉬었다.[21]

미국산 쇠고기 수입에 반대하는 촛불집회가 절정을 맞은 6월 10일 문국현은 서울 집회 현장에서 비장한 표정으로 시위대의 구호도 따라 외치고 노래도 함께 불렀다. 이에 대해『한국일보』는 "그러나 반년 전으로 돌아가 보면 이런 광경은 상상조차 하기 힘들다. 창조한국당 대선후보 시절인 지난해 11월 5일 문 대표는 참여연대 등이 주최한 '100인 유권자위원회'와의 토론에서 미국산 쇠고기 수입 반대 주장에 대해 '불신을 갖고 있으면 한이 없다'며 '과잉 반응'이라고 일축했다"며 "최근 행보를 보면 말 바꾸고, 당당하지 못하고, 독주하는 기성 정치인의 모습을 그대로 닮아가고 있다. 제발 그가 처음 얼굴을 되찾길 바란다"고 했다.[22]

2008년 하반기 내내 공천헌금 파동 공방이 뉴스가 되면서 문국현의 위상과 도덕성은 추락했고, 급기야 12월 5일 법원은 문 대표의 공직선거법 위반 혐의에 대해 징역 8개월에 집행유예 2년을 선고했다. 이에 대해『중앙일보』는「실패한 문국현의 정치실험」이라는 제목의 사설에

> ## 실패한 문국현의 정치실험
>
> 창조한국당 문국현 대표의 '클린 정치' 실험이 막을 내리게 됐다. 문 대표의 공직선거법 위반 혐의에 대해 법원이 5일 유죄를 선고했다. 형이 확정되면 문 대표는 의원직을 잃게 된다.
> 문 대표가 지난해 8월 '클린 정치'를 표방하며 대선 후보로 뛰어들 당시만 해도 상당한 기대를 모았다. 문 대표의 깨끗한 발자취가 신뢰를 주었기 때문이다. 문 대표는 유한킴벌리 사장으로 재직하면서 기업의 사회적 책임을 강조하고 환경경영을 실천하고자 노력했다. 기성 정치에 실망한 민심이 그의 도덕성에 주목할 만했다.
> 그러나 정치인으로서 문 대표는 많은 한계를 보여 왔다. 문제는 시간이 지날수록 해결의 희망을 보이기보다 악화되는 양상을 빚어 왔다. 지난 연말 대선이 끝나자마자 당내 분열이 시작됐다. 당내 갈등이 빚어지면서 핵심 세력들이 한꺼번에 떨어져 나갔다. 총선이 끝나면서는 불법자금 문제에 걸렸다. 문 대표가 선거법 위반 혐의로 기소됐고, 비례대표 공천 대가로 6억원을 낸 이한정 의원의 유죄가 확정됐다. 하지만 문 대표는 계속 '야당 탄압'을 주장했다. 9차례에 걸친 검찰의 소환 요구에 응하지 않았다. 국회에 체포동의안이 제출되자 다른 야당들과 연합해 법에 명시된 표결 절차를 원천 봉쇄했다.
> 문 대표의 행적을 보면 정치적 리더십에 결함이 있어 보인다. 깨끗한 정치를 주장하면서 깨끗하지 못한 행보를 보인 게 그렇고, 당내 분쟁을 적극 해결하기보다 소극적으로 방관하는 모습을 보여 왔다는 평가도 뒤따른다. 물론 현실 정치의 높은 벽도 작용했다고 본다. 문 대표가 공천 헌금을 받기 위해 당사랑 채권이란 방식을 고안해낸 것도 '돈 드는 선거'라는 현실이 엄존했기 때문일 것이다.
> 지금부터라도 문 대표는 깨끗이 승복하고 자숙하는 마무리를 보여주어야 한다. 창조한국당은 성명을 통해 "납득할 수 없다"며 "법원이 형사 책임 소재를 밝힐 의지가 없다"고 반발하고 나섰다. 선거법을 위반하고 사법 절차를 거부한 데 이어 법원의 판결까지 무시하는 태도다. 문 대표의 실험은 아름다운 이상과 안타까운 좌절로 막을 내려야 한다. 더 이상 추한 모습을 보여선 안 된다.

"문 대표의 행적을 보면 정치적 리더십에 결함이 있어 보인다. 깨끗한 정치를 주장하면서 깨끗하지 못한 행보를 보인 게 그렇고, 당내 분쟁을 적극 해결하기보다 소극적으로 방관하는 모습을 보여왔다는 평가도 뒤따른다."(『중앙일보』 2008년 12월 6일)

서 "문 대표는 계속 '야당 탄압'을 주장했다. 9차례에 걸친 검찰의 소환 요구에 응하지 않았다. 국회에 체포동의안이 제출되자 다른 야당들과 연합해 법에 명시된 표결 절차를 원천 봉쇄했다"며 "문 대표의 실험은 아름다운 이상과 안타까운 좌절로 막을 내려야 한다. 더 이상 추한 모습을 보여선 안 된다"고 주장했다.[23]

한국인의 '새것 신드롬'

2009년 10월 22일 대법원의 유죄 확정 판결로 문국현은 의원직을 상실했다. 이에 『동아일보』는 「문국현 '클린 정치'는 허구였다」라는 제목의 사설을 통해 "그가 클린 정치, 새로운 정치를 명분으로 정치판에 뛰어들었기에 우리는 더 실망했다. 그가 내세운 '창조적 진보' '사람 중심의 진짜 경제' 같은 구호도 지금 돌아보면 실체가 분명하지 않은 날림이었다. 그는 대선 후보가 되는 과정에서 경선이나 제대로 된 검증 절차를 밟은 적이 없는데도 5.8퍼센트의 지지를 받았다"며 다음과 같이 주장했다.

"행동이 따르지 않는 말의 정치가 잠시 거품을 만든 형국이었다. 국회의원에 당선된 뒤에는 '정통 보수'를 내세운 이회창 총재의 자유선진당과 정체성이나 지지층이 전혀 다른데도 원내교섭단체를 급조하기 위해 연대했다. 새로운 인물, 새로운 정치는 허구였다. 문 씨처럼 정치 입문 과정에서 정상적인 검증 절차도 거치지 않고, 그럴듯한 레토릭(수사, 修辭)으로 눈길을 끌었다가 사라지는 정치인이 다시 나오지 않도록 하려면 유권자들의 분별력도 높아져야 한다."[24]

문국현으로선 할 말도 많을 것이고 억울한 점도 없지 않았겠지만, 그가 많은 사람들에게 큰 실망을 안겨준 건 분명했다. 어쩌다 이런 일이 일어난 걸까? 문국현을 띄우는 데에 앞장섰던 사람들 중 누구라도 한마디 할 법도 하건만 모두 굳게 침묵했다. 2008년 10월 그런 사람들 중 한 명으로 선두에 섰던 김헌태 전 한국사회여론연구소 소장은 『시사인』과의 인터뷰에서 이런 '변명'을 내놓았다.

"한국 사회의 경제 체질을 변화시키고 새로운 성장 모형을 만들어낼 리더가 필요하다는 생각은 그때나 지금이나 마찬가지다. 문제는 그 리더를 대중이나 정치 엘리트와의 공감대 속에서 검증하며 수렴해낸 것이 아니라, 한두 사람이 급하게 뽑아 올리려 했다는 점이다. 게다가 당사자가 역사에 대한 이해나 정치적 안목 등에서 훈련이 덜 되어 있었다."[25]

문국현의 한계인가, 강남 좌파의 한계인가? 대선 전 문국현의 인기가 절정에 이르렀을 때 문국현의 어록을 몸에 지니고 다니던 일부 대학생들의 모습이 눈에 선하다. "문국현의 뭐가 그렇게 좋은데?"라고 물으면 답은 늘 한결같았다. 그건 바로 썩고 더러운 기성 정치와 대비시킨 참신한 이미지였다. 새것이라면 사족을 못 쓰는 '새것 신드롬'이라고 해야 하나? 새것은 쓰자마자 헌것이 돼버리고 마는 법이건만, 새것의 출현엔 끝이 없으니 '새것 신드롬'은 영원할 수밖에 없는 건가? 하긴 젊은 대학생들만 '새것 신드롬'에 빠져 있는 건 아니었다. '새것 신드롬'은 전 국민의 오락생활이었다. 강남 좌파의 텃밭이 되곤 하는 이 인물 중심주의의 강고한 벽을 어찌 넘을 수 있을 것인가?

chapter
05

왜 또다시 강남 좌파인가?

조국-오연호의 진보 집권 플랜

조국의 강남 좌파 이미지

2010년 11월 오마이뉴스 대표기자 오연호가 묻고 서울대학교 법학전문대학원 교수 조국이 답한 『진보 집권 플랜』이 출간되었다. 오연호가 조국과 함께 2010년 2월 초부터 9월 초까지 7개월간 열 번에 걸쳐 진행한 대담을 엮은 것이다. 책 소개에 따르면, 이 책은 '잃어버린 10년'을 되찾겠다면서 표현의 자유 보장의 수준 등 한국 사회를 10년 전으로 되돌려놓은 이명박 정권의 무도함에 대한 비판과 분노 표출을 넘어 김대중 정권과 노무현 정권 두 민주 정부를 공정하게 평가하는 동시에 진보의

『진보 집권 플랜』 표지

집권 플랜을 구상한 대담집이라고 한다.

조국은 누구인가? 조국은 1965년 부산 출생으로 △혜광고, 서울대 법대 최연소 입학(1982) △동 대학원 법학 석사(1989) △최연소 울산대 법학과 교수 △국가보안법 위반 혐의로 구속, 6개월 복역 △미 버클리대 로스쿨 법학 박사(1997) △동국대 법대 교수(2000~2001) △서울대 법대 교수(2001~) △참여연대 사법감시센터 소장(2002~2005) △서울대 대외협력부본부장(2007~2008) △국가인권위원회 위원(2007~2010) 등의 이력을 가진 진보적 지식인이다.

이 대담은 오연호의 제안으로 이루어졌다. 조국의 반농담에 따르자면 "오 대표의 '꾐'에 빠져 얼떨결에 수락한 프로젝트"였다.¹ 왜 오마이뉴스의 오연호가 다시 나섰을까? 3년 전 실패로 돌아간 '문국현 띄우기'의 재탕인가? 더욱 흥미로운 건 문국현과 조국 모두 강남 좌파의 이미지가 매우 강하다는 점이다. 조국은 『경향신문』 인터뷰에서 자신에게 쏟아지는 '강남 좌파'라는 비판에 대해 굳이 거부하지 않았다. 진보를 외치지만 기득권층임을 부인할 수 없다는 것이다. 말과 행동 사이에서 갈등을 느낄 때도 많다고 했다. 겉(말)과 속(행동)이 다 빨간(일치하는) '토마토'가 되면 좋겠지만 겉만 빨갛고 속은 하얀 사과일 때가 많다고 솔직히 고백했다. 그의 딸은 외고를 거쳐 대학 이공계에 진학했는데, "나의 진보적 가치와 아이의 행복이 충돌할 때 결국 아이를 위해 양보하게 되더라"고 자신의 한계를 인정했다. 그렇게 언행일치의 토마토가 되지 못한다고 해도 각성과 추구, 그 자체만으로 의미 있다는 것이다.²

조국에게 강남 좌파 딱지가 붙은 데엔 서울대학교 법학전문대학원 교수라는 타이틀과 더불어 그의 삶의 철학도 한몫한 것 같다. 강남 좌파의 장점이자 강점은 여유와 너그러움이다. 삶을 즐기라는 뜻의 라틴어인 "카르페 디엠(carpe diem)!"의 원리에 충실하다. 조국의 칼럼집 『성찰하는 진보』엔 이런 이야기가 나온다. "2005년에는 개인 홈페이지를 개설하면서 오랫동안 컴퓨터 속에 잠자고 있던 조각글과 사진 파일을 정리해 공개했고, 이후 순간순간 떠오르는 상념도 계속 홈페이지에 올려놓았다. 내 나름의 '카르페 디엠'이었다."

첼로 사건도 기여하지 않았을까? 『한국일보』(2011년 2월 26일)의 '강남 좌파 형성사'에 따르면, "강남 좌파는 권영길 민주노동당 원내대표의 1997년 대선 출마, 2000년 민노당 창당 및 대표 취임 과정에 정치·사회 무대에서 본격적으로 거론되기 시작했다. 지난해 지방선거 직전 공개된 노회찬 당시 서울시장 후보의 첼로 연주 사진은 강남 좌파 이미지를 대중에 인식시키는 데 일조했다. 그는 이 사진을 표지에 담은 책에서 '모든 국민이 악기 하나쯤은 연주할 수 있는 나라'가 그의 꿈 중 하나라고 밝혔고, 조국 서울대 법학전문대학원 교수는 이를 받아 언론 칼럼에서 '아무리 가난한 집안에 태어났어도 소질만 있다면 아마추어 첼리스트가 될 수 있는 사회는 한낱 꿈이 아니어야 한다'고 설파했다."[3]

키 크고 잘생긴 것도 죄인가?

조국의 잘생긴 외모도 강남 좌파 이미지 형성에 일조했을 것 같다. 2010년 12월 조국과 인터뷰를 한 이종탁도 그런 느낌을 받은 모양이다. 그는 "학문의 세계에서 수려한 외모는 불리하게 작용할 때도 있다. 얼굴 잘생긴 학자, 탤런트 같은 교수를 상상해본 적이 있는가. 영화 속의 멋있는 학자는 작은 키에 커다란 뿔테 안경을 쓴, 뭔가 허술해 보이지만 놀라운 예지력을 가진 사람일 뿐 장동건 같은 외모의 소유자는 결코 아니다. 외모와 학문은 아무 상관관계가 없지만 전문성이 뛰어난 학자는 외모가 뛰어나지 않을 것이라는 막연한 선입견이 우리 머릿속에 들어 있는 것이다"라며 다음과 같이 말한다.

"서울대 조국 교수가 자신의 외모에 대해 '부담스럽다'고 하는 것은 그런 점에서 충분히 이해할 만하다. …… 본인이 결코 유쾌해하지 않을 외모 이야기를 이처럼 장황하게 늘어놓는 것은 그와 대면하는 순간 받은 첫 느낌 때문이다. 언젠가 그가 연구실 문을 박차고 나가 대중 앞에 선다면 외모에서 주는 부드러운 이미지만으로도 뜨거운 바람을 일으킬 것 같다는 예감이 들어서다. …… 그의 연구실에서 이뤄진 인터뷰에서 나의 첫 질문은 몸(身)에 관한 것이었다. 얼굴 생김은 신문에 종종 실리는 사진으로 꽤 알려져 있지만 신장을 궁금해하는 사람이 많을 것이란 판단에서다."

(이) 실례지만 키가 얼마입니까?

(조) 180cm입니다. 이렇게 말하면 또 한 번 야유를 받을지 모르겠습니다. "키도 크다 이거지?" 하는. 대학 때부터 외모 얘기만 나오면 저는 뭐라 말해도 얻어터지게 돼 있습니다.

(이) 남들이 부러워하는 용모를 타고났잖아요. 젊은 시절 여난(女難)도 많았겠습니다.

(조) 제가 대학 때 학생운동을 했는데요, 내 활동이나 생각에는 관심이 없고 외모에만 관심을 두는 여학생들이 적지 않았습니다. 처음에는 가볍게 생각했는데 자꾸 반복되니까 힘들어집니다. 선배들이 저보고 '너는

너무 눈에 띄어 우리에게 피해를 준다'고 해요. 경찰의 검문검색에 걸리기 딱 좋다는 거예요. 또 제가 이국적이고 도회적 분위기여서 당시 활발하던 농활이나 빈민활동에 안 어울린다는 거예요. 그 때문에 갈등을 많이 했죠. 나중에 받아들였습니다. 어떡하겠습니까. 성형수술을 할 수도 없잖아요. 그래서 기왕 이럴 바엔 외모를 활용하자고 생각하게 됐죠.

(이) 외모를 활용한다는 게 무슨 뜻이죠?

(조) 나의 외모만 보고 좋아하는 사람, 내가 쓴 글을 안 읽고 그냥 멋있다고 생각하는 사람에게도 내 생각을 전달하자는 거죠. 운동이라는 게 사회적 영향을 미치려고 하는 건데, 대중 민주주의에서는 대중의 변화가 가장 중요하거든요. 저와 아무 인연이 없지만 외모에 호감을 가진 대중들이 저의 말에 귀를 기울여 생각까지 바꾸게 된다면 좋은 일 아닙니까.[4]

조국은 그런 '외모 자본' 덕분에 행복한 고민을 한다. 조국은 프레시안(2011년 2월 19일) 인터뷰에서 "최근에 조국 교수에 대한 세간의 관심을 보자면, '조국 현상'이라고 이름을 붙여도 이상할 게 없어 보입니다. 대중의 관심을 실감하십니까?"라는 질문에 다음과 같이 답한다. "일단 온갖 언론에서 인터뷰 요청을 받고 있습니다. 얼마 전에는 남성들을 상대로 한 패션 잡지라는 데서 인터뷰 요청이 왔어요. 또 미용실에 비치되어 있을 법한 영어 제목의 패션 잡지에서도 인터뷰를 하고 싶다고 하더군요. 물론 인터뷰를 거절했어요. 많이 당혹스럽더군요. 10년 전에 서울대학교 교수가 막 되고 나서, 한 유명한 남성 양복 회사에서 양복 모델을 제의한 적이 있었어요. 그때 아주 당혹스러웠었는데……. (웃음) 10년 만에 비슷한 당혹감을 느꼈습니다."[5]

왜 조국인가

조국을 강남 좌파로 부르는 게 온당하건 부당하건, 가장 궁금한 건 오마이뉴스의 '조국 띄우기'가 갖는 정치사회학적 의미라 할 수 있겠다. 생각해보자. 왜 2007년에 한동안이나마 문국현이 부상할 수 있었는가? 노무현 정권의 정권 재창출 가능성은 사실상 '완전 불가'였다는 점이 중요하다. 앞서 소개했듯이, 이대근 『경향신문』 정치·국제 에디터가 "대통합민주신당은 무덤이다"라며 "'올바른 패배'도 준비해야 한다"고 역설했던 걸 상기할 필요가 있다.[6] 무언가 전혀 새로운 카드가 필요했다. 김대중 정권이 사실상 몰락했을 때 기성 정치권에서 늘 이단자였던 노무현 카드가 먹혀들었던 것처럼, 이제 그런 기대 속에 출범했던 노무현 정권이 또 한 번 몰락함으로써 이전보다 더욱 충격적인 카드가 필요하게 된 상황이었다.

노무현이 강남 좌파의 원조라는 건 이 책에서 제기된 주장일 뿐, 당시엔 강남 좌파라기보다는 분노 어린 아웃사이더의 모습이 두드러졌다. 그렇다면 좌파적 성향을 갖고 있되 노무현의 그런 이미지와는 정반대되는 이미지를 가진 인물이 필요했고, 그 결과 문국현이 발탁된 것이다. 이는 오마이뉴스뿐만 아니라 당시 문국현에 기대를 걸었던 사람들이 가졌던 공통된 생각이었다고 보아야 하지 않을까?

그렇다면 왜 제18대 대선을 앞두고 하필 조국이란 말인가? 이명박 정권이 여태까지 해온 것처럼 계속 실정을 할 가능성이 높기 때문에, 진보 쪽에선 그 누가 나온다 해도 쉽게 당선될 수 있지 않을까? 천만의 말씀이다. 물론 그렇게 생각할 사람도 많지 않겠지만 말이다. 박근혜는 적어도 이미지상으론 이명박 정권의 실정에서 비교적 자유롭다. 이

2011년 5월 15일 경상북도청 앞에서 국제과학비즈니스벨트 유치를 위한 총궐기대회가 열렸다. 궐기대회에 참석한 경상북도의원들이 국민의례를 하고 있다.

명박 측의 '배신'에서 비롯된 것이긴 하지만, 그간 꾸준히 이명박과 날카로운 각을 세워온 덕분이다. 친(親)이명박계의 몇몇 정치인들은 "박근혜가 대통령이 되면 우리는 죽은 목숨"이라며 "박근혜가 되기보다는 차라리 야당이 집권하는 것이 낫다"고 한다지 않는가.[7] 그런 '각세우기' 효과 덕분인지 심지어 박근혜가 대통령에 당선되면 '정권 교체'로 받아들이는 국민이 과반수라는 여론조사 결과마저 나왔다. 2011년 5월 14일 경북 구미에서 국제과학비즈니스벨트 유치본부가 주최한 궐기대회에선 이런 현수막마저 내걸렸다. '이명박에게 또 속았다! 박근혜로 당장 바꾸자!'[8]

반면 진보 쪽은 노무현의 자살이 가져다준 '노무현의 부활'이라는 축복과 저주의 덫에 갇혀 있다. '노무현의 부활'은 일단 이명박 정권에 타격을 주었다는 점에선 축복이겠지만, 진보 진영이 노무현 시대에서 한 걸음도 더 나아가지 못한 채 노무현 정신의 계승을 외치는 자승자박(自繩自縛)의 결과를 초래하고 말았다. 노무현 시대는 계승할 것 못지않게 극복할 것도 많을 텐데, 후자에 대해선 아무런 말이 없이 그냥 '노무현의 부활'을 동력 삼아 이명박 정권에 대한 적대와 증오만으로 정권 창출을 꿈꾸니 그게 가능하겠는가.

이런 상황이 또 기성 정치권 밖에서 새로운 인물을 찾아야 할 배경이 되었다고 볼 수 있다. 문국현의 실패로 기업인 카드의 약발이 크게 떨어진 상황에서 학계로 눈을 돌린 것은 당연한 일인지도 모른다. 한국은 교수들의 정관계 진출이 세계에서 가장 활발하거니와 서울대 총장이면 거의 무조건 국무총리 자리가 예약된 '대학 공화국'이 아닌가. 손학규처럼 교수 출신으로 정치판에서 큰 성공을 거둔 이도 있는 터에, 조국이라고 해서 대통령 자리를 넘보지 말란 법이 어디에 있단 말인가. 여성 유권자들의 표를 끌어들이는 데에도 유리하지 않겠는가.

민주화 이후 엘리트주의의 키워드는 '매력'이며, 이 점에 관한 한 조국은 발군의 경쟁력을 갖고 있다. 오연호가 주목한 것도 바로 그 점인 듯하다. 오연호는 자신의 연세대 선배인 작가 공지영과 저녁식사를 하면서 이런 질문을 던졌다고 한다. "진보를 이야기하면서도 대중을 사로잡을 수 있는, 매력 있는 진보는 정치 쪽에서 불가능한 걸까요? 노무현 이후 누가 그런 사람이 될 수 있을까요?" 누구의 입에서 그런 말이 나왔는지 기억나지 않을 정도로 두 사람은 "조국 교수는 어떨까요?"라는 데에 의견의 일치를 보았고, 그러고 나서 며칠 후 오연호는 조국을 접촉했다는 이야기다.[9]

조국의 '전략적 사고'

　오연호는 대담의 후일담으로 조국의 '긍정적 사고'를 이렇게 칭찬했다. "그는 촛불시민의 힘을 믿었다. …… 그는 김대중·노무현 정권의 한계를 분명하게 지적하면서도 왜 그런 한계가 있을 수밖에 없었는지 애정을 가지고 조명했다. 두 민주 정권의 한계만을 난도질하듯 냉소적으로 지적하면서 자기는 그 책임과 무관하다는 식의 태도를 보여온 일부 진보 정치인이나 교수들과는 달랐다."[10]
　단지 '긍정적 사고' 뿐이었을까? 혹 '전략적 사고'가 가미된 건 아니었을까? 책의 제목은 '진보 집권 플랜'이다. 전략적 사고 없이 집권할 수는 없는 법이다. 집권은 '플러스 게임'을 필요로 한다. 더 많은 세력

2010년 11월 22일 오마이뉴스와 인터넷 서점 알라딘이 공동 주최한 『진보 집권 플랜』 저자 강연회의 한 장면.

을 끌어안아야 한다. 바로 그런 전략적 사고 때문에 이 책에선 이전의 조국과는 다른 변화가 감지된다.

2008년 6월 조국은 진보적 지식인들이 이구동성으로 극찬했던 촛불집회에 대해 냉정한 자세를 보여주었다. "촛불시위는 진보정치 세력 전체의 지도력 부재가 다 드러난 사건이다. 촛불대중에 대한 찬양으로만 흐르면 자신이 왜 무능했는지 답이 안 나온다. 그렇게 되면 대중은 다시 보수로 회귀한다."[11] 당시 촛불집회를 찬양하지 않으면 '수구꼴통' 동조자쯤으로 비치던 상황에서 소신과 강단이 있는 발언이었다. 그러나 조국은 『진보 집권 플랜』에선 "나는 낙관과 희망을 말하고자 한다. 전국의 거리에서 촛불을 들었던 주권자를 믿기 때문이다"라고 말한다.[12] 물론 두 발언 사이에 모순은 없다. 다만 강조점이 달라진 것이지만, 눈여겨볼 만한 가치는 있다.

진보가 집권하기 위해선 친노를 포용해야 한다는 '그랜드 디자인' 심리가 가동한 걸까? 노무현과 노 정권에 대한 평가에서도 그런 강조점의 이동이 눈에 띈다. 2009년 5월 6일 조국은 『중앙일보』에 쓴 칼럼에서 "노무현 전 대통령은 도덕과 청렴을 기치로 내세우고 집권했기에 검찰 수사를 계기로 드러난 그의 가족과 측근의 비리는 국민에게 더 큰 실망감과 허탈감을 안겨주었다. 노무현 정부 출범 직후 필자는 노 대통령에게 한비자의 '팔간(八姦)'을 빌려 '동상(同床)', 즉 잠자리를 같이하는 친인척, 그리고 '재방(在旁)', 즉 대통령의 속마음까지 헤아리는 최측근을 경계하라는 공개 편지를 보낸 바 있다(『중앙일보』 2003년 2월 27일). 그러하기에 씁쓸한 마음이 더하다"며 다음과 같이 말했다.

"법적으로는 부인·아들·측근의 비리를 노 대통령이 알았는가가 핵심이다. 검찰은 노 전 대통령이 알고 있다고 보는 것이 '상식'이라고

조국은 『진보 집권 플랜』에서 검찰 조사를 받는 노 대통령의 심정을 이해한다면서 검찰을 맹비난한다. 노무현 전 대통령이 조사를 받기 위해 검찰청에 출두했다.

주장하는 반면, 노 전 대통령 측은 그 혐의를 강하게 부인하며 물증 없이 혐의를 흘리는 검찰 수사에 반발하고 있다. 무엇이 진실인지는 법정에서 밝혀지겠지만, 지금까지 밝혀진 사실만으로도 노 전 대통령에게는 '정치적 사망선고'가 내려졌다. 향후 법적 절차에서 공방이 있겠지만, 이러한 정치적 결과를 바꿀 수는 없을 것이다. 기소 후 재판이 진행되는 기간 내내 노 전 대통령은 검찰·언론, 그리고 대중의 비판에 노출될 것이고, 판결이 날 때 즈음에는 정치·사회적으로 '거열형(車裂刑)'을 받은 상태가 되어버릴 것이다. 최종적으로 그에게는 무죄판결이 내려진다고 하더라도 말이다."

이어 조국은 "노 전 대통령의 부패 혐의에 대한 수사는 엄정히 이루어져야 한다. 그러나 엄정함이 불필요한 과도함이나 가혹함이 되어서는 안 된다. 이에 필자는 몇 가지 제안을 하고 싶다. 먼저 검찰총장은 노 전 대통령에 대해 불구속기소의 결정을 내려야 한다. 현시점에서 구속을 해 새로운 증거가 나올 가능성이 적은바, 굳이 구속해야 할 이유가 없다. 이는 인신 구속 자제라는 형사소송법의 대원칙에도 부합한다. 과거 구속이 이루어진 전두환·노태우 두 전 대통령과는 혐의 내용도, '뇌물' 액수도 현격히 차이가 있다. 이상의 점에서 노무현 전 대통령에게 수의를 입히고 포승줄로 묶어 법정에 출두시키는 것은 실체적 진실 발견을 위해서라기보다는 정치적 망신주기의 의미를 가질 뿐이다"라며 다음과 같이 말했다.

"노 전 대통령은 재판의 진행과 별도로 국민에게 통절한 사과를 해야 한다. 그는 자신의 가족과 측근 문제로 한때나마 노무현이라는 이름과 동일시되었던 시대정신과 가치마저 하수구에 버려지는 현실에 대해 무거운 책임을 느껴야 한다. 조갑제 씨는 '노무현은 진보가 보수에게 주는 선물'이라고 비아냥거리고 있지 않은가. 이제 노 전 대통령은 과거 '바보 노무현'의 모습으로 돌아가야 한다. 노동운동 지원을 위해 투옥도 불사하던 모습, 지역주의 정치 타파를 위해 희생을 감수하고 출마하던 모습은 아름다웠다. 권력도 영향력도 사라진 지금, 그가 낮은 곳에서 묵묵히 '바보'의 길을 걷길 기대한다. 노무현의 시대는 끝났다. 그의 일은 법적 절차에 맡겨두자. 노 전 대통령이 어느 정도의 법적 책임을 질 것인지는 법률가들이 결론을 낼 것이다. 현 시기 정치인·언론, 그리고 국민들이 노 전 대통령에 대한 '부관참시(剖棺斬屍)'보다 더 많은 관심과 열정을 쏟아야 할 일은 따로 있다. 노 전 대통령 재판에 관심이 쏠려 경제위기, 자산·소득·교육의 양극화, 남북 관계의 경색 등의 문제가 잊힐까 걱정이다."[13]

그러나 『진보 집권 플랜』의 톤은 좀 다르다. 검찰에 대한 맹비난 일

변도다. 그는 검찰이 노무현을 '산송장'으로 만들려고 했다며, 이렇게 말한다. "법률가의 시각에서 보면 노 대통령이 부엉이바위에 오른 심정이 이해됩니다. 그는 최후에 무죄판결이 난다 하더라도 수사, 기소, 재판의 전 과정에서 자신은 물론, 자신의 지지자들까지 정치적 생명줄이 끊어질 것을 직감한 겁니다."[14]

굳이 법률가의 시각이 아니더라도 이해는 누구든지 할 수 있지만, "그래도 자살은 안 된다"고 말하는 건 위선일까? 다른 자살 사건 때문에 나온 말이지만, 의사이자 시인인 서홍관이 『한겨레』(2007년 3월 13일)에 기고한 「누가 죽음을 미화하는가?」라는 제목의 칼럼에서 제기한 주장은 전혀 적절치 않은 걸까? 서홍관은 "우리 사회는 죽은 자를 지나치게 존중하는 사회다. …… 이런 죽음의 미화에 언론사들의 책임도 만만치 않다. 누가 되었건 이들이 죽음을 선택한 뒤에는 '주변 사람들에게 억울하다고 말했다' 느니, '오죽했으면 자살했겠느냐'는 식의 동정론에 입각하여 보도하기 때문에 원래 사건의 본질은 쉽게 사라지고 만다"며 다음과 같이 말했다.

"성인들은 그러한 보도에 영향을 덜 받겠지만 청소년들은 이러한 암시에 민감하기 때문에 자칫 인생을 충분히 알지 못한 상태에서 힘든 고비를 만날 때마다 어렵고 먼 길을 택하기보다 손쉬운 죽음을 택하려고 할지도 모른다. 우리 사회는 더 성숙해야 한다. 성숙한 사람이 된다는 것은 자신의 행동에 책임을 지는 것을 말한다. 자신의 잘못이 있다면 처벌과 비난까지도 감수하고 반성하는 용기가 필요한 것이고, 만약 부당한 혐의와 비난을 받고 있다면 그에 맞서서 싸우는 용기 또한 필요로 한다. 언론에서는 사회적 명사든 연예인이든 죽은 자라고 해서 모든 책임을 면해주고 미화하는 일은 이제 삼갔으면 한다. 자살이 자

야! 한국사회
누가 죽음을 미화하는가?

우리 사회는 죽은 자를 지나치게 존중하는 사회다. 김선일씨 사건은 대표적인 경우가 아니었던가 싶다. 취업이 목적이었든 선교가 목적이었든 간에 외교부의 권고를 어기고 이라크로 들어갔다가 무장단체로부터 살해당한 김씨의 처사는 자신과 가족은 물론이고, 그 사건으로 인해 우리 정부가 져야 했던 외교적 부담으로 보더라도 분명 현명한 것은 아니었다.

그러나 그가 죽었다는 이유로 동정 여론에 힘입어 그를 국립묘지에 안장하자는 의견까지 나왔으며, 부산시는 장례식에 무려 1억5천만원을 사용했다. 국가를 위해 희생된 죽음이 아닌 바에야 부산시민의 세금으로 장례식을 치를 근거는 어디에도 없었지만, 언론에서는 그런 문제는 외면하고 장례식 장면만을 생생하게 전달함으로써 국민 전체의 슬픔을 자아내는 데 급급했다.

유명인들의 자살 사건에서도 같은 일은 반복된다. 2004년에는 업체로부터 억대의 뇌물을 받은 혐의로 구속 수감돼 있던 안상영 부산시장이 구치소에서 자살을 선택했고, 노무현 대통령의 친형에게 인사 청탁 대가로 수천만원을 건넨 혐의를 받던 남상국 대우건설 사장과 국민건강보험공단 이사장으로 재직할 당시 비리로 검찰의 조사를 받던 박태영 전남지사도 역시 자살을 선택했다.

이분들에게 물론 억울한 사연이 있을 수 있을 것이다. 그러나 그럴수록 법정에서 진실을 가려야 마땅한 일이었는데 이들은 자신이 유죄가 입증되는 불명예를 피하기 위해 죽음을 선택한 것으로 보인다. 안 시장의 경우에도 유죄가 되었다면 수감되는 것은 물론이고, 연금 혜택도 받을 수 없는 형편이었지만, 모든 것이 무죄에 입각해서 처리되었을 뿐아니라 그의 장례식은 시장(市葬)으로 치러졌다. 죽음은 때로 정치적으로 이용되기도 한다. 한나라당은 안 시장의 죽음을 '권력에 의한 살인'으로 규정하고

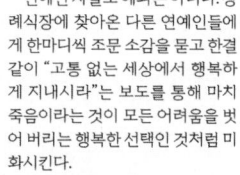

서홍관
국립암센터 의사·시인

'현 정권이 안 시장을 회유해 이를 거부하다 자살했다'는 근거 없는 주장을 펼쳤다. 가족들조차 한나라당의 주장이 '소설에 불과하다'고 부인했지만 아랑곳하지 않고 그를 피해자로 미화시켰다. 곧이어 치러진 선거에서 한나라당은 여유 있게 승리했음은 물론이다.

이런 죽음의 미화에 언론사들의 책임도 만만치 않다. 누가 되었건 이들이 죽음을 선택한 뒤에는 '주변 사람들에게 억울하다고 말했다'느니, '오죽했으면 자살했겠느냐'는 식의 동정론에 입각하여 보도하기 때문에 원래 사건의 본질은 쉽게 사라지고 만다.

연예인 자살도 예외는 아니다. 장례식장에 찾아온 다른 연예인들에게 한마디씩 조문 소감을 묻고 한결같이 "고통 없는 세상에서 행복하게 지내시라"는 보도를 통해 마치 죽음이라는 것이 모든 어려움을 벗어 버리는 행복한 선택인 것처럼 미화시킨다.

성인들은 그러한 보도에 영향을 덜 받겠지만 청소년들은 이러한 암시에 민감하기 때문에 자칫 인생을 충분히 알지 못한 상태에서 힘든 고비를 만날 때마다 어렵고 먼 길을 택하기보다 손쉬운 죽음을 택하려고 할지도 모른다. 우리 사회는 더 성숙해야 한다. 성숙한 사람이 된다는 것은 자신의 행동에 책임을 지는 것을 말한다. 자신의 잘못이 있다면 처벌과 비난까지도 감수하고 반성하는 용기가 필요한 것이고, 만약 부당한 혐의와 비난을 받고 있다면 그에 맞서서 싸우는 용기 또한 필요로 한다.

언론에서는 사회적 명사든 연예인이든 죽은 자라고 해서 모든 책임을 면해주고 미화하는 일은 이제 삼갔으면 한다. 자살이 자신에 대한 모든 비난과 억울함을 해결해 주는 가장 손쉬운 길처럼 오해되어서는 안 된다. 자살이 지난 10년간 두 배 이상 증가했던 것에는 분명히 이유가 있었다.

의사이자 시인인 서홍관은 자살 사건을 언론이 동정론에 입각해 보도하기 때문에 원래 사건의 본질은 쉽게 사라지고 만다고 주장하는 글을 『한겨레』에 투고했다.

신에 대한 모든 비난과 억울함을 해결해주는 가장 손쉬운 길처럼 오해되어서는 안 된다. 자살이 지난 10년간 두 배 이상 증가했던 것에는 분명히 이유가 있었다."

"코드 인사가 왜 나쁜가?"

조국의 선의를 최대한 감안하자면, 위 발언은 그만큼 검찰과 언론이 큰 잘못을 했다는 걸 강조한 것으로 이해할 수 있겠다. 그렇게 이해하도록 하자. 그러나 사실의 왜곡, 그것도 매우 중요한 문제에 대한 사실 왜곡은 자제했더라면 하는 아쉬움이 있다. 이는 포용보다 훨씬 더 중요한 문제이기 때문이다. 비슷한 거대 과오를 또 반복해서야 쓰겠는가. 조국의 다음과 같은 주장을 들어보자.

"'코드 인사'는 나쁜 게 아닙니다. 정권을 잡았으면 자신의 정책을 펼치기 위해 소신과 배짱이 맞는 사람끼리 호흡과 손발을 맞추는 것이 당연합니다. 집권 후 반대파를 요직에 임명하라는 요청은 정당하지도 않고 기대할 수도 없는 거죠. 참여정부 당시 코드 인사라는 말이 나돈 것은 조중동의 프레임에 먹힌 겁니다. 그런데 조중동은 이명박 정권에 대해서는 코드 인사라고 비난하지 않죠. 자기가 하면 코드 인사가 아니고, 반대파가 하면 코드 인사라고 비난하는 것은 앞뒤가 맞지 않는 정파적 비난이에요. …… 코드 인사가 아니라고 할 것이 아니라 '코드 인사가 왜 나쁜가?'라고 적극 대응해야 했다는 것입니다."[15]

조국을 포함해 많은 이가 노 정권의 한계를 극복해야 한다, 넘어서야 한다, 성찰해야 한다고 말은 하면서도, 이런 일들을 구체적으로 하면서 책임 소재까지 따지는 경우는 거의 없다. 아니면 위 주장처럼 반드시 극복하고 넘어서고 성찰해야 할 일까지 옹호하기 일쑤다. 노무현 정권의 문제들 중 가장 심각한 것 가운데 하나가 바로 인사 문제였는데도, 이렇게까지 생각이 다를 수가 있다는 게 신기하다. 매우 중요한 사안이라 생각돼 이 문제를 자세히 다룰 필요가 있겠다.

조중동에 관한 한 조국의 주장은 전적으로 옳다. 그러나 이 세상엔 조중동과 한나라당만 있는 게 아니다. 이전투구를 벌이는 양 극단 사이에 국민이 존재한다. 민심을 얻으려는 정치인이나 정치 세력에게 가장 중요한 건 바로 그 국민의 존재를 의식하는 것이다. 그래야 시야가 넓어지고 사태를 객관적이고 공정하게 볼 수 있는 법이다. 조국의 위 발언은 그 점에서 실패했다. 왜 그런가?

우선 "코드 인사가 아니라고 할 것이 아니라 '코드 인사가 왜 나쁜가?' 라고 적극 대응해야 했다"는 말은 사실과 전혀 다르다. 노 정권이 취한 행동은 시종일관 "코드 인사가 왜 나쁜가?"라는 적극 대응이었기 때문이다. 조중동이 워낙 정략적 공세를 전방위적으로 퍼부어대니까 그게 보기 싫어 침묵한 사람이 많긴 했지만, 노 정권의 코드 인사 비판은 조중동과 한나라당만 한 게 아니었다. 또 '코드'의 의미가 "자신의 정책을 펼치기 위해 소신과 배짱이 맞는 사람끼리 호흡과 손발을 맞추는 것"의 의미로만 쓰였던 것도 아니다. 조국이 긍정 평가하는 '코드'에 정략과 정실이 뒤섞인 경우가 대부분이었으며, 이게 민심 이반을 초래한 주요 이유 중 하나가 되었다는 걸 직시할 필요가 있다.

'소신과 배짱' 도 그 범위가 문제다. 노무현의 어려운 시절 동고동락(同苦同樂)했던 386 그룹에 국한되어야 하는가, 아니면 범민주 세력으로까지 보아야 하는가? 노 정권의 선택은 전자였다. 노무현 스스로가 386

에게 자신을 도구로 써줄 걸 요청했기에, 사실 노 정권의 실세는 노무현이라기보다는 386이었다. 이 점을 감안한다면, 노 정권의 '소신과 배짱'이 386 그룹과 이에 추종하는 사람들에게 국한되었다는 건 당연한 일이었는지도 모른다. 조국은 이게 옳았다고 주장하는 걸까?

그런 코드 인사 논란에서 비롯된 암묵적 의제 중의 하나는 '내부 비판 기능'이었다. 2003년 6월 16일 『한국일보』 기자 고태성은 「"청(靑), 독선 짙어지나" 우려」라는 제목의 기사에서 "청와대 내의 언로(言路)는 트여 있는지, 청와대의 자체 비판 기능이 작동하고 있는지에 대해서도 회의적인 시각이 많다. 언론을 믿지 않겠다면 청와대 내에 '건강한 비판 세력'이 있어야 하는데, 여전히 노 대통령과의 코드만이 중시되고 있다는 얘기다"라며 다음과 같이 말했다.

"다소 코드가 덜 맞는 직원 사이에 냉소적인 기류가 감지되고 있는 것도 이와 무관하지 않다. 이들 사이에서는 대통령의 발언 등이 물의를 일으킬 때마다 '왜 말을 저렇게 쉽게 하는지 모르겠다' '말을 못하게 할 수도 없고 참 걱정이다' 라는 등의 얘기가 흘러 다닌다. '재봉틀' '접착제' 등의 자극적인 단어가 동원되기도 한다. 심지어 386 그룹 등 핵심 측근 사이에서도 '대통령이 잘못 가고 있으면 제대로 충언을 해야 하는데 극소수의 인사가 대통령의 눈과 귀를 독점하고 있다'고 얘기할 정도다. 노 대통령이 이런 현실을 모르는지, 또는 알고도 모르는 것처럼 하는지 분명치 않으나 여전히 '누가 뭐라고 해도 그대로 간다'고 말하고 있다."

이 기사가 시사하듯 코드는 내부 검증을 원천 봉쇄하는 '침묵의 카르텔'이나 '집단 사고(group thinking)'의 요소로 기능한 면이 있으며, 심지어 '아첨'까지 포함하는 개념으로 전락할 조짐을 보였다. '반(反)코드' '비(非)코드' 세력과의 관계 설정도 문제였다. 이와 관련, 변호사 김형진은 『대한매일』 2003년 6월 23일자에 쓴 「다 잘되고 있다고?」라는 제목의 칼럼에서 노무현 정권의 문제점들을 거론한 뒤 "자기들과 코드가 다른 모든 것을 악으로 돌리고 전투적인 자세를 견지하면서, 만인에 대한 투쟁을 하는 방법으로는 목표가 무엇이든 절대로 개혁을 이룰 수 없다"고 지적했다.

2003년 10월 27일 민주당 의원 정범구가 딴지일보 총수 김어준과 가진 인터뷰 내용도 눈여겨볼 만하다. 두 사람 간에 이루어진 대화체를 그대로 옮겨놓아 점잖지 못한 점이 있지만 날카로운 안목에 점수를 주는 게 좋겠다. 정범구는 "노 대통령이 철저하게 코드 중심의 인사를 한다는 건, 좋게 말하면 그쪽에 있는 동질적인 이념과 철학을 공유하는 사람들끼리 같이 간다는 건데, 그거는 찌라시 같이 읽던 애들끼리 그 세계관만 가지고 돌파하겠다는 거야"라면서 다음과 같이 말했다.

"이거는 옛날에 지하운동 시절의 게릴라운동 방식이지, 지금 정규군의 육군참모총장을 다 장악하고 있는 상황에서 하는 전략으로는 안 된다는 거예요. 내가 인제 제도권 정치인의 입장에서 한마디 더하면, 주변에 노에게 영향을 주는 386 그룹이라는 게 다들 보좌진 출신 아니에요. 하다못해 구의원이나 시의원이라도 해보면, 그게 몇천 표를 얻든지 대중들과 직접 피드백을 하면서 세상의 굴곡을 경험한 친구들인데. 이 친구들은 한 게 계속 책상에서 뭐 정국 전망, 정세 분석……, 이런 것만 하는 거 아냐. 페이퍼 가지고 어떻게 5000만을 소탕할 수 있느냐, 이거야."

청와대서 열린 고교 동창회

구체적인 인사 사례를 몇 가지 살펴보자. 2004년 11월 공기업 등을 포함한 각종 인사에서 대통령의 출신 학교인 부산상고 출신에 대한 특혜가 논란이 되었다. 언론은 「'부산상고 출신' 없어서 못 쓴다?」, 「부산상고 인맥 전성시대?」, 「정실·보은(報恩) 인사 홍수 '시스템'이 떠내려간다」, 「특정 학맥······ 보은(報恩)······ 정실 참여정부 인사 변질되나」 등의 기사로 비판했다.[16] 『국민일보』는 "청와대 인사수석실에서 항상 강조해온 '시스템 인사'가 정실과 보은에 무너진 예는 곳곳에서 발견된다. 최근 주요 공직이나 공기업 장(長)은 대부분 총선 낙선자, 대선 공로자, 열린우리당 창당 주역 등이 임명되고 있다"고 지적했다.[17]

그럼에도 노무현은 이에 아랑곳하지 않고 바로 그 시점에 200여 명의 부산상고 동문들을 부부 동반으로 청와대로 초청해 다과회를 베푼 게 뒤늦게 알려지면서 큰 논란을 빚었다.[18] 『국민일보』 11월 26일자 사설 「청와대서 열린 고교 동창회」는 "학벌주의 학맥 중시 등 잘못된 관행과 반칙 청산을 스스로 유별나게 강조해온 터이니 참여정부의 언행 불일치가 도마에 올라도 할 말이 없게 됐다"며 "이번처럼 공사 구분이 불분명하고 정권 측의 평소 말과 행동이 어긋나서야 국민이 어떻게 그들을 제대로 신뢰하겠는가"라고 비판했다.

11월 30일 『경향신문』 정치부 차장 박래용은 「2006년 선거를 위한 알박기」라는 제목의 칼럼에서 "작금의 인사 중 영남 출신이 발탁된 사례는 거개가 영남권 여권 인사들의 입김이 작용하고 있다고 봐도 무방하다. 통합거래소 이사장 건은 그중 하나일 뿐이다. 이들은 다음 지방선거 승리를 위해서는 지금부터 가능성이 있는 인물들을 요소요소에 배치, 경력과 영향력을 쌓도록 해줘야 한다는 논리를 펴고 있다. 실제로 이런 시나리오는 꽤나 진척이 되고 있다"며 다음과 같이 말했다.

"청와대 안에서 '우리가 남이가'라며 부산상고 동창회를 연 것이나 지난달 해외 순방을 준비하는 바쁜 일정에도 부산 지역 시·구의원들과 무더기로 청와대 만찬을 가진 것도 같은 맥락이다. '총선 올인'에 이어 '지방선거 올인'이 시작된 격이다. '총선 올인'이 현직 장차관을 징발하는 것이었다면, '지방선거 올인'은 그를 위해 미리 '알박기'를 해두는 것이 차이다. 인사를 선거 승리의 도구로 활용하겠다는 무시무시한 발상으로, '정략 인사'란 용어 말고는 달리 표현할 길이 없다."

이후에도 '코드 인사, 보은 인사, 동문 인사'는 계속되었다. 언론인 박창래는 『내일신문』 12월 2일자에 기고한 「만개한 낙하산」이란 제목의 칼럼에서 "정계나 관계는 물론이고, 은행, 보험, 증권, 문화, 출판, 공기업, 연구소, 투자기관, 산하단체 등 정부의 입김이 닿는 곳이라면 하늘에서 때 아닌 낙하산이 떨어지지 않는 곳이 없을 정도다"라며 "개혁이 지금까지 남이 먹던 것을 자기 것으로 삼기 위한 위장된 구호가 아니라면 낙하산 인사는 즉각 중단되어 마땅하다"고 역설했다.

12월 6일 여신금융협회 직원들은 성명을 내고 "협회 실무를 총괄하고 회원사 간의 의견을 조율해야 하는 상무이사직 자리를 놓고 청와대가 낙하산 인사를 단행하려 하고 있다"며 "낙하산 인사를 즉각 중지하고 협회의 자율적 임원 제청권을 보장하라"고 주장했다. 이들은 이어 "'인사 청탁을 하면 패가망신시키겠다'는 노무현 대통령의 깨끗하고 투명한 인사정책은 어디로 갔느냐"며 "뜻이 관철되지 않을 경우에는 해당 인사의 출근 저지 등 대정부 투쟁을 강력히 전개해 나갈 것"이라고 말했다.[19]

"대통령도 낙하산이다"

이렇듯 온갖 비판과 비난이 빗발쳤지만, 2004년 12월 13일 청와대 인사수석 정찬용은 청와대 홈페이지에 실린 자체 인터뷰에서 이른바 '코드 인사' 비판에 대해 "코드 인사는 반드시 필요하다"고 반박했다. 그는 "220볼트에다 110볼트 코드를 꽂으면 타버린다는 점에서 코드와 철학은 맞아야 하고 노무현 대통령과 철학이 안 맞으면 같이 못 간다"고 주장했다.[20] 그러나 그로부터 4일 후인 12월 17일 『중앙일보』 회장 홍석현이 주미 대사로 내정되면서 노 정권의 인사가 '코드 인사' 조차도 되지 못하는 '정략 인사'의 극치라는 비난이 다시 불거졌다.

노무현 정권의 정실·보은(報恩) 인사는 2005년에도 계속되었다. 『내일신문』 2005년 4월 6일자 기사 「청와대 인사 기준 1순위는 '보상': 영남권에 집중…… 아직 '배려' 못 받은 사람 많아」는 4·15 총선에서 영남권에 출마했다 낙선한 인사들 중 아직 배려를 받지 못한 사람이 많이 남아 있다고 보도했다. 『경향신문』 4월 9일자 사설 「줄 잇는 정실 인사, 권력의 오만」은 "참여정부에서도 '출세' 하는 첩경이 생겼다. 선거 때 무조건 야당에 들어가는 것이다. 후보로 나섰다가 낙선하거나, 공천에서 탈락하더라도 낙담할 필요가 없다. 장차관이나 공기업 사장이 되는 길이 나 있기 때문이다. 이런 식이 되면 '능력이고 뭐고 줄 잘 서는 게 제일' 이라는 타락한 출세주의가 판칠 수밖에 없다"고 말했다.

2006년 3월, 앞서 제3장에서 다룬 이른바 '청맥회 파동' 이 터져 논란이 되었지만, 노무현은 "낙하산에 문제없다"며 "유능하고 전문성 있는 인사가 가는데 왜 비난하느냐"고 반박했다.[21] 청와대 홍보수석 이백만은 "코드 인사는 당연히 해야 한다"고 했다. 그는 "에쿠스 승용차를 정

2006년 8월 31일 노무현 대통령은 KBS와 기자회견을 하는 자리에서 "대통령도 낙하산이다. 코드 인사는 책임정치의 당연한 원칙"이라고 주장했다.

비하하는 데 쏘나타, 벤츠 부품을 쓰면 되겠느냐"며 "도덕성, 자질에 문제가 없다면 코드 일치만 갖고 문제를 삼을 수는 없다"고 주장했다.[22] 8월 31일 밤 노무현은 KBS 특별회견에서도 "대통령도 낙하산이다"라며 "코드 인사는 책임정치의 당연한 원칙이다"라고 주장했다. 문제의 핵심은 조국이 긍정한 의미의 '코드 인사'가 아니었는데도 노 정권은 그간의 모든 인사가 바로 그런 '코드 인사'였다고 강변하는 식의 '논점피하기' 전략으로 일관한 것이다.

어떤 유형의 인사였건 사실 더 중요한 건 '낙하산'을 타고 간 이들이 일을 어떻게 했는가 하는 점일 것이다. 주로 공기업 인사가 문제가 되곤 했는데, 노 정권 시절 공기업 개혁이 조금이라도 이루어졌는가? 아니었다. 전혀 아니었다. 제3장에서 보았듯이, 노 정권에 부정적 의미의 강남 좌파 정권이라는 딱지만 더 들러붙게 만드는 결과를 초래하고 말았다.

보수 진영의 주목

조국의 '코드 인사' 관련 발언은 명백한 실언이지만, 그가 진보 집권에 너무 몰입한 나머지 사전 조사가 부족해서 빚어진 해프닝으로 이해하기로 하자. 사실 조국만큼 진보 진영에 입바른 소리를 잘하는 지식인도 거의 없으니 그 점에 더 주목하는 게 공정할 것 같다. 예컨대, 그는 2010년 6월에 쓴 글에선 다음과 같은 명언을 남겼다. "민주당이 '호남'에 갇히고, 국민참여당이 '친노'에 갇히고, 민주노동당이 'NL'에 갇히고, 진보신당이 'PD'에 갇히면 희망이 없다. 진보·개혁 진영의 사람들은 '정치적 결벽증' 또는 '정치적 자폐증'을 떨쳐버리고, 정말 집권하려면 어떻게 해야 하는지를 고민하길 권유한다." [23]

진보 진영의 성찰을 촉구하는 조국의 강점은 한나라당 안상수 대표 둘째 아들의 서울대 로스쿨 부정 입학 의혹 사건을 트위터를 통해 단번에 잠재우면서 보수 진영의 주목까지 받았다. 2011년 1월 13일 오전 민주당 이석현 의원이 의혹을 제기하자 '로스쿨 내부자'인 조 교수는 즉각 트위터에 글을 올려 '학생 입장에서는 소송감'이라며 사실 무근임을 밝혔다. '안상수는 밉더라도 팩트(fact, 사실)는 팩트……. 이 문제는 정치적 문제가 아니라 사실 확인의 문제'라고 했다. 이게 보수 진영을 감동시켜 조국은 『중앙일보』와 인터뷰까지 하게 된다.

(중앙일보) 이번 책 머리말에서 좌우를 넘어선 대안적 비전을 제시하는 게 집필 동기라고 밝혔다.

(조국) 나를 '강남 좌파'라고 부르는 사람들이 있다는 것을 알고 있다. 물론 서울 강남에 살고 서울대를 나왔으며 미국 유학을 다녀왔다는 점이

내게 영향을 미쳤을 것이다. 하지만 사람의 의식은 존재 기반이나 배경과는 다르게 발전한다. 강남에 사니까 보수적이려니 하는 것은 기계론적 접근이다. 나는 오히려 우리 사회가 발전하기 위해서는 강남 좌파, 영남 좌파가 더 많아져야 한다고 생각한다.

(중앙일보) 설명이 필요하다.

(조국) 합리적이고 성찰적이면서 공정한 보수와 진보가 공존해야 한다는 뜻이다. 이런 가치를 저버리면 아군이건 적군이건 비판해야 한다. 미국의 경우 공화당 골수파인 영화배우 클린트 이스트우드의 보수주의에는 자기책임과 도덕성이 녹아 있다고 본다.[24]

『중앙일보』 인터뷰보다 더욱 흥미로운 건 『조선일보』가 다음 날 『중앙일보』의 이 인터뷰 기사를 「'강남 좌파' 조국 "나는 정치근육이 없는 사람"」이라는 제목을 붙여 인용 보도했다는 사실이다. 전례가 없는 일이다. 이 사실 하나만으로도 조국이 대학교수의 신분을 넘어 잠재적 대선 후보의 지위에 올랐다는 걸 알 수 있겠다.[25]

이어 2월 19일 『조선일보』 박정훈 기사·기획 에디터는 「이러다 '무능한 보수'로 낙인찍힐라」라는 제목의 칼럼에서 "이제 좌파는 국가보안법 철폐라든지, 민주화·반미(反美) 같은 이념적 구호를 외치지 않는다. 지금 좌파 진영이 내세우는 구호는 '밥 먹여주는 진보'다. 복지며 교육·보육·의료 같은 생활 이슈를 던지며 우파가 독점했던 '밥 문제'를 자기 것으로 만들겠다고 나서고 있다"며 다음과 같이 말했다.

"좌파가 차기 대선의 '바이블'로 채택했다는 『진보 집권 플랜』이란 책이 의미심장하다. 새로운 좌파 아이콘으로 떠오른 조국 서울대 교수는 이 책에서 '진보(좌파)가 밥 먹여주느냐는 질문에 답해야 한다'고 주장한다. 이념 프레임을 뛰어넘어 '생활 좌파' 전략을 취해야 정권을 가져올 수 있다는 것이다. 하지만 좌파가 '밥 문제'까지 치고 들어오는 와중에서도, 우파 진영은 친박(親朴)·반박(反朴), 개헌·호헌의 정치게임에 몰두해 있는 모습이다. 그저 '성장만 하면 다 된다'는 철 지난 대답뿐, 어떻게 잘 먹고 잘살게 해주겠다는 실감 나는 대안을 제시하지 못한 채 생활 정책의 기싸움에서 밀리고 있다. 해방 이후 수십 년간 우파는 '밥 먹여주는 유능함'으로 시대를 이끌어왔다. 하지만 이젠 '밥 문제'까지 빼앗길 위기에 처했다."[26]

조국은 『중앙일보』 인터뷰에서 자신은 '정치근육'이 없다고 했는데, 실은 그게 그의 강점이다. 기존 정치판에서의 근육이라는 게 주로 이전투구 잘하는 능력이기 때문이다. 조국은 "안상수 대표의 아들 부정 입학 관련 글을 트위터에 올리자 민주당 지지자들이 한나라당을 도와주느냐며 나를 공격하는, 이전까지의 진영 논리로는 이상한 상황이 발생했다"고 말했는데, 바로 그런 진영 논리가 야권의 정치적 수준이다. 그 점에서 조국이 한결 나은 사람인 건 분명하지만, 교수 개인의 신분일 때 괜찮지 않은 사람은 없었다. 시간이 흐르면서 저절로 검증될 것이다.

오연호와 오마이뉴스는 왜 그러나

『진보 집권 플랜』은 조국 혼자만의 것이 아니다. 오마이뉴스 대표기자 오연호가 기획하고 직접 출연한, 오연호와의 공동 작품이다. 7개월간 열 번에 걸쳐 대담을 진행하고, 전국을 순회하는 출간 기념 북콘서트에도 동행한 오연호를 가리켜 누가 단순 대담자라고 하겠는가. 오연호가 곧 오마이뉴스로 인식되는 상황에서 오연호의 그런 활동은 오마이뉴스의 '조국 띄우기'로 간주될 수밖에 없는 것이다.

언론윤리상 문제는 없을까? 오연호는 이미 답을 준비해놓고 있는 듯하다. "오마이뉴스를 하면서 한 번도 공정보도나 객관보도를 한다고 강조한 적은 없다. 신문은 여러 개가 있고 선택이 가능하기 때문에 보수 신문이 보수의 목소리를 내는 건 당연하다. 오마이뉴스 같은 인터넷 매체는 문화체육관광부에 2000개 이상 등록돼 있다. 오히려 고유의 색깔을 내야 한다. 단 사실을 왜곡하면 안 된다."[27]

그러나 3년 전 오마이뉴스의 '문국현 띄우기', 그리고 그게 처참한 실패로 끝난 걸 기억하는 사람들로선 오마이뉴스가 이런 제2차 시도를 하는, 또는 하지 않을 수 없는 배경에 주목할 것이다. 이명박 정권의 출범 이후 정치 논쟁의 구심점 역할이 약화된 데다 중앙정부 광고가 완전히 끊기는 바람에 오마이뉴스의 경영이 매우 어려워졌다. 총직원이 75명인 오마이뉴스는 2009년 4월 초 임금 단체협상에서 직원들의 임금은 20퍼센트, 팀장급은 30퍼센트, 경영진은 40퍼센트를 감축하기로 했지만 이후로도 경영 사정은 나아지지 않았다.[28]

『진보 집권 플랜』이 출간되기 직전, 미디어오늘(2010년 10월 8일)에 실린 「오마이뉴스는 왜 더 성장하지 못했나?」라는 제목의 기사에 눈길이 간다. 이 기사는 "오마이뉴스는 언제부턴가 정체 상태를 맞고 있다는 지적들이 나오고 있다. 주류 언론과 차별화된 기사를 보여주지 못했고 시민기자들의 기사는 대부분 신변잡기 위주의 '사는 이야기'에 머물러 있다"는 진단을 내렸다.[29]

오마이뉴스가 2009년 7월 9일, 월 1만 원을 내는 유료 회원 10만 명을 3년간 모으겠다는 '오마이뉴스 10만인클럽' 의 추진안을 발표한 것도 바로 그런 위기 상황 때문이다. 오마이뉴스는 『진보 집권 플랜』 출간 기념 북콘서트 관련 소식을 자세히 기사화했고, 오연호는 북콘서트가 끝난 이후, 그 연장선상에서 이른바 '오마이뉴스 10만인클럽: 오연호 대표의 찾아가는 특강' 을 광주와 전주 등지에서 진행하는 등 그야말로 '오마이뉴스 살리기' 를 위해 무진 애를 쓰고 있다.

오마이뉴스가 '오마이뉴스 살리기' 를 위해 택할 수 있는 방법이 무엇이겠는가? 사실 물을 것도 없다. 제16대 대통령 선거일인 2002년 12월 19일을 상기하면 된다. 그날 밤 오연호는 "정몽준이 버린 노무현을 네티즌들은 살려냈다. '행동하는 네티즌' 의 힘은 정몽준 폭탄이 터진 이후 더 빛을 발했다. 그들은 오마이뉴스의 독자의견란에서, 노하우 게시판에서, 포털사이트 게시판에서 '긴급행동강령' 을 주고받았다. 그리고 실천했다. 그 결과 초박빙의 싸움 끝에 '배신자 정몽준' 에게 철퇴를 가했다. 조갑제의 애절한 훈수와 『조선일보』 사설의 선동으로 대변되는 기존 언론권력을 물리쳤다" 며 다음과 같이 선언했다.

"2002년 12월 19일, 대한민국의 언론권력이 교체됐다. 조중동이 길게는 80여 년간 누려왔던 언론권력이 드디어 교체된 것이다. 언론권력은 종이신문 직업기자의 손에서 네티즌, 인터넷 시민기자에게 이양됐다. 네티즌은 본성적으로 인터넷 시민기자들이다. 오마이뉴스의 모토처럼 '새 소식을 가지고 있고, 그것을 남에게 전파하는 모든 시민, 네티즌은 기자다'. 이번 대선은 네티즌, 인터넷 시민기자가 이뤄낸 혁명이다."[30]

그 혁명 덕에 오마이뉴스는 노무현 대통령이 언론 매체들 중 최초로 인터뷰를 한 매체라는 영광을 누렸으며, 노 정권 시절 내내 막강한 영향력을 행사할 수 있었다. 경제적으로도 잘나갔다. 이게 오마이뉴스가 비판받아야 할 이유인지에 대해선 섬세한 분석이 필요하겠지만, 당파성 그 자체는 문제 삼을 게 못 된다. 오연호가 잘 지적했듯이, 고유의 색깔을 내는 게 당연한 인터넷 매체, 특히 오마이뉴스와 같은 정치 인터넷 매체의 속성이자 본질은 강한 당파성이기 때문이다. 오연호가 조국과의 대담 도중 여러 차례 정치인으로의 변신을 권유했고,³¹ 『진보집권 플랜』을 끝맺으면서도 아예 조국의 등을 떠미는 발언을 한 것도 바로 그런 이유와 무관치 않을 것이다.

"독자들은 조국 교수의 '이후'가 궁금해질 것이다. 2012년, 늦어도 2017년에 진보·개혁 진영이 집권하기 위한 전략을 설파한 그가 그 과정에서 어떤 역할을 할지, 사실 나도 궁금하다. 설계자에 머물지, 시공자 역할도 할지, 혹은 감리자가 될지……. 그는 학자로서 진보·개혁 진영의 연대와 승리를 위한 '접착제' 역할을 하겠다고 했지만, 나는 그가 한 걸음 더 나아가길 바란다."³²

한국의 모든 언론 매체가 한국인과 한국 사회의 속성이라 할 '바람'과 '소용돌이'의 문법에 충실하지만, 인터넷 매체의 경우엔 인터넷의 특성상 그 문법이 더욱 증폭돼 매체의 흥망성쇠와 직결된다. 인터넷 매체는 크건 작건 그 어떤 이슈의 구심점이 되어야만 생존하고 성장할 수 있다. 아니, 어찌 인터넷 매체뿐이랴, '바람'과 '소용돌이'의 나라인 한국에선 원래 대선판이 그런 게 아니던가. 이런 이치를 오연호는 물론 조국도 잘 깨닫고 있다. 조국의 친구가 조국에게 했다는 이야기를 들어보자. 조국은 이 말에 수긍했다고 한다.

"지금 한국 사회, 또 진보 진영은 부흥회가 필요하다. 그런 부흥회에서 예수가 오기 전까지 메시아의 도래에 대한 믿음을 잃지 않도록 설파하는 전도사 역할을 누군가는 해야 한다. 부흥회에서 기도발 잘 받는 전도사가 '할렐루야!'를 외치는 일을 지금 조국 교수가 해야 한다."[33]

비록 실패로 돌아갔지만, 오마이뉴스가 2007년 대선 시 '문국현 띄우기'를 한 것도 바로 그런 이유 때문이었으리라. 2012년 대선에서 오마이뉴스의 카드는 조국이다. 조국이 직접 정치에 뛰어들지 않는다 하더라도 오마이뉴스가 『진보 집권 플랜』의 공동 저작권자의 자격으로 2012년 대선 시즌에 정치적 영향력을 행사할 수 있는 마당은 이미 만들어졌다는 뜻이다. 오연호와 오마이뉴스의 활약을 예의 주시해보기로 하자.

"리무진 리버럴 '강남 좌파' 뜬다"

조국의 인터뷰 기사를 실었던 『중앙일보』는 2011년 3월 들어 한 걸음 더 나아가 「진보의 분화…… 리무진 리버럴 '강남 좌파' 뜬다: '있는 자=우파, 없는 자=좌파' 이분법 탈피」라는 제목의 기사를 게재했다. 강남 좌파에 대해 열린 자세를 보여준 기사였다. 이 기사는 "2011년 3월. 진보 진영에 새 바람이 분다. '강남 좌파' 바람이다. 강남 좌파는 한국판 '리무진 리버럴'이다. 주목되는 것은 비아냥과 비호감 대신에 호감의 언어로 탈바꿈하고 있다는 점이다. 의미 변화를 이끄는 대열의 선두에 서울대 법학전문대학원 조국 교수가 있다"며 다음과 같이 말했다.

"조국 교수는 전형적인 386 세대다. 1965년 태어나 1982년 대학에 입학, 급진적 민주화운동에 관여했다. 이후 미국으로 유학 가 법학박

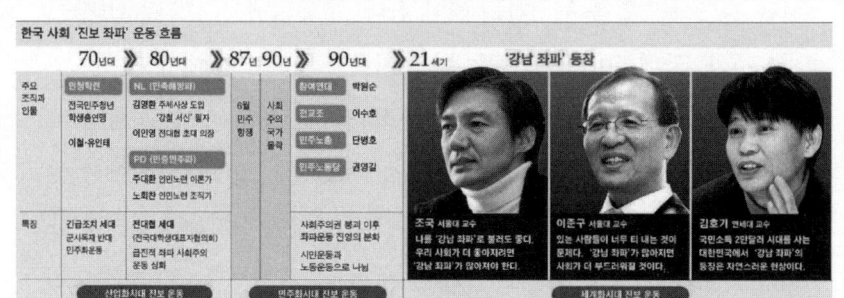

진보의 분화… 리무진 리버럴 '강남 좌파' 뜬다
(limousine liberal)

2011년 3월 8일자 『중앙일보』는 강남 좌파를 소개하는 기사를 실으면서 조국을 강남 좌파 전도사로 지목했다.

사 학위를 받았다. 그가 지난해 11월 펴낸 『진보 집권 플랜』이 강남 좌파의 이론적 진원지다. 그는 책에서 강남 좌파를 자임했다. 진보 진영에 새 물결을 일으키려는 전략이다. 조 교수는 올 들어 강남 좌파 전도사로 나섰다. 과거 좌파운동에서는 볼 수 없던 형식이다. 『진보 집권 플랜』을 들고 지방을 순회하며 가수가 공연하듯 '북콘서트'를 열고,

인터넷·트위터를 통해 강남 좌파 바람을 확산시킨다. 강남은 성장과 풍요를 상징한다. 강남 좌파는 성장한 좌파, 풍요를 누리는 좌파다. 세계 10위권의 경제 대국으로 성장한 대한민국, 대한민국 좌파는 이제 새로운 진화를 하고 있는가."

이어 이 기사는 "강남 좌파는 누구인가. 고학력·전문직(교수·의사·법조인·엔지니어 등) 화이트칼라 중산층이면서 진보적 발언을 하는 이들이 주로 지목된다. 기존의 좌파가 노동자 단체를 주요 지지 세력으로 하는 것과 차이가 난다. 자본주의를 비판하더라도 사회주의 이념을 고수하지 않고, 유럽식 복지국가를 지향한다는 점에서도 차별화된다. 북한의 주체사상을 추종하는 '종북 좌파'와도 거리가 멀다. 인터넷·트위터 등 디지털 미디어로 대중과 활발히 소통하는 점도 다르다"며 다음과 같이 말했다.

"이 같은 차이는 좌파 내부에서 갈등 요인이 되기도 한다. 최근 『한겨레』에서 김규항(『고래가 그랬어』 발행인) 씨와 진중권(문화평론가) 씨가 강남 좌파의 의미를 놓고 벌인 논쟁이 그런 경우다. 김씨는 진보라는 용어를 사용하지 말라고 비판했고, 진씨는 진보·좌파라는 용어를 누구 허락받고 써야 하느냐며 '강남 좌파'를 옹호했다. '강남 좌파'를 보는 우파의 시선은 조심스럽다. 윤창현 서울시립대 경영학부 교수는 '체제의 과실을 누구보다 많이 누리는 이들이 체제의 안 좋은 면만 부각시켜 비판하는 것은 앞뒤가 맞지 않는 언행'이라고 꼬집었다."[34]

『중앙일보』는 왜 조국과 강남 좌파에 이토록 관심을 보인 걸까? 그 답은 2011년 1월 9일자 『중앙SUNDAY』 1면을 장식한 오연호 오마이뉴스 대표 인터뷰 기사에 나와 있다. 대담에 나선 김종혁 편집국장은 "『중앙일보』는 열린 보수를 지향한다. 일류 진보는 대우해주자는 입장"이라고 인터뷰 취지를 밝혔고 오 대표는 이에 "생산적이고 양심적인 보수와는 악수하자는 입장"이라고 화답했다. 이 인터뷰가 나온 직후 진보 성향의 미디어스에는 "오 대표 인터뷰는 그간 숱하게 『중앙일보』를 비판해온 매체와 시민사회의 입장을 졸지에 '이류 진보'로 규정되도록 만들었다. 『중앙일보』가 '종편'을 파는 매대에 오 대표가 미끼 상품으로 '전시'됐다"는 혹독한 비판 글이 실리기도 했지만, 오마이뉴스와 『중앙일보』가 좌우 소통의 물꼬를 트기 위해 애를 쓰고 있다는 건 분명하다고 볼 수 있겠다.[35]

『동아일보』의 조국 비판

강남 좌파에 대해 『중앙일보』가 중립적이거나 호의적인 자세를 보이고 『조선일보』가 관망 자세를 보인 반면, 『동아일보』는 비판적인 자세를 보였다. 홍찬식 『동아일보』 수석논설위원은 2011년 1월 26일자 칼럼 「조국 교수의 미래」에서 "조 교수는 2004년 총선 때 『대학신문』에 기고한 「교수와 정치-지켜야 할 금도」라는 글에서 '정치교수(폴리페서)'를 비판했다. 2008년 총선 때 서울대의 어느 교수가 한나라당 후보로 출마한 것에 대해서도 '소속 대학에 누를 끼쳐서는 안 된다'고 나무랐다. 진보 집권의 깃발을 들고 나선 듯한 일부 언행은 그가 비판했던 폴리페서 기준에서 얼마나 자유로운 것일까, 일차적으로 학문에 열중해야 할 교수의 본분에 어울리는 처신일까 의문을 갖지 않을 수 없다"며 다음과 같이 말했다.

"그는 대중적 흡인력으로 진보뿐 아니라 보수 진영을 바짝 긴장시킬

『동아일보』는 강남 좌파에 비판적인 자세를 취해왔다. 2011년 1월 26일 홍찬식 수석논설위원은 기명 칼럼에서 조국 교수에게 정치로 나서든지 비판적 지식인으로 돌아가든지 하나를 선택하라고 압박했다.

수 있는 힘을 이미 갖고 있다. 그는 '호남 텃밭'에 기대는 민주당 의원들을 '왕이 되기를 포기한 영주'라고 매섭게 몰아세우고 진보 진영도 북한 인권에 대해 목소리를 내야 한다고 주문한다. 그가 '후진 진보'라고 표현한 진보 진영이 달라지기 시작하면 보수 진영은 같이 변신을 모색할 수밖에 없다. 그와 같은 인물이 많아질수록 한국 정치는 큰 틀에서 긍정적인 방향으로 나아갈 것이다. 그의 최근 행보는 좋게 보면 진보와 보수 양쪽에 대한 답답한 심정에서 비롯된 것일 수 있다. 그럼에도 조 교수의 현재 위치는 분명 폴리페서 쪽에 근접해 있다. 바로 정치로 나서든지, 아니면 비판적 지식인의 자세로 돌아가든지 선택의 기로에 그는 서 있다."

본격적인 조국 비판은 김순덕 『동아일보』 논설위원의 3월 21일자 칼럼 「분당 우파 vs 강남 좌파」를 통해 이루어졌다. 김순덕은 "조 교수가 말하는 공정, 정의, 복지 같은 이른바 진보 가치도 아름답기 그지없다. 스스로 강남 좌파임을 밝히고서 '자신이 속한 계급에 반(反)하는 말과 행동을 일관되게 보여준다면 대중은 좋아하고 밀어준다'(『조국, 대한민국에 고한다』)라고 쓴 담대함도 인상적이다"라며 다음과 같이 말했다.

"하지만 자기 딸을 외국어고를 거쳐 이공계 대학에 진학시키고는 '나의 진보적 가치와 아이의 행복이 충돌할 때 결국 아이를 위해 양보하게 되더라'고 털어놓은 『경향신문』 인터뷰를 보면 경악하지 않을 수 없다. '학생을 공부기계로 만드는 현 교육 체제를 바꾸려면 일차적으로 공부하는 시간을 제도적으로 줄여야 한다'던 그의 글만 믿고 따라한 학부모나 학교가 있었다면 완전 뒤통수 맞은 거다. 딸을 외고 보내고도 '외고 죽이기'에 앞장섰던 노무현 정권 때의 김진표 교육부총리와 참 많이도 닮은 사람이 '진보 집권 플랜'을 내놓다니, 그게 어떤 정권일지는 쉽게 짐작할 수 있다."

이어 김순덕은 "민주당은 조 교수식의 강남 좌파가 4·27 국회의원 보궐선거가 치러지는 경기 성남 분당에서 통한다고 본 모양이다. 서울 강남처럼 한나라당 깃발만 꽂으면 당선 가능했던 지역이었지만 1, 2년 전부터 한나라당 지지도가 떨어지는 추세다. 아파트값은 떨어졌고, 온갖 규제는 여전하며, 정부도 능력을 보이지 못했다. 그렇다고 경기의 강남을 자부하는 곳에 민주당이 맹목적 평등과 종북(從北)을 외치는 수구 좌파 후보를 낼 수도 없다. 조 교수나 강금실 전 법무부 장관이 거론되다 손학규 대표 차출론이 거세진 것도 이 때문일 터다"라며 다음과 같이 말했다.

"이런 강남 좌파가 분당 지역에서 통할지는 미지수다. 분당 사람들은 강남 좌파의 위선을 충분히 알아챌 만한 학력과 전문직, 생활수준을 갖고 있어 쉽진 않을 것 같다. 그들은 강남 사람들처럼 체질적으로는 우파지만, 기득권 수호에만 급급하지 않다는 점에서 수구 우파와 거리가 있다. '우파가 이래선 안 된다'는 위기의식은 커졌어도 젊은 날 매료됐던 좌파 이데올로기에 미련 두진 않는다는 점에서 강남 좌파와도 다르다. 이념 대신 이익을 챙기되 개인의 선택과 책임을 중시하는 합리적 실용적인 '분당 우파'다. 그들이 강남 좌파처럼 자신의 신념을 외치지 않고, 강남 좌파가 틀렸다고 나서지도 않는 이유도 지극히 현실적이다. 실력 위주로 살아온 분당 우파에게 '공부 열심히 해야 성공한다' 같은 명제는 '운동해야 건강하다'는 것처럼 당연해 굳이 알릴 필요가 없다. 정부나 공교육이 못해줘도 스스로 해결할 능력도 있다. 자신들이 나선다고 세상이 크게 달라지지 않는다는 것도 안다. 그래서 그들은 편하겠지만 그들만 못한 사람들은 몰라서, 해결할 능력이 없어서, 정부나 강남 좌파 믿다 더 살기 힘들어질 수 있다는 점에서 분당 우파는 무책임하다. …… 여야가 어떤 후보를 내놓느냐, 분당이 어떤 인물을 선택하느냐가 '미리 보는 2012년 대선'이 될 수도 있다."

조국의 반론

『동아일보』의 비판에 대해 조국은 3월 24일 MBC 〈손석희의 시선 집중〉에 출연해 정면 반박하고 나섰다. 그는 김순덕의 칼럼에 대해 "그 칼럼을 보시면 일단 저를 지목해서 저를 강남 좌파로 규정하고 분당 사람들은 우파라고 규정을 먼저 하고 계신다"며 "상식과 도리에 맞는 그런 비판인지 의문이 있다"고 밝혔다. 조국은 김순덕에 대해 "'그 계층계급의 이익에 충실하게 거기에 종속돼서 거기에 부수되어서 살아야 된다' 라는 철학을 갖고 계신 분 같다"며 "매우 기계적 유물론자"라고 주장했다. 또 이 칼럼에 대해선 "분명히 분당 재보궐 선거용"이라고 주장했다.

조국은 "어떻게 분당 분들은 우파인가"라며 "분당에도 좌파와 우파가 있고 진보와 보수가 있고 강북에도 강남에도 지역에도 좌파가 있고 우파가 있고 진보가 있고 보수가 있다"고 주장했다. 이어 조국은 "강남에 살고 있고 서울대 교수라면 우리 사회에서 이른바 가진 층일 건데 왜 너는 그런 층에 속해 있으면서 진보인 척하느냐 라고 비난하는 것 아니겠는가"라며 "그런 논리에 따르면 우리 사회에서 서민이시면서 반서민 정책을 펴는 정당, 친부자 정책을 펴는 정당에 대해서 투표하시는 분이 많다. 그런 분들에 대해서 '왜 당신들은 서민이면서 서민 정당 찍지 않느냐' 라고 비난해야 될 건데 그쪽 비난은 하지 않는다"고 꼬집었다.

조국은 "대표적인 미국의 촘스키, 영국의 러셀, 프랑스의 사르트르 같은 경우는 다 상층 출신"이라며 "대표적인 진보적 지식인인데 그들에 대해서 언론이든 보수적인 집단들이 '왜 당신 행동과 사고가 안 맞느냐' 고 비난하면서 '당신의 실천을 그만두라' 얘기하지 않는다"고 지적했다. 그는 "'강남에 살고 있으니까 강남식으로 살아라' 는 식으로 말하는 것이 맞지 않다고 본다"며 "강남 좌파 또는 리무진 리버럴들이 자신의 생활과 이념이 정확히 일치하지 않는 경우가 많이 있다. 저 역시 그걸 직시하고 있다"면서 "그 점에서 제 스스로 자성을 하고 이걸 정정하도록 노력해야 한다고 생각한다"고 밝혔다.

조국은 또 홍찬식의 칼럼에 대해서도 "(정치인 같은 교수들에게) 한 번도 폴리페서라는 말을 하지 않고 선거 출마를 하지 않겠다고 수차례 얘기한 상태"라며 "지식인과 학자로서 현실 참여를 하는 사람에 대해 폴리페서라고 말을 하면서 '넌 정치판에 들어오지 말라'고 미리 경계의 메시지를 보내며 저렇게 언론이 움직이는지 아주 안타깝다"고 밝혔다. 그는 "폴리페서란 이야기는 사실은 사람에 대한 정치적 욕설, 딱지"라며 비판적 견해를 보였다. 그는 "폴리페서의 정의는 대학에서 학생을 제대로 안 가르치고 논문 제대로 안 쓰면서 공천 받으려고 정치권 언저리 요리조리 돌아다니는 교수"라며 "법과 제도를 연구하고 밝히는 학자가 제 본업"이라고 밝혔다. 이어 그는 "법과 제도를 만드는 정치에 관여하고 참여하고 개입하는 것은 학자로서의 당연한 의무이고 사명"이라며 "법과 제도를 공부하면서 현실 정치에 무관하다는 얘기는 참 우스운 일"이라고 밝혔다.

한편, 그는 손학규 민주당 대표가 자신에게 분당을 출마를 제안했다는 보도와 관련해 "직접 뵌 건 사실이고 제안하셨던 것도 사실이며 제가 간단하게 거절했던 것도 사실"이라고 밝혔다. 그는 "(정치권은) '제가 나가야 될 자리가 아니다. 제 능력이나 기질이나 모든 면에 맞지 않는 곳'이라고 생각하고 있다"며 "그래서 간단하게 거절할 수 있었다. 앞으로도 그렇게 할 생각"이라고 밝혔다. 그는 "제가 현실적 정치로 출마를 하는 일은 하지 않으려고 생각하고 있다"고 거듭 불출마 의사를 밝혔다.[36]

성인이 아니면 입 닥쳐?

이 논쟁을 어떻게 보아야 할까? 우선 조국이 '폴리페서' 라는 딱지를 반박하기 위해 무리한 것 같다는 지적을 할 수 있겠다. 과연 조국은 현실 정치에 나서지 않을까? 본인이 그렇게 하려고 애를 써도 그렇게 되지 않을 가능성이 높지만, 일단 그의 말을 믿기로 하자. 다만 조국이 '폴리페서' 에 대해 내린 정의는 너무 부정적이며 편협하다는 점은 지적할 필요가 있겠다.

폴리페서는 대학에서 학생을 제대로 가르치건 안 가르치건, 논문 제대로 쓰건 안 쓰건, 공천 받으려고 정치권 언저리 요리조리 돌아다니건 돌아다니지 않건, 사익을 위해서건 공익을 위해서건, 교수라는 본업을 제치고 정관계 진출에 뜻을 두고 활동하거나 그걸 실현한 뒤 교수직으로 다시 돌아오는 교수를 가리킨다고 보는 게 옳은 정의가 아닐까? 그간 한국의 대표적인 주류 폴리페서들은 한결같이 학생도 잘 가르쳤고 여러모로 능력이 탁월해 정치권에서 영입해간 케이스였다고 보는 게 진실에 더 부합되는 게 아닐까? 그냥 '폴리페서에도 여러 종류와 질(質)이 있지 않겠느냐' 고 답하는 게 무난했을 것 같다.

조국이 "나의 진보적 가치와 아이의 행복이 충돌할 때 결국 아이를 위해 양보하게 되더라"고 말한 것은 명백한 실언이거나 엄청난 착각의 산물이다. 도대체 무엇이 충돌했단 말인가? 자기 딸을 외국어고를 거쳐 이공계 대학에 진학시킨 것에 무슨 문제가 있단 말인가? 하긴 이건 조국만을 탓할 것도 아니고 조국의 실언을 물고 늘어진 김순덕만을 탓할 일도 아니다. 한국엔 참으로 이상한 문화가 있다. 외국어고 비판하면 자기 자식은 외국어고에 보내면 안 되고, 서울대 비판하면 자기 자식은 서울대에 보내면 안 된다고 보는 시각, 이게 의외로 널리 퍼져 있으니 말이다.

왜 그래야 하나? 외국어고 비판이나 서울대 비판은 제도 차원의 비판이 아닌가. 그 제도를 바꾸기 위해 노력하더라도 일단 개인으로선 그 과정에서 불이익을 보지 않기 위해 제도를 따르는 것에 무슨 문제가 있단 말인가? "학생을 공부기계로 만드는 현 교육 체제를 바꾸려면 일차적으로 공부하는 시간을 제도적으로 줄여야 한다"던 그의 글만 믿고 따라 한 학부모나 학교가 있었다면 완전 뒤통수 맞은 거다? 제도적으로 줄이자고 한 건데, 제도가 바뀌기 전 조국의 말에 따라 스스로 알아서 공부 시간을 줄인 학부모나 학교가 있다면, 말귀를 알아듣지 못한 그 학부모나 학교가 문제지 왜 조국 탓을 해야 하나? 그것 참 희한한 논법이 아닐 수 없다.

좀 더 섬세한 접근 방법이 필요하다. 예컨대, 한국의 사교육을 비판한 대학교수가 자기 자식은 사교육을 시킨다고 가정해보자. 곧장 위선이라고 몰아붙일 일이 아니다. 그의 비판 내용을 살펴보아야 한다. 보통 사람들이 자식에게 사교육을 시키지 않으면 안 되게끔 돌아가는 입시 체제를 비판한 건지 아니면 사교육을 시키는 학부모를 비판한 건지, 그리고 사교육이라도 도대체 어떤 사교육을 시킨 건지, 여러모로 질적 분석을 해봐야 할 게 아닌가. 앞서 지적한 "성인이 아니면 입 닥쳐(saint or shut up)"라는 '반(反)위선 근본주의'는 우리 모두 "인간은 자기 이익만을 위해 살게 돼 있다"는 우파적 인간관에 충실하라는 것인데, 이는 우파도 지킬 수 없는 것이다. 그런 식으로 보겠다고 들면 공동체의 리더십을 행사해보겠다고 나선 모든 우파는 다 위선자가 아닌가 말이다.

사실 김순덕은 노무현 정권 때부터 형성돼온 강남 좌파의 이미지를 비판한 셈인데, 이 점에선 그 칼럼이 일정 부분 성공을 거두었다고 말할 수 있겠다. 노 정권 시절 전투적 리더십에서 비롯된 개혁적 담론과 현실 사이의 괴리로 인한 위선이 많이 저질러졌기 때문이다. 김순덕의 칼럼은 그 위선을 강남 좌파와 연결시켜 조국을 그렇게 포장하고자 했는데, 앞으로도 이런 공세는 더욱 강화될 것이다. 이는 조국이 진보 진영에 대한 성찰을 더욱 적극적으로 함으로써 막아낼 수 있는 것일 텐데, 그에게 과연 그런 뜻이 있을지는 의문이다.

조국은 '제2의 김대중'이 될 것인가?

밀려드는 인터뷰 공세에 정신없이 바쁜 조국은 『경향신문』(2011년 4월 18일) 지면에서 이상돈 중앙대 교수, 김호기 연세대 교수와 대담을 나누었는데, 그 내용이 흥미롭다. 일부 문답의 내용을 감상해보자.

(이상돈) 최근 한 신문이 조 교수를 강남 좌파라고 지칭했다.
(조국) 저는 강남 좌파를 자임한 적이 없다. 보수 언론 등에서 강남 좌파라고 딱지 붙이고 야유하기에 '마음대로 해라. 개의치 않는다'고 대응한 것이지 불러달라고 한 것은 아니다. 강남 좌파는 전북대 강준만 교수가 비판적으로 사용했던 호칭이다. 원래는 '욕'이었는데 지금은 '쿨'한 것으로 바뀌어버렸다. …… 우리나라 투표 성향에서 이른바 '계급 배반 현상'이 있다. 못사는 동네에서 보수 세력 표가 더 나온다. 강남 좌파라고 비판하는 조중동에 대해 묻고 싶다. 못살면서 보수를 지지하면 비판을 안 하면서, 잘살면서 진보를 추구하는 것만 비난하는가.

이상돈·김호기와의 대담에서 조국은 "'아직까지' 정치인으로 변신할 상황은 아닌 것 같다"는 말을 남겼다. (『경향신문』, 2011년 4월 18일)

(이상돈) 최근 한 신문이 조 교수한테 비판적 지식인으로 남거나 아니면 정치를 하라고 이례적으로 최후통첩 같은 칼럼을 썼다. 그 칼럼이 전혀 고려할 가치가 없다고 생각되지 않는다. 조 교수는 이미 사실상 정치를 하고 있다. 정치를 할 것 같으면 내년 총선이 정치인으로 변신해서 나름대로 성공하고 사회에 기여할 수 있는 절호의 찬스라고 생각한다.

(조국) 지식인이자 학자로서 정치에 참여하고 관여하는 것은 당연하다.

광의의 정치는 이미 하고 있다. 그 보수 신문은 양자택일하라고 겁박했지만, 개의하지 않는다. 나는 나의 길을 갈 뿐이다.

(이상돈) 우리나라 정치는 해서 안 될 사람이 정치를 하고, 해야 할 사람이 빠져서 문제다. 조 교수가 기존의 패러다임을 깰 수 있다.

(조국) 아직까지 정치인으로 변신할 상황은 아닌 것 같다. 지금 제가 할 역할은 진보 진영 전체 구조 조정에 기여하는 것이다. 야권이 연합정부에 합의하면 공동선거대책위원회에 합류하겠다. 마이크 잡으라고 하면 마이크 잡겠다.

(김호기) 지식과 정치를 너무 배타적으로 보는 우리 문화도 문제다. 조 교수는 전공이 법학이어서 정치와 정책에 기여할 부분이 작지 않다. 권력 비판에 주력하는 보편적 지식인보다 정책을 생산하는 전문적 지식인의 역할도 의미가 크다.

(이상돈) 그럼에도 누군가는 정치를 해야 하지 않나. 세상을 바꾸는 가장 빠른 방법은 정치다.

(조국) 저는 정치적 결벽증이 없다. 동시에 정치적 근육도 없는 것 같다. 정치 문제는 머리 문제뿐 아니라 근육의 문제다. 근육이 없이는 야전에서 백전백패다.[37]

이 대담을 읽다 보니 조국이 대선 불출마 선언을 뒤엎어 큰 곤욕을 치렀던 김대중의 뒤를 잇는 '제2의 김대중'이 될지도 모른다는 예감이 든다. "아직까지 정치인으로 변신할 상황은 아닌 것 같다"니, 약 한 달 전 〈손석희의 시선 집중〉에 출연해서 했던 말과는 많이 다르지 않은가 말이다. 생방송이라는 긴박한 상황과 더불어 손석희의 날카로운 추궁과 이상돈·김호기의 우호적인 화기애애한 분위기가 낳은 차이 때문일까?

　그리고 말은 바로 하는 게 좋겠다. 이미 앞서 밝혔듯이, 나는 '욕'이나 '비판'의 의도로 강남 좌파를 논한 건 아니었다. 강남 좌파를 다룬 내 글은 당시 마치 극좌파나 되는 양 경제적 양극화를 거론하면서 서민을 끔찍이 생각하는 것처럼 굴던 노무현 정권 상층부 사람들의 도를 넘어선 위선을 경고하고 싶은 뜻이 컸다. 강남 좌파에도 여러 부류가 있거니와 조국의 말대로 오늘날엔 '쿨'한 긍정적 의미로의 전환이 어느 정도 이루어진 것도 사실이다. 그러나 정치인에 대한 불신과 혐오는 여전히 건재하다. 그 벽을 강남 좌파의 긍정적 이미지로 뚫을 수는 없는 일이다. 이와 관련, 강남 좌파는 이른바 '박근혜 현상'에 주목할 필요가 있다. 박근혜는 한국 정치를 반사하는 거울로 강남 좌파를 포함한 좌파 진영 전체에 무언의 가르침을 주고 있기 때문이다.

chapter
06

왜 박근혜는 침묵하는가?

박 근 혜 인 기 의 비 밀

박근혜의 침묵에 대한 비판

"흔히 한국의 3대 정치 세력을 친이, 친박, 범야권으로 분류하지만 냉정하게 보자면 친박, 반박, 비박이 있을 뿐입니다. 박근혜를 중심으로 한국 정치는 돌고 있습니다. 그녀는 현시점에서 압도적으로 유력한 18대 대통령입니다. 그녀의 대중적 인기는 독보적입니다. '노(무현)빠'와 '유(시민)빠'가 있다고는 하나 '박빠'에 비길 수는 없습니다. 지역적 기반이나 감정이입 되어 흔들리지 않는 절대 지지층의 수로 보나 그녀는 이미 김영삼·김대중의 반열에 올랐습니다. 그녀가 움직이면 선거 결과가 달라집니다. '선거의 여왕'이라 불리는 박근혜의 힘은 18대 총선에서 '친박연대'라는 참으로 기이한 이름의 정당을 탄생시켰습니다." (2010년 5월 박성민 정치 컨설팅 '민' 대표)¹

"박근혜 전 한나라당 대표는 여전히 남들의 추종을 불허하는 지지율 1위에 올라 있는 사람이다. 어떤 점에서는 현재의 권력보다 더 강력한 미래

권력이다. 실제로 대한민국 정치를 움직이는 것은 대통령이 아니라 그다. 박근혜를 거치지 않고 될 수 있는 것은 아무것도 없다. 박 전 대표에 대해 직접적이든 간접적이든 함부로 말할 수 있는 사람은 없다. 그는 '무비판의 공간'에 떠 있는 사람이다."(2010년 8월 임철순『한국일보』주필)[2]

'선거의 여왕'으로 불리는 박근혜도 2007년 한나라당 대통령 후보 경선에서 이명박에게 패배했다. 사진은 2004년 3월 23일 한나라당 대표로 선출되었을 때의 모습이다.

이렇듯 박근혜 권력의 위상은 2010년 내내 하늘을 찌르고 있었다. 물론 그때에도 박근혜에 대한 비판이 없었던 것은 아니지만 별 파장을 불러일으키진 못했다. 그러나 2011년 들어 박근혜의 침묵, 그리고 그에 따른 그녀의 정체에 대한 문제 제기가 왕성하게 이루어지기 시작했다.

2011년 2월 9일 『한국일보』이충재 편집국 부국장은 「박근혜, 침묵이 너무 길다」라는 제목의 칼럼에서 "박 전 대표의 지지세가 탄탄해 보이지만 야권 단일화로 진보-중도를 대변하는 강력한 후보가 나올 경우 순식간에 무너질 수 있다"며 "문제는 바로 그 중도층이 박 전 대표를 대통령감으로 선뜻 인정하지 않는다는 점이다. 과연 그가 대한민국호가 안고 있는 현안들에 대처할 충분한 역량을 갖추고 있는지 의심스러워하는 것"이라고 주장했다. 이어 이충재는 "박 전 대표가 국정 현안에 뒷짐을 지고 있는 것은 선거 전략 이전에 정책적 소신이나 경험이 부족하고 현안들에 대한 충분한 공부가 안 돼 있기 때문이라는 인식이 팽배하다"고 지적했다.

이어 2월 14일 『조선일보』는 「박근혜, 이젠 내키지 않는 질문에도 답할 때」라는 제목의 사설을 통해 "박근혜 전 대표는 왜 내키는 주제에 대해 하고 싶은 말만 하고, 국민이 박 전 대표에 대해 궁금한 일을 물을 기회는 만들지 않느냐는 것이다. 그래서 거북한 주제를 피하려 한다는 느낌을 준다"며 "여당 내에서 집안싸움이 난 과학비즈니스벨트와 동남권 신공항 사업은 박 전 대표 지역구인 대구도 당사자의 하나다. 그런데도 박 전 대표는 이 두 문제에 대해 굳게 입을 다물고 있다"고 비판했다.[3]

이후에도 계속 박근혜의 침묵에 대한 비판이 이어지자 박근혜의 대변인 격인 이정현 의원이 나섰다. 그는 2월 27일 자신의 홈페이지에 올린 글에서 "박 전 대표가 현안 언급과 현장 방문을 해야 한다고 주문하는 분들이 있는데 그가 본격적인 활동을 시작하면 대선 조기 경쟁이 바로 불붙을 것"이라며 "박 전 대표는 자신이 조용하게 있는 것이 대통령께 부담을 드리지 않고 또한 국정을 최대한 돕는 것이라고 보는 것 같다"고 했다. 이 의원은 "대통령의 임기가 40퍼센트가 남았고, 대선을 1년 10개월이나 남겨둔 시점에서 대선 운운하는 것은 시기상조"라며 "박 전 대표는 조기 대선 과열 정국이 형성되는 것을 우려하는 것 같다"고 말했다.[4] 과연 그런가? 그러나 좌우를 막론하고 그렇게 생각하지 않는 사람이 훨씬 더 많은 것 같았다.

"박근혜, 예민한 쟁점 입장 밝혀라"

조국도 박근혜 비판에 가세했다. 2011년 3월 25일 조국은 『진보 집권 플랜』 출간 기념 북콘서트에 참석하기 위해 대구를 찾았다. 『영남일보』는 조국과 인터뷰를 갖고 박근혜에 관한 질문을 많이 던졌다. 몇 대목을 살펴보자.

(영남일보) 박 전 대표에 대해 어떻게 생각하나.
(조국) 어릴 때부터 영부인 역할을 했고, 그때부터 정치를 해왔다고 생각한다. 때문에 정치적 능력은 있다. 말을 아끼다 중간에 한 번씩 말을 던지는 것도 의도적이다. 하지만 그런 방식은 현대 민주주의에서 대중과 소통하는 방식이 아니다. 수평적 네트워크를 형성하는 것이 아니라 우뚝 솟은 산에서 내려다보고 있는 듯하다.
(영남일보) 박 전 대표의 가장 큰 문제는 무엇이라고 보는가.
(조국) 중요한 정책적 사안에 침묵한다는 것이다. 이런 사안은 화염성이 강해, 한쪽을 선택하게 되면, 다른 한쪽을 잃게 된다. 때문에 정책적으로 분명한 입장을 밝히지 않은 채 모호한 다수를 지지층으로 끌고 가겠다는 것이다. 정치 전략일 수는 있지만 국가 지도자로는 안타깝고, 불만이다. 나라 전체가 난리인 사안에 대해서는 말을 해야 한다. 지금은 '내가 대통령이 되면 알아서 하겠다. 나를 믿고 찍어달라'는 방식이 먹혀서 30퍼센트의 지지율을 기록하고 있다. 그러나 이런 방식이 우리의 미래를 보장할 수 없다.
(영남일보) 대구·경북 지역에서 박 전 대표의 지지율이 높다.
(조국) 지역민들은 박 전 대표를 지지하는 이유를 스스로에게 물어봐야

한다. '왜 지지하느냐'에 대해 다른 지역 사람, 그리고 자신에게 답을 할 수 있어야 한다. 근데 분명하지 않다. '나라를 반듯하게 세울 것'이라는 정도밖에 없다. 뭘 하겠다는 것인지는 잘 모른다. 좋아하는데 그 내용이 없다. '대통령이 되면 그 사람이 뭐한다고 하더냐'에 대해 답하는 사람을 보지 못했다. 친박계 의원들에게 물어봐도 마찬가지다.

(영남일보) 박 전 대표에게 직격탄을 날렸는데.(이는 조국이 자신의 트위터에 "박근혜는 '미래 권력'이다. 시민은 박근혜에게 물어야 한다. '줄푸세(세금은 줄이고 규제는 풀고 법질서는 세우자)' 정책으로 어떻게 복지국가를 할 수 있는가. MB가 인하한 법인세, 상속세 등은 어떻게 할 것인가. '호가호위'할 '친박'은 어떻게 할 것인가"라고 비판한 것에 대한 질문이다.)

(조국) 아픈 곳을 찌른 건데. 박 전 대표는 적어도 올해 말, 내년에는 자기가 권력을 잡고 나면 뭘 할 것인지, 그리고 매우 예민한 정치적 쟁점에 대해서도 입장을 밝혀야 한다. 유권자는 냉정하게 판단해야 한다. 땅따먹기가 아니라 나라 전체를 5년 동안 맡기는 것이다. 무엇을 할지 말하지 않는 사람에게 맡기는 것은 정치적 도박이다.[5]

조국은 『경향신문』(2011년 4월 18일) 인터뷰에서도 "박근혜 전 대표에게 공개적으로 묻고 싶다. 4대강 사업에 대해 한 번도 의견을 제시한 적이 없다. 나라의 방향에 대한 중요한 정책인데 침묵으로 일관하는 건 곤란하다. 이 문제를 말하지 않고 자신에게 최고 권력을 달라고 요구하는 것은 문제다"라고 했다.[6]

"'박근혜 시대'를 바라보는 두려움"

2011년 5월 17일 『조선일보』 고문 김대중은 「박근혜 한나라당 전 대표의 침묵」이라는 제목의 칼럼에서 "이정현 의원은 박 전 대표의 '침묵'을 이 대통령에게 부담을 주지 않기 위해서, 또는 시비에 휘말리기 싫어서, 또는 당 지도부가 해야 할 일이라는 이유 등으로 해명하고 있다. 하지만 그들은 오로지 MB, 한나라당 그리고 자기 자신의 위치에서만 사물을 보는 근시안에 머물러 있다는 것을 알아야 한다. 박근혜 씨가 진정 차기 지도자로 부상하려면 그는 MB와 당과 자신의 '안전판'이란 소아(小我)를 넘어 국가와 국민, 보수 우파와 주류 세력의 관점에서 세상을 봐야 한다"며 다음과 같이 말했다.

"박 전 대표는 유럽 순방에서 돌아와서도 여전히 침묵 모드로 일관하고 있다. 하긴 유럽 순방 수행기자들에게 단 한 줄의 기삿거리도 내주지 않은 그의 끈질김(?)으로 보아 예상했던 일이다. 그래서 많은 사람들은 그것이 알고 싶다. 그가 이 나라를 구할 어떤 역사의식과 비전을 갖고 있는지, 이 국민을 이끌 어떤 철학과 시대정신을 보여줄 수 있는지, 한나라당을 개혁할 어떤 복안을 갖고 있는지 직접 듣고 확인하고 싶다."[7]

같은 날 『한겨레』 선임기자 성한용은 「'박근혜 시대'를 바라보는 두려움」이라는 제목의 칼럼에서 "박근혜 전 대표가 대통령이 된다고 생각하면 불안하고 좀 무섭다. '박정희의 딸' 얘기는 그만하기로 하자. 뭐가 문제일까?"라며 다음과 같이 말했다.

"첫째, 정책이 안 보인다. …… '어떻게'가 없기 때문이다. 연설문과 법안을 아무리 뜯어봐도 그냥 '자~알' 하면 된다는 것으로 읽힌다. 줄

> "요즘 한나라당 골수 지지자들은 잘못된 것은 다 '이명박 탓'이라고 한다. 그리고 '박근혜가 대통령이 되면 다 잘될 것'이라고 한다. 박근혜 만능론이다."(『한겨레』 2011년 5월 17일)

푸세와 '한국형 복지'는 어떻게 연결되는 것일까? 복지 예산은 어떻게 마련해 어디에 투입하겠다는 것일까? 내용이 아예 없는 것은 아닐까? 부산저축은행 사태로 나라가 발칵 뒤집혀도 그는 별말이 없다. 불안하다. 둘째, 주변에 이상한 사람들이 너무 많다. 박정희 정권에서 일했던 나이 많은 관료 출신들, 공천헌금을 받고 감옥살이를 한 정치인들이 박근혜를 팔고 다닌다. 함량 미달의 일부 친박 의원들도 그의 치맛자락을 단단히 붙들고 있다. 사이비 종교의 광신도를 연상케 하는 사람들도 있다. 이들이 차기 정권의 실세가 된다면? 악몽이다. …… 이명박 정권보다 더 나쁜 정권이 들어선다는 것은 생각만 해도 끔찍하다. 박근혜 전 대표가 이젠 뭔가 대답을 해야 한다."⁸

박근혜의 비장미와 애국심

말 좀 하라고 이렇게까지 전방위적인 요구와 권고가 쏟아지는데도 박근혜가 모른 척하고 계속 침묵하는 이유는 무엇일까? 아니 더욱 궁금한 건 그럼에도 박근혜가 지지율 1위를 달리는 이유는 무엇일까? 물론 '박정희 신드롬'에 따른 '아버지의 후광'을 무시할 순 없겠지만, 그게 전부는 아닐 것이다. 서남대 교수 김욱은 "박정희 향수? 틀린 표현은 아니지만 너무나 추상적인 표현이다. 그녀의 등장이 단순히 박정희 향수일 뿐이라면 왜 그동안 김종필은 박정희 향수를 불러일으키지 못했을까? 그녀는 영남 패권에 대한 향수다. 단순한 향수가 아니라 미래의 영남 패권을 위한 대안이다"라고 말한다.[9] 그러나 이 또한 '미래의 영남 패권을 위한 대안'이 왜 꼭 박근혜여야만 하는지 그 점을 다 설명해주진 못한다.

박성민 정치 컨설팅 '민' 대표의 종합적 분석이 흥미롭다. 그는 "박근혜 의원의 인기 비결은 무엇일까요? 확실한 것은 다른 정치인들에게는 없거나 모자란 것이 그녀에게는 있다는 사실입니다. '지도자'의 이미지! 바로 그것입니다. 그것은 아무나 갖는 것이 아닙니다. 정치인은 대개 이미지, 업적, 비전으로 평가받지만 그중에서도 가장 중요한 것은 지도자의 이미지를 갖는 것입니다. 김영삼·김대중·노무현·이명박 대통령도 다른 정치인들과 차별되는 이미지를 가졌습니다. 정치가, 사상가, 운동가, 경영가의 이미지가 그것입니다. 그들은 결단력, 통찰력, 설득력, 추진력이 남다르지요. 이 네 가지를 두루 가지면 더할 나위 없이 좋겠지만 그중 하나만 확실히 갖고 있어도 지도자가 될 만합니다. 다만 성공한 대통령과 실패한 대통령은 끝까지 지도자의 이미지를 유

박정희 일가의 가족사진. 왼쪽부터 박정희, 박지만, 박근혜, 박근영, 육영수.

지했는가에서 갈립니다"라면서 다음과 같이 말한다.

"박근혜 의원의 지도자 이미지는 '애국심' '품격' '강단'에서 나옵니다. 그녀의 애국심은 반대파들도 인정할 정도입니다. 아마도 '나라' '국민' '애국'이라는 단어를 가장 많이 사용하는 정치인일 겁니다. 국민들도 애국의 진정성만큼은 의심하지 않습니다. 퍼스트레이디 경험이 녹아 있는 단아함과 절제된 표현에서는 대중이 지도자의 품격을 느낍니다. 그리고 지도자가 가져야 할 '강단'이 있습니다. 2006년 얼굴에 습격을 당한 후 의연함을 보여주었고, 2007년 대선 경선에서 아깝게 지고 난 후엔 담담하게 승복 연설을 했습니다. 물론 약속을 지키려는 태도도 지도자의 자산입니다. 대중의 변치 않는 지지도 바로 그런 '지도자다움'에 있는 것이겠지요."[10]

박근혜의 '지도자다움' 이미지는 그녀가 아홉 살 때부터 스물일곱 살 먹을 때까지 내내 대통령의 딸이었고, 그중 5년은 퍼스트레이디였으며, 어머니와 아버지를 모두 총탄으로 잃은 비극의 주인공이라는 사실과 무관치 않다. 비장미를 풍길 수 있는 그런 조건에 더해 그의 발언도 늘 비장미로 가득하다. 박근혜는 2004년 3월 23일 새 대표가 되어 한 연설에서 "저는 오늘 '신에게는 12척의 배가 남았다'고 했던 충무공의 비장한 각오를 되새기며 이 자리에 섰습니다"라고 말했다. 또 그는 "저는 부모님도 안 계시고, 더 이상 얻을 것도, 잃을 것도 없는 사람입니다. 한나라당의 미래와 국운을 살리는 데 모든 것을 바치겠습니다"라고 말했다.

박근혜의 지지자들은 그런 비장미를 사랑한다. "박근혜는 이 세상에 혼자다. 가족도 없고 재산도 필요 없는 박근혜에게 무슨 욕심이 있을 것인가"라거나 "청춘과 사랑을 홀로 삭여버린 비장한 아름다움의 여자"라는 말은 바로 그 점을 잘 말해준다." 더 나아가 '대한민국과 결혼한 여자'라는 말까지 나온다. 그것도 "모성의 애국애족을 오지게 품고 대한민국과 결혼한 여자"라는 것이다. 박근혜를 실제로 만났다는 사람들의 한결같은 전언도 박근혜가 내내 나라 걱정만 하더라는 것이다.

박근혜 자신도 "어린 시절 가뭄으로 국민이 고통 받을 때는 걱정이 되어 잠이 안 올 정도였다"는 등 자신의 전 생애가 애국애족을 위한 것이었음을 수시로 밝힌다. 2007년 6월 11일 박근혜는 대통령 출마 선언문에서도 "내겐 부모도, 남편도, 자식도 없다. 내겐 오직 대한민국만 있다"며 "오로지 나라와 국민을 위해 사심 없이 봉사하는 지도자가 되겠다"고 했다.[12]

박근혜가 정치에 입문한 계기도 IMF 사태였다. "어떻게 일으킨 나라인데" 하는 생각 하나로 정치판에 뛰어들었다는 것이다. 그래서 박근혜의 화두는 늘 '책임감'이다. 그는 『중앙일보』 2005년 3월 28일자 인터뷰(김교준 정치부장)에서 "말씀을 그대로 받아들여 권력의지도, 자리 욕심도 아니면 지금까지 박 대표를 이끌어온 마음속의 동인은 무엇입니까"라는 질문에 대해 이렇게 답했다.

"책임감인 것 같아요. 총선 때도 잠을 한두 시간씩밖에 못 자고 하루 종일 다니려니 너무 힘들었어요. 상황은 참혹하고, 아무도 희망이 있다고 생각하는 사람은 없고, TV 연설에서 한번 눈물이 터지니 감당을 못하겠더라고요. 그럴수록 무거운 책임감을 느꼈어요. 책임이라는 게 무섭습니다. 부모님도 책임감으로 사셨던 분들이고, 제 경우 어머니가 갑자기 돌아가셨을 때도 그 엄청난 빈자리를 제가 메워야 하는데, 생각하면 엄청나고 황당하지만 책임이라서 했어요."

17대 총선 당선자 모임이 청와대에서 열렸을 때 노래와 춤이 곁들여져 작은 논란을 빚은 적이 있다. 좀처럼 말을 않던 박근혜는 "지금이 술 먹고 노래하고 춤출 때입니까? 400만 신용 불량자, 30만 결식아동의 배고픔, 50만 청년 실업자들의 눈물을 헤아린다면 어떻게 그럴 수 있습니까?"라고 일갈했다.

박근혜는 "과거와 싸우지 말고 미래와 싸우자"고 주장했다. 그러나 노무현 정권은 결코 그럴 수 없었다. 과거사를 덮자니, 그럴 수 있겠는가? 그래서 박근혜에게 집중적인 공격을 퍼부었지만, 이건 노 정권의 패착이었다. 박근혜의 비장미만 더해주었을 뿐만 아니라 졸렬하다는 인상을 주었기 때문이다. 박근혜의 한 지지자가 주장하는 바에 따르면, "저쪽 사람들이 그토록 모질게 물어뜯는데도, 방송들까지 오만무례하게 때리고, 때린 데 또 때려대는데, 눈에 안 보이고, 귀에 안 들리는 양, 전혀 아프지 않은 양 네거티브한 말 단 한마디도 하지 않았습니다. 생산적인 국회, 다시 태어나는 정치로 깨끗한 나라 만들겠다는 말씀. 그리고 지더라도 깨끗하게 지겠다는 말씀. 참으로 놀라웠습니다. 혹, 몰라주는 국민들 있을까 염려됩니다."[13]

박근혜의 '외모 자본'

진보적 비판자들은 박근혜를 주로 민주화의 관점에서만 보고 있다. 예컨대, 동국대 교수 강정구는 "박근혜의 정체성은 유신 독재정권의 퍼스트레이디로 미소 짓는 정체성밖에 없다. 박정희의 정체성은 반민족·반민주·반인간적이며 이는 박근혜의 정체성일 수밖에 없다"고 말한 바 있다. 이에 대해 문화평론가 이재현은 "나는 이런 수준의 임팩트로는 결코 박근혜가 쓰러지지 않을 것이라고 생각한다"며 "박근혜는 매우 복합적인 실체이고 기호이다"라고 말했다. 이재현은 "박근혜가 박정희로부터 이름과 전투 구호를, 그리고 육영수로부터 의상을 빌렸다는 것은 누구나 다 인정하고 있는 바"라며 우선적으로 박근혜의 '외모 자본'에 큰 의미를 부여했다.

"하나의 구체적 피겨(figure)로서 말한다면 외모와 스타일에 있어서 박근혜는 최근의 다른 어떤 정치인보다도 좋은 느낌을 준다. 그는 1952년생인데, 그 나이에 이 정도의 외모를 유지하고 있다는 것이 무엇보다도 큰 그의 정치적 자산이다. 이 점에서 일단 우리는 박'육'근혜에 초점을 맞춰야 한다. 흔히들 박육근혜는 어떤 정치인보다 온화하며 안정감이 있다고 한다. 예컨대, 검사와의 대화에서 강금실이 보여준 스커트 길이와 앉음새는 가부장제 한국 사회의 지배적 시선으로는 감당하기 어려울 정도로 어디지 모르게 불편한 것이었다. …… 단정하면서도 늘 바뀌는 고급스런 정장 옷차림, 정성 들여 올려 다듬은 머리, 그리고 자세를 흩뜨리지 않는 꼿꼿한 몸가짐. 게다가 늘 웃으면서 잘못했다고 비는 것은 박육근혜가 물려받은 정치적 유산이다."

이재현은 그 유산이 "전적으로 육영수에 대한 국민적 기억에 힘입은 바가 크다"고 지적하면서 박근혜의 "헤어스타일은 매우 인상적이다"라고 평가했다. "그 헤어스타일은 본디 육영수의 것인바, 뒷머리를 올려 부풀린 독특한 모양새를 하고 있다. 총선 기간 내내 박육근혜는 육영수와 똑같은 헤어스타일로 유세를 다니기 위해 새벽에 일어나 두서너 시간을 직접 공들여 머리를 다듬고 이 머리 모양을 해치지 않기 위해 목을 꼿꼿이 세운 채로 차 안에서 졸기도 했다는 게 언론을 통해서 이미 잘 알려져 있다."[14]

하긴 박근혜의 '외모 자본'에 대한 일화는 무수히 많다. 이미 방송에 출연해 박근혜를 칭찬한 바 있는 열린우리당 의장 문희상은 2005년 4월 15일 한나라당 당사로 박근혜를 방문해 독도 이야기를 하다가 갑자기 화제를 바꿔 "어떻게 그렇게 늘 고우십니까"라고 말했다. 박근혜는 약간 머뭇거리다 "갑자기 그렇게 화제를 바꾸시면……. 곱게 봐주셔서 감사합니다"라고 답했다.[15] 화제를 갑자기 바꾸지 않으면 안 될 정도로 박근혜의 얼굴이 매력적이었던 모양이다.

심지어는 '섹시한 박근혜'라는 주장까지 나왔다. 2005년 4월, 당내 인사들의 기고로 이뤄지는 한나라당 공식 인터넷 홈페이지의 '한나라 칼럼'에 운영위원 강용석이 기고한 「섹시한 박근혜」는 "다음번 대선을 생각하면 잠이 안 온다. …… 박근혜에게서 나는 희망을 본다. 박근혜는 다르다. 우선 그녀는 섹시하다. 서른일곱 살인 내가 50대 초반의 그녀를 섹시하다고 하니 이건 또 무슨 왕아부라고 할는지 모르나 진작부터 두둑해진 뱃살에 쳐다볼수록 대책이 없다고 느끼는 아들 둘까지 첨부하고 있는 유부남의 입장에서 군살 하나 없이 날씬한 몸매에 애도 없는 처녀인 박근혜에 대해 섹시하다는 표현만큼 적당한 말을 찾기 어렵다"며 다음과 같이 말했다.

"더군다나 10년 넘게 해왔다는 단전호흡 하는 사진을 보라!! 나뿐 아니라 많은 유부남들(늙거나 젊거나를 막론하고)이 박근혜의 물구나무 선 모습, 완벽한 아치 모양의 허리에 감탄을 금치 못했을 것이다. 더군다나 출처가 어디인지 알 수 없는 그녀의 패션은 독특하고 고상하다. …… 그녀의 패션은 그녀 외에는 소화할 수 없을 것 같은 특별함이 있다. 박근혜의 웃음 또한 그녀의 섹시함에 한몫 보탠다. 한나라당이 주었던 근엄함, 장중함 따위의 이미지를 확 뒤집어놓은 그녀의 해맑은 웃음, 미소는 '섹시한 한나라'라는 식의 표현이 더 이상 생뚱맞지 않아도 될 정도로 한나라당을 바꿔놓았다."

이 글이 실리자 "대통령 선거는 인물과 몸매 보고 뽑는 선거인가" 등 네티즌들의 비난이 쏟아졌지만,[16] 인물과 몸매가 선거에 미치는 영향을 부정할 수도 없는 게 현실이었다. 박근혜의 전반적인 '외모 자본'을 부모의 것으로 보아야 하는지 아니면 박근혜 자신의 것으로 보아야 하는지는 분명치 않겠지만, 박근혜가 누리는 인기의 비결을 부모 덕으로만 설명할 수 없다는 건 분명하다. 그 후광 효과라는 것도 역량이 있어야 이용할 것 아닌가.

박근혜는 '수첩 공주'인가

그렇다면 박근혜의 침묵은 어떻게 보아야 할까? 혹 박근혜는 '한국판 캘빈 쿨리지'는 아닌가? 미국 제30대 대통령 캘빈 쿨리지(Calvin Coolidge, 1872~1933)는 '침묵의 캘(Silent Cal)'이라는 별명을 얻었을 정도로 '침묵의 달인'이었다. 그는 자신의 후임으로 허버트 후버(Herbert Hoover, 1874~1964)가 대통령에 당선되자 이렇게 조언했다. "아예 말을 하지 않으면 그 말을 설명해달라는 요청을 받지 않을 겁니다."[17] 쿨리지는 "나는 내가 말한 적이 없는 어떤 것에 의해서도 상처 받은 적이 없다"거나 "우리 인생에서 모든 문제의 5분의 4는 단지 우리가 가만히 앉아 침묵만 한다면 저절로 해결될 것이다"라는 명언도 남겼다. 한 역사가는 쿨리지가 "아무 일도 하지 않는 것을 예술의 경지로 끌어올렸다"고 꼬집었지만, 번영으로 홍청망청 대던 1920년대 '재즈 시대'가 그런 역할을 요구했다고 보는 게 옳을 것이다.[18]

그러나 한국은 지금 재즈 시대가 아니다. 게다가 쿨리지의 침묵은 언론의 조롱을 받는 대상은 되었을망정 분노나 공포의 대상은 아니었다. 박근혜의 침묵, 여기에 그 어떤 비밀이 숨어 있는 건 아닐까? 박근혜의 침묵을 문제 삼는 사람들은 주로 말과 글로 먹고사는 언론인 등과 같은 지식인들이다. 반면 일반 유권자들은 말과 글을 별로 믿지 않는다. 그래서 박근혜의 침묵에 개의치 않는 사람이 많다. 박근혜 인기의 비밀, 그것은 앞서 지적한 정치 혐오, 더 나아가 정치 저주라는 한국 정치의 현실과 직결돼 있다.

정치적 비판자들이 붙인 박근혜의 별명은 '수첩 공주'와 '100단어 공주'다. 수첩이 있어야만 말을 하고, 쓰는 어휘가 100단어를 넘지 않는다고 해서 붙여진 별명이다. 그 당연한 귀결로 "정치적 비전이 부족하다"든가 "콘텐츠가 없다"는 비판도 따라붙는다. 이재현은 "누구나 알아들을 수 있게 100단어 이내에서 모든 사태를 설명하는" 것도 '능력'이라고 했지만,[19] 진심으로 한 말 같지는 않다. 여기서 중요한 것은 정치를 혐오하고 저주하는 사람들은 이념이니 정책이니 이슈니 하는 것에 관심이 없다는 사실이다. 정치인들은 입만 열면 거짓말을 하고 신의를 저버리는 걸 밥 먹듯이 한다고 믿기 때문이다.

그런 점에서 박근혜는 확실히 예외적인 존재였다. 2007년 11월 12일 박근혜가 "한나라당으로 정권 교체가 돼야 한다는 처음 생각에서 변함이 없다. 그런 점에서 이회창 전 총재가 대선에 출마한 것은 정도(正道)가 아니라고 본다. 저는 한나라당 당원이고, 한나라당 후보가 이명박 후보인 것은 변함이 없다"며 이명박 후보에 대한 지지 입장을 재확인했다. 보수의 분열을 두려워했던 『조선일보』는 이에 감동해 「박근혜 전 대표는 원칙과 상식을 지켰다」는 제목의 사설에서 "박 전 대표는 깨끗한 경선 승복에 박수를 보낸 국민들의 바람을 저버리지 않았다. 이날 박 전 대표가 밝힌 입장은 정상적 민주정치, 정상적 정당정치에선 너무나 당연한 상식이다. 이 너무나도 당연한 상식이 희귀한 일이 돼버린 것이 지금의 대선 판이다"라고 했다.[20]

박근혜는 한나라당 경선 운동 때처럼 하루 대여섯 곳 이상을 뛰면서 청중들에게 "이명박 후보에게 기회를 달라"고 호소했다. 이 또한 상식인데도 한국 정치판에선 보기 드문 모습이었다. 그래서 기자들은 '2007년 가장 신사(紳士)다웠던 의원'에게 주는 '백봉(白峰) 신사상'의 수상자로 박근혜를 뽑았다. 박근혜는 백봉 신사상 시상식에서 "신사분들이 받는 상이라 여성인 제가 이 상을 받게 되리라고는 정말 생각하

> ### '올해의 인물 박근혜'가 말해주는 것
>
> 무릇 승패를 겨루는 일, 특히 선거에서 대중의 환호와 이목은 승자에게 쏠리는 법이다. 패자는 승복, 민의(民意) 존중 따위의 아름다운 언설로 패배를 자위하면서 권토중래를 기약하지만 머지않아 대중의 관심권 밖으로 사라지곤 한다. 그런데 승부에서는 분명히 졌지만 승자 못지 않을 주목과 상찬을 받는 경우도 있다. '사실상의 대선 결승전'이었던 한나라당 경선의 패자 박근혜 전 대표가 바로 그 주인공이다.
>
> 경향신문은 어제 박전대표를 '올해의 인물'로 선정했다. 선정 사유는 두 가지다. 눈 앞의 이익보다는 대의를 존중하는 '원칙'과 파괴적 정치언어의 홍수 속에서도 중심을 지키는 '절제'가 바로 그것이다. 그는 이명박 후보와 겨룬 건곤일척의 당내 경선에서 선거인단 선거에서는 이기고 여론조사에서 져서 대통령 후보의 자리를 놓치는 상황에서도 깨끗이 승복했다. 또한 그는 온갖 복선과 간지(奸智)가 덕지덕지 묻어나고, 상대의 가슴을 후벼파는 폭언이 난무하는 우리의 정치언어 환경 속에서 간명하고 핵심적인 어법으로 주위를 압도했다. 이회창 전 한나라당 총재의 출마라는 사실상의 경선 불복에 대해 "정도가 아니다"라고 짧막하게 언급한 것 등이 대표적인 사례이다.
>
> '올해의 인물 박근혜'는 배신, 야합, 반칙, 변칙 등의 불합리와 부조리가 당연한 것처럼 치부되는 우리의 현실정치가 '원칙'과 '절제'의 경연장이 돼야 한다는 사실을 거듭 일깨워준다. 사실 박근혜의 '원칙'과 '절제'는 '국가와 민족을 위한다'는 정치인이라면 당연히 이행해야 할 상식적인 덕목이지만 현실적으로는 그런 모습의 정치인을 찾아보기 어렵기 때문에 단연 돋보이는 것이다.
>
> 정치뿐만 아니다. 원칙과 상식을 지키는 사람이 불이익을 당하고, 반칙와 몰상식을 일삼는 사람이 승승장구하는 일은 이제 모든 분야에서 사라져야 한다. '박근혜 정치'가 우리 사회의 상식과 원칙을 바로세우는 소중한 계기가 되기를 기대한다.

"'올해의 인물 박근혜'는 배신, 야합, 반칙, 변칙 등의 불합리와 부조리가 당연한 것처럼 치부되는 우리의 현실 정치가 '원칙'과 '절제'의 경연장이 돼야 한다는 사실을 거듭 일깨워준다."
(『경향신문』, 2007년 12월 27일)

지 못했다"며 "국민이 정치를 믿을 수 있게 해야 한다"고 말했다.[21]

당연히 지켜야 할 상식이 희귀한 미덕과 미담으로 통용되는 한국 정치판에 박근혜는 그 어떤 메시지를 던져주고 싶었던 걸까? 『경향신문』은 '2007년 올해의 인물'로 박근혜를 선정했다. 이 신문이 「'올해의 인물 박근혜'가 말해주는 것」이라는 제목의 사설을 통해 밝힌 선정 사유는 두 가지였다. "눈앞의 이익보다는 대의를 존중하는 '원칙'과 파괴적 정치언어의 홍수 속에서도 중심을 지키는 '절제'가 바로 그것이다. 그는 이명박 후보와 겨룬 건곤일척의 당내 경선에서 선거인단 선거에서는 이기고 여론조사에서 져서 대통령 후보의 자리를 놓치는 상황에서도 깨끗이 승복했다. 또한 그는 온갖 복선과 간지(奸智)가 덕지덕지 묻어나고, 상대의 가슴을 후벼 파는 폭언이 난무하는 우리의 정치언어 환경 속에서 간명하고 핵심적인 어법으로 주위를 압도했다. 이회창 전 한나라당 총재의 출마라는 사실상의 경선 불복에 대해 '정도가 아니다'라고 짤막하게 언급한 것 등이 대표적인 사례이다. '올해의 인물 박근혜'는 배신, 야합, 반칙, 변칙 등의 불합리와 부조리가 당연한 것처럼 치부되는 우리의 현실 정치가 '원칙'과 '절제'의 경연장이 돼야 한다는 사실을 거듭 일깨워준다."[22]

2009년 세종시 문제와 관련해 박근혜가 이명박과 각을 세우며 원안 추진을 강조하고 나선 것도 박근혜가 아버지의 후광만으로 인기를 누리고 있는 건 아니라는 걸 보여주기에 충분했다. 보수 신문들이 박근혜의 '원칙'과 '신뢰' 강조를 비난하는 희한한 일이 벌어진 것도, 결국엔 박근혜의 정치적 자산을 불려준 셈이 되고 말았다.

박근혜는 가끔 점잖게 한두 마디 할 뿐이다. 굳이 따지자면 강남 우파인 박근혜에게도 강남 좌파적 노선이 어느 정도는 필요하지 않겠는가. 박근혜는 2009년 5월 미국 스탠퍼드대 초청 강연에서 개인과 기업은 사회적 공동선을 추구하고, 정부는 소외된 약자를 확실히 보듬어야 한다고 강조했다. 1년여 후인 2010년 6월엔 국회 기획재정위에서 "소득 분배 구조가 악화되고 있다. 이런 추세라면 사회 통합이 와해되고 막대한 경제사회적 비용이 들 것이다"라며 "경제정책의 주안점을 성장률과 함께 성장의 내용이 서민과 젊은 층에 도움이 될 수 있는 구조가 되도록 해야 한다"고 강조했다.[23]

비판자들은 "구체적으로 어떻게?"라고 묻고 싶겠지만, '공약(公約)=공약(空約)'이라는 게 상식으로 통용되는 정치 불신의 상황에서, 특히 좌 깜박이 켜고선 우회전해온 정권들을 겪어온 사람들은, 그런 원론적인 자세를 천명하고 그걸 육화해 얼굴 표정을 포함한 매력적인 보디랭귀지로 표현하는 박근혜에게서 더 큰 신뢰감을 느낄지도 모를 일이다.

한두 번 속아온 것도 아니니, 나중에야 어떻게 되건 말이다.

침묵이 인기의 비결

앞서 지적한 노무현 정권의 대대적인 '박근혜 때리기'도 박근혜에게 통일부 장관직을 제의해놓고선 뜻대로 되지 않자 벌어진 '보복'의 성격이 강했다. 이 때문에 박근혜 때리기는 효과를 거두기는커녕 오히려 역효과만 내고 말았다. 박근혜가 2004년 3·12 대통령 탄핵 사태로 몰락의 위기에 처한 한나라당을 구할 구원투수로 등장해 3월 23일 서울 잠실학생체육관에서 열린 한나라당 임시 전당대회에서 새 대표로 선출되자, 열린우리당은 "5공 독재가 물러간 자리에 3공 독재가 분칠하고 부활하는 것"이라고 비판했다. 아울러 박근혜를 향해 '친일파의 딸' '독재자의 딸' 등 연좌제적 비난을 '융단폭격'식으로 쏟아냈다.[24] 과도한 집착이 문제였다. 그 점잖고 인품 또는 후덕한 한명숙까지 나서서 박근혜를 '유신 공주'라고 비난할 필요가 있었을까?(2005년 3월 13일 열린우리당 전남도당 대회의 당권 주자 연설에서.)

박근혜를 유신 공주로만 인식하는 노 정권과 그 지지자들의 좁은 시각이 오늘의 박근혜를 만드는 데에 일조했다고 보아야 하지 않을까? 정희진은 2004년 남녀의 정사가 벌어지는 침대를 무대로 등장시킨 이른바 '박근혜 패러디'를 비판하는 글을 『한겨레』에 썼는데, 대개의 '진보 인사'들은 물론이고, 심지어 선배 여성운동가들로부터도, "너는 1970년대에 안 살아봐서 박정희가 얼마나 지독한지 모른다. '박근혜 패러디'를 비판하다니, 너는 정치의식이 없다"는 항의를 들었다고 했다.[25]

열린우리당의 한 여성 의원이 "쿠데타로 집권한 독재정권 동업자라는 면에서 박 전 대표는 이순자와 동급이다" "박 전 대표가 남편도 뭣도 없는 이유가 다 있는 것 아니냐. 시집을 가서 아이를 낳아봐야 세상이 얼마나 XX 같은지 알 수 있다" 운운한 것은 어떻게 보아야 할까?[26] 대통령에서부터 일반 네티즌 지지자들까지 총출동해 박근혜를 겨냥한 '정치의식'을 거칠게 발휘할 때에 박근혜는 보호받아야 할 피해자로서의 위치를 확보하게 된다.

게다가 노무현부터 끊임없는 설화(舌禍)를 일으켰으니, 그 반사 효과를 '100단어 공주'가 챙긴 건 당연한 일이었는지도 모른다. 실제로 열성 지지자들이 불러대는 '박근혜 찬가'도 대부분 바로 그런 점을 지적하고 있다. 심지어 박근혜가 곤란한 질문에 대해선 똑같은 답을 되풀이하는 것이 어떤 사람들에겐 박근혜의 자질을 근본적으로 의심할 만한 증거로 간주되지만, 지지자들에겐 그것도 매력이 된다. '박근혜 찬가'의 몇 대목을 들어보자.

"그는 '정치적 반대자'들이 푸접 없이 내쏘는 말에도 웃음으로 답한다. 온갖 험한 말을 포달지게 퍼부어도 끄떡하지 않는다."

"탄핵 책임에 대해 박 대표가 똑같은 답을 되풀이한 것은 '말도 안 되는 것은 꺼내지도 말라. 대답하지 않겠다'는 뜻이었을 것이다. 그녀에겐 임기응변이라는 게 없다."

"그녀에게 상대적 열등감을 갖고 있는 반대쪽 정파와 주변 세력들은 '녹음기 같다' '교과서 읽는다'고 빈정거린다. 그녀에게서 무슨 트집거리라도 발견되면 길거리에서 돈 보따리 주운 것처럼 입이 찢어져라 덤벼든다."

"유달리 말수 적고 말싸움 모르는 정치인이 있다. 한나라당 박근혜 대표다. 말도 많고 말 탈도 많은 정치 무대에서 박 대표는 별종 같다고 할 만큼 말하기를 즐겨 하지 않는다. 큰일을 당해도 좀체 흥분하거나 목소리를 높이는 일이 없다."

"그녀의 말은 군더더기가 없다. 헤프지가 않고 골자만을 꺼내놓으므로 버려지는 말이 없다. 누구나 쉽게 알아들으므로 말 바꿈의 여지도 없다. 마치 잔잔한 물 흐름 같다. 높낮이가 없어 대중을 휘어잡지도 않는다. 다만, 가는 방향이 뚜렷하다. 낮은 데로 조용조용 흘러가 스며드는 물과 같다. 믿음은 거기서 생긴다."

"화려한 언변, 끊임없이 쏟아내는 다변, 당장의 이익을 위한 립 서비스 등 정치인들의 이벤트성 쇼맨십에 국민은 식상해 있다. 거기에 비해 말을 무척 아끼는 근혜 님의 신중함은 미래의 불확실성으로 불안감에 젖어 있는 국민에게 큰 위로와 신뢰를 주고 있다. '믿을 수 있는 정치'를 조용히 실천해가고 있다는 점에서 근혜 님은 확실히 신선한 존재다."[27]

박근혜는 한국 정치를 반사하는 거울

박근혜는 한국 정치를 반사하는 거울이다. 거울 속의 그림을 때릴 수는 없다. 거울 밖의 그림이 달라져야 한다. 정치 불신과 정치 혐오가 만연한 상황에서 박근혜는 그렇게 미시적인 비판으로 넘어설 수 있는 대상이 아니라는 점을 인식해야 한다는 것이다. 정치 불신과 정치 혐오, 그 바탕에 무엇이 있으며 그걸 어떻게 넘어설까 고민하고 답을 찾을 때에 박근혜의 침묵과 정체도 저절로 풀리게 돼 있다.

정작 두려운 건 박근혜의 침묵이 아니라 우리 풍토가 아닐까? 권력을 등에 업은 불량품들의 호가호위(狐假虎威)는 민주 정권들에서도 많이 일어났었지만, 우리는 그때마다 사람 탓만 했지 무엇이 그런 호가호위를 가능케 했는지 그걸 규명하고 바로잡을 생각은 하지 않았다. 박근혜에 대한 두려움을 말하기 이전에 우리의 그런 고질적인 문제에 대한 성찰부터 하는 게 공정하지 않을까?

거시적으로 보면 그렇다는 것이고 우선 당장 박근혜 주변의 호가호위가 두려움의 대상으로 떠오른 건 이해할 수 있거니와 당연한 일이다. 『한국일보』(2011년 5월 16일)는 「벌써 '박근혜 블랙홀' 조짐」이라는 제목의 기사에서 "요즘 박근혜 전 한나라당 대표의 싱크탱크와 지지 모임들의 움직임을 보면 '대선의 계절'이 벌써 찾아온 듯하다. 모임 별로 지지자들이 문전성시를 이루고, 각종 발대식과 회합 등이 끊이지 않는다. 정작 박 전 대표 본인은 여전히 '정중동(靜中動) 행보'를 하고 있는 것과 대조적이다"라고 했다.[28]

바로 그런 상황에서 이른바 '박근혜 밀실 정치' 파동이 터졌다. 5월 19일 한나라당 황우여 신임 원내대표가 박근혜 전 대표를 비밀리에 만났는데, 그 만남의 모양새가 논란을 빚은 것이다. 『중앙일보』(2011년 5월 21일)는 「박근혜, 밀실 정치 하려는가」라는 제목의 사설에서 "급하게 약속장소를 바꾸고, 대기 중이던 취재차량을 따돌리는 등 모양새가 볼썽사나웠다. 회동 이후 황 원내대표가 박 전 대표의 말씀을 적은 메모를 보며 설명하는 모습도 보기에 안타깝다"며 다음과 같이 비판했다.

"비공개를 원한 것은 박 전 대표였다. 나름 이유가 있었다고 한다. 공개할 경우 당 대표 권한대행이기도 한 황 원내대표 위에 군림하는 듯한 모습으로 비춰질까 우려했다는 것이다. 하지만 결과적으로 밀실

> ### 박근혜 의원, 커튼을 걷어라
>
> 한나라당은 요즘 대통령 선거 출마자는 대통령 선거일 1년 6개월 전에 당대표직을 사퇴해야 한다는 이른바 당권·대권 분리 당헌을 유지할지를 놓고 논의가 한창이다. 개정하자는 쪽은 대선에 나가려는 사람이 당권을 장악, 강력한 지도력을 발휘해야 당 위기를 헤쳐나갈 수 있다고 주장한다. 현재 사분오열되어 원심력이 작용하는 한나라당 위기를 생각하면 당권·대권 통일이 도움되는 것은 분명하다. 대선 출마를 결심한 당의 주요 지도자들을 배제한 채 힘없는 당대표가 당의 중심이 되어 개혁을 추진하기에는 아무래도 힘이 부칠 것이다. 그러나 통일의 부작용도 고려할 필요가 있다. 통일하면 우선 당대표 경선이 곧 대선 경선으로 변질되어 당내 줄세우기 현상이 나타난다.
> 그리고 한 사람에게 권력이 집중되면서 대선 경선의 공정성 시비가 일어날 수 있다. 당을 이명박 대통령의 수중으로 전락시킨 것에 대한 반성으로부터 촉발된 당 쇄신인데 당권을 또 다른 1인에게 넘겨준다는 것은 당 쇄신의 정당성을 스스로 훼손하는 결과를 초래할 수도 있다. 당장 지도력 회복이 필요하다고 당권·대권 통일이 초래할 더 큰 문제를 외면함으로써 소탐대실하는 우를 범할 수 있는 것이다. 그런 점에서 박근혜 의원이 황우여 원내대표를 만나 현행대로 분리를 유지하자는 의견을 낸 것은 그 나름의 타당성이 있다. 의원의 한 명으로서, 당내 지도자로서 존중할 만한 입장이다.
> 그러나 박 의원은 왜 이런 방식으로 자기 의견을 표명하는지, 당대표 대행이 왜 그의 하수인처럼 '말씀'을 받아 적어 왔는지, 그토록 분분했던 당권·대권 분리 문제가 어떻게 박 의원의 한마디로 정리될 수 있는 것인지 이해할 수 없다. 기자들은 박 의원과 황 대표가 만나는 장소를 수소문하느라고 고생하고 두 사람은 기자들을 피해 비밀리에 만나는 풍경은 정말 아름다워 보이지 않는다. 당내 현안을 논의하는 데 비밀 모임을 하는 이유도 알 수 없다. 이 대통령에 대해서는 그토록 소통을 요구했던 박 의원이다. 그런데 정작 자신은 소통과는 거리가 있는 태도를 보이고 있으니 이런 모순이 없다. 아마 대선 전략을 고려한 행보의 결과일 것이다. 그러나 그는 당 운영 방향을 좌우하는 당내 지도자로서 자신의 영향력, 자신을 향한 세상의 관심에 답하는 방식으로 책임있는 정치적 활동을 할 필요가 있다. 막후의 실력자, 배후 조종자로서 부정적 이미지가 형성되는 것은 그를 위해서도 좋지 않다. 그에게서 제왕적 권력의 그림자가 어른거리는 모습을 보고 싶지는 않다.

"그(박근혜)는 당 운영 방향을 좌우하는 당내 지도자로서 자신의 영향력, 자신을 향한 세상의 관심에 답하는 방식으로 책임 있는 정치적 활동을 할 필요가 있다."(『경향신문』, 2011년 5월 21일)

회동은 박 전 대표가 우려했던 바로 그 나쁜 이미지를 더 강하게 남겨버리고 말았다. 언론을 따돌리기 위한 숨바꼭질은 '밀실 정치'를 떠올리게 했다. 황 원내대표의 수첩은 '수렴청정(垂簾聽政)' 이미지까지 불러일으켰다. 21세기 정치 지도자로서 당연히 청산해야 할 구시대적 정치 행태, '닫힌 정치'의 모습들이다. 뭐가 떳떳하지 못했고, 뭘 감추려 했는지 이해할 수가 없다. 박 전 대표가 그토록 지키고자 애써온 '신뢰'와도 어울리지 않는다."[29]

『경향신문』(2011년 5월 21일)도 「박근혜 의원, 커튼을 걷어라」라는 제목의 사설에서 "박 의원은 왜 이런 형식으로 자기 의견을 표명하는지, 당 대표 대행이 왜 그의 하수인처럼 '말씀'을 받아 적어왔는지, 그토록 분분했던 당권·대권 분리 문제가 어떻게 박 의원의 한마디로 정리될 수 있는 것인지 이해할 수 없다"고 비판했다.³⁰

박근혜를 포위한 '인(人)의 장막'

윤평중 한신대 교수는 『조선일보』(2011년 5월 26일) 칼럼에서 "황우여 한나라당 원내대표와의 비밀 회동과 수첩 브리핑 파동은 인(人)의 장막에 가려 신비화된 권위주의자 박근혜를 상징한다. 물론 그녀는 '신뢰의 정치인'이란 이미지와 '선거의 여왕'이라는 자산을 가지고 있지만 어떤 미래지향적 비전과 독자적 시대정신을 가지고 있는지는 아직 검증된 바 없다"며 "'탈(脫)산업화 참여민주주의'의 새로운 시대정신을 육화(肉化)하지 못하는 한, '차기 대선 후보 1위 박근혜'의 기세도 모래성에 불과할 수 있다. 결국 2012년 대선은 한 치 앞을 내다보기 어려운 박빙(薄氷)의 싸움이 될 게 틀림없다"고 했다.³¹

박근혜를 둘러싼 인의 장막은 어떠한가? 2010년 8월 한때 '친박(親朴)계 좌장'이었던 한나라당 김무성 원내대표가 한 언론 인터뷰에서 한 말이 인상적이다. 그는 "박근혜 전 대표는 국가 지도자 덕목 10개 중 7개 정도는 아주 훌륭하지만 사고의 유연성과 민주주의에 대한 개념은 부족하다"며 "나는 이를 고쳐야 한다고 충정으로 말했는데, 박 전 대표를 군주처럼 모시려는 못난 사람들은 '주군한테 건방지게'라는 식의 반응이었다"고 했다.³² 김무성은 1년여 전인 2009년 11월 '포럼 부산비전' 창립 3주년 기념 만찬에 참석해 "사랑하고 존경하는 박근혜 대표를 모시고, 11주년 기념식에서는 정말 좋은 세상을 만들었다고 자랑하는 날이 올 것"이라는 축사를 했다. 박 전 대표가 2012년 대선에서 승리한다는 전제 아래 임기가 끝나는 2017년에 '좋은 세상'을 기념하게 될 것이라는 뜻의 '찬가'를 부른 것이다.[33] 그렇게 '박근혜 찬가'를 불러대던 '친박계 좌장'마저도 박근혜에게 고언을 하면 '주군한테 건방지게'라는 식의 반응을 보이는 인의 장막이 어찌 두렵지 않겠는가.

사실 박근혜를 둘러싼 인의 장막에 대해선 이미 2009년 5월 『조선일보』 선임기자 최보식이 본격적으로 지적한 바 있다. 최보식은 "이미 그는 '그의 사람들'로 갇혀 있다. 그에게 듣기 싫은 말을 하는 사람은 그 주변에는 거의 없다. 그가 싫어하기 때문이다. 소문은 정치판에 쫙 퍼져 있다. 앞으로 그는 더욱 그의 벽(壁)에 갇힐 것이다"라며 다음과 같이 말했다.

"지지자들은 현 정권의 '포용력'에 대해서는 분개하지만, 남다른 성장 과정을 겪은 그에 대해서는 이해해줘야 한다는 쪽이다. 그런데 우리는 언제까지 차기 지도자를 이해하면서 가야 하나. 만약 그가 '자신을 떠나간' 전여옥 의원이 테러를 당해 입원했을 때 위로의 꽃다발을 전했다면, 또 이재오 전 의원이 귀국했을 때 밥 한 끼를 냈다면, 분명히 그는 이명박 대통령과 다르다고 온 사람들이 합창했을 것이다. 지도자는 결코 보호막 안에서 나올 수 없다."[34]

'인의 장막'엔 두 종류가 있다. 물리적 인의 장막과 심리적 인의 장막이다. 정치적 사모 집단은 심리적 인의 장막이 된다. 정치인은 귀한 돈과 시간과 정열을 쏟아가면서 자신을 열렬히 지지하는 사모 집단이 고마울 수밖에 없다. 그들과의 소통에 많은 시간을 할애할 뿐만 아니라 그들의 뜨거운 지지에서 격려를 받고 용기를 얻기도 한다. 적정 수준에서 그런다면 더할 나위 없이 좋은 일이겠지만, 그게 꼭 그렇게 되질 않는다. 무조건적으로 뜨거운 지지를 보내는 사모 집단에 심리적으로 둘러싸여 현실 판단을 잘못하거나 자신의 아집을 정당화 또는 미화하는 함정에 빠질 수 있다. 정치인에게 열정적인 지지자들은 큰 정치적 자산이지만, 동시에 그런 지지가 범국민적 소통의 장애로 작용해 지지 기반을 편협하게 만드는 결과를 초래할 수 있다. 그 어떤 정치인보다 더 열정적인 지지자를 많이 가진 박근혜에게 그 지지자들의 존재는 정치적 축복이자 저주가 될 수도 있다.

용인술이 진짜 문제다

박근혜가 1998년 4월 15대 국회 대구 달성군 보궐선거로 정치에 데뷔한 이후 여야를 막론하고 박근혜에게 쏟아진 수많은 고언 중 문제의 핵심을 가장 잘 짚어준 고언은 단연 16대 의원을 지낸 전 여의도연구소장 윤여준의 것이다. 그는 『중앙일보』 2005년 4월 22일자 인터뷰에서 "누구(박정희)의 딸이란 생각과 아버지의 명예를 지키겠다는 집착을 버려야 한다"면서 "박 대표가 자리에 연연하는 권력욕이 있다고 보지 않지만 지금의 모습은 아버지를 지키겠다는 데 집착하고 대표직에 연연해하는 모습으로 비치고 있어 안타깝다"고 말했다.[35]

그렇다. 바로 그것이다. 박근혜는 자신이 '아버지의 딸'이며 자신의 정치 행위가 '아버지를 위해서'임을 다음과 같이 선언한 바 있다. "저는 개인적으로 아버지 때 못 이룬 이 나라의 민주정치를 꽃피우기 위해 원칙과 일관성을 갖고 노력하고자 합니다. 그것이 바로 부모님에 대한 도리요, 동시에 국민에 대한 약속이기도 합니다." 박근혜는 2004

> 윤여준 전 의원
> 한나라에 쓴소리
>
> ## "화장만 좀 바꾸는 개혁 안 통해"
>
> 16대 의원을 지낸 윤여준(사진) 전 여의도연구소장은 정치권의 전략가로 꼽힌다. 이회창 후보를 앞세운 두 번의 대통령 선거와 지난해 4·15 총선 때 선거기획을 맡았다. 하지만 한나라당은 내리 집권에 실패하고 만다. 17대 총선에선 원내 제1당의 자리마저 열린우리당에 내줬다. 16대 국회 임기 종료일인 지난해 5월 29일 윤 전 의원은 한나라당을 탈해 징계를 떠났다.
>
> 21일 그를 만나 밖 밖에서 한나라당을 보고 느끼는 소회를 들어봤다.
>
> 그는 먼저 한나라당에 "기득권을 버릴 각오로 과감하게 변신할 것"을 촉구했다. "한나라당이란 울타리는 그대로 둔 채 화장만 조금 바꾸는 식의 개혁은 이제 안 통한다. 한나라당이 정말로 바뀌었다는 인식을 (국민들에게) 심어주지 못하면 당의 장래는 어둡다"고 말했다.
>
> 윤 전 의원은 정형근 의원의 '민주당-한나라당 통합' 주장을 비판했다. "그렇게 한다고 호남 사람들이 한나라당을 찍겠느냐. 자기의 기득권은 버리지 않고 쉬운 싸움, 이기는 싸움만 하려는 게 지금 한나라당의 문제"라고 지적했다.
>
> 인물교체론도 폈다. "정형근·김용갑 의원 같은 얼굴들을 그대로 두고 당이 바뀌었다고 하면 국민이 믿겠느냐"며 "과거의 단절을 상징하는 참신한 인물들에게 과감히 문호를 개방해야 한다"고 했다. 그러면서 "한나라당의 그릇은 지금 시대적으로 사회가 요구하고 있지만 그릇에 담긴 사람들이 잘못돼 있어 비판받는 것"이라며 "당 밖에서 정치 세력화를 모색하는 움직임이 일고
>
> ### "박 대표, 아버지 지키겠다는 집착 버려야
> ### 반박파, 여자 치마폭도 좋다더니 말 바꿔"
> (反朴派)
>
> 있으며, 많은 사람이 한나라당을 주목하고 있다"는 말도 했다. 정치권 일각의 '한나라당 해체 후 당 밖 세력과의 연대를 통한 신당 창당론'과 같은 맥락으로도 해석될 수 있는 대목이다.
>
> 그는 갈등을 빚고 있는 박근혜 대표와 반(反)박근혜 세력에 대해서도 쓴소리를 했다. 우선 박 대표에 대해서는 "누구(박정희)의 딸이란 생각과 아버지의 명예를 지키겠다는 집착을 버려야 한다"고 충고했다. "박 대표가 자리에 연연하거나 권력욕이 있다고 보지 않지만 지금의 모습은 아버지를 지키겠다는 데 집착하고 대표직에 연연해 하는 모습으로 비치고 있어 안타깝다"고 했다.
>
> 반박 세력에도 일침을 가했다. 홍준표 의원에게는 "선거 때는 '여자 치마폭에 싸여서 당선됐다'는 말을 들어도 좋으니 박 대표가 한 번만 (유세를) 달라'고 봉사하더니 말을 바꾸고 있다"고 비판했다.
>
> 이재오·김문수 의원 등과 관련해선 "반DJ, 영남 정서에 호소해 장외집회에 앞장섰던 사람이 그들 아니냐"면서 "그들의 부정방식도 이미 국민적 지지를 받지 못하고 있다는 것을 깨달아야 할 것"이라고 비판했다. "노무현 대통령이 질 것을 뻔히 알면서 부산에서 출마한 것과 같은 과감한 결단과 정신을 배워야 한다"고도 했다.
>
> 이회창 전 총재의 정계 복귀설에 대해 묻자 그는 "심문삼은 이 전 총재는 다시 정치에 나올 분이 아니다"고 말했다. 다만 "이 총재보다 더 권력지향적이고 정치적인 측근들에 둘러싸여 있는 게 문제"라고 했다. 이정민 기자
> jmlee@joongang.co.kr

한나라당의 싱크탱크인 여의도연구소 소장을 지낸 윤여준은 박근혜를 "지금의 모습은 아버지를 지키겠다는 데 집착하고 대표직에 연연해 하는 모습으로 비치고 있다"고 비판했다.(『중앙일보』, 2005년 4월 22일)

년 4·15 총선 텔레비전 연설에서도 "1960년대 가뭄이 심했던 어느 날, 아버지께서 지방 순시를 다녀오신 후 가난한 아이들의 배고픈 삶을 보고 저녁식사를 하지 못했다"며 "그렇게 가슴에 맺힌 한을 풀기 위해서 우리는 정말 열심히 일했고, 그렇게 일으켜 세운 대한민국이 지금 이렇게 무너지고 있다"며 두 볼 가득 눈물을 흘렸다.

박근혜가 한나라당 내에서 불만을 토로한 사건들도 상당 부분 아버지에 대한 평가와 관련된 것이었다. 박근혜는 1999년 가을 한나라당 부총재직을 사퇴하려고 했는데, 이는 "경제 위기의 원인이 박정희 때부터 시작했다"는 김영삼의 발언에 대해 당이 아무런 입장을 취하지 않았기 때문이었다. 박근혜는 2001년 6월 총재인 이회창의 역사관이

무엇인지 알 수 없다고 비판했는데, 이 또한 박정희에 대한 평가와 관련된 불만을 나타낸 것이었다.

박근혜가 평범한 여인으로 살아간다면 그거야 아름다운 효심으로 볼 수 있겠지만 그녀가 유력 대통령 후보인 이상 결코 그렇게 볼 수는 없다. 그래서 야권엔 박근혜에게서 '박정희 시대의 망령'을 떠올리는 사람이 많다. 열린우리당의 주장대로 박근혜의 정치적 성공은 "5공 독재가 물러간 자리에 3공 독재가 분칠하고 부활하는 것"일까? 물론 나는 그렇게 생각하지 않는다. 지금이 어떤 시대인데 그런 시대적 역행이 가능하겠는가?

정작 걱정되는 건 그게 아니라 박근혜가 쓸 '인재 풀'이다. 유시민이 "노무현에 대해 어떻게 생각하십니까?"를 인물 검증의 절대적 기준으로 삼듯이, 박근혜가 "아버지에 대해 어떻게 생각하십니까?"를 인물 검증의 절대적 기준으로 삼을 때 과연 어떤 일이 벌어질까? 박정희에 대해 부정적인 야권 사람들이야 100퍼센트 배제된다 해도 문제될 게 없겠지만, 한나라당 내에서도 박정희에 대한 시각이 그녀와 많이 다른 사람이 좀 많은가. 심지어 김영삼과 이회창도 그녀의 검증 기준을 통과하지 못한 게 아닌가 말이다.

어디 그뿐인가. 박정희의 공과(功過)를 균형 있게 보자는 사람들도 배제될 게 아닌가. 설사 그런 사람들이 박정희의 공에 훨씬 더 많은 점수를 준다 해도 박근혜의 눈에 찰 리 만무하다. 박근혜 주변엔 박정희를 결함 없는 불세출의 영웅으로 찬양하는 사람들이 벌떼처럼 몰려들 것이기 때문이다. 박근혜의 열정적 지지자들은 박근혜를 지지하는 이유로 '신뢰'와 '언행일치'를 꼽는데, 이 경우엔 그녀의 그런 특성이 더 무서운 게 아닌가 말이다.

아버지의 시대가 아니다. 2인자를 허용하지 않고 절대적 충성만을 요구했던 박정희의 용인술로는 2010년대의 한국을 이끌 수 없다. 맹목적이고 기회주의적인 충성파들이 쳐둔 인의 장막에 둘러싸인 박근혜의 모습, 그게 문제의 핵심이다. 박근혜의 대통령 당선 여부가 중요한 게 아니다. 거창한 철학과 비전을 말할 필요도 없다. 누가 대통령이 되건 이 나라를 어떤 용인술로 이끌겠다는 것인지 그것이 중요하다. 이게 바로 박근혜가 반드시 답해야 할 가장 중요한 질문이다.

chapter
07

분당은 미리 보는 2012년 대선인가?

손학규의 재기

강남 좌파의 정치적 시험대

　4·27 재보선 중 경기도 성남 분당을 선거와 관련, 앞서 김순덕은 "여야가 어떤 후보를 내놓느냐, 분당이 어떤 인물을 선택하느냐가 '미리 보는 2012년 대선'이 될 수도 있다"고 했다. 과연 그런가? 김순덕의 뜻이 무엇이었건, 분당을은 한나라당 임태희 전 의원(현 대통령실장)이 16대부터 내리 3선을 한 곳인 데다 2008년 4월 총선에선 71.6퍼센트의 표를 얻은 한나라당의 텃밭이었다. 이 때문에 이곳 선거가 강남 좌파의 정치적 시험대로 등장한 건 분명했다.
　처음에 언론을 통해 분당을 선거구의 민주당 후보로 거론된 이들은 대부분 강한 강남 좌파 이미지를 가진 인물들이었다. 강금실 전 법무장관, 김창호 전 국정홍보처장, 신경민 전 MBC 앵커, 조국 서울대 교수, 이계안 전 의원 등. 그러나 이들 중 김창호를 제외하곤 출마 가능성이 거의 없었다. 강금실은 2월 초순 본인 의사와 무관하게 언론에 분당을 선거구의 민주당 후보로 자꾸 거론된다며 손학규 대표에게 항의하기도 했다.

서울대를 졸업하고 박사학위를 받은 김창호는 『중앙일보』 기자와 명지대 교수를 거쳐 노무현 정부 때 국정홍보처장을 3년간 역임했다. 경북 울진 출신으로 분당에 19년째 거주 중이라는 게 강점으로 꼽혔다. 김창호는 『국민일보』와의 통화에서 "나는 소위 강남 좌파"라며 "분당에서는 지역 특성상 TK(대구·경북) 출신에 강남 좌파 이미지가 적합하다"고 주장했다.[1]

그러나 우여곡절 끝에 민주당의 분당을 후보는 손학규로 결정되었다. 손학규의 측근들은 "분당은 어려운 곳이다. 떨어지게 돼 있다. 떨어지면 손 대표의 정치생명은 끝장이다"라고 만류했다지만,[2] 손학규로선 모험 없이 대권은 오지 않는다는 생각을 했을 법하다.

4월 4일 손학규는 분당의 한 교회에서 새벽기도를 올리고 인근 버스정류장 등에서 출근길 시민들에게 인사를 한 뒤 국회에서 최고위원회의를 주재하고 다시 성남시청과 성남시의회로 이동했다. 같은 당 소속인 이재명 성남시장을 만난 자리에서 손학규는 "소위 강남 좌파라고 하는 분들은 사회적 약자를 안고 가는 사회를 만들어야겠다는 자세를 갖고 있다"면서 "분당을 포기하고 집권하겠다는 것은 위선"이라고 강조했다.[3]

한나라당 강재섭 후보는 "15년째 분당 사람"이란 '토박이론'을 내세운 반면, 손학규는 "분당에서도 한숨짓는 사람이 많이 있었다"며 '분당 중산층의 눈물'을 닦아주겠다는 선거 콘셉트를 내세웠다. 분당에 67.3퍼센트나 몰려 있는 20~40대 유권자, 이 지역에 들어선 NHN, SK C&C 등 정보기술(IT) 기업에 다니는 젊은 층 회사원이 유독 많다는

분당을 국회의원 보궐선거에 출마한 민주당 손학규 후보(왼쪽)와 한나라당 강재섭 후보. 손학규 후보는 '분당 중산층 눈물론'을, 강재섭 후보는 '분당 토박이론'을 선거 전략으로 삼았다.

점이 강남 좌파론에 이어 분당 좌파론의 근거 중 하나로 대두되었지만, 30~40대 직장인들 사이에 널리 퍼진 '반이명박 정서'가 선거 결과를 좌우할 것으로 예측되었다.[4]

다가오는 자유주의의 시대인가?

4월 8일 안병진 경희사이버대 미국학과 교수는 「다가오는 자유주의의 시대」라는 제목의 『한겨레』 칼럼에서 강남 좌파와 분당 좌파에 시대사적 의미를 부여했다. 그는 "지금 한국에서는 한국판 샌프란시스코나 뉴욕에서 의미심장한 변화가 시작됐다. 과거 낡은 운동권 스타일과 다른 매력적 자유주의가 부상하기 시작한 것이다. 이를 제일 먼저 눈치챈 것은 보수 언론이다. 얼마 전 한 보수 언론은 샌프란시스코 자유주의 스타일을 가진 조국 서울대 법학전문대학원 교수의 매력을 시샘하며 '강남 좌파'란 낙인을 찍기에 바빴다. 이어 이들은 경기도 분당이 더는 애리조나 같은 꼴통 보수의 도시가 아니라 맨해튼 교외의 호보컨 같은 자유주의적 도시가 되어감에 큰 불안감을 표시하고 있다"며 다음과 같이 말했다.

"그들의 예감은 정확하다. 2012년 총선과 대선에서 분당과 서울은 자유주의 혁명의 진앙지가 될 것이다. 물론 미국의 자유주의자나 보보스, 그리고 한국의 '강남 좌파'란 명칭이 한때는 부정적인 낙인이었다. 두 나라의 개혁 정부 시절 지나친 좌파적 이상이나 혹은 반대로 천민 자본주의에 투항하고 결국 서민층과 괴리를 보인 탓에 마치 특권층의 일부처럼 낙인이 찍히기도 했다. 하지만 시대의 사이클은 지금 두 나라에서 자유주의를 부상시키고 있다. 자본주의의 힘을 이해하면서도 이를 부단히 인간화하려 하고 자유로운 문화적 감수성을 가진 젊은 세대들이 등장했기 때문이다."

이어 안병진은 "한국에서도 이들은 아직도 운동권 정서를 가진 야권 정당들 대신 자신들의 자유주의 스타일에 더 적합한 조국 교수와 같은 이들에 환호성을 보내고 있다"며 이렇게 말했다. "이를 불편한 마음으로 지켜보는 일부 보수 진영은 어리석게도 그들이 입만 열면 설교를 늘어놓는 대한민국 선진화의 핵심이 바로 여기에 있음을 놓치고 있다. 거창하게 이야기하자면, 지금 한국 자본주의는 새로운 단계로 질적으로 이행하는 길목에 서 있다. 그동안 수십 년간 재미를 보아온 한국 대표 기업들의 '카피 앤 페이스트(copy and paste)' 방식의 경제성장은 '강남 좌파'인 스티브 잡스의 창조 자본주의 혁명 앞에서 더는 작동이 불가능하다. …… '분당 좌파'의 한 명으로서 선거 결과가 참 궁금해진다."[5]

아니, 강남 좌파와 분당을 선거에 그렇게까지 심오하고 거대한 의미가 있었단 말인가? 이명박 정권에 대한 반감과 적대의 정도가 선거 결과를 좌우할 것으로 생각한 사람들에겐 흥미로운 이야기가 아닐 수 없겠다. 하지만 미국에서도 자유주의 바람이건 창조 자본주의 혁명이건 그것들이 빈부 격차를 외면하거나 오히려 심화하는 결과를 초래했다는 건 어떻게 보아야 할까? '다가오는 자유주의의 시대'를 마냥 반길 수만은 없는 이유가 아닐까?

분당을 선거는 결국 손학규와 민주당의 승리로 끝났지만, 이 선거 역시 한국 정치의 오랜 철칙에 충실한 선거였다. 지역을 막론하고 한국 유권자들을 움직이는 최대 동력은 반감(反感)이다. 유권자들은 정치가 국민을 뜯어먹고 있다고 생각한다. 정치 자체가 쓰레기통에 처박힐 때, 유권자에게 남은 선택은 아예 투표를 외면하거나 정당들을 돌아가면서 난타하는 응징뿐이다. 쉬운 이해를 위해 좀 과격하게 표현하자면, 그 절망의 심리는 이런 것이다.

"정치인은 자신의 권력욕 충족을 위해 국민을 뜯어먹고 사는 집단이며, 정치는 그들 개인과 가문의 영광을 위한 출세 수단일 뿐이다. 뜯어먹더라도 돌아가면서 뜯어먹어라. 조폭 세계에도 '분배의 윤리'는 필요하다. 고로 물갈이는 다다익선(多多益善)이다."

오만 군데가 썩은 대한민국

그런데 어떤 선거에서건 승리한 쪽이나 패배한 쪽은 그런 정답을 외면하고 자신들을 미화하거나 정당화하려는 심오한 논문을 쓰려고 애쓴다. 이명박 정권의 패배 논문은 집권 이후 지금까지 시종일관 이념 타령이었다. 미쳐도 이렇게까지 미칠 수 있는지 신기할 뿐이다. 4·27 재·보선 직후 강원택 서울대 교수가 그 점을 잘 지적했다.

강원택은 「한나라당의 과잉 이념 반응」이라는 제목의 칼럼에서 "한때 세간의 흥밋거리였던 '강남 좌파'에 대한 한나라당의 반응에서 그런 태도를 찾아볼 수 있다. 이 용어가 보수 진영의 관심을 끌었던 것은 부유층이 몰려 있고 한나라당의 견고한 지지 기반인 서울 강남 지역에

한나라당의 과잉 이념 반응

중앙시평

강원택
서울대 교수·정치외교학과

정부정책 반대하는 주장을
'좌파' 목소리로 규정해
민심을 제대로 읽지 못하고
소통에도 문제점 드러내

정말 모르고 있었을까. 재·보선 패배 이후 뒤늦게 부산을 떨고 있는 한나라당을 보며 든 생각이다. 이명박 정부와 한나라당에 대한 경고음이 울리기 시작한 건 이미 오래전 일이기 때문이다. 각종 정보로 넘쳐날 것 같은 집권세력이 민심의 이반을 제대로 알지 못했다는 건 뭐가 잘못돼도 아주 크게 잘못된 일이다. 그렇게 된 중요한 이유는 이명박 대통령이나 한나라당이 아무리 많은 정보가 있어도 제 식으로 여론을 읽으려고 했기 때문이다.

한때 세간의 흥밋거리였던 '강남 좌파'에 대한 한나라당의 반응에서 그런 태도를 찾아볼 수 있다. 이 용어가 보수 진영의 관심을 끌었던 것은 부유층이 몰려 있고 한나라당의 견고한 지지 기반인 서울 강남 지역에 어떻게 좌파가 존재할 수 있느냐는 '예상 밖'의 현상에 대한 놀라움 혹은 신기함 때문이었을 것이다. 그러나 이러한 반응 뒤에는 현 정부에 대한 지지와 반대를 우파와 좌파라고 하는 이념적 틀로 치환해 바라보려는 인식이 깔려 있다. 다시 말해 한나라당과 이명박 정부를 지지하면 우파, 반대하면 좌파라는 것이다. 안상수 전 한나라당 대표가 봉은사 전 주지 명진 스님을 두고 '강남 부자 절에 좌파 스님을 둬서 되겠느냐'고 말했을 때 그 '좌파' 역시 한나라당에 가깝지 않음을 지칭한 것이다.

세상을 이렇게 읽다 보니 정부 정책에 대한 반대나 한나라당에 대한 싫은 소리 모두 '좌파' 들이기 때문에 그런다고 생각할 수밖에 없다.

국민 다수와 집권 세력 간 인식의 간극은 이렇게 벌어지게 된 것이다. 정치적 반대자를 좌파로 낙인찍고 비판하는 것은 한나라당이 야당이던 시절 진보 성향의 정부를 공격하고 비판하기 위한 도구로서는 유용했을지 모르지만, 집권 이후에는 자신의 발목을 묶는 멍으로 작용하고 있다. 이명박 정부가 집권 전 노무현 정부를 이념적 편향이 강하다고 비판하면서 집권 후 실용 정부임을 강조했지만 현 정부 역시 어느 순간 이념적 틀에 갇혀버리고 말았다.

이렇다 보니 집권 세력은 국민 생활과 직결된 주요 정책에 대해서도 공허한 이념의 틀로 판단하려는 경향을 보여 왔다. 최근 한나라당에서 벌어지고 있는 감세 논쟁도 그 예가 될 수 있다. 보수가 주장하는 감세 정책은 성장을 통해 경제적 파이를 키워 궁극적으로 고용을 늘리고 사회적 분배의 양을 증대시키자는 것인데, 지금처럼 고용과 분배가 수반되지 않는 성장의 환경에서조차 원래 우파는 감세, 좌파는 증세라는 도식적인 이념 틀로 접근하는 것은 국민의 절박한 삶의 문제를 해결하려는 진지한 자세와는 거리가 있어 보인다. 무상급식 역시 또 다른 예가 된다. 좌파이기 때문에 무상급식을 주장한다고 할 것이 아니라, 집권당이라면 무상급식의 문제가 제기된 근본적인 원인에 대해 관심을 보이는 것이 마땅한 일이었을 것이다.

좌우 이념과 관련해 보다 예민한 대북 정책 역시 마찬가지다. 집권 세력은 이명박 정부의 대북 정책에 불만을 갖는 이들은 좌파이거나 심지어 종북(從北)주의자이기 때문이라고 간주하는 경향이 있다. 그러나 현 정부의 대북 강경정책으로 인해 비롯된 남북의 군사적 긴장 고조와 그로 인한 안보 불안이 싫거나, 혹은 우리가 나몰라라 하는 사이에 중국이 북한에 경제특구를 건설하려고 하는 등 영향력을 확대해 나가는 모습이 불안해 대북 강경정책에 반대하는 이들도 적지 않을 것이다. 그러나 현 정부의 대북 정책 기조와 다른 이야기를 하는 순간 모두 좌파가 되는 것이다.

몇 해 전 정치권에서도 널리 읽힌 책 가운데 조지 레이코프가 쓴 『코끼리는 생각하지 마』라는 책이 있다. 레이코프는 이 책에서 정치적 언어가 세상을 바라보는 방식을 규정한다고 주장하면서 정치 세계에서 '프레이밍(framing)'의 중요성을 강조했다. 정치적 언어는 그에 상응하는 프레임을 불러일으키는데 이 프레임을 통해 세상을 읽고 바라보게 된다는 것이다. 말하자면 좌파, 우파라는 정치적 언어가 한나라당과 집권세력이 이념의 프레임에 갇혀버리게 만드는 결과를 낳은 것이다. 자주 지적돼온 정치적 소통 부재의 원인도 여기서 찾을 수 있다. 이념의 프레임에 갇혀 있다 보니 민심을 제대로 읽거나 이에 적절히 대응할 수 없었던 것이다. 지금 한나라당에 가장 시급한 일은 갇혀 있는 이러한 이념의 프레임에서 벗어나는 것이다. 그런데 과연 한나라당이 코끼리를 생각하지 않을 수 있을까.

강원택은 한나라당에 이념 프레임에서 벗어날 것을 주문했다. "좌파, 우파라는 정치적 언어가 한나라당과 집권 세력이 이념의 프레임에 갇혀버리게 만드는 결과를 낳은 것이다. 자주 지적돼온 정치적 소통 부재의 원인도 여기서 찾을 수 있다."(『중앙일보』, 2011년 5월 13일)

어떻게 좌파가 존재할 수 있느냐는 '예상 밖의' 현상에 대한 놀라움 혹은 신기함 때문이었을 것이다. 그러나 이러한 반응 뒤에는 현 정부에 대한 지지와 반대를 우파와 좌파라고 하는 이념적 틀로 치환해 바라보려는 인식이 깔려 있다. 다시 말해 한나라당과 이명박 정부를 지지하면 우파, 반대하면 좌파라는 것이다"라며 다음과 같이 말했다.

"세상을 이렇게 읽다 보니 정부 정책에 대한 반대나 한나라당에 대한 싫은 소리 모두 '좌파' 들이기 때문에 그런다고 생각할 수밖에 없다. 국민 다수와 집권 세력 간 인식의 간극은 이렇게 벌어지게 된 것이다. 정치적 반대자를 좌파로 낙인찍고 비판하는 것은 한나라당이 야당이던 시절 진보 성향의 정부를 공격하고 비판하기 위한 도구로서는 유용했을지 모르지만, 집권 이후에는 자신의 발목을 묶는 덫으로 작용하고 있다. 이명박 정부가 집권 전 노무현 정부를 이념적 편향이 강하다고 비판하면서 집권 후 실용 정부임을 강조했지만 현 정부 역시 어느 순간 이념적 틀에 갇혀버리고 말았다. 이렇다 보니 집권 세력은 국민 생활과 직결된 주요 정책에 대해서도 공허한 이념의 틀로 판단하려는 경향을 보여왔다."[6]

모든 정책을 이념의 틀로 판단하더라도 우파의 조건인 '청렴과 공헌'이라도 있다면 또 모르겠지만,[7] 그것도 아니었으니 더욱 공허할 수밖에 없었다. 예컨대, 전관예우(前官禮遇) 관행은 사라지거나 완화되었는가? 2011년 5월 18일 경제정의실천시민연합은 국내 6대 로펌의 고문, 전문 인력 96명 중 무려 53명이 국세청이나 공정거래위원회, 금융감독원 등 정부 부처 출신이라고 밝혔다. 또 2008년 이후 공정위 서기관급 이상 퇴직 간부 26명 중 절반(13명)이 법률회사에 재취업했고, 2005년부터 2009년까지 5년간 국세청에서 퇴직한 사람 중 107명이 업무와 밀접한 관련이 있어 퇴직 후 2년간 취업이 제한되는 일반 기업에 재취업한 것으로 밝혀졌다.[8] 노무현 정권 시절에도 기승을 부렸던 전관예우에 대해 당시 한나라당이 퍼부었던 비판을 생각하면 이럴 수는 없는 일이었다. 차라리 '공정한 사회'를 국정 핵심 가치로 천명하고 사회 통합을 강조하는 '쇼'나 하지 말든가.

이와 관련, 이정희 한국외국어대 정치외교학과 교수는 "지난 4·27 재보궐 선거 때 강남 좌파에 이어 분당 좌파라는 신조어가 선보였다. 학자나 언론인마다 함의를 다르게 해석하지만, 대체적으로 고학력, 고소득자로서 진보 이념을 지닌 집단군을 의미한다. 단순히 이명박 정부의 경제정책에 실망한 집단이라기보다는 폐쇄적 독과점 보수 사회에 대한 반기를 든 집단이다"라며 다음과 같이 말했다.

"사실 보수든 진보든 폐쇄적 독과점으로는 사회를 이끌어 나갈 수 없다. '그들만의 리그'는 결국 고립을 자초하여 자멸할 수밖에 없다. 사회 구성원의 정치의식이 높아진 사회에선 더욱 그렇다. 위기는 곧 기회다. 폐쇄적 독과점 사회를 열린 사회로 바꾸기 위해서는 사회 구성원의 정치의식을 반영할 정치제도를 구축해야 한다. 전관예우와 관련한 제도 정비는 작은 행보의 시작이다. 정치 경제 교육 문화 각 부문에서 '그들만의 리그'를 종식시켜 상생과 공존의 가치가 살아 숨 쉴 수 있는 사회로 바꾸어야 한다. '개천에서 용이 나는' 일이 일상적이라 더이상 그 속담이 필요 없는 사회로 진입해야 한다. 우리의 후손들을 위해서."[9]

또 부산저축은행 사태는 어떤가. 감사원장을 지낸 김황식 국무총리는 2011년 2월 언론사 간부와 만난 자리에서 저축은행의 부실 프로젝트 파이낸싱(PF) 문제를 감사했더니 "오만 군데에서 압력이 들어오더

2011년 2월 17일 부산저축은행이 6개월 영업정지 처분을 받자 계열사인 부산2저축은행에 예금을 인출하려는 사람들이 몰려 북새통을 이루고 있다.

라"고 말했다. 이와 관련, 언론인 김홍묵은 "수사 과정에서 드러난 비리는 오만 군데로 확산되고 있습니다. 이미 10명의 전·현직 직원이 구속된 금감원은 전임 원장마저 검찰 수사를 받고 있고, 감사원의 감사위원들 그리고 법제처장까지 수사 선상에 올라 있습니다. 무관할 리가 없는 정치권에서도 한 전직 국회의원이 연루 사실을 고백하는가 하면 여·야가 고위 당직자를 포함한 상대 당 의원들에게 폭로전의 포문을 열고 있습니다"라면서 다음과 같이 말했다. "'못 살겠다 갈아보자'고 해서 갈아도 봤고, '갈아봤자 소용없다'고 해서 믿어도 봤습니다. 하지만 우리 사회의 병소(病巢)는 점점 더 확산되고 깊어지기만 합니다."[10] 이렇듯 오만 군데가 썩은 대한민국에서 좌우의 구분이 무슨 의미가 있을까?

살아 돌아온 손학규와 대선 구도 변화

'반MB 정서'가 분당 선거 결과를 좌우했다고 해서, 그것이 민주당에서 아무나 내보냈어도 당선됐을 거란 의미는 아니다. 대선 후보로서의 손학규가 가진 중량감과 더불어 그의 '강남 좌파' 또는 '분당 좌파' 요소가 분당 유권자들에게 먹혀들었다는 걸 간과할 수 없다. 사실 보수 진영이 손학규의 당선을 두려운 시선으로 바라본 것도 바로 그런 이유 때문이다.

그런 두려움은 「살아 돌아온 손학규와 대선 구도 변화」라는 제목의 『조선일보』 사설을 통해 잘 표출되었다. 이 사설은 "4·27 재·보선의 최대 승자는 손학규 민주당 대표다. 그는 역대 선거에서 민주당 후보가 한 번도 이겨본 적이 없는 경기도 분당을 선거구에 출마해 정치적 목숨을 걸었고 그 전쟁터에서 살아 돌아왔다. 손 대표는 작년 10월 집권 가능성의 깃발을 내세워 야당의 지도자가 됐다. 당내 뿌리가 없는 손 대표가 터줏대감 경쟁자들을 제치고 당심(黨心)을 차지할 수 있었던 것은 빼앗긴 정권을 되찾아 오려 했던 당 밑바닥 여론 덕분이었다. 손 대표는 이번 한나라당 텃밭에서 승리함으로써 자신의 약속을 현실로 만들 수 있는 가능성을 입증해 보였다"며 다음과 같이 말했다.

"재·보선 결과 이후 야권은 손학규 대표를 중심으로 결집하면서 벌써부터 활기가 돌고 있다. 야권 지지자들은 오랜만에 신바람을 느끼며 응원에 나서고 있고 이 바람에 무미건조하게 진행되던 대선판의 흥행성도 덩달아 높아지기 시작했다. 친박(親朴)을 중심으로 한 여당 사람들은 그동안 지리멸렬한 야권 진영을 넘겨다보면서 '박근혜 대세론'만 그대로 끌고 가도 정권을 지켜낼 수 있을 것이라는 낙관론에 빠져 있었다. 박근혜 전 대표와 다른 주자들 그리고 한나라당 자체가 습관이 되다시피 한 그 낙관론의 근거를 다시 두드려봐야 할 때가 가까워지고 있는지 모른다."[11]

그런데 한나라당 후보와의 대결 이전에 손학규는 과연 야권의 대선 후보가 될 수 있을까? 본선보다는 오히려 이게 더 어려운 문제가 아닐까? 아직도 야권 내엔 그의 '정통성'을 문제 삼는 사람이 많으니 말이다. 예컨대, 안희정 충남도지사는 『한겨레』(2011년 5월 23일) 인터뷰에서 "손학규 민주당 대표에 대해선 어떻게 생각하나?"라는 질문에 대해 "내가 그분에 대해 얘기하는 것은 역사적 정통성에 대한 부분이지 그분이 기여한 것을 깎아내리거나 현재 대표로서의 위치를 부정하는 것이 아니다. 손 대표가 대선에 나가는 건 헌법상 정해져 있는 그분의 권리다"라고 답했다.[12]

손학규의 한나라당 전력을 계속 문제 삼겠다는 말로 들린다. 안희정이 야권은 물론 친노를 대표하는 건 아니지만, 손학규의 한나라당 전력이 계속 그의 발목을 잡을 가능성이 높다는 걸 시사한다. 사실 이걸 가장 문제 삼은 건 노무현이었기에 적어도 친노 세력이 손학규를 대선 후보로 받아들일 가능성은 낮다고 볼 수 있다. 손학규와 노무현의 갈등은 어떠했던가?

손학규와 노무현의 갈등

2006년 10월 26일 손학규 전 경기지사는 서해 백령도의 해병여단을 방문한 자리에서 노무현 대통령과 한나라당을 싸잡아 비난했다. 손 전

지사는 노 대통령에 대해 "노 대통령은 거의 송장, 시체가 다 됐는데 비판해서 뭐 하느냐. 경제정책뿐 아니라 도덕성, 안보, 국제적 식견 등에서 모두 실패했다"고 말했다. 그는 또 "화가 나지만 이젠 정부를 돕고 싶은 심정"이라고 덧붙였다.[13]

'송장, 시체' 라니, 이는 그가 노무현에게 붙인 '경포대'(경제를 포기한 대통령) '무능한 좌파' 라는 딱지보다 더 심한 말이 아닌가. 손학규로선 두고두고 후회할 말을 한 셈이었다. 그 말을 한 지 5개월도 채 지나지 않은 2007년 3월 19일 손학규는 "한나라당은 시베리아 동토(凍土)였다"는 명언(?)을 남기면서 한나라당을 탈당했으니 말이다. 탈당 이전 그의 탈당 움직임과 관련된 여권의 반응에 대해 노무현은 분개했었다. 그는 여권의 손학규 영입은 "정치적 상상력치고는 하책(下策)"이라며 "그런 말 하는 건 정치할 자격이 없는 것 아니냐. 집에 가서 애나 봐야 한다"고 주장했다. 노무현은 "누굴 되게 할 순 없지만, 누굴 안 되게 할 순 있다"는 취지의 말도 했다.

손학규의 탈당 가능성에 대한 진보 인사들의 반응도 싸늘했었다. "손학규 씨가 한나라당을 탈당하면 범여권 대선 후보로 만들자는 얘기도 있는데, 코미디다. 그렇게 집권하면 한나라당 집권과 무슨 차이가 있나."(김기식) "한나라당의 유력 후보인 손 전 지사가 진보 진영의 후보가 된다는 건 정치적 선택이 아니라 대통령 출마를 위한 코미디다."(지금종) "(손학규를) 다른 지역도 아니고 광주가 범여권 후보로 지지하고 있다는 언론의 보도가 사실이라면, 이는 충격을 넘어 코미디다."(손호철)

손학규가 범여권 후보로 거론되고 있는 현실에 대한 진보 인사들의 반응은 '코미디' 라는 말로 압축되었지만, 코미디치곤 이상한 코미디였다. 손학규는 각종 여론조사에서 범여권 후보 1위를 차지하고 있었을 뿐만 아니라, 대학교수·국회의원 보좌관·정치부 기자단·중소기업인 등 전문가 집단을 대상으로 한 여론조사에선 이명박마저 누르는 경쟁력을 보이고 있었기 때문이다.

이 상반된 모습을 가리켜 '손학규 현상'이라 할 수 있겠다. 손학규는 대선 후보들 가운데 가장 흥미로운 정치적 현상을 생산한 인물이 되었다. 왜 그런 일이 벌어진 걸까? 여러 이유가 있었겠지만, 노무현식 이분법에 대한 염증이 가장 큰 이유로 지목되었다. 제대로 된 개혁을 해보겠다는 좋은 뜻이었겠지만, 노무현 시대에 '편가르기'로 인한 분열과 갈등이 고조돼 그로 인한 사회적 비용이 위험 수위에 이르렀다는 건 분명했다. 이에 대한 반감 또는 성찰이 '손학규 카드'를 용인할 수 있는 무드를 조성했으리라는 가설이 가능했다.

역설이지만, 사실 이 가설의 설득력을 높이는 데에 일조한 건 노무현의 대연정 제안이었다. 한나라당에 정권을 넘겨주는 대연정은 도저히 받아들일 수 없지만, 한나라당 사람을 데려다 써먹는 건 대연정에 비해 훨씬 더 현실적·도덕적인 방안이며, 대연정을 제안했던 노무현의 '정치적 상상력'보다는 상책(上策)이라고 생각했을 법하다. 사실상 손학규를 응원한 진보적 소설가 황석영의 논지도 이쪽에 가까웠다. 황석영은 『한겨레』(2007년 3월 7일) 인터뷰에서 다음과 같이 주장했다.

"비빔밥은 좋은 음식입니다. 여러 가지 나물과 반찬이 섞여 있어서 '편식'을 고칠 수가 있습니다. 그러나 그 섞인 먹거리들은 제각기의 특성을 지니고 있어요. 선진 민주 사회는 그래야 되는 게 아닌지. 선거 때마다 겪는 일이지만 이른바 '누가 더 진보냐' 하는 우리끼리의 선명성 경쟁보다는 분단된 우리가 세계 속에서 '어떻게 살아갈 것인가'를 논의해서 마땅한 후보가 들어올 프레임을 짜는 게 시급하다고 봅니다."

인터뷰 / '시민사회 제3세력화' 바람잡이 나선 소설가 황석영씨

지금은 민주주의 구해내야 할 분기점

작가 황석영(64)씨의 행보에 관심이 쏠리고 있다. 그는 일주일 전 한 신문 인터뷰에서 '정치를서 거론을 위하여 나라도 총대를 멜 생각'이라고 밝혔다. 지난 8일 귀국한 6월 저녁 소월에 대사관저에서 주최한 외국 대사들이 모인 '서울문학회' 행사에 참석한 황씨를 이날 낮 만났다.

—작가가 현실 정치에 참여하고 '총대를 메겠다'고 말하는 데 대해 우려하거나 비판하는 목소리들이 있습니다. 대통령 선거와 그를 위한 정계 개편에 굳이 선거를 멜 말씀해 주십시오?

=당연하겠지요. 저는 전업작가로서 이제까지 현실 정치와의 비판적 거리를 지켜 왔던 사람입니다. 한편으로는 어떤 시기에는 비판으로 개입해 왔다는 말도 되겠습니다. 저는 현재의 국면을 '민주주의의 위기'라고 보고 사회운동이 다시 시작되어야 하는 때라고 봅니다. 현재의 대선정국은 한마디로 냉전적 잔재의 청산이자 그야말로 형식적 민주주의가 아닌 과정과 제도와 구조로서의 민주주의를 쟁취해야 할 분기점에 있습니다. 아마도 누군가의 지적처럼 선진사회로 들어서느냐 냉전의 한계 속에서 주저앉느냐 하는 '레짐 체인지' 시대의 초입이 아닌가 생각합니다.

김대중·노무현 '형식적 민주정권'
민심 잃어도 사회적 진전 있었다
한나라 집권하면 퇴행시대 온다

—그와 관련해 작가가 이야기하는 '중도'니 '비빔밥'이니 하는 구상은 일종의 무원칙이 아니냐는 견해도 있습니다.

='중도'라는 저의 표현은 느닷없이 나온 소리가 아니라 이미 몇 해 전부터 해온 말입니다. 아마 이문열씨와 대담하면서 나온 얘기 같은데요. 그것은 냉전적 이념의 분할에서 좀 벗어나자는 얘기였지요. 우리네 우

차 배신'이 문제인데다, 다시 한나라당을 꾀쳐나오다면 그것을 또다른 '배신'이라 비판하는 소리들도 적지 않을 것입니다. 설사 손 후보가 여권 단일후보가 된다 하더라도 대선에서 당선 가능성이 그리 높지 않다는 전망도 있습니다.

=글쎄, 아무러나 먹는 술을 좀 삼가야 하는데. 작가란 시대의 바람잡이라고 할까요. 좀 괜찮게 표현하면 풍향계 정도면 어떻겠죠. 저는 아무리 보수 양당체재라고는 하지만 한나라당이나 열린우리당이나 현재의 판도가 깨지기를 바랍니다. 그래야 시민세력의 제3세력화가 가능한 게 아닌가요? 나는 정치하는 사람들이 자신의 정책적 속내와 차별성을 드러내고 길이 다르면 그야말로 '열정'을 조직화하는 조짐이 나타나면 그거에 복종할 생각입니다. 그러한 프레임 안에 그가 살아나 뛰어든다면 좋은 일입니다. 아무튼 그 누가 되었든지 아마도 '자기' 삶을 걸어야 할 겁니다.

—한편에서는 현 정권이 실정을 했고 민심을 잃었으므로 이번 대선에서 아당인 한나라당이 집권하는 결과가 나오더라도 무방하다는 견해가 있습니다. 작가가 굳이 '반한나라' 쪽의 대선 승리를 갈구하는 까닭이 있습니까?

=저는 김영삼 김대중, 그리고 현재로 이어지는 형식적 민주주의 정권이 결국은 과거의 업보를 안은 채로 비틀거리며 대응해 나아갔다고 봅니다. 즉 현 정권의 경우에도 민심은 잃었지만 나름대로의 사회적 진전이라고 봅니다. 한나라당은 최근의 행적과 후보들의 발언만 놓고 보더라도 도저히 과거와 현재를 보는 역사관이나 세계관에서도 수권을 할 책임과 자세가 결여된 것으로 보입니다. 한나라당이 집권한다면 아마도 우리는 퇴행적인 시대를 보낼 것이며 한반도의 가장 중요한 세계사적 기회를 놓쳐버리며 퇴짓도 모릅니다.

—때가 때이니만큼 얘기가 정치에 쏠렸습니다. 이제 문학 쪽으로 방향을 돌려 보죠. 지난 1월 민족문학작가회의 총회에서 단체 명칭에서 '민족'을 때려고 시도했다가 일단 무산되었습니다. 개인적으로 작가회의의 명칭 변경 문제를 두고서 어떻게 생각하시는

와 '민주주의'는 별개의 것이라고 생각하는 사람입니다. 흔한 말로 '저항적 민족주의'니 '피해자의 민족주의'니 하는 개념에도 찬성하지 않습니다. 당연 대로 되돌려 주겠다는 건가요? 나는 평생의 한동안을 '민족문학'으로 명명할 수 있는 작업을 해 왔고 모국어로 쓰는 한 앞으로도 그럴 가능성이 다분하겠지만 '민족주의'는 거부합니다. 그리고 나와 다른 생각을 가진 모더니스트들에게도 좋은 작품에는 찬사를 보내고 있습니다.

젊은 작가 창조적 모임 이룰 시점
서사와 현실 빠지면서 문학 위기
가을 귀국하면 시골서 칩거할 것

—작가회의 명칭 변경 문제의 한편에서는 문단 내신—구 세대 사이의 세대 갈등 양상 같은 것 불거지기도 합니다. 원로급으로서 여전히 활발하게 작품 활동을 하시는 처지에서 젊은 작가들의 작품들을 어떻게 보십니까? 일각에서는 한국 문학의 '종언'을 선언하는 목소리도 없지 않습니다.

=허허허, '위기'에서 이제는 '종언'이라? 아무래도 떨어져 있으니까 많이 읽지는 못했습니다. 가끔씩 출판사에서 부쳐 주는 책이나 문예지로 짐작할 뿐이지요. 제가 한국 문학의 위기는 스스로 자초한 것이라고 얘기해 왔는데요. 몇 가지 원인이 있을 거예요. 서사와 현실에서 멀어지면서 독자들이 떠나기 시작한 게 아닌지. 교수 자리가 많이 나면서 전업작가가 줄어든 것도 원인일까요. 인터넷의 영향도 있을 테고. 영화가 예전의 문학이 하던 몫을 넘쳐받은 것 같던데요. 그러나 들어서 한문학은 시대마다 언제나 위기였습니다. 서구 나라들 문학도 마찬가지입니다. 거장들의 작품들도 출판되면 1만부가 팔릴까 말까요. 일본은 이미 칠팔십년대부터 대중문학과 본격문학의 차이가 없어지면서 문학적 개념이 붕괴되었고요. 그러나 우리에게는 다시다난한 우여곡절의 삶이라는 '현

황석영은 대선 후보 중에서 손학규를 염두에 두고 있느냐는 질문에 "나는 손학규 한 사람만 염두에 두는 것은 아니고 시민사회에 운동이 일어나고 그야말로 '열정'을 조직화하는 조짐이 나타나면 거기에 복종할 생각입니다"라고 답변했다.(『한겨레』, 2007년 3월 7일)

그러나 노무현 대통령과 청와대는 손학규의 한나라당 탈당에 대해 연일 비판을 퍼부었다. 노무현이 국무회의에서 '보따리 장사하듯 정치를 한다'고 비판한 데 이어, 3월 22일 청와대 브리핑도 손학규에 대한 비판 기조를 이어갔다.[14] 5월 2일 노무현은 청와대 브리핑에 '정치, 이렇게 가선 안 됩니다'란 글을 올려 "경선에 불리하다고 당을 뛰쳐나가는 것은 경선 회피를 위한 수단"이라며 사실상 손학규를 비난하고 나섰다.[15]

손학규와 노무현의 충돌

임기가 다 끝나가는 대통령에게 힘이 있을 리 없었다. 2007년 8월 5일 열린우리당 탈당 의원 80명, 민주당 탈당 의원 5명이 참여해 만든 대통합민주신당 창당대회가 열렸고, 5일 후인 8월 10일 대통합민주신당과 열린우리당이 합당을 공식 선언함으로써 노무현의 열린우리당은 창당 3년 9개월 만에 그 수명을 다하고 말았으니 말이다. 손학규는 대통합민주신당 창당대회 축사에서 "5·16을 구국 혁명으로 찬양하고, 토목공사로 땅 투기를 부추기는 부패 경제 세력에 나라 경제를 맡길 수 없다"며 "대통합을 완성해 손에 손잡고 대선 승리를 이루자"고 외쳤다.[16]

그러나 힘이 없다고 가만히 있을 노무현이 아니었다. 그는 8월 31일 "손 후보에 대한 범여권의 줄서기가 가관"이라고 비판하고 나섰다. 이에 9월 2일 손학규가 "제발 대선에서, 대선 판에서 한 발짝 비켜서 계셔 주십사 청을 하고 싶다"며 노무현을 정면 비판했다. 손학규는 여의도 캠프 사무실에서 기자간담회를 갖고, "열린우리당을 문 닫게 한 장본

2007년 8월 5일 대통합민주신당이 창당식을 열고 공식 출범했다. 손학규는 대통합민주신당 대통령 후보 경선에 뛰어들었지만, 대선 후보는 정동영이 차지했다.

인이 누군가. 노대통령 아닌가" "대통령은 민주신당의 당원도 아니지 않느냐"면서 강한 어조로 노무현을 비판했다. 그는 "40일 동안 조용해서 나라가 좀 편해지나 했더니 또 무슨 말을 한다"면서 "국민들은 대통령이 대선과 관련된 일체의 발언을 삼가고, 공장을 찾아가서 일자리 하나라도 더 만드는 데 도움을 주고, 논에 나가서 피 한 자락이라도 뽑아주는 인자한 대통령이 되길 바란다"고 꼬집었다. "대통령이 끼면 낄수록 한나라당 이명박 후보가 올라가고 민주신당 후보들 표가 깎인다"고도 했다.

이어 그는 "한나라당에 있을 때부터 대통령 임기가 하루 남았더라도 (정상회담이) 한반도 평화에 조금이라도 도움이 되면 하라고 주장해왔다"고 전제한 뒤 "그러나 만약 (대통령이) 만에 하나라도 이번 대선에 도움 주겠다는 생각에서 남북 정상회담을 하겠다면 그건 사양하겠다. '노 생큐(No, thank you)'"라고 했다. 자신의 정통성 논란에 대해선 "대선에서 이기겠다는 생각들인지, 대선은 포기하고 이삭이나 줍고 부스러기나 챙기려는 사람들이 아닌지 모르겠다. 이런 시비로 날밤을 지새워서는 안 된다"고 반박했다.[17]

9월 10일 손학규는 대통합민주신당 경선에서 선두를 달리고 있던 상황에서 청와대의 경선 개입을 강하게 비난하고 나섰다. 그는 여러 명의 청와대 고위 인사가 자신의 지역조직 책임자들에게 전화를 걸어 지지를 철회하라고 종용했음은 물론이고 노무현 대통령도 비슷한 의사를 전했다고 주장했다. 이에 대해 노무현은 11일 기자간담회를 통해 손학규를 직접 거명하며 "대통령과 각을 세우는 것이 선거에 유리하다고 판단하고 있는 것 같다"고 일축하면서 "졸렬한 전략이자 스스로 한 묶음이라고 생각하는 정치 세력 일부를 배척하는 필패 전략"이라고 덧붙였다. 정치적 술수라는 뜻이었다.[18]

손학규의 '봉하마을 삼고초려'

9월 15일 제주·울산, 16일 충북·강원에서 실시된 대통합민주신당 대선 후보 경선에서 정동영 후보가 43퍼센트의 득표율로 1위를 달렸다. 2위는 득표율 29퍼센트의 손학규 후보, 3위는 27퍼센트의 이해찬 후보였다. 친노무현파인 한명숙에 이어 유시민 후보가 이해찬 지지를 선언하며 중도 사퇴해 여권 경선은 이들 3명의 대결로 좁혔지만, 친노 후보 3명이 단 이틀 만에 1명으로 초고속 단일화를 해낸 것에 대해 사전 각본설 논란이 격화되었다.

『한국일보』는 "대통합민주신당 경선이 저급한 코미디로 흐르고 있다. 한명숙 전 총리가 본 경선에 앞서 각본을 따르듯 이해찬 전 총리 지지를 선언하며 사퇴하더니, 유시민 전 보건복지부 장관도 첫 경선 직후 같은 모습을 연출했다. '페이스메이커'가 되겠다던 애초의 다짐은 물론, 최소한 제주 울산 강원 충청 등 4곳의 경선 결과를 보고 '친노 후보 단일화'에 나서겠다던 약속마저 저버렸다"며 다음과 같이 비판했다.

"그러나 아무리 각본이 미리 짜여 있다고 해도 일단 무대에 올랐으면 자신에게 박수를 보낸 관객에게 최소한의 예의는 갖추어야 한다. 모두가 동원된 관객이라면 모를까, '국민 경선'이란 이름을 내걸었으면 최소한의 유료 관객은 있었을 터이다. 예비 경선에서 다른 출연 희망자를 모두 단념하게 한 뒤, 정작 막이 오르자 무대에서 내려가버리는 모습은 쓴웃음만 자아낸다. 정치를 극도로 희화화하는 한심한 작태가 두 정치 신인에 의해 연출됐으니, 정치 개혁을 떠들며 국민의 사랑을 받겠다고 다짐하던 것이 모두 어릿광대짓이었다. '페이스메이커'가 아니라 오직 자기편 선수보다 잘 뛰는 다른 선수를 방해할 목적으로 경주에 참가한 부정 선수라면 앞으로 영원히 선수 자격을 박탈해야 마땅하다."[19]

9월 17일 손학규는 라디오 인터뷰에서 '노심(盧心)이 작용했다고 보느냐'는 질문에 "유 전 장관이 '저한테 표를 많이 주셔야지 그렇지 않으면 사퇴 압력을 받는다'는 얘기도 했다"면서 "세상이 다 아는 일을 내 입으로 얘기할 필요는 없다"고 의혹을 제기했다.[20] 결국 대통합민주신당 대선 후보 경선은 우여곡절 끝에 10월 15일 정동영의 승리로 끝났지만, 그때까지 지속된 노무현과 손학규의 갈등으로 양쪽의 감정에 골이 깊게 패였다.

자, 이런 과거가 있으니 이제 서거 이후 '노무현의 부활'이 이루어진 새로운 환경에서 대통령을 꿈꾸는 손학규로선 친노 세력과의 관계가 큰 부담일 수밖에 없게 되었다. 그는 친노와의 화해를 시도하기 위해 무진 애를 썼고, 고 노무현 전 대통령 부인 권양숙 여사와의 만남을 통해 그걸 보여주고 싶어 했다.

노무현 서거 당시 수염을 기른 채 봉하마을에 와서 조문했으나 '상주' 대열엔 끼지 못했던 손학규는 2010년 8월 정계 복귀를 선언한 뒤 김해 봉하마을의 노 전 대통령 묘소를 참배했지만 권 여사를 만나지 못했다. "전당대회에 영향을 줄 수 있다"는 이유로 권 여사가 만나길 꺼렸기 때문이다. 두 번째 봉하행은 10·3 전당대회 직후인 10월 6일이었는데 권 여사가 미국에 머물고 있어 서로 엇갈렸다. 그렇지만 이날 손학규는 참배가 끝난 뒤 기자들과 만나 "내가 정치적 입장을 달리했을 때 국가 원수였던 노무현 대통령께 인간적으로 용서받을 수 없는 결례를 범했다. 진심으로 사죄한다"고 말했다. 그는 "사람 사는 세상을 만들려던 노 전 대통령의 뜻을 제대로 이해하지 못했다. 정권 교체를 꼭 이루겠다"고 다짐했다.[21]

그러다가 11월 7일에서야 손학규는 권양숙을 만날 수 있었다. 문자 그대로 '삼고초려(三顧草廬)' 끝에 이뤄진 만남이었다. 권 여사를 마주한 손 대표는 "지금 전개되는 정국 때문에 노 전 대통령이 더욱 생각난다"고 했고, 권 여사는 "대표 취임을 축하한다. 큰 짐을 맡으셨다"고 덕담을 건넸다. 이를 두고 민주당 안팎에선 "손 대표가 친노와 거리 좁히기를 본격적으로 시작했다"는 얘기가 나왔는데, 그렇게 볼 만도 했다. 손학규는 10월 28일에는 안희정 지사가 있는 충남의 홍성 내포 신도시 건설현장을 찾아 "안 지사를 통해 능동적 지방자치가 시작됐다"고 치켜세웠고 충남도청 신청사 예산도 챙기겠다고 했으니 말이다.[22]

15년 한나라당 인맥의 명암

손학규가 앞으로 친노와의 관계를 어떻게 풀어 나갈지는 두고 볼 일이지만, 사실 그에게 더 큰 숙제는 따로 있다. 많은 이가 여전히 그의 한나라당 전력을 문제 삼지만, 진짜 문제는 역사적 정통성과 관련된 한나라당 전력 그 자체라기보다는 15년간의 한나라당 생활을 통해 맺어진 인맥이다. 한국처럼 연고·정실 중심의 인맥이 절대시되는 나라에서 그건 결코 가볍게 넘길 문제가 아니다.

2010년 10월 22일 민주당 최고위원회의에서 벌어진 한 풍경은 그 점을 잘 보여주었다. 이틀 전 회의 때도 손 대표의 한미 FTA 신중한 재검토론을 비판했었던 정동영 최고위원이 당 한미 FTA특위 외부 자문위원 2명의 성향에 대해 문제를 제기하고 나선 것이다.

『한국일보』에 따르면, 정동영은 "자문위원에 포함된 인하대 정 모 교수는 FTA에 관한 한 이명박 정부 전도사이고 극단적 신자유주의자"라며 "며칠 전 언론 기고문에서 '야당은 한미 FTA 발목잡기를 중단하라'고 한 분인데 어떻게 자문위원으로 모실 수 있느냐"고 따졌다. 또 "이화여대 최 모 교수는 당이 추진하고 있는 기업형수퍼마켓(SSM) 규제법을 반대하는데 이렇게 되면 민주당이 말 따로 실천 따로가 된다"고 지적했다.

옆자리에 앉은 손 대표는 정 최고위원의 발언을 듣자 표정이 굳어졌다. 전현희 원내대변인은 비공개 최고위원회의 후 "균형을 맞추기 위해 일부러 (FTA 찬성론자를) 자문위원에 추천했다"며 "(문제 제기 후) 특위에서 자문위원 조정 문제를 논의하기로 했다"고 전했다. 그러나 정 최고위원 측은 "특위 자문위원 3명 중 2명이 FTA 찬성론자라는 건 균형

차원이 아니다"라며 여전히 날을 세웠다.[23]

물론 정동영의 비판은 별 힘을 발휘하지 못했다. 『한국일보』 기사가 "민주당 10·3 전당대회에서 2위를 차지한 정동영 최고위원이 22일 손학규 대표를 향해 또 견제구를 던졌다"고 시작한 것처럼, 정동영의 비판은 권력투쟁으로 여겨지게 돼 있다. 게다가 한미 FTA 문제에 관한 한, 열린우리당 출신들은 입이 열 개라도 할 말이 없어야 한다고 여기는 사람이 많다.

손학규의 인맥 문제는 이게 처음이 아니다. 언론에 보도가 되질 않아서 그렇지, 그가 민주당 내에서 영향력을 발휘해 이루어진 일들에서 이와 유사한 사례가 많다. 물론 좌우 소통과 화합을 추진하는 관점에서 보자면 손학규의 보수 인맥은 그의 큰 장점이 될 수도 있겠지만, 문제는 그런 일들이 소통과 화합 차원이라기보다는 그냥 다수의 한국인들에게 익숙한 인맥의 논리에 따라 이루어진다는 데에 있다. 이런 문제마저 손학규가 '국민 통합'이라는 구호로 넘어설 수 있을지는 두고 볼 일이다.

강남 우파 대 강남 좌파의 대결 구도로 가는가?

2010년 9월 손학규의 후원회장을 맡은 고려대 교수 최장집은 "노무현 전 대통령이 종로를 버리고 부산에 한 몸 던져 지역주의를 깨뜨리려 했던 것처럼 손학규의 국민 통합을 위한 노력이 반드시 성공하리라 믿습니다"라는 지지의 인사말을 했다. 이와 관련, 하승우 한양대 연구교수는 "최장집은 손학규를 성공적인 정치인으로 만들려 하는 것일까? 손학규의 진심을 파악하기란 어렵지만 적어도 뉴라이트전국연합과 한나라당의 일원이었던 손학규의 신념 윤리를 높이 사기는 어렵다"며 다음과 같이 말했다.

"그동안 노무현 정부를 비판해왔음에도 뜬금없이 손학규와 노무현을 연장선상에 놓는 최장집의 말은 자신의 책임 윤리를 거스르지는 않더라도 신념 윤리를 상당 부분 훼손한 듯하다.(성공회대학교에서 비정규직 행정 직원들이 해고되었는데도 외부에서 비정규직 문제 해결을 주장해온 지식인들이 침묵하고 있는 걸 보면 이런 윤리의 불균형은 한국 지식인들의 문제일지도 모르겠다.) A가 제대로 작동하지 않아 문제인데 이를 B로 해결할 것이 아니라 그것이 진정한 A가 아니었으니 무조건 A를 고쳐야 한다고 고집하는 건 신념이 아니라 집착과 모순이다. 무엇이든 뚫을 수 있다는 창과 무엇이든 막을 수 있다는 방패를 동시에 팔려는 사람은 모순에 빠질 수밖에 없다. 강력한 지도력과 민주주의를 모두 팔려는 최장집의 입장도 그런 모순에서 벗어나지 못하고 있다. 어느 한쪽을 내려놓아야 입장이 분명해지지 않을까?"[24]

그러나 손학규와 노무현을 연장선상에 놓는 최장집의 말은 최장집이 노무현의 모든 것을 비판하고 부정한 것은 아니었기에 그걸 '신념 윤리의 훼손'으로까지 보기는 어려울 것이다. 손학규의 '봉하마을 삼고초려' 정신을 돕고자 하는 정치적 발언으로 보는 게 옳지 않을까? 사실 그 이전에 문제가 되는 건 최장집의 손학규 지지다. 이걸 어떻게 설명할 수 있을까? 최장집은 『경향신문』(2011년 6월 1일) 인터뷰에서 "최 교수는 진보 성향 학자인데, 중도 성향 정치인인 손 대표의 후원회장을 맡았다"는 질문에 대해 이렇게 답했다.

"손 대표와 오랜 개인적 관계가 있었다. 손 대표가 진지하게 제안해

"민주당, 권위주의 정당체제 바꾸는 데 완전 실패"

최장집 고려대 명예교수 인터뷰

최장집 고려대 명예교수가 지난 20일 서울 강남의 연구실에서 가진 경향신문과의 인터뷰에서 야당 통합 등 정치 현안에 대해 이야기하고 있다.

> "손학규 대표 안일한 대처에 실망·회의 느껴"
>
> "노동자·농민 목소리 반영하는 선거연합 이뤄야"

2011년 6월 1일 『경향신문』 인터뷰에서 최장집은 손학규에게 "당 조직과 체질이 혁신되는 것이 필요하다. 이를 위해 새 시대에 맞는 이슈를 개발하고 새 사람을 충원하고 민주적인 정당체제를 이끌어가고 바꿔나가는 역할을 해야 한다"고 주문했다.

서 고민 끝에 맡게 됐다. 손 대표는 중도실용적 노선의 정치인이어서 나와 잘 매치가 안 될 수도 있을 거다. 한국의 정치 현실은 이제 운동의 힘이나 외부의 충격을 통해 정치가 크게 변하는 시대는 지났다. 정당이 제대로 발전하고 정당 발전을 위해 좋은 리더십이 필요하고 손 대표의 잠재력을 알기 때문에 중간적인 중도실용 노선에서 중심을 잡는 문제가 정당과 민주주의 발전에 중요하다고 판단했다. 노선은 문제가 안 된다. 손 대표가 중도실용 노선으로 중심을 잡고 '왼쪽'과도 대화할 수 있다. '당신은 진보다, 보수다'라고 따지는 것은 무의미하다."[25]

이 발언은 '오랜 개인적 관계'와 더불어 '진보·보수 구분 무용론' 이라는 두 가지 이유를 제시하고 있어서 어느 쪽에 더 무게를 둬야 할 지 헷갈리지만, 아무래도 전자에 큰 의미를 두는 게 옳을 것 같다. '진보·보수 구분 무용론'의 선의는 잘 알겠는데, 그걸 구현하는 주체가 왜 하필 손학규여야 한단 말인가? 물론 답은 '오랜 개인적 관계' 때문이다. 즉, '인간관계의 승리'인 셈이다. 좌파 진영 내에서 따가운 시선을 감수해가면서 손학규 옹호에 열을 올렸던 황석영의 경우와 같다. 손학규의 진보 시절 맺어진 뜨거운 인간관계의 위력인 것이다. 물론 최장집이 언론 인터뷰에서 "기대는 기대고, 최근 손 대표에게 실망과 회의를 많이 느낀다"고 말하는 등 여느 후원회장과는 다른 면모를 보이고 있는 건 사실이지만,[26] 그가 손학규의 분당을 선거운동 현장에까지 직접 나선 걸 보면 인간관계 우위론이 실감이 난다.

사실 손학규의 가장 큰 강점은 인간관계다. 정치적 신의는 없었을망정 인간관계에선 겸손하고 부지런하고 신의가 있어 그를 좋아하는 사람이 많다는 게 정치부 기자들의 기사에 나타나는 한결같은 증언이다. 실제로 그는 정치부 기자들 사이에선 가장 높은 인기를 누리고 있는 정치인이기도 하다. 예컨대, 김종수 『중앙일보』 논설위원은 2008년 5월 시점에서의 '손학규 통합민주당 대표'에게는 비판적 자세를 취하면서도 과거의 그에 대해선 이렇게 말한다.

"1993년 정치학 교수에서 초선 의원으로 변신해 기자를 찾은 손학규는 참신함 그 자체였다. 당시 국회 재무위원회에 처음 배정된 초짜 국회의원 손학규는 말단 경제기자를 찾아와 재무위 현안에 대해 쉴 새 없이 질문을 던졌다. 자신은 경제를 잘 모른다며 경제 현안의 속사정까지 현장 기자에게 들어보겠다는 의욕에서다. 그런 그를 보고선 '아, 이런 국회의원도 있구나' 하며 속으로 감탄했던 기억이 새롭다. 나중에 들은 얘기지만 당시 재무부 사무관들 중에는 손학규 열성팬이 생겼을 정도였다고 한다. 장관들에게 반말조로 호통을 치는 국회의원들의 모습에 익숙했던 재무 관리들은 사무관에게까지 직접 전화를 걸어 존댓말로 자료를 부탁하는 손 의원의 열의와 겸손함에 쏙 빠진 것이다."[27]

그런데 일반적으로 한국에서 인간관계는 학연에, 인간관계망의 파워는 학벌에 크게 의존한다. 미국에서도 엘리트 체제가 학벌 체제에 기반하고 있는 것은 우연이 아니며,[28] 한국에선 그 정도가 더욱 심하다고 볼 수 있다. 이 문제는 「제11장 가장 치열한 계급투쟁은 입시 전쟁: 강남 좌파는 학벌 좌파」에서 자세히 살펴보겠지만, 나는 한국의 정치학자들이 정치학 교재에 현학적인 서양 이론만 장황하게 소개하지 말고 '정치와 학벌'이라고 하는 독립적인 장(章)을 할애하길 바란다.

좌우 진영을 옮겨 다니다가 유력 대선 후보가 된 '손학규 현상'은 전례가 없는 일이기에, 이 문제는 새로운 실험이 될 수도 있지만 두고두고 손학규를 괴롭힐 그의 약점이 될 수도 있다. 『한겨레』는 분당을에서 승리를 거둔 손학규에게 "경기고, 서울대, 옥스퍼드 박사라는 학력이 도움이 됐을 텐데?"라는 질문을 던졌다. 이에 손학규는 "부차적인 것이었다. '그것도 괜찮네' 정도였다. 국가는 좋은 교육을 제공할 의무가 있다. 그러나 학력 계급사회는 안 된다고 생각한다"고 답했다.[29] 문답이 재미있다. 질문은 손학규의 강남 좌파 또는 분당 좌파적 요소를 지적한 것뿐인데, 손학규는 아예 한 걸음 더 나아가 '학력 계급사회'에 대한 반대론까지 제시하니 말이다.

　다가오는 대선에선 이른바 신자유주의 경제정책으로 피폐해진 민생이 주요 화두가 되는 가운데 포퓰리즘이 활개를 칠 게 분명한데, 대선 구도는 우파 포퓰리즘을 내세우는 '강남 우파' 대 좌파 포퓰리즘을 내세우는 '강남 좌파'의 대결 구도로 갈 것인가? 그 누구에게든, 특히 손학규에게 가장 필요한 건 과유불급(過猶不及)의 원리라 하겠다. 진보적 노동운동가이자 지식인이었던 그가 18년 전 정치판에 뛰어들면서 보수 진영을 택했던 '과격함'은 한 번으로 족하다. 그는 결국 자신이 놀던 물로 다시 돌아왔다. 어떤 연유에서 다시 돌아왔건, '돌아온 탕자'로서의 명예 회복을 위한 '과격함'은 자제하는 게 좋다. 아무래도 롤러코스터는 놀이공원에서 타는 게 제격이 아니겠는가.

chapter
08

노무현 정신으로 돌아가자

유시민의 국민참여당

국민참여당은 '유시민 정당'

 2009년 11월 15일 친노 세력 내 신당파를 주축으로 하는 국민참여당이 서울 수운회관에서 당원 등 1000여 명이 모인 가운데 창당준비위원회 결성식을 갖고 독자적 정치 세력화를 본격화했다. 창당준비위원장을 맡은 이병완 전 청와대 비서실장은 결성식 인사말을 통해 "깨어 있는 바보들이 앞장서서 국민이 대통령인 국민 권력 시대를 열기 위해 국민참여당을 시작했다"고 밝혔다. 이 준비위원장은 이어 고 노무현 전 대통령의 유지 계승을 다짐하면서 "수십 년 국민의 피와 땀으로 힘겹게 세웠던 원칙과 상식의 기둥들이 뿌리째 뽑혀가고 있다"며 "약자와 가난한 사람들은 희망과 자신감을 갖고, 강자와 부자들은 배려와 사랑을 베풀어 사람 사는 세상, 살맛이 나는 모두가 주인 되는 대한민국을 만들겠다"고 말했다.
 국민참여당에는 유시민 등 참여정부 인사들이 대거 몸담았다. 창당

준비위 부위원장은 강혜숙·김영대 전 의원, 이백만 전 청와대 홍보수석, 천호선 전 청와대 대변인 등 4명이 맡았다. 또 국민참여당 정책을 주도할 국가정책자문위원회는 이재정 전 통일부 장관을 위원장으로 분야별로 이정우 전 청와대 정책실장(경제 정책), 김병준 전 청와대 정책실장(국가 전략), 권기홍 전 노동부 장관(사회복지 정책), 박기영 전 정보과학기술보좌관(과학기술 정책) 등 10명으로 구성됐다.[1]

11월 23일 유시민은 진보·민중단체가 모여 만든 '2010연대'가 마련한 '풀뿌리 민주주의 희망 찾기' 좌담회 두 번째 강연자로 나와 "민주당은 집권 희망이 안 보여 괴롭고, 민주노동당과 진보신당은 둘로 나뉘어 전국 선거를 치를 힘이 없고, (최근 창당한) 국민참여당과 창조한국당도 말할 나위 없다"며 "이런 상황에선 내년 지방선거에서 한나라당에 지는 게임이 된다"고 주장했다. 그는 민주·진보개혁 진영의 '연대를 위한 4단계'를 제시했다. 우선 서로의 차이를 인정하고 갈등 요소를 덮어두자, 한나라당에 대항하기 위해 모이자가 아니라 공통의 요구를 찾아내 정책 연대를 하자, 정책 연대 토대에서 선거 연대와 후보 연합으로 가자, 연대 과정을 공개해서 누가 배신하고 누가 무임승차하려는지를 보여주자는 것이었다.[2]

그렇게 연대가 소중하다면 별도의 창당은 왜 했는가? 우문(愚問)이었다. 한국 정치의 본질이 '스타 정치'인 상황에서 유시민은 '스타'였던 반면, 민주당은 '스타 파워 부재'로 시달리고 있었다. 그런 점에서 국민참여당은 '유시민 정당'이라고 해도 과언이 아니었다.

2010년 1월 17일 국민참여당은 창당대회를 열고 공식 출범했다. 참여당은 이날 3000명 남짓한 당원들이 참석한 가운데 서울 장충체육관에서 창당대회를 열어 단독 출마한 이재정 전 통일부 장관을 초대 대

'풀뿌리 민주주의 희망 찾기' 좌담회에 두 번째 강연자로 참여한 유시민(왼쪽 사진)과 2010년 1월 17일 열린 국민참여당 창당대회에서 당기를 흔드는 이재정 국민참여당 대표.

표로 뽑았다. 최고위원에는 천호선·이백만 전 청와대 홍보수석과 김영대 전 열린우리당 의원, 김충환 전 청와대 혁신비서관, 오옥만 전 제주도 의원이 선출됐다. '노무현 가치'의 계승을 선언한 이 대표는 "지금 민주주의 원칙이 근본적으로 무너지고 오직 반칙으로 치닫고 있다"며 "우리가 2010년 벽두에 새로운 출발을 결심한 것은 노무현 대통령이 남겨준 '깨어 있는 시민'으로서 우리 역사의 비극을 바로잡기 위한 것"이라고 말했다.[3]

행사 말미에 등장한 유시민이 연설을 끝내자 3000여 명의 당원 대다수는 자리에서 일어나 '유시민'을 연호했다. 유시민은 "승리에 대한 확신이 있느냐" "옆에 있는 동지들을 믿느냐"는 등 질문을 던지는 화법으로 분위기를 끌어올렸다. 그런 그가 "모든 이가 이익을 탐할 때 홀로 올바름을 추구했던 노무현 정신으로 돌아가자"고 외쳤을 때 청중의 환호는 절정에 달했다. 그러나 국민참여당 창당에 줄곧 반대해온 이해

찬, 한명숙 전 국무총리와 안희정 민주당 최고위원 등 주요 친노 인사들은 이날 창당대회에 불참했다.[4]

"또 하나의 야당이 필요한가"

민주당이 국민참여당의 창당에 고운 시선을 보낼 리는 만무했다. 2010년 1월 18일 민주당 송영길 최고위원은 국회에서 열린 최고위원회의에서 "노무현 전 대통령 서거 후 분열에 대해 반성해야 할 세력이 분열을 재촉해서야 되겠느냐"고 비판했고, 박주선 최고위원은 "정신을 못 차린 정치꾼들의 삼류·지분 정치에 불과하다"며 "민주당에 기생하고, 특정인의 정치적 출세를 위해 만들어진 선거용 가설 정당"이라고 비난했다.[5]

『한겨레』와 『경향신문』의 시각도 곱지 않았다. 『한겨레』는 「야권 연대 당위성과 국민참여당 창당」이라는 제목의 사설에서 "정당과 일반 시민 사이의 괴리가 적지 않은 우리 정당 문화에 비춰 볼 때, 이들이 표방하는 '참여 정치와 소통 실험'은 분명 주목할 측면이 있다. 하지만 정책 노선으로 볼 때 굳이 독자 정당을 만들 명분이 뚜렷한지는 다소 의문스럽다. '지난 10년 민주 정부의 성과' 계승을 표방한다는 점에서 민주당과 큰 차이가 없어 보이기 때문이다. '노무현 정신 계승의 적통'을 주장할지 모르겠으나, 범노무현 세력으로 분류되는 인사들 가운데서도 이해찬 전 국무총리, 안희정 민주당 최고위원 등은 국민참여당과 거리를 두고 있다"며 다음과 같이 말했다.

"물론 민주당도 그동안 범야권의 맏형 노릇을 든든하게 하지 못한

> ### 야권연대 당위성과 국민참여당 창당
>
> 국민참여당이 어제 창당대회를 열고 공식 출범했다. 이재정 대표는 '노무현 정신 계승'과 '국민과 완전히 소통하는 개방형 정당'을 당의 정체성으로 제시했다. 하지만 민주당은 "독자정당을 창당할 명분이 없다"고 비판하고 나서, 범야권에 미묘한 긴장이 조성되고 있다.
>
> 국민참여당은 당비를 내는 '주권 당원'을 2만 5000명쯤 모았다고 한다. 특히 이들 대부분이 "정치나 정당에 처음 관여하는 사람들이며, 인터넷을 통해 자기 의견을 말하고 논의하는 문화를 만들어가는 새로운 정치세대"라고 하니, 정당 문화와 행태의 쇄신 측면에서 상당한 관심이 끌린다. 정당과 일반 시민 사이의 괴리가 적지 않은 우리 정당 문화에 비춰 볼 때, 이들이 표방하는 '참여정치와 소통 실험'은 분명 주목할 측면이 있다.
>
> 하지만 정책노선으로 볼 때 굳이 독자정당을 만들 명분이 뚜렷한지는 다소 아리송하다. '지난 10년 민주정부의 성과' 계승을 표방한다는 점에서 민주당과 큰 차이가 없어 보이기 때문이다. '노무현 정신 계승의 적통'을 주장할지 모르겠으나, 범노무현 세력으로 분류되는 인사들 가운데서도 이해찬·한명숙 전 국무총리, 안희정 민주당 최고위원 등
>
> 은 국민참여당과 거리를 두고 있다. 민주당이 이번 창당을 비판하는 것도 이런 논거에서다. 특히 야권 분열이 심화돼 당면한 지방선거 등에서 여권을 견제하는 데 차질이 생기는 것 아니냐는 우려가 있는 것도 사실이다. 물론 민주당도 그동안 범야권의 맏형 노릇을 든든하게 하지 못한 까닭에 국민참여당을 향해 큰소리를 칠 자격이 떨어진다.
>
> 서로 다른 특장점을 표방하는 정당들이 다양하게 출현해 국민의 지지를 얻고자 경쟁하는 것 자체는 필요한 일일 수 있다. 그러나 우리 현실에서는, 평소에 경쟁을 벌이더라도 정권 평가 성격이 담긴 큰 정치일정을 두고서는 큰 틀에서 힘을 모으는 연합정치의 과제가 훨씬 중요하다. 이명박 정부의 독선·독주에 따른 국정 파행이 갈수록 심각해지고 지방선거가 넉달 반 앞으로 다가온 지금 이런 필요성은 더욱 절실하다.
>
> 국민참여당은 그동안 야권 연대를 촉진하는 존재가 되겠다고 스스로 다짐해 왔다. 앞으로 이런 자세를 충실히 지켜 나가길 바란다. 물론 민주당을 비롯한 다른 야당들도 범야권 연대를 위해 성실하고 진지한 자세를 거듭 가다듬어야 할 것이다.

"평소에 경쟁을 벌이더라도 정권 평가 성격이 담긴 큰 정치 일정을 두고서는 큰 틀에서 힘을 모으는 연합 정치의 과제가 훨씬 중요하다."(『한겨레』 2010년 1월 18일)

까닭에 국민참여당을 향해 큰소리를 칠 자격이 떨어진다. 서로 다른 특장점을 표방하는 정당들이 다양하게 출현해 국민의 지지를 얻고자 경쟁하는 것 자체는 필요한 일일 수 있다. 그러나 우리 현실에서는, 평소에 경쟁을 벌이더라도 정권 평가 성격이 담긴 큰 정치 일정을 두고서는 큰 틀에서 힘을 모으는 연합 정치의 과제가 훨씬 중요하다. 이명박 정부의 독선·독주에 따른 국정 파행이 갈수록 심각해지고 지방선거가 넉 달 반 앞으로 다가온 지금 이런 필요성은 더욱 절실하다."[6]

『경향신문』은 「또 하나의 야당이 필요한가」라는 제목의 사설에서 "노 전 대통령 계승을 주장하지만, 노 전 대통령이 분열이 아닌 통합을 원했다는 것은 잘 알려져 있다. 또 '노무현 정신'을 잇는 적자(嫡子)인 듯 주장하지만, 노 전 대통령의 이름을 정치적으로 활용하는, 이른바

> ### 또 하나의 야당이 필요한가
>
> 무릇 정당이라면 독자적인 노선과 정책이 있어야 한다. 서로 다른 노선을 가진 정당들이 경쟁해야 시민들이 분명한 정치적 선택을 할 수 있고, 그로 인해 정치참여도 늘리고 민주주의를 심화시킬 수 있다. 그러나 한국에서는 정당의 수만큼 노선이 다양하지 않다. 진보 정당은 미미한 세력으로 남아 있을 뿐, 주로 보수 정당 혹은 자유주의적 정당들이 차별성이 적은 노선을 두고 크게 싸우고 있을 뿐이다. 그런데 그제 노선상 별 차이가 없는 정당이 또 하나 탄생했다. 정치 의병, 정치 혁명, 트위터, 블로그를 거론하기도 하고 노무현 전 대통령 계승, 지역 균형발전, 한반도 평화, 인간 존엄의 교육, 복지 확대를 강조하지만 기존 정당과의 차이를 분별하기가 쉽지 않다. 국민참여당이라는 이름의 이 신생 정당은 그런 한계를 의식해서인지 자기의 존재 이유를 노선보다 당원 중심의 정당 운영에서 찾고 있다. 그러나 당원 참여 방법의 차이가 정당을 새로 만들 근거가 된다면, 같은 노선에 당 조직이나 운영방식이 다른 수많은 정당을 상상해 볼 수 있다. 그것은 바람직하지 않다.
>
> 노 전 대통령 계승을 주장하지만, 노 전 대통령이 분열이 아닌 통합을 원했다는 것은 잘 알려져 있다. 또 '노무현 정신'을 잇는 적자(嫡子)인 듯 주장하지만, 노 전 대통령의 이름을 정치적으로 활용하는, 이른바 친노 정치세력의 일부에 지나지 않는다. 당의 실질적 지도자인 유시민 전 의원이 얼마나 노무현 정신에 충실한지도 알 수 없다. 서울시장 출마 의사를 비치고 있는 그는 경기 고양에서 대구로, 대구에서 서울로 지역을 옮겨 다니는 행적만으로 이미 국회의원 배지를 버리고 부산으로 가서 낙선한 노 전 대통령과는 다르다. 국민참여당과 유사한 개혁당을 만들었다가 해체하고 열린우리당으로 당적을 옮겨 출마, 국회에 입성하는 정치적 수완 역시 노 전 대통령과 다르다.
>
> 선거 특수를 겨냥한 정당이 얼마나 오래갈 것인가는 개혁당의 경우가 아니더라도 이름 없이 사라져간 수많은 신생 정당의 역사가 잘 말해준다. 국민참여당만은 다를 것이라는 확신이 들지 않는다. 창당하자마자 불거지는 민주당과의 통합론이 보여주듯 과거 민주당의 일부였던 이 당의 미래는 정말 알 수 없다. 이것이 자기 정체성을 갖추지 못한 정당에 대한 일반적 시선이다. 물론 국민참여당은 민주당이 야당 대안이 되지 못한 결과라는 점에서 민주당의 다른 얼굴이기는 하다. 그렇다 해도 또 하나의 야당이 왜 필요한지는 여전히 알 수가 없다.

"노선상 별 차이가 없는 정당이 또 하나 탄생했다. 정치 의병, 정치 혁명, 트위터, 블로그를 거론하기도 하고 노무현 전 대통령 계승, 지역 균형발전, 한반도 평화, 인간 존엄의 교육, 복지 확대를 강조하지만 기존 정당과의 차이를 분별하기가 쉽지 않다."(『경향신문』, 2010년 1월 19일)

친노 정치 세력의 일부에 지나지 않는다. 당의 실질적 지도자인 유시민 전 의원이 얼마나 노무현 정신에 충실한지도 알 수 없다. 서울시장 출마 의사를 비치고 있는 그는 경기 고양에서 대구로, 대구에서 서울로 지역을 옮겨 다니는 행적만으로 이미 국회의원 배지를 버리고 부산으로 가서 낙선한 노 전 대통령과는 다르다. 국민참여당과 유사한 개혁당을 만들었다가 해체하고 열린우리당으로 당적을 옮겨 출마, 국회에 입성하는 정치적 수완 역시 노 전 대통령과 다르다"라며 다음과 같이 말했다.

"선거 특수를 겨냥한 정당이 얼마나 오래갈 것인가는 개혁당의 경우가 아니더라도 이름 없이 사라져간 수많은 신생 정당의 역사가 잘 말해준다. 국민참여당만은 다를 것이라는 확신이 들지 않는다. 창당하자마자 불거지는 민주당과의 통합론이 보여주듯 과거 민주당의 일부였던 이 당의 미래는 정말 알 수 없다. 이것이 자기 정체성을 갖추지 못한 정당에 대한 일반적 시선이다. 물론 국민참여당은 민주당이 야당의 대안이 되지 못한 결과라는 점에서 민주당의 다른 얼굴이기는 하다. 그렇다 해도 또 하나의 야당이 왜 필요한지는 여전히 알 수가 없다."[7]

유시민의 이중적 행태

사실 문제는 '분열'이니 뭐니 하는 것보다는 국민참여당의 성격이었다. 창당 선언문에 "대한민국 16대 대통령 노무현의 삶을 당원의 삶과 당의 정치적 실천을 규율하는 거울로 삼을 것"이라는 문구를 담은 국민참여당은 특정 인물의 정신을 계승하는 걸 목적으로 삼은 '인물 정당'이었기 때문이다. 따라서 어떤 정당이 다른 모든 공적 이슈들에서 생각이 같더라도 노무현에 대한 생각이 다르면, 그것 하나로 그 정당과 원수가 될 수 있는 그런 묘한 정당이었다. 이 원리에 대해 유시민은 다음과 같이 설명했다.

"누구든지 노무현의 유산을 받아 갈 수 있다. 지난 대선 때 문국현 후보가 상당 부분 가져갈 수도 있었다. 당시 창조한국당은 진보 리버럴 정당으로 비쳐졌기 때문에 노무현을 지지했던 유권자를 상당히 흡수했다. 그런데 문국현은 '참여정부 석고대죄론'을 펼치면서 이 유산을 거부해버린 거다. 민주당도 혁신하면 얼마든지 받아 갈 수 있다. 민주노동당과 진보신당도 마찬가지다. 그런데 아무도 이 유산을 상속하려하지 않는다. 그래서 국민참여당을 창당한 거다."[8]

북한과 과거 일부 공산 국가들을 제외하고 특정 정치인의 유산을 정당 창당의 기조로 삼고 그 유산을 인정하느냐 인정하지 않느냐에 따라 친구가 되기도 하고 원수가 되기도 하는 정당이 세계 정당사상 있었는지 모르겠다. 사정이 그렇다면 차라리 정당 이름을 '노무현당'으로 하는 게 정직한 일이었을 텐데, 왜 국민참여당이라고 했는지 모를 일이었다.

더욱 이상한 건 유시민의 이중적 행태였다. 그는 4·27 재보선 김해을 후보로 국민참여당의 이봉수를 관철시켜 '단일화의 달인'이라는 별명까지 얻었지만, 이 별명은 그의 특기인 벼랑 끝 전술에 대한 비아냥이기도 했다. 단일화 과정에서 야권 전체의 희생이 만만찮았기 때문이다. 후보 단일화 과정은 친노 세력 간 극렬한 전쟁을 불러일으켰는데, 이에 대해 「친노와 친노의 전쟁?」이라는 제목의 『한겨레21』(2011년 2월 25일) 기사는 다음과 같이 말한다.

"노무현의 사람들이 서로 싸우고 있다. 노무현 전 대통령의 철학과 노선을 계승하겠다는, 한 뿌리에서 나온 사람들 사이에 반목과 갈등의 골이 깊어지고 있다. …… 민주당과 국민참여당이 서로 야권의 단일 후보를 차지하려는 과정에서 갈등이 증폭됐다. 이미 깊은 상처를 입었고 치유하기 힘든 후유증이 예상된다. 민주당 추천으로 출마가 유력시되던 김경수 봉하재단 사무국장(노무현 정부 청와대 연설기획비서관)이 2월 16일 불출마를 선언함으로써 봉합되는 모양새이긴 하나, 민주당 쪽 친노 세력과 국민참여당 쪽 친노 세력이 서로를 겨누던 말은 날이 서 있었다. 그들이 '공적'으로 규정하는 이명박 정권을 향한 것보다 더 날카로웠다. 패악질, 분열주의 책동 …… 양쪽의 지지자는 지지자대로 갈라져 노무현재단 인터넷 홈페이지와 친노 성향의 정치평론 사이트 '서프라이즈' 등에서 험한 말을 주고받으며 논쟁을 벌였다."⁹

그런데 이봉수는 '참여정부 석고대죄론'을 펼쳤다는 문국현의 창조한국당에 몸담은 전력이 있었다. 그래서 이봉수는 후보 사무실 개소식에서 "저는 노무현 가문의 불효자입니다"라고 사과까지 해야 했다. 유시민이 국민참여당의 명분으로 삼는 '노무현 정신의 계승'이라는 관점에서 보자면 내내 노무현 곁을 지킨 김경수가 더 적격이었다. 그럼에도 유시민은 벼랑 끝 전술로 이봉수를 밀어붙여 친노 진영 내에 깊은 상처와 치유하기 힘든 후유증을 남겼다. 유시민은 이렇게 해서 1차 성공을 거두었지만 본선에서는 패배하고 말았다. 본선 패배 후 유시민은 "너무나 죄송하다. 제가 큰 죄를 지었다"는 글을 트위터에 올렸다지만, 그리 가슴에 와 닿진 않는다. 승리했다면 '영웅'이 되었을 텐데, 단지 승패에 따라 영웅도 되고 죄인도 되는 그런 문법에선 진정성을 찾기 어렵기 때문이다.

영남 민주화 세력의 한

유시민이 말을 어떻게 하건, 국민참여당은 노무현 시절 한나라당에게 정권을 넘겨줄 수도 있다던 대연정 제안의 연장선상에 놓여 있는 프로젝트다. 따라서 유시민이 "노무현 정신으로 돌아가자"고 외친 건 당연한 일이었다. 다만 '노무현 정신'의 실체를 둘러싼 해석이 다양할 뿐이었다. 유시민에게 그 실체는 '영남 민주화 세력의 한(恨)'이다. 물론 유시민을 열광적으로 지지한 비(非)영남인들에겐 다른 실체가 있었겠지만, 이후 유시민의 정치적 행태를 보면 일관되게 '영남 민주화 세력의 한(恨)'을 기반으로 삼고 있음이 분명해진다.

'영남 민주화 세력의 한'이란 무엇인가? 한이란 적어도 한 세대 이상의 오랜 세월에 걸쳐 형성된 그 어떤 '아비투스(습속)'다. 아비투스는 논리와 이성의 영역을 뛰어넘는다. 그래서 자신에게 그 아비투스가 내재돼 있음을 자각하지 못한다. 그러니 아무리 논쟁을 해봐야 소용이 없다. 그래도 이해는 해보자.

돌이켜보면, 영남 민주화 세력만큼 가시밭길을 걸은 사람들도 없다. 1961년 박정희 집권 이래 민주화 세력은 늘 영남에선 '찬밥'이었다. 온갖 서러움을 다 당해야 했다. 특히 박정희와 김대중이 맞붙은 제7대 대통령 선거(1971년 4월 27일)가 그들에겐 '재앙'이었다. 4·27 대선은 영남 지역주의가 강하게 드러난 선거였다. 이후 영·호남 지역 구도가 강고하게 형성되면서 영남 민주화 세력은 영남에선 '고향을 배신한 세력'으로까지 낙인찍혔다. 김영삼이라는 영남 출신 민주화 지도자마저 1990년 3당 합당으로 민주화 세력의 반대편에 서게 됨으로써 영남 민주화 세력의 고립과 고통은 더욱 심해졌다.

반면 호남 민주화 세력은 독재정권들의 모진 탄압은 받았을망정 고향에선 대접받았다. 떳떳하게 고개를 들고 도덕적 우월감까지 누릴 수 있었으며, 존경과 흠모의 대상이 되었다. 민주화 세력 내에선 호남인이 압도적 다수를 점함으로써 헤게모니까지 장악했다. '민주화'는 사실상 '호남화'였다. 영남 민주화 세력의 고립과 고통은 배가되었다. 고향에서 버림받은 동시에 민주화 진영에선 호남의 세에 눌려 지내야 했다.

수도권에서 김대중 정당에 소속돼 국회의원 배지를 단 비호남 출신 의원들은 호남 출신 유권자들의 비위마저 맞춰야 하는 '강요된 호남화'의 길을 걸어야 했다. 이른바 '향우회' 그룹을 만들어 영향력을 행사하려는 호남 출신 유권자들의 행태는 결코 고상하지 않았다. 추태를 부린 사람도 많았다. 결코 겉으로 표출할 순 없었지만 민주파 비호남 출신 의원들 사이에서 독재정권들과는 다른 종류의 반(反)호남 정서가 싹트지 않을 수 없었다. 독재정권은 내내 영남이 장악했지만, 정치권 야당의 헤게모니 세력은 호남이었다는 사실, 이건 한국 정치를 이해하는 데에 매우 중요한 사실임에도 자주 간과되고 있다.

영남 민주화 세력의 고립과 고통은 김대중이 대통령에 당선돼 대통령 임기를 끝내면서 큰 전환점을 맞았지만, 의식과 문화는 하루아침에 사라지거나 청산될 수 있는 게 아니었다. 영남 지역주의라는 맨땅에 헤딩을 여러 차례 함으로써 호남인의 호감과 신뢰를 얻어 대통령에 당선된 노무현은 자신이 영남 민주화 세력의 오랜 한(恨)을 풀 수 있으리라 확신했다. 노무현은 그 한풀이에 '지역 구도 타파'라는 명분을 동원했다.

영남 민주화 세력의 한을 푸는 게 지역 구도가 타파되는 것이고, 지역 구도가 타파되는 것이 영남 민주화 세력의 한을 푸는 것이라는 점에서 둘은 같은 것처럼 보였지만, 실상은 전혀 다른 것이었다. 그건 차별받은 호남의 한을 푸는 것이 지역 구도 타파로 연결되지 않았던 것과 비슷한 이치였다. '지역 구도 타파'를 먼저 생각하는 것과 그러지 않고 그간 맺힌 한을 푸는 걸 앞세운 뒤 그 일에 '지역 구도 타파'라는 명분을 갖다 붙이는 건 선후가 바뀐 정도를 넘어 그야말로 천지 차이였다. '지역 구도 타파'의 선결 조건은 권력자의 출신 지역이 어디냐에 따라 정책·인사가 좌우되지 않는 공정·투명한 시스템을 만드는 것임에도 불구하고, 노무현은 정반대로 나아감으로써 시스템을 오히려 악화시키는 결과를 초래하고 말았다.

임원혁의 '영남 민주화 세력의 고민'

'영남 민주화 세력의 한(恨)'이라는 표현 대신 '영남 민주화 세력의 고민'이라는 부드러운 표현으로 이 문제를 지적해 반향을 일으킨 사람은 한국개발연구원 연구위원 임원혁이다. 2005년 8월 임원혁은 「영남 민주화 세력의 고민」이라는 제목의 『한겨레』 칼럼에서 대연정 파동을 노무현이 영남 민주화 세력 출신이라는 사실에 초점을 맞춰 역사적인 관점에서 분석했다.

임원혁은 "2002년 대선은 맹목적 지역주의에서 벗어나 이념과 가치 중심으로 정치권이 재편될 계기를 마련해주었지만, 실제 정계 개편은 엉뚱한 방향으로 흐르고 말았다. 집권당 내 소수파로서 정권을 잡은 영남 민주화 세력이, 민주화라는 가치보다는 영남이라는 지역을 중심으로 정치적 기반을 다지려고 했기 때문이다. 양극화 해소와 같이 민주주의의 사회경제적 기반을 공고히 하고 광범위한 지지를 받을 수 있는 정책보다 영남발전특위처럼 상식적으로 이해하기 힘든 제안이 선거 대책으로 더 중시된 것도 이런 맥락에서 이해될 수 있을 것이다"라고 지적하면서 다음과 같이 말했다.

"한나라당에 대한 대연정 제안은 영남 민주화 세력이 스스로의 정체성을 포기하고라도 정치적 입지를 확보하려는 시도로 볼 수 있다. 선거구제 개편이나 개헌 논의도 같은 맥락이다. 그런데 이런 논의는 현실 정치인인 영남 민주화 세력에게는 절박한 문제일 수 있지만, 국민

대다수에게는 뜬구름 잡는 이야기일 뿐이다. 국민 대다수가 공감하지 못하는 정치공학적인 논쟁으로 참여정부의 후반기를 시작하는 것이 과연 현명한 일일까? 흘러가는 시간이 아까울 뿐이다."[10]

유시민이 『한겨레21』 인터뷰에서 굳이 임원혁의 이름을 거명하면서 반박한 건 임원혁의 지적이 많은 사람에게 설득력 있게 받아들여졌다는 걸 시사한다. 유시민은 대연정의 필요성을 역설하면서 다음과 같이 주장했다.

"호남에서 왜 그리 많이 밀어줬나. 저 사람이 영남에서도 많이 득표할 수 있다, 적자로 가업 계승이 안 되니 양자를 들여서 밀어주기만 하면 이회창을 이길 수 있다, 한나라당이 다시 집권하는 것을 막을 수 있다, 이러한 기대로 노무현 후보를 광주에서 확 밀어준 것 아니냐. 이것은 비극적이다. 암 환자에게 모르핀 주사를 놓은 것과 똑같다. 노 대통령은 자신이 모르핀에 불과하다는 것을 잘 알고 있다. 투약된 모르핀 약이 암을 뿌리 뽑겠다고 지금 나선 것이다. 지금 이게 얼마나 말이 안 되는 상황인가. 그런데 호남에서는 '니가 뭔데?' 하고, 임원혁 박사는 이것을 '영남 민주화 세력의 고민'이라 표현했다. 이것은 사태를 완전히 잘못 보는 것이다."[11]

유시민의 이 주장은 "호남 사람들이 나를 위해서 찍었나요. 이회창이 보기 싫어 이회창 안 찍으려고 나를 찍은 거지"라는 노무현이 2003년 9월에 발언한 내용의 복사판이다. 노무현에게 표를 준 사람들이 노무현을 '모르핀'으로 이용했다? 일부 사람들의 경우, 그럴 수도 있겠다. 그러나 그런 사람들도 그렇게만 보는 건 '폭력'이다. 우리 인간의 생각이란 건 늘 복합적이기 때문이다. 지역 구도가 타파되면 누구에게 이익인가? 그 이익의 실현을 위해 노무현이 기여하리라는 기대가 호남인들에게 없었을까?

이영성의 '노무현 이해하기'

유시민의 그런 '폭력적' 강공은 고려대 교수 최장집에게도 퍼부어졌다. 9월 초순 최장집은 『민주화 이후의 민주주의』 개정판 후기에서 "노무현 정부의 경우 지역주의를 통해 정치 문제를 이해하는 것은 거의 이념이나 이데올로기 수준에 가깝다"면서 노무현이 지역주의 의제를 내놓는 것은 "실제의 중심 문제를 회피하게 될 때 그저 많은 사람들이 나쁜 것이라고 인식하는 어떤 문제를 과장하거나 극화하여 실제의 현실을 전치시키고자 하는 것과 같다"고 말했다. "오늘의 시점에서 지역 문제가 정권의 운명을 걸고 청산해야 할 최우선 과제가 되어야 한다고 말한다면, 그것은 뭔가 다른 의도를 가진 정치적 알리바이일 가능성이 크다"는 것이다.[12]

이에 유시민은 홈페이지 글에서 최장집의 주장을 "원인(지역주의)은 놔둔 채 결과를 개선하자는 도착된 논리"라고 반박하면서 "『한겨레』가 최 교수의 글을 무비판적으로 인용 보도한 것을 보고 무척 놀랐다. 사실이 아닌 주장을 무책임하게 중계방송했다"고 비난했다. 그는 "당신들의 확고부동해 보이는 논리도 알고 보면 분열이라는 질병의 한 증상일 뿐"이라고 했다. 성공회대 교수 김동춘은 유시민에 대해 "저렇게까지 옹호해야 하느냐, 안타까운 심정"이라고 했다.[13]

대연정 제안이 한(恨)에 의해 추동되었다는 것은 박근혜가 대연정을 거절하자 유시민을 비롯한 노 정권 인사들이 박근혜에게 온갖 독설을 퍼부은 것에서 잘 드러난다. 유시민은 심지어 열린우리당 내의 대연정 반대자들을 지역주의 기득권 세력으로까지 몰아붙였다.[14] 대연정의 정신은 대화와 타협일 텐데, 그 정신을 스스로 모독하면서 대연정을 외쳐댔으니 이런 자가당착(自家撞着)이 없었건만, 한(恨)이 그걸 인식하는 것조차 어렵게 만들었다.

유시민의 선의를 이해하려 애쓴다면, 다시금 영남 민주화 세력의 한이 그만큼 처절하다는 깨달음으로 돌아가지 않을 수 없다. 임원혁에 이어 그 문제를 지적한 이는 『한국일보』 정치부장 이영성이다. 2005년 9월 그는 「노무현 이해하기」라는 제목의 칼럼에서 노무현을 이해할 만한 사람들을 찾아서 물어보았더니, 노무현의 진정성을 믿는 사람들은 '영남 민주화 세력의 소외'라는 답을 내놓았다고 말했다.

이영성은 "노 대통령은 어린 시절에도, 젊은 시절에도 고향에서 소외된 그룹에 속해 있었다. YS를 통해 정치에 입문했을 때도 상도동의 변방 인물이었을 뿐이었다. 1990년 3당 합당을 거부하면서 고단한 야당의 길을 걸었지만 고향은 그를 '호남(DJ)에 붙은 배신자'라 손가락질했다. 몇 번이고 출마했지만 정치적 고향인 부산은 그를 외면했다. 대통령이 돼 금의환향했지만 그래도 부산은 지난해 총선에서, 금년 재선거에서 노무현의 사람들을 우수수 떨어뜨렸다. 형편이 어렵지만 의지가 강한 사람들은 언젠가 고향에 돌아가 친구들로부터, 친척들로부터, 짝사랑했던 여인으로부터 존경과 사랑을 받겠다는 꿈을 갖는다"며 다음과 같이 말했다.

"노 대통령도 그랬을 법한데 고향은 대통령으로 돌아온 그를 여전히 냉대한 것이다. 한나라당 정형근 의원을 뽑아주면서 자신의 동지들은 떨어뜨리는 부산을 보면서 그는 모순과 분노를 느꼈을 것이다. 따라서 그가 외치는 지역 구도 극복은 호남의 한을 말하는 것이 아니다. 노 대통령과 그 주변의 영남 측근들에게는 영남 민주화 세력의 소외와 한이 골수에 사무쳐 있다고 한다. 영남에서, 아니면 부산에서라도 노무현의 사람들이 국회의원으로, 시장으로, 구청장으로 당선되는 변화가 생긴다면 대통령직도 내놓을 수 있다는 것이다."[15]

'영남 민주화 세력의 소외와 한'이라는 가설만으로는 유시민의 모든 정치 행태를 이해하거나 설명할 수 없을 것이다. 그 누가 감히 민주화와 개혁에 대한 그의 확고한 신념을 의심할 수 있겠는가. 다만 그런 신념을 공유하는 사람들조차 이해할 수 없었거나 비판적이었던 그의 정치적 행보에 한해 '영남 민주화 세력의 소외와 한'이라는 가설을 제시할 수 있다는 것이다.

유시민은 국민참여당 창당의 당위성을 역설하기 위해 민주당의 문제와 한계를 열심히 지적한다. 그 문제와 한계는 민주당 안에 들어가서는 도저히 개혁할 수 없을 정도의 수준이며, 따라서 별도의 정당을 만들지 않을 수 없다는 게 그의 주장이다. 나는 그의 민주당 비판 내용에 전적으로 동의한다. 동의하지 않는 것은 그가 '정치인'과 '지식인'의 경계를 수시로 넘나들면서 자신의 유·불리에 따라 어느 한 가지 자세를 취하는 편의주의다.

유시민은 이 문제의 심각성을 전혀 느끼지 못하는 것 같다. 그는 『국민일보』(2009년 3월 23일) 인터뷰에서 "지식인과 정치인, 둘 중 자신의 정체성이 어디에 있다고 생각하세요?"라는 질문에 대해 이렇게 답한다. "그중 하나만 해야 하나요? 지식인으로 있다가 정치인 하다가, 또 끝나면 다시 지식인 하면 왜 안 되죠? 저는 정치를 하면서도 끊임없이 썼어요. '아침편지'라고 홈페이지에 썼죠. 당의장 선거 출마하면서는 거의 논문 분량의 글을 써서 돌렸어요. 대선 후보 출마할 때는 『대한민국 개조론』이라는 책 한 권을 냈구요. 저는 정치할 때도 지식인이었어요. 그렇지만 정치하는 동안은 아무도 지식인으로 안 봐주죠. 정상적인 사회라면 왔다 갔다 하는 거라고 봐요."[16]

왔다 갔다 하는 게 정상적인 사회인지는 모르겠지만, 그 '왔다 갔다'가 자신도 모르는 사이에 자신에게 미칠 수 있는 영향도 고려해보는 게 어떨까. 남을 비판할 땐 지식인 자세를 취하고 자신을 평가할 땐 정치인 자세를 취하게 되면, 독선과 오만, 아니 나르시시즘으로 빠지기 십상이기 때문이다. 실제로 그런 일이 유시민에겐 일어나고 있다.

유시민이 비판의 근거로 삼는 정당의 이상은 기성 정치를 혐오하고 저주할 정도로 순수한 젊은이들을 열광시킬 순 있을망정 현실 세계엔 영원히 존재할 수 없는 이상이다. 이때에 그는 '지식인'이 된다. 그것도 세상의 더러움을 혐오하는 '멸균 지식인'이다. 그러나 그가 노무현의 정치적 경호실장 노릇을 했을 때나 이후 선거에 임할 때는 '정치인'이 된다. 그것도 정치라고 하는 게임의 법칙에 능수능란한 '마키아벨리적 정치인'이 된다.

두 유시민 중 어떤 유시민이 유시민의 참모습일까? 아니 어쩌면 또 다른 유시민의 모습이 있을지도 모르겠다. 여러 유시민 가운데 어떤 모습이 참모습이건 '영남 민주화 세력의 소외와 한'에 의해 움직이는 모습도 있다고 보아야 하지 않을까. 2010년 6월에 일어난 이른바 "'놈현' 관 장사를 넘어라" 사건에선 유시민의 어떤 모습이 나타난 걸까?

"'놈현' 관 장사를 넘어라" 사건

2010년 6월 11일 『한겨레』에 게재된 「〈한홍구-서해성의 직설〉 DJ 유훈통치와 '놈현' 관 장사를 넘어라」 기사가 '놈현' '관 장사'라는 표현을 써 논란이 됐다. 유시민은 '놈현'이라는 표현 등을 지적하며, 23년째 구독해온 『한겨레』 절독을 선언하고 사과를 촉구했다. 도대체 무슨 내용이었기에 '절독 선언'까지 해야 했단 말인가? 기사 본문에 등장한 문제의 직설은 다음과 같았다.

> 서해성 선거 기간 중 국참당 포함한 친노 인사들이 써 붙인 "노무현처럼 일하겠습니다"라는 플래카드를 보면서 쓴웃음이 나왔어요. 이명박이 가진 폭압성을 폭로하는 데는 '놈현'이 유효하겠지만, 이제 관 장사는 그만둬야 해요. 국참당 실패는 관 장사밖에 안 했기 때문이에요. 그걸 뛰어넘는 비전과 힘을 보여주지 못한 거예요.
>
> 한홍구 지금 노무현을 이야기하는 건 그가 추구한 가치이지 치적이 아니죠. 이번 선거로 친노 세력이 부활했는데, 이들 역시 민주당 무력화에 책임을 져야 할 집단이에요. 예컨대 충남지사에 당선된 안희정 씨가 "우리는 폐족"이라고 울부짖었단 말이에요. 옛날식으로 말하면 주군을 죽게 한 신하로서의 뼈아픈 회한이죠. 노무현이 무얼 잘못했고 반성해야 하는지 성찰하면서 그걸 새로운 정책으로 제시해야 합니다.

아니, 친노 인사들 잘되라고 한 말이 아닌가! 친노 인사건 그 누구건 이명박 정권의 반대편에 있는 정치 세력의 가장 큰 문제는 노무현·김대중 추모 분위기에 편승하려는 것이었으며, 이는 민주당의 지지율 급

「〈한홍구─서해성의 직설〉 DJ 유훈통치와 '놈현' 관 장사를 넘어라」. 이 기사에 쓰인 '놈현', '관 장사'라는 표현은 거센 후폭풍을 불러왔다. 특히 유시민은 23년 동안 구독한 『한겨레』를 끊겠다고 선언했다.

락으로 잘 표현되었다는 데에 대부분의 사람이 동의하는 것 아니었던 가? 예컨대,『경향신문』대표 논객 이대근의 다음과 같은 주장에 공감하는 이가 많았다고 보아야 하지 않을까?

"이명박은 과거를 지워 자기 앞 길을 열고 있는데, 반대 세력은 과거를 되살려내느라 애쓰고 있다. 김대중·노무현 생존 시에는 그들의 한계를 어떻게 뛰어넘을 것인지 조금이나마 고민하던 민주당이 그들 사후에는 유지·계승을 주장하며 다시 울타리 안으로 뛰어들어갔다. 그리고 스스로 기회주의자였음을 고백함으로써 또 한 번 기회주의적 처신을 하고야 만다. 울타리 안으로 들어간 그들은 예상대로 갖가지 퇴행적 행태를 보이고 있다. 누굴 중심으로 뭉치라 했다느니 하는 북한식 유훈통치, 동교동계니 친노니 하는 타임머신 정치, 흘러간 물로 물레방아 돌리는 노병정치, 가장 현실적이어야 할 정치의 이 초현실성이 놀랍다. 지난 10년 정권에 대해 비판과 견제를 제대로 못했던 책임에서 자유롭지 못한 재야 원로들도 이명박과는 싸우겠다며 민주통합시민행동이란 걸 만들기로 했다고 한다. 이제야 행동을 하겠다니! 너무 늦었다. 그들이 빚어내는 1980년대적인 고색창연한 흑백의 풍경이 쓸쓸하다. 반대 세력은 통제되지 않는 과거 회귀본능이 있는가. 왜 과거로만 달릴까."[17]

『한겨레』 사과 사건

할 말이 많았을 법한데도『한겨레』는 15일자 신문 1면 제호 아래에 성한용 편집국장 명의로 '독자 여러분께 사과드립니다'라는 제목의

〈한홍구─서해성의 직설〉 논란은 『한겨레』가 편집국장 이름으로 사과문을 실음으로써 '놈현 관 장사를 넘어라' 사건에서 『한겨레』 사과' 사건으로 변하게 되었다.

사과문을 싣는 길을 택했다. 이로써 이 사건은 '놈현 관 장사를 넘어라' 사건에서 '『한겨레』 사과 사건'으로 바뀌고 말았다.

성 국장은 "정치·사회적 쟁점의 솔직한 토론을 솔직하게 다뤄보자는 것이 기획 목적인데 노 전 대통령을 비하하는 표현이 여과 없이 그대로 보도됐다"며 "원래 취지는 민주당과 국민참여당 인사들이 김대중 전 대통령과 노무현 전 대통령을 뛰어넘는 비전을 보여주고 새로운 정책을 제시해야 한다는 것이었다"고 해명했다. 성 국장은 "당사자는 '핍박받던 노 전 대통령을 상징하기 위해 그런 표현을 그대로 사용했던 것'이라고 하나 그런 표현을 신문에서 정리하고 편집할 때는 좀 더 신중하게 처리했어야 하는데 그렇게 하지 못했다"며 "그 표현을 그대로 제목으로 실었고, 이에 대해 많은 독자들이 불쾌감을 전달해 왔다. 우리의 불찰이다. 부적절한 표현을 사용해 노 전 대통령을 아끼고 사랑하는 분들과 독자 여러분께 마음의 상처를 드린 데 대해 깊은 사과 말씀을 드린다"고 밝혔다.

이에 유시민은 자신의 트위터를 통해 "오랜 친구와 절교하지 않아도 되어 다행"이라는 글을 올리며 『한겨레』의 사과를 받아들였고, 이를 보도한 『한국일보』는 "『한겨레』가 편집국장 명의로 1면에 사과문을 낸 것은 이례적인 일이다"라고 했다.[18]

한홍구는 문제의 '직설'을 한 서해성과 더불어 자신의 과거와 진정성을 알아달라는 눈물겨운 호소를 함으로써 성한용의 공식 사과보다 한 걸음 더 나아갔다. 그는 "곤혹스러운 한 주였다. 10만 안티를 한 큐에 얻었고, 한마디 말 때문에 평생 얻어먹을 욕을 한 번에 다 먹었다. 많은 분들께 상처를 드린 것이 분명 잘못됐고, 우리의 이야기가 큰 상처가 될 수 있다는 사실을 헤아리지 못했다. 분명히 사과드린다. 그리고 우리 때문에 덩달아 욕먹은 『한겨레』 구성원들, 특히 애꿎게 전화 받아야 했던 분들께 정말 미안하다"며 다음과 같이 말했다.

"몇 년 전, 386들이 유시민에게 뭇매를 가할 때, 나는 나의 오랜 친구 유시민도 기억 못하는 옛날 일을 떠올리며 글 한 편(『한겨레21』 554호, 2005년 4월 12일자, 「유시민처럼 철들지 맙시다」) 썼다가 『한겨레』와 『한겨레21』에 근 200편 글 쓰는 동안 제일 많이(물론, 이번 빼고) 욕먹었다. 내가 유시민을 옹호한 글은 '유시민 지지자'들에게 젊은 날의 유시민을 소개한 '경전'이 됐다. 노무현 대통령 돌아가셨을 때, 울면서 쓴 글(추모 심포지엄)을 보고 내로라하는 '노무현 지지자'들이 내 손 잡고 같이 울먹였다. 어떤 분은 이번 일을 노무현을 좋아하는 사람들과 노무현을 '너무너무' 좋아하는 사람들의 갈등이라고 위로했다. 내 입으로 이런 말 하기 구차하지만, 그분이 돌아가신 다음다음 날부터 시작해서 몇 달간 몸이 부서져라 추모강연 하고 다녔다. 너무 슬펐고, 너무 분했고, 복수해야 한다고 다짐했다."

이어 한홍구는 "기왕에 덧붙이자면 서해성은 노무현 전 대통령 추모 행렬을 일러 '국상이 아니라 민상'이라 쓰고, '담배 한 대 주소'라는 조시도, '국상이 끝난 밤'이라는 다큐도 만들었다. 노무현과 관련된 새 다큐도 준비하고 있다"며 다음과 같이 말했다.

"단언하건대 슬픔과 분노는 한홍구나 서해성이나 마찬가지다. 우리는 그래서 '직설'을 만들었다. 노무현처럼 거침없이 말하자고. 그리고 깨달았다. 노무현의 죽음을 슬퍼하는 방식이 사람마다 다르다는 것을. 이번 일로 상처 받은 분도 많지만, 이 문제를 '표현의 자유' 문제로 받아들인 분도 많았다. 그리고 이 문제와는 다른 차원에서 노무현 유산 계승 문제가 남아 있다. 나는 분명히 노무현의 유산을 계승해야 한다고 믿지만, 그의 유산을 계승하려 한다면 그가 남긴 부정적인 유산까지도 책임져야 한다. 이 문제를 머리 맞대고 이야기하자. '직설'은 열려 있다."[19]

유시민의 근본주의인가, 기회주의인가

이 문제를 '표현의 자유' 문제로 받아들인 사람들 중엔 노무현이 생전에 가장 좋아한 언론인이었다는 김선주가 있었다. 김선주는 『한겨레』(2010년 6월 28일)에 쓴 「말조심 글조심…… 어렵네」라는 제목의 칼럼에서 "노빠였던 적도 없고 노사모인 적도 없지만 나는 노무현을 나 나름대로 사랑해왔다. 그가 이루고자 했던 모든 것을 좋아했고 대통령 재임 때 그의 정책이나 태도를 비판한 적은 있지만 그가 추구한 가치에 대해서는 한 점의 의심도 없이 공감해왔다. 그러나 때때로 나는 '놈현'이라고도 말한다. 노무현 전 대통령을 비하하는 쪽에서 놈 자와 현 자를 합해서 악의적으로 만든 말이라 할지라도 그런 것을 따지지 않았다. 나 나름의 애칭일 뿐이다"라며 다음과 같이 말했다.

"재론되는 것을 어느 쪽도 원하지 않겠지만 나로선 이 사건의 발단에서 마무리까지가 적절했다고 볼 수 없다. 그 기사를 읽었을 때 이런 반응을 전혀 예상치 못했다. '정곡을 찔렀네…… 제목 잘 뽑았네' 했던 것이 첫 느낌이었다. 이런 말을 들어 마땅한 사람들이 뜨끔하게 여기겠군 싶었다. 야권이 지방선거에서 재미 보았다고 김대중과 노무현을 계속 팔지 말기를 바라는 마음에서, 두 명의 전 대통령의 그늘에서 벗어나기를 바라는 마음에서, 쟁이근성인지는 모르겠지만 참으로 '똑 부러지는 제목'이라고 보았다."

이어 김선주는 "절독 선언이 얼마나 이어졌는지, 신문사가 어떤 논의를 거쳐 사과문을 실었는지는 알 수 없다. 그러나 1면에 사과문을 실은 것이 적절했는지, 유시민이나 노사모 등이 공개적으로 절독 선언을 한 것이 적절했는지는 시간을 두고 각기 내부적으로 논의를 해야 한다고 본다"며 다음과 같이 말했다.

"원래 구어체로 우아 떨지 말고 말과 글살이를 일치시키자는 취지에서 만든 난인데 피차에 정면으로 대응하는 것이 아닌가 싶었다. 기사는 몰라도 제목은 너무했다는 비난도 동의하기 어렵다. 특히 앞으로 이와 유사한 일이 벌어졌을 때 과연 『한겨레』가 1면에 사과문을 쓸 수 있을지, 전례가 될 수도 있다는 점을 염두에 두었어야 한다. '놈현'과 '관 장사'가 사과해야만 하는 수준이라면 '…… 쥐는 못 잡고 독부터 깨트렸다'는 등 '직설' 코너에 나오는 여러 정치 풍자 표현은 어떻게 보아야 할까. 그걸 사과해야 했으면 그런 표현들도 사과해야 한다는 점에서 신중했어야 한다. …… 한 번도 글을 쓰면서 이런 느낌이 없었는데 글을 쓰면서 벌써 쪼는 기분이 드는 것이 영 불편하다."[20]

이 사건에 대해 모든 이가 '쪼는 기분'에 겁을 먹고 굳게 침묵하며, 심지어 언론 자유를 생명으로 아는 업계 전문지 미디어오늘마저도 입을 꽉 다문 가운데, 『한겨레』로선 김선주가 있었다는 게 불행 중 다행이었다. 김선주가 잘 지적했듯이, 핵심은 바로 이것이었다. '사과'의 원칙을 반대편에도 적용할 수 있겠느냐 하는 것이다. 아니면 반대편에 대해선 '중상모략'을 해도 괜찮지만, 아니 그건 애독자들이 열광할 것이기에 매우 바람직하지만, 우리 편에 대해선 '직설'이나 '풍자'도 어렵다는 것일까? 아무래도 그런 것 같다. 물론 이는 『한겨레』만 탓할 일은 아니다. 보수·진보를 막론하고 준수되는 한국 신문들의 철칙으로 보는 게 옳겠다. 『한겨레』 사과 사건은 조중동은 물론 『한겨레』와 『경향신문』도 특정한 성향을 강하게 가진 애독자들을 만족시켜야 한다는 굴레로부터 자유롭지 못하다는 점을 드라마틱하게 보여줌으로써 한국 언론의 한계를 노정시킨 불행한 사건이었다.

또 하나의 '불행 중 다행'을 찾자면 유시민을 지지하는 『한겨레』 독자가 『한겨레』(2010년 6월 19일)에 기고한 '독자칼럼'이었다. 서울 강동구 암사동에 사는 김선영은 "유시민 씨, 당신을 지지하고 사랑하는 지지자로서 한 말씀 드리고 싶습니다. 이번 지방선거 때 저는 서울시민이기에 당신께 투표를 드릴 수는 없었지만 당신을 진심으로 지지했고 당신이 하는 연설은 빼놓지 않고 동영상을 찾아 보았습니다. 그러나 저는 이번 선거 때 비례대표 의원을 뽑는 투표에서 국민참여당을 뽑을 수 없었습니다"라면서 다음과 같이 말했다.

"선거 홍보용 책자나 다른 여러 홍보에서도 국민참여당은 '노무현'을 너무나 강조하고 노무현으로 온통 도배되어 있었습니다. 저 역시 노무현을 좋아하고 노무현이 지키고자 했던 민주주의의 가치를 존중합니다. 하지만 국민참여당을 보면서 제가 그토록 좋아하는 '노무현'과 '유시민'인데도 어째서인지 지지하고 싶은 마음이 들지 않았습니다. 스스로의 이미지와 비전을 제시하기보다는 '노무현에 대한 사람들의 존경과 사랑'으로 먹고사는 당이라는 이미지가 더 강하게 느껴졌기 때문입니다. 11일치 『한겨레』 '직설'의 지적은 국민참여당의 그러한 홍보 전략과 이미지메이킹이 '노무현을 좋아하는 국민들'에게조차도 설득력을 가지지 못한다는 뼈아픈 비판인 것이고 국민참여당이 마땅히 새겨들어야 할 말입니다."

이어 김선영은 "물론 국민참여당이 아직 지지층이 확고하지 못하고 앞으로 더 크게 자라나야 할 당이라고 저 역시 생각하기에, 『한겨레』 마저 국민참여당에 비판을 한다면 국민참여당의 그나마 조그맣게나마 남아 있던 지지 기반마저 사라지는 것이 아닐까 하는 조마조마한 마음이 저 역시 듭니다. 『한겨레』의 지적에 수긍하면서도 『한겨레』에도 무조건적인 지지를 보낼 수 없는 이유가 여기에 있습니다"라면서 다음과 같이 말했다.

"하지만 유시민 씨, 당신이 늘 주장해오셨듯이 이번엔 당신이 '손가락'이 아닌 '달'을 봐주셨으면 좋겠습니다. '노무현 계승자'로서의 이미지로만 밀고 나가는 것은 국민참여당에도 장기적 안목으로 봤을 때 해가 된다고 생각합니다. …… 유시민 씨와 국민참여당에 지지를 보내줄 수 있는 사람들은 깨끗하고 정의를 위해 소신껏 일하는 개혁적인 정당을 원하는 젊은 유권자층이 대부분입니다. 그런 유권자층의 마음을 사로잡기 위해서는 네거티브 전략이나 죽은 대통령을 전면에 앞세우는 전략보다는, 스스로의 긍정적인 이미지를 내세우며 정의롭고 민주적인 사회를 만들려는 의지를 보여주는 전략이 더 효과적이라고 생각합니다."[21]

유시민은 이런 호소에도 불구하고, 또 "오랜 친구와 절교하지 않아도 되어 다행"이라고 말은 했으면서도, 『한겨레』에 대한 악감정을 내내 간직하고 있었던 것으로 보인다. 그는 4개월여 후인 10월 19일 창원대에서 열린 경남민주언론시민연합 주최 시민언론학교 강좌에서 "국민참여당이 창당되던 날 창당 기사가 『한겨레』에 단 한 줄도 나오지 않았다. 『한겨레』만 보던 사람은 국민참여당이 창당되었다는 사실을 모른다"고 주장했다. 그는 이어 "저는 최근 언론에서 투명 인간 취급을 받아왔다. 존재 하나 보이지 않았다"며 "정치하는 동안 끊임없이 언론을 비판했더니 그런 것 같다"고 말했다.

이걸 오마이뉴스가 보도했으니 『한겨레』로선 가만히 있을 수가 없게되었다. 『한겨레』는 「'한겨레'가 참여당 창당 기사 안 다뤘다? 유시민의 사실과 다른 발언」이라는 제목의 기사를 통해 『한겨레』는 1월 17일 참여당 창당 사실을 18일치 8면(정치면)에 창당대회 현장 사진과 함께 「"노무현 정신 계승" 국민참여당 창당」이라는 제목의 머리기사로 다뤘다고 반박했다. 이 기사는 유시민이 "지난해 11월 참여당 창당준비위원회 발족식이 열린 것을 『한겨레』가 싣지 않았는데, 이를 창당 때 보도와 착각해 말한 것이다. 미안하다"고 말했다고 밝히면서, 『한겨레』는 2009년 9월 20일 창당주비위 발족식과 유시민의 참여당 입당 등 창당과 관련한 소식도 여러 차례 보도한 바 있다고 덧붙였다.[22]

유시민은 『한겨레』가 국민참여당을 홀대해 창당대회를 연 사실도 보도하지 않았다고 주장했다. 이에 『한겨레』는 국민참여당 창당을 창당대회 현장 사진과 함께 8면 머리기사로 다뤘다고 반박했다.

어찌됐건, 노무현의 대통령 재임 시절 그의 정치적 경호실장 노릇을 했던 유시민은 이 사건을 통해 노무현의 사후에도 계속 경호실장 노릇을 하겠다는 의지를 만천하에 밝힌 셈이었다. 그 뜻은 가상할망정 늘 문제는 그의 방법론이었다. 이 사건은 유시민의 '노무현 정신' 구현 욕망이 근본주의의 수준에 이르렀다는 것을 말해주는 것인가? 아니면 자신이 '노무현 정신'을 구현하는 맏아들로 자리매김해 그에 상응하는 정치적 과실을 챙기겠다는 기회주의였을까?

"유시민은 친노가 아니다"

4·27 재보선 김해을 후보 선정을 둘러싸고 친노 내부의 갈등이 격화되던 2011년 2월, 노무현 전 대통령을 오래 후원했던 강금원 창신섬유 회장은 "유시민은 친노가 아니다"라고 주장해 작은 파란을 일으켰다. 2월 14일 배포된 『시사IN』 인터뷰에서 강금원은 "친노 정당인 국민참여당이 있는데 따로 연구소를 차린 까닭은 무엇인가?"라는 질문에 대해 다음과 같이 답했다.

"국민참여당이 친노 당이라고 생각하지 않는다. 유시민은 친노 아니다. 어떻게 해서 유시민이 친노 핵심으로 분류되는지 이유를 모르겠다. (안)희정이도, (이)광재도 유시민을 친노라고 생각하지 않는다. 노 대통령도 같은 생각이었다. 유시민이 어떻게 친노가 된 거냐고 물으니까, 노 대통령이 '유시민은 우리 편 아니다'라고 딱 잘라 말하더라. 우리 편은 아니고 우리와 비슷한 사람이어서 인정한다고 했다. 재임 중에도, 돌아가시기 얼마 전까지도 그랬다. 유시민은 우리와 그 무엇도 상의한 적이 없고 자기 마음대로 갔다. 대통령도 그런 면을 싫어했다. 남을 위해 정치를 해야지 나를 위한 정치는 곤란하다."

강금원은 "그래도 노 대통령과 유시민 전 장관의 관계는 김근태·정동영 전 장관과는 다르지 않나?"라는 질문에 대해선 "김근태·정동영과의 관계 이하라고 본다"고 했다. 양쪽 관계가 틀어져도 이만저만 틀어진 게 아니라는 걸 알 수 있겠다. 이 기사가 논란이 되자 강금원은 2월 18일 인터넷 카페인 '강용사(강금원으로부터 살아감에 용기를 얻는 사람들의 모임)'에 자신의 입장을 밝히는 글을 게재했다.

강금원은 "『시사인』과의 인터뷰 내용 가운데 유시민 원장에 대한 언급과 관련해 다소의 논란이 있어서 저의 입장을 설명하고자 합니다. 우선 이 내용은 제가 작정을 하고 한 이야기는 아닙니다. 주택, 교육, 복지정책에 대한 인터뷰 도중 다른 질문에 대답하는 과정에서 참고로 이야기했던 것이 인터뷰의 주된 내용인 것처럼 보도가 되었습니다. 이 점에 대해서는 유감스럽게 생각하는 바입니다. '유시민은 친노 아니다' 라는 언급은 유시민 원장의 경우 안희정 지사나 이광재 전 지사처럼 오래도록 함께 노무현 대통령과 동고동락을 같이해온 핵심 그룹은 아니었다는 단순한 뜻의 이야기입니다. 그리고 유시민 원장은 항상 친노 전체의 상의도 없이 통보하는 자세로 일관해옴으로써 친노 진영의 분열을 야기시킬 수 있다고 생각했고, 그럼으로써 작금의 분열에 대해 심각한 자기반성을 해야 한다는 취지를 담고 있습니다" 라면서 다음과 같이 말했다.

"국민참여당이 창당되는 과정에서 저는 새로운 당의 창당이 우리 진영의 분열을 초래할 수 있다는 점에서 반대하는 입장이었고, 이러한 입장을 적극 설명했고 또 설득했습니다. 그러나 설득에 실패했습니다. 저는 우리가 분열된 상태로는 각종 선거에서 패배할 수밖에 없다는 절박한 인식을 갖고 있습니다. 그렇게 되면 결국 노무현 대통령의 유지를 실현하는 일도 불가능해질 수밖에 없습니다. 작년 6월 지방선거를 준비하면서 저는 국민참여당 지도부와 유시민 원장이 있는 자리에서 유시민 원장이 경기도 지사에 출마하게 되면 실패할 수 있다고 분명하게 말했으며, 고집을 부려 출마한다면 이에 대한 책임도 져야 한다고 못 박았습니다. 그럼에도 불구하고 반성하지 않으려고 하는 태도에 대한 섭섭한 마음에서 질타를 하게 된 것이며 향후 우리는 이런 사례가 되풀이되지 않도록 교훈 삼아야 할 것입니다. 저는 지금도 친노 새로운 정치의 분열된 모습에 대해 그 누구보다도 안타까운 심정을 갖고 있는 사람입니다. 논란이 된 언급은 이런 저의 심경에서 비롯된 것입니다. 회원 여러분의 오해 없으시길 부탁드립니다."

과연 유시민은 친노가 아닐까? 노무현은 "강금원 회장의 도움이 아니었더라면 나는 대통령이 아니라 파산자가 되었을 것이다"라며 강금원에게 항상 면목이 없다고 말하곤 했었다. 두 사람의 뜨거운 우정을 감안하자면 진정한 친노는 강금원이라고 해야 할 것이다. 그러나 그건 친노에 대한 사적 영역에서의 정의일 뿐, 세상 사람들이 인식하는 친노 개념은 노무현과 관련된 공적 사건 중심으로 이루어질 수밖에 없는 것이다.

노무현의 대통령 재임 시절은 말할 것도 없고 "'놈현' 관 장사를 넘어라" 사건에 대해 『한겨레』 절독을 선언하며 사실상 『한겨레』 구독 거부 운동'을 시사하며 위협하는 등 노무현을 옹호하는 악역을 가장 많이 맡아서 한 사람은 누구인가? 사실 '노무현 정신'이 정확히 무엇인지도 잘 모르는 세상 사람들은 언론에 보도되는 그런 사건들 중심으로 '친노'를 규정하기 마련이었고, 이는 『한겨레21』의 노무현 서거 2주기 여론조사 결과에서도 잘 나타났다. "누가 노무현 정신을 구현한다고 생각하십니까?"라는 설문에서 1위는 18.3퍼센트를 얻은 유시민이 차지했다. 한명숙 전 국무총리와 문재인 노무현재단 이사장은 11.1퍼센트로 공동 2위였다.[23]

유시민의 '집중과 집착'

유시민은 『한겨레』(2011년 1월 26일) 인터뷰에서 "지지율을 보면, 다른 곳에서보다 호남에서 약하고, 20·30대에 지지층이 치중돼 있다"는 질문에 이렇게 답한다. "20·30대가 왜 나를 지지하는지 잘 모르겠다. 내가 그 사람들한테 해준 게 없다. …… 그런데 20·30대는 지지하는데, 고령층은 전혀 지지 안 한다. 나도 잘 이해를 못하겠다. 나에 대한 정치적 지지가 나의 행위와 관련된 것인지, 아니면 다른 요소와 관련되어 있는지도 잘 모르겠다."[24]

정말 모르는 걸까? 그렇진 않으리라 보지만, 제3자의 설명을 들어보는 것도 좋을 것이다. 많은 사람이 유시민의 치명적인 약점으로 '싸가지' 문제를 거론하지만, 그건 정확한 진단이 아니다. 조국은 『진보 집권 플랜』에서 "유시민은 권력의 속성, 정치라는 '게임'의 법칙을 냉정하게 파악하고 있어요. '마키아벨리'적인 재능이 있다는 말입니다"라고 긍정 평가하면서도 "재승박덕(才勝薄德)의 이미지를 벗어나야 합니다"라고 말했다.[25] 이미지건 실체건 '재승박덕'도 옳은 답은 아니다. 그런 점들이 없다는 게 아니라 그건 더욱 본질적인 문제의 증상으로 나타나는 현상일 뿐이라는 것이다.

유시민은 노무현처럼 최대의 강점이 최대의 약점이 되는 그런 묘한 특성을 가졌는데, 그건 바로 그의 '집중과 집착'이다. 타고난 품성이요 체질인 것 같다. 그가 정치를 하면서도 박학다식과 탁월한 지적 역량을 유감없이 보여주는 책들을 여러 권 써낼 수 있는 것도 바로 그 파워 덕분일 것이다. 정치에서 그의 '집중과 집착'은 일단 자신이 맡은 일에 대해선 최선을 다하는 정도가 아니라 자신의 모든 걸 던지는 걸로 나타나는데, 이게 특히 열정이 넘치는 젊은 층을 감동시켜 그의 열성적인 신도가 되게 한다. 자신의 모든 걸 던지는 것도 단순무식하게 하는 게 아니라 듣는 이에게 '카타르시스'를 듬뿍 안겨주는 탁월한 언변을 통해서 하니 어찌 그를 따르지 않을 수 있으랴.

그러나 '집중과 집착'은 늘 오버하게 돼 있다. 2002년 8월 유시민은 정치판에 뛰어들면서 "바리케이드 앞에 화염병을 들고 다시 서는 심정"을 밝힌 적이 있는데, 그는 지금까지도 화염병을 던지는 아스팔트의 전사(戰士)처럼 사고하고 행동한다. 유시민이 늘 벼랑 끝 전술을 쓴다고 비판하는 사람이 많지만, 그들 중 상당수는 그 전술의 수혜자임을 깨닫지 못하고 있다. 그의 벼랑 끝 전술 덕분에 열린우리당 창당도 가능했기 때문이다.

유시민도 자신의 벼랑 끝 전술을 흔쾌히 인정했다.『한겨레21』(2003년 5월 15일)에 따르면, "유 의원은 대선 이후에도 민주당을 자극했다. 그는 '개혁당의 목표는 2004년 총선 때 전국 모든 선거구에서 후보를 내는 것이다. 적어도 서울을 포함한 수도권에서 개혁당 후보들이 일정한 득표를 한다면 구태의연한 민주당 후보들에게 위협이 될 것이다'라고 했다. 개혁당 후보들은 당선은 안 되더라도 최소한 민주당 의원은 떨어뜨릴 수 있다는 '협박'이다. 유 의원은 '협박'이었음을 인정했다. 그리고 이를 '치킨 게임'에 비유했다. 마주 보고 달리는 기관차처럼 두 사람이 서로를 향해 돌진해오다 먼저 피하는 사람이 지는 경기 말이다."[26]

유시민의 벼랑 끝 전술은 "정치라는 게임의 법칙을 냉정하게 파악하는 마키아벨리적 재능"이겠지만, 그 재능의 바탕엔 유시민의 타고난 성품과 체질도 적잖이 작용하는 것 같다. 사심 없는 극단주의라고나 할까? 유시민은 열정적 헌신과 자기희생적인 면모를 보이기 때문에 그의 열정적 지지자들은 그의 극단주의에 대해 별 문제의식을 갖지 않는지도 모르겠다.

서울대 민간인 린치 사건과 조개 사건

앞서 거론한 "'놈현' 관 장사를 넘어라" 사건의 주인공이자 유시민의 서울대 동기 겸 '운동권 친구'인 성공회대 교수 한홍구의 증언은 지금 들어도 감동적이다. 1980년 5월 11일인가 12일 한홍구 자신은 밤 10시가 다 되어 서울대를 나오는데 유시민은 군인들에게 텅 빈 학교를 내줄 수 없다며 학교에 남겠다고 말했다고 한다. 그 후 유시민은 합동수사단에 붙잡혀 군대에 끌려가게 됐다는 내용이다.[27]

몇 년 후 유시민은 서울대 캠퍼스에 다시 모습을 드러내 복학생협의회 회장으로 활약하는데, 1984년에 일어난 '서울대 민간인 린치 사건'은 그의 인생에 한 분기점이 되었다. 이는 1984년 9월 17일 서울대 학생들이 다른 대학 학생 등 4명을 정보기관원의 프락치로 오인해 10일 동안 감금하고 폭행한 사건이다. 인신현, 손형구, 정용범, 전기동 등 피해자들은 폭행 과정에서 실신하거나 이가 부러지는 부상을 당했고 후유증으로 정신과 치료를 받기도 했다. 이 사건의 주동자 중 한 명으로 몰린 유시민은 1심에서 징역 1년 6개월을 선고받자 이에 불복해 항소했고 2, 3심에서 징역 1년을 선고받아 복역했다.

당시 유시민이 쓴 '항소 이유서'는 그간 얼마나 많은 사람을 감동시켰던가! "빛나는 미래를 생각할 때마다 가슴 설레던 열아홉 살의 소년이 7년이 지난 지금 용서받을 수 없는 폭력배처럼 비난받게 된 것은 결코 온순한 소년이 포악한 청년으로 성장했기 때문이 아니라, 이 시대가 '가장 온순한 인간들 중에서 가장 열렬한 투사를 만들어내는' 부정한 시대이기 때문입니다. …… 모순투성이이기 때문에 더욱더 내 나라를 사랑하는 본 피고인은 불의가 횡행하는 시대라면 언제 어디서나 타당한 격언인 네크라소프의 시구로 이 보잘것없는 독백을 마치고자 합니다. '슬픔도 노여움도 없이 살아가는 자는 조국을 사랑하고 있지 않다.'" [28]

그러나 유시민은 훗날 자신의 선거 홍보물에 이 사건을 "전두환 정권이 조작으로 엮어 넣은 사건"이라고 기재해 피해자들을 분노하게 만들었다. 이 사건은 2006년 2월 유시민이 보건복지부 장관으로 내정돼 가진 인사 청문회에서도 다시 문제가 되었다. 당시 정신적 충격으로 지금까지도 고통을 받고 있다는 피해자 전기동은 "유 내정자는 직접 폭행에 가담하진 않았지만 당시 상황에 깊숙이 개입했다"고 주장했다. 그는 "지금까지 피해자에게 사과 한번 했다면 고소나 소송까지 갔겠느냐. 그게 화가 나는 것"이라며 "서울대 사건은 인권 유린이란 반민주화 운동인데도 민주화운동처럼 활용하는 것을 참지 못하겠다"고 했다.[29]

이 인사 청문회에서 민주노동당 의원 현애자는 "2002년 대선 당시 유 내정자는 자신이 집행위원으로 있던 개혁당에서 성폭력 사건이 발생한 데 대해 '해일이 이는데 조개 줍고 있다'는 발언으로 묵살했다. '조개'라는 표현의 선정성 등이 많은 여성 당원들로 하여금 강한 분노를 일으키게 했다"면서 "유 내정자는 저열한 성의식을 갖고 있어 여성 복지 정책을 해결할 복지부 장관으로서 부적격자"라고 주장했다.[30]

두 사건 모두 비극이다. 유시민은 애꿎게 조작으로 엮여 들어갔을망정 피해자 네 명이 억울하게 고문을 당한 건 사실인 만큼 그들을 배려할 수는 없었을까? 모두 피해자인 양쪽의 화해는 얼마든지 가능하지 않았을까? '조개 사건' 또한 꼭 그렇게 결말을 지어야 했을까? 과연 유시민에게 부족한 건 무엇일까?

유시민에 대한 평가는 유시민의 인사 청문회를 전후로 언론을 통해 활발하게 벌어졌다. 예컨대, 『시사저널』은 유시민의 든든한 후원자는 인터넷상의 수많은 누리꾼이라며 다음과 같이 말했다. "심지어 '개시민' '촉새' '분파주의자' 따위로 가차 없이 그를 비판하는 온라인상의 반대 세력도 정치인 유시민에게는 자산이라는 것이 정치 전문가들의 진단이다. 한국사회여론연구소 정창교 수석전문위원은 '절대 비토층이 없다는 것은 절대 지지층도 없다는 의미이다. 무색무취한 손학규·김근태보다는 유시민 의원이 더 상품성이 있다'라고 말했다."[31]

반면 고려대 교수 현택수는 "유시민의 문제는 파병, 연정 등 정치 외교적 현안들에 대해 노심(盧心)을 의식해 자주 자신의 소신을 바꿔온 점이다. 그리고 그때마다 그는 그 특유의 재치와 현란한 말솜씨로 이를 정당화한 점이다"라며 다음과 같이 주장했다. "그의 글에서 반성의 진정성은 보이지 않고 평소 그답지 않은 가식과 비굴함이 보인다. 결국 장관 한번 해볼 테니 봐달라는 것이지 진정으로 반성할 마음은 애초부터 없어 보인다. 역시 '유시민스럽게' 말만 번지르르하게 했을 뿐 반성에 실천이 따르지 않기 때문이다. 먼저 자신부터 이해와 관용의 실천을 보여주어야 한다. 그리고 정말로 그가 자신의 지난 정치적 언행들에 대해 반성한다면 입각 제의도 사양하고 백의종군하며 자숙의 길을 걸어야 한다."[32]

개혁당 해체 사건과 고양 덕양갑 재선거 사건

유시민은 자신이 집중하지 않는 이슈들은 사소하게 생각하기 때문인지 자주 상식을 초월하는 식언(食言)을 내뱉곤 한다. 개혁당 해체 사건이 그 좋은 사례다. 유시민은 2003년 1월 일부 언론과의 인터뷰와 당원게시판에 올린 글에서 "개혁당의 목표는 2004년 총선 때 전국 모든 선거구에서 후보를 내는 것" "대선을 거치면서 개혁당이 더욱 독자적인 정당으로 가야 한다는 인식이 확고해졌다" "민주당과는 어떠한 재보선 공조 논의도 하지 않을 것임을 분명하게 말한다"며 여러 차례 선언했다. 그러나 그는 자신의 거듭된 공언을 순식간에 뒤집고 민주당과의 선거 공조로 4·24 재보선에서 경기 고양 덕양갑에서 당선되었다. 이뿐만 아니라 그는 개혁당을 공중분해 시켰다. 이에 반대한 개혁당 간부 오정례는 "개혁당 개미들은 하나의 도구나 희생물에 불과한 존재로 그치지 않았나 하는 생각이 든다"고 유시민을 비난했고, 송재신은 유시민을 "순진한 개미들을 팔아먹고 간 대세 추종형 철새 정치인"이라고 비난했다.[33]

유시민은 자신이 집중하는 인물에 대해선 자신의 목숨이라도 내놓을 것처럼 충성을 다하지만, 그렇지 않은 인물에 대해서는 대담한 '배신'을 저지르기도 한다. 고양 덕양갑 재선거에서 민주당은 자체 후보를 선출했으나, 당시 사무총장 이상수 등 '친노' 계 신주류는 개혁당 소속인 유시민으로 후보 단일화를 밀어붙였다. 정동영은 유시민의 간청으로 그의 선대위원장을 맡아 덕양갑 선거구에서 살다시피 하면서 전력 지원을 했지만 유시민은 당선 후 "민주당은 망할 정당"이란 주장을 대놓고 하고 다니면서, 열린우리당 창당의 돌격대 노릇을 했다. 심지

개혁당은 2002년 11월 16일 유시민, 명계남, 문성근 등이 부패청산, 국민통합, 참여민주주의, 인터넷정당을 기치로 내걸고 창당했지만, 2003년 11월 11일 열린우리당에 흡수통합되며 단명한다.

어 유시민은 정동영에게 민주당 탈당을 촉구하면서 "평생 업고 다니겠다"는 말도 했다.[34]

그의 뜻대로 열린우리당이 창당돼 성공을 거두었지만, 유시민은 정동영을 업고 다니기는커녕 본격적인 '정동영 때리기'에 돌입한다. 2005년 2월 열린우리당 당의장 선거에 출마를 선언한 유시민은 『한겨레21』인터뷰에서 정동영 계보를 "각종 구태와 퇴행적 모습을 보이는 기득권 집단"으로 규정하면서 "정동영 장관 쪽과 타협은 불가능하다"고 비난했다.[35]

이에 구 당권파 의원 모임인 바른정치모임 회장 이강래는 "당비 납부를 강조하던 자신이 직책 당비를 내지 않은 것을 호도하기 위한 발언이다. 어떻게 이렇게 뻔뻔스러운 인터뷰를 할 수 있느냐"며 "유 후보가 터무니없는 독선과 아집, 분파주의, 말과 행동의 경박성, 의장 경선 불출마를 번복한 말 바꾸기 등 네 가지 이유 때문에 당내에서 왕따를 당하는 것"이라고 비난했다.

노무현 후원회장이자 친 정동영 성향인 국민참여연대 고문 이기명은 "표 몇 장 얻을 수 있다면 동지의 가슴에 서슴없이 비수를 꽂는 잔인성은 기존의 썩은 정치에서 신물이 나도록 봤다"며 "제 얼굴에 묻은 시커먼 때는 보지 못하고 상대에게 손가락질하는 모습은 성장하는 지도자의 자세가 아니다"라고 비난했다.[36]

대통합민주신당 경선·탈당 사건

정동영과의 악연인가? 2007년 9월 9일 대통합민주신당 대선 경선의 첫 유세 대결이 펼쳐진 제주시민회관에서 벌어진 일이다. "제주 사위 유시민, 벌초하러 왔수다"란 펼침막을 내건 유시민은 "제주 도민들이 가장 싫어하는 게 변절이다. 저는 노무현 대통령이 인기가 없지만, 한 번도 원망하지 않았다. 필요하면 같은 편 하고, 불리하면 배신하는 일은 하지 않겠다"며 정동영을 공격했다.[37]

변절과 배신? 어째 스토리가 영 이상하다고 생각한 이들이 꽤 있었던 것 같다. 『한국일보』 객원 논설위원 고종석은 2007년 9월 13일자에 쓴 「'싸가지 있는' 정치를 위하여」라는 제목의 칼럼에서 두 해 전 같은 당의 김영춘 의원이 했던 "유시민은 저토록 옳은 소리를 왜 저토록 싸가지 없이 할까"라는 말에 대해 일부 이의를 제기했다. 그는 "내 생각에, 유시민 씨는 흔히 옳지 않은 소리를, 또는 옳고 그름과는 상관없이 자

고종석 칼럼
객원논설위원

'싸가지 있는' 정치를 위하여

신의 있는 정치인 유시민?

적잖은 유권자들이 소위 이 '김영춘 어록'에 고개를 끄덕이는 모양이다. 나 역시 그럴듯하다고 생각한다. 다만 전제가 하나 있다. 김영춘씨의 말이다. "옳은 얘기를 할 때조차 유시민의 말버릇은 싸가지가 없다'는 것을 뜻한다는 전제다. 다시 말해 '유시민은 옳은 소리를 하는데 단지 싸가지없다는 게 문제다'라는 판단엔 동의하지 않는다는 얘기다. 내 생각에, 유시민씨는 흔히 옳지 않은 소리를, 또는 옳고 그름과는 상관없이 자신의 이익에 봉사하는 말을 싸가지 없이 한다.

최근 대통합민주신당의 대선 후보 경선에서 그가 '신의'를 내세우며 경쟁자들을 배신자로 몰아가는 것도 그렇다. 그는 정말 자신을 신의 있는 사람으로 여기는 것일까? 지난 5년간 공적으로 쏟아 놓은 말들을 수없이 뒤집으면서, 유시민씨는 자신이 신의 따위는 대수롭지 않게 여기는 기능주의자라는 걸 충분히 증명했다. 오죽했으면, "유시민이 안 한다 하면 그건 반드시 한다는 뜻이고, 한다 하면 그건 반드시 안 한다는 뜻이다"라는 얘기까지 나왔을까? 그 점에서 유시민씨는 한국에서 가장 '예측 가능한' 정치인에 속할지도 모른다. 다섯 해 전 그가 이인제 의원을 그렇게 평가한 바로 그 맥락에서 말이다. 유시민씨가 손학규씨나 정동영씨에 견줘 유능한 정치인이라는 건 인정할 수도 있다. 그러나 그가 그들보다 더 신의 있는 정치인인지는 정말 모르겠다.

옳은 소리든 그른 소리든, 공인의 말투는 싸가지가 있는 게 좋을 것 같다. 사실 '싸가지없다'는 말도 싸가지없는 말이다. 뜻이 고스란히 포개지는 않겠지만, 지금부터 '기품 없다'나 '예의 없다'로 바꾸겠다. 유시민씨는 옳은 말을 할 때조차 기품이 없고 예의가 없다. 그의 능변과 논리와 재치와 지성이 그 기품 없음을 늘여 주긴 하지만, 말끔히 씻어 내지는 못한다. 시장판의 싸움에서야 기품 없는 게 무기일 수 있다. 기품 찾고 예의 찾다 보면 약해 보이고 사기도 꺾인다. 그러나 문명사회의 정치판에서까지 기품 없음이 무기가 된다면 그건 슬픈 일이다. 정치도 그 본질이 싸움이겠지만 기품 찾다 보니 기품 없이 이기는 게 낫지 않느냐고 따지

면 대답이 좀 궁색해지긴 하지만, 그래도 그것이 슬픈 일임에는 변함이 없다.

기품 없음이 무기가 되면, 싸움이 진행될수록 당사자들은 점점 더 기품이 없어진다. 그래서 점점 더 깊은 상처를 주고받게 된다. 그러다 보면 아픔을 느끼는 능력이 가장 모자란 사람이 최후의 승자가 된다. 내 기억에, 유시민씨도 언젠가 텔레비전 토론회에서 고양이 앞 쥐 신세가 된 적이 있다. 그가 상대방에게 논리로 밀려서 그랬던 게 아니다. 아픔을 느끼는 능력이, 한없이 비천했다는 데 대한 거리낌이, 유시민씨에게보다 토론 상대자에게 더 부족했기 때문이다.

우리가 혈거인도 아닌데…

'김영춘 어록'으로 얘기를 시작하다 보니 유시민씨 험담만 늘어놓은 셈이 됐다. 그러나 기품 없음에서 유시민씨가 소위 중도 정말 내로라하는 이들과 차원이 다른 악영이라고 보기는 어렵다. 그리고 한나라당 대선 후보 경선에서, 이명박·박근혜 양쪽 캠프는 유시민씨도 울고 가게 할 만큼 기품이 없었다. 안 그럴 것 같던 민주노동당마저, 대선 후보 경선을 하면서 캠프끼리 더럽 욕심 묻은 말들을 주고받았다. 그게 위선일지라도, 우리 정치 기품 있는 좀 해 보자. 우리가 수만 년 전 혈거인들도 아니고.

"내 생각에, 유시민 씨는 흔히 옳지 않은 소리를, 또는 옳고 그름과는 상관없이 자신의 이익에 봉사하는 말을 싸가지 없이 한다."(「한국일보」 2007년 9월 13일)

신의 이익에 봉사하는 말을 싸가지 없이 한다"며 다음과 같이 말했다.

"최근 대통합민주신당의 대선 후보 경선에서 그가 '신의'를 내세우며 경쟁자들을 배신자로 몰아가는 것도 그렇다. 그는 정말 자신을 신의 있는 사람으로 여기는 것일까? 지난 5년간 공적으로 쏟아놓은 말들을 수없이 뒤집으면서, 유시민 씨는 자신이 신의 따위는 대수롭지 않게 여기는 기능주의자라는 걸 충분히 증명했다. 오죽했으면, '유시민이 안 한다 하면 그건 반드시 한다는 뜻이고, 한다 하면 그건 반드시 안 한다는 뜻이다' 라는 얘기까지 나왔을까? 그 점에서 유시민 씨는 한국에서 가장 '예측 가능한' 정치인에 속할지도 모른다. 다섯 해 전 그가 이인제 의원을 그렇게 평가한 바로 그 맥락에서 말이다. 유시민 씨가 손학규 씨나 정동영 씨에 견줘 유능한 정치인이라는 건 인정할 수도 있

다. 그러나 그가 그들보다 더 신의 있는 정치인인지는 정말 모르겠다."

유시민의 신의를 의심할 만한 사건이 대선 직후에 또 일어났다. 2007년 12월 28일 유시민은 대통합민주신당 의원총회에서 당명(黨命)에 대한 복종과 자기희생을 유난히 강조했다. "우리가 강력한 한나라당이 존재하는 상황에서 단기적으로 뭉쳐야 할 필요성이 있다면 서로 자제하면서 어려운 국면을 넘어갔어야 했는데 잘못했다는 생각이 든다. 저도 큰 책임이 있다. …… 제가 개인적으로 대구 수성을 주호영 의원 지역구에 출마하려 마음먹고 사무실도 다 준비했지만, 그것조차도 당이 허락하지 않는다면 하지 않을 생각이다. 당이 하라고 하면 무엇이든 하는, 그런 결단이 필요한 시점이다. 당이 살 수 있다면 무엇을 못하겠는가."[38]

그러나 유시민은 그로부터 채 20일도 안 된 2008년 1월 16일 대통합민주신당을 탈당했다. "지금 대통합민주신당에는 좋은 정당을 만들겠다는 제 꿈을 펼칠 공간이 남아 있지 않고, '진보적 가치'가 숨 쉴 공간이 너무나 좁다"는 게 그 이유였다.[39] 그렇다면 이미 존재하는 진보 정당으로 가면 될 게 아닌가? 그것도 답이 아니라는 게 그의 주장이었다. "경직되고 낡고 독선적인 진보 정당이나 정체성이 모호해 어떤 정치세력도 대변하지 못하는 중도 정당이 아니라 국민과 눈높이를 맞추는 유연한 진보 정당을 만들고 싶다"는 것이다.[40]

총선에서 대구 수성을에 출마하기 위해선 여전히 호남당 이미지가 강한 대통합민주신당 간판으론 어렵다는 판단 때문이었겠지만, 거기에 왜 '진보'를 들먹이느냐고 불편하게 생각하는 사람이 많았다. 『경향신문』 정치·국제 에디터 이대근은 유시민이 탈당하면서 '유연한 진보'를 말한 것에 대해 "또 속임수를 쓴 것"으로 일축했다.[41]

경기도지사 선거 사건

2010년 6·2 지방선거의 경기도지사 선거에서 유시민과 민주당이 합동으로 벌인 '쇼'도 신의와는 거리가 먼 것 같다. 야당의 후보 단일화가 이루어지기 전인 3월 유시민은 "민주당은 '노무현 정신'과 관계없다"고 주장했다. 그렇다면 민주당에 몸담고 있는 친노 인사들은 '노무현 정신'의 배신자들이란 말일까? 이에 대해 박창식 『한겨레』 논설위원은 "노무현 정신은 특정 정파가 독점할 대상이 아니다. 노무현 정신의 선양을 바란다면 좀 더 많은 사람들이 공유하도록 권장하는 게 마땅하다"고 했지만,⁴² 유시민이 그런 '사태'를 원할 것 같진 않았다.

5월 유시민은 민주당과 각을 세우는 벼랑 끝 전술을 구사하는 등 우여곡절 끝에 야 4당(민주당·민주노동당·국민참여당·창조한국당)의 단일 경기도지사 후보 자리를 쟁취하는 승리를 거두었고, 이어 민주당 박지원 원내대표에게 공동선대위원장직을 맡아달라고 요청해 성사시켰다.⁴³ 6년 전 고양 덕양갑 재선거 때 정동영이 유시민의 간청으로 선대위원장을 맡은 사건의 재판이었다. 경기도에 호남 출신들이 그렇게 많이 사는 건가?

민주당은 공식 선거운동 첫날인 5월 20일부터 문희상 국회 부의장을 위원장으로 하고 박상천, 김충조, 박선숙, 신낙균, 이석현, 유선호 의원 등 김대중 전 대통령과 인연이 깊거나 옛 민주계에 몸담은 인사들로 이뤄진 '초록물결유세단'을 꾸렸다. 이들은 서울, 경기, 인천 등을 돌면서 수도권 호남층의 표 이탈을 막기 위해 구성된 전략적 유세단이었다. 김민석 민주당 중앙선대위 공동 선거대책본부장은 『한겨레』와의 통화에서 "경기도 호남 향우회의 이해를 구하기 위한 별도의

유시민은 민주당과 각을 세우는 벼랑 끝 전술을 구사한 끝에 민주당, 민주노동당, 국민참여당, 창조한국당의 단일 경기도지사 후보 자리를 쟁취했다. 사진은 경기도지사 TV 토론회에 참석한 유시민 후보, 김문수 한나라당 후보, 심상정 진보신당 후보(왼쪽부터).

팀을 꾸려서 향우회 쪽과 만나 대화를 해나가고 있다"고 말했다.[44]

유시민은 이미 하루 전인 19일 민주당 김만수 부천시장 후보 선거 사무실 개소식에서 "과거 국민의 정부를 그런 식으로 비판하지 말았어야 했다"며 호남 등 민주당 전통 지지자들에게 사과했다.[45] 그때 다 옳은 말이었는데, 그걸 왜 사과해야 한단 말인가? 유시민은 24일엔 서울 동교동의 고(故) 김대중 대통령 도서관을 찾아 이희호 여사를 만나 또 사과했다. 유시민은 이희호에게 "시사 평론할 때 몇 차례 비판했던 것이 늘 마음에 걸렸다. 사과 말씀드리고 싶었다"며 "정부에 있어 보니 김대중 대통령님이 얼마나 힘든 과정을 뚫고 거기까지 이루셨는지 알 것 같았다"고 말했다. 그는 또 "김 전 대통령이 살아 계셨으면 지금의 야권 연대를 보고 좋아하셨을 것"이라고도 했다.[46]

한나라당 후보 김문수도 '쇼'로 대응했다. 유시민이 이희호를 방문한 날 안동선·이윤수 전 의원 등 옛 민주당 출신 인사 23명의 지지 선언을 끌어냈다. 23일에는 TV 토론에서 "영산강 사업에 찬성한 단체장들이 저도 마땅치 않다"는 유시민의 발언을 겨냥, 김문수 측은 "유 후보는 호남 주민들의 젖줄이 썩어가도 괜찮다는 것이냐"고 공격했다.[47] 선거는 김문수 52.2퍼센트, 유시민 47.8퍼센트로 끝났지만, 모두 다 어찌 그리 똑같은 수준인지, 혀를 끌끌 차지 않을 수 없는 묘기 대행진의 연속이었다. 사람이 죄겠는가, 사람을 미치게 만드는 선거가 죄지!

그럼에도 민주당과 호남 출신들이 언제까지 이런 '향우회 정치'에 매달려야 하는 건지 이젠 정말 다시 생각해볼 때가 되지 않았을까? 과거 음지의 영역에 속했던 이런 '향우회 정치'가 이젠 당당하게 양지의 영역으로까지 올라왔다는 건 지역주의 정치가 더 기승을 부리고 있다는 걸 말하는 게 아닌가. 선거 후 "호남 강세 지역에서 유시민 표가 적게 나왔다" "아직 유시민에 대한 호남 비토가 강하다"는 따위의 잡설들이 언론 매체들에 버젓이 기사로 실리고, 이게 또 인터넷에서 격렬한 싸움질의 소재가 되는 현실은 보기에 너무 딱하다. 자꾸 이런 식으로 가면 민주당과 호남 출신들은 영남 지역주의에 대해 할 말이 없어지는 게 아닐까? 유시민도 이제 더 이상 자신이 평소 역설해온 지역주의관에 대해 신의를 저버리는 일은 하지 않는 게 좋지 않을까?

불행한 현대사의 업보인가?

유시민의 신의가 변함없이 일관되게 바쳐지는 대상도 있었으니, 바로 노무현이다. 그런데 실은 이거야말로 그가 저지른 최대의 '신의 배반'이었다. 유시민은 조중동이 천하의 악당인 것처럼 말하지만, 그도 한때는 조중동의 고정 필자였다. 그는 『동아일보』 1999년 12월 7일자에 쓴 「김대중 대통령님께」라는 제목의 칼럼에서 다음과 같이 말했다.

"대통령님. 싫은 소리를 하는 사람을 가까이 두십시오. 대통령님의 독선을 지적하는 지식인들의 목소리에 귀를 기울이십시오. …… 저는 대통령님에 대한 기대를 이제 온전히 접었습니다. 2년이면 실망하기에 충분히 긴 세월이었습니다."

유시민은 '동교동계 참모의 전진 배치'를 대단히 심각하게 문제 삼으면서 "나름의 뚜렷한 소신과 역량을 가진 정치인들이 국민회의에 많이 있는데도 대통령님께서 '예스 맨'만을 중용한다는 비판이 들리지 않는지요"라고 물었다. 유시민은 또 다른 칼럼에선 '자기성찰 없는

유시민의 세상읽기

金大中 대통령님께

유시민은 국민의 정부 때 일어난 동교동계 참모의 전진 배치를 대단히 심각하게 문제 삼았다. 그렇지만 참여정부가 출범하면서 180도 바뀌었다. 유시민은 대통령에게 싫은 소리를 하는 사람을 응징하는 '정치적 경호실장' 노릇을 했다.

비판은 위선'이라고 했다.

　그랬던 유시민은 노무현 정권이 출범하면서 180도로 바뀌었다. 노무현 이전의 유시민을 '유시민 A' 노무현 이후의 유시민을 '유시민 B'라고 부르는 게 어울릴 정도로 전혀 다른 사람이 되었다. 그는 대통령에게 싫은 소리를 하는 사람들을 응징하는 '정치적 경호실장' 노릇을 했다. "절이 싫으면 중이 떠나면 된다"며 참모들의 '충성 경쟁'에 불을 붙였다. 노무현계 참모의 전진 배치는 물론 그 이상 가는 인사에 대해서도 지지를 보냈고, 장관이 된 후엔 자신이 직접 그런 일에 앞장섰다. 왜 이렇게 달라진 걸까? 지식인이 정치에 입문해 달라지는 건 당연하다지만, '싫은 소리'와 '자기성찰'을 소중히 하면서 '독선'을 경계하는 건 정치인에게도 필수 덕목이 아닌가. 도대체 무엇이 유시민의 눈을 가린 걸까?

　유시민은 1997년 대선 직전 '김대중 당선 불가론'과 함께 '조순 대안론'을 주장하는 책까지 쓸 정도로 김대중 정권과는 무관했다. 반면 노무현 정권엔 '창업 공신'이었다. 그는 노무현의 경제 가정교사이자 노무현을 위기에서 구한 1등 공신이었으며, 노무현의 실세 386 참모들에게 '시민이 형'이라 불리며 존경을 누린 인물이었다. 노 정권은 어떤 의미에선 '유시민 정권'이기도 했다. 이게 유시민이 180도로 바뀐 최대 이유임은 두말할 나위가 없다.

　여기서 제기되는 의문은 비단 유시민에게만 국한되는 건 아니다. 왜 우리는 '남의 문제'에 대해선 고언과 성찰의 중요성을 역설하다가도 '내 문제'에 대해선 나르시시즘에 빠지는가? 왜 '남의 것'에 대해선 총명하고 양심적인 판단을 내리다가도 '내 것'에 대해선 독선과 아집으로 일관하는가? 또 하나의 의문은 유시민의 무조건적인 노무현 옹호는 노무현을 끔찍하게 생각한 것 같지만, 실은 노무현을 폄하하고 무시한 게 아닌가 하는 것이다. 그의 노무현 옹호는 노무현은 절대 바뀔 수 없으며 외롭고 취약하다는 전제에 근거했다. 그래서 자신이 노무현을 끝까지 돌봐야 한다는 발상이었다. 유시민의 그런 생각과 실천이 노무현의 잠재력을 훼손하고 노 정권의 몰락을 불러온 근본 이유는 아닐까? 이런 근본 이유에 비추어 보자면 비교적 사소한 사건일망정, 유시민의 그런 역할이 노무현에게 큰 해가 된 사례로 두 가지만 살펴보자.

앞서 보았듯이, 2004년 6월 노무현의 아파트 분양원가 공개 거부 발언은 지지자들에게 큰 충격을 안겨주었다. 비난이 빗발쳤지만, 유시민은 노무현을 적극 옹호하고 나섰다.[48] 6월 14일 민주노동당 의원 노회찬은 박정희 대통령 시절의 차지철 대통령경호실장에 빗대 "유시민 의원은 노 대통령의 정치적 경호실장"이라고 맹비난했다. 민주노동당 정책국장 이재영도 당 홈페이지를 통해 "유 의원의 언행을 보면 이승만과 이기붕이 생각난다"며 "공적인 관계를 망각하고 가족처럼 감싸고 치켜주면 그렇게 되기 마련"이라고 혹평했다. 그는 이어 "대통령 감쌀 시간이 있으면 경제정책론 공부부터 하라. 경제학보다 윤리학부터 공부하라"고 충고했다.[49]

그러나 유시민은 이런 비난에 굴하지 않고 6월 15일 인터넷 매체 프레시안과의 인터뷰에서 "원가공개는 개혁이고, 원가연동제는 반개혁이라는 식의 논란은 집값 안정에 아무런 도움이 안 된다"고 주장하면서 분양원가 공개를 요구하는 야당을 싸잡아 비난했다. 흥미롭게도 이즈음 조중동은 노무현을 격찬하고 나섰다.[50] 노 정권 몰락의 결정적 계기가 된 이 사건을 놓고 보자면, 과연 유시민이 노무현을 도운 걸까, 아니면 해를 입힌 걸까?

2005년 12월 MBC 〈PD 수첩〉이 황우석의 논문 조작 의혹을 제기하자, 유시민은 〈PD 수첩〉 방영 직후 전남대 초청 특강에서 "내가 보건복지위원을 해봐서 아는데 〈PD 수첩〉이 황우석 박사 연구를 검증하겠다는 것은 터무니없는 일이다. 언론 자유가 너무 만발해 냄새가 날 지경이다"라고 주장했다. 그가 이렇게 오버한 이유는 단 하나. 청와대 Y씨의 다음과 같은 증언에 그 답이 담겨 있다. "노 대통령은 '황 교수의 연구야말로 2만 달러 시대를 앞당길 마술이다. 그는 연구에 감전됐다'는 등 찬사를 아끼지 않았다. 이를 잘 알고 있는 청와대 참모들이 '황우석 쇼크' 이후에도 '그건 아니다' 라는 말을 쉽게 꺼낼 수 없었다. 조금이라도 일찍 사태의 심각성을 알고 대처했더라면 초반에 파장을 최소화할 수도 있었을 텐데, 결국 기회를 놓쳤다."[51] 즉, 유시민은 노무현의 정치적 경호실장 역할을 했지만, 결과적으론 오히려 노무현에게 큰 타격만 준 꼴이 되고 말았다.

어찌됐건 유시민은 그런 경호실장 역할을 전투적으로 해낸 덕에 채 10년도 안 되는 기간에 이렇다 할 직업이 없는 프리랜서 지식인에서 유력 대선 후보로까지 성장했다. 무서운 '집중과 집착' 파워라 할 수 있겠다. 그에게 열성 신도와 더불어 열성 반대자가 공존하는 이유도 바로 여기에 있다. 전자는 유시민의 '집중과 집착' 파워의 긍정적인 면만 보려고 하고, 후자는 그 부정적인 면만 보기 때문이다.

자기성찰은 가능한가

유시민의 언변은 늘 논리정연하고 화려하지만, 바로 그런 '집중과 집착' 때문에 사실 왜곡과 더불어 '180도 회전'을 많이 저지르기도 하며, 또 같은 이유로 자신은 그걸 느끼지 못하는 것 같다. 유시민은 자기성찰을 하려고 무진 애를 쓰는 것 같은데, 자기성찰이 영 여의치 않은 것도 그런 이유 때문인 것 같다. 혹 체질적으로 '입장주의'를 갖고 있는 건 아닐까? 즉, 일단 어떤 입장에 서게 되면 '집중과 집착'을 하느라 역지사지(易地思之)를 하는 데에 어려움을 겪지 않느냐는 것이다. 그가 장관직을 거친 후에 내놓은 국회 비판은 그런 입장의 변화를 잘 보여주는 것 같아 흥미롭다. 그는 2007년 7월 대선 출마를 앞두고 출간한 『대한민국 개조론』에서 다음과 같이 말한다.

"주요 정당이 다 잡탕이다 보니 무슨 문제든 먼저 내부 싸움부터 벌어집니다. 내부 경쟁이 심하다 보니 경쟁 당에 대한 적대감을 부추기는 강경파가 득세하는 경우가 많습니다. 그래서 정당 사이에 타협이 이루어지지 않습니다."[52]

"적대감을 부추기는 강경파가 득세하는 경우"란 자신을 가리키는 건가? 자기성찰인가? 아니다. 자신은 무관하다는 듯, 일방적인 호소요 훈계일 뿐이다. 이 책의 서문도 억울하다는 항변뿐이다.

"수많은 정치인과 지식인과 언론인들이 저를 대통령의 눈과 귀를 가리는 측근으로 묘사했습니다. 심지어는 대통령을 학정을 펴는 폭군처럼 그리면서, 저를 그런 대통령을 무조건 비호하고 비위를 맞추는 광대로 만들기까지 했지요. …… 국민에게 아부하면서 자기의 권력을 키워나가는 일부(!) 정치인과 일부(!) 언론인과 일부(!) 지식인들의 이른바 포퓰리즘 또는 인기 영합주의에 맞서 …… 소신을 밝히고 정치적 사약을 받는 편이 더 당당하지 않겠습니까."[53]

유시민이 2011년 4월에 출간한 『국가란 무엇인가』엔 자기성찰이 있을까? 그는 독일 바이마르공화국 정부 이야기를 소개한 뒤 김대중·노무현 정권이 직면했던 가장 큰 문제는 '역량의 부족'이었지만, 또 다른 이유도 있었다며 다음과 같이 말한다.

"두 자유주의 정부에 대한 진보 세력의 비판은 이념에 집중되었다. '신자유주의에 굴복'하거나 스스로 '신자유주의에 빠져' 비정규직을 양산하고 양극화를 심화시키는 정책을 썼다는 것이다. 이러한 진보 세력의 이념적 공세와 '잃어버린 10년'이라는 기치를 들고 '무능한 좌파 정권'이라는 공격을 퍼부은 보수 세력의 정치적 공세가 어우러지면서 그렇지 않아도 능력이 부족했던 자유주의 정부는 정치적으로 더욱 허약해지고 말았다. 그리고 바이마르공화국이 사민당에서 나치당으로 권력이 넘어간 것처럼, 우리나라도 자유주의 정당에서 보수주의 정당으로 권력이 넘어가고 말았다."[54]

여기에도 자기성찰은 없다. '역량의 부족'은 한국의 정치 구도와 역사에서 신생 자유주의 정부들이 직면할 수밖에 없었다는 구조적 진단일 뿐, 자신에게 어떤 문제가 있었다는 이야기는 전혀 없다. 그는 "두 정부를 매몰차게 비판한 진보 정치 세력을 원망하는 것도 아니다"라고 토를 달긴 하지만, 자신보다는 '진보 세력의 이념적 공세'가 더 문제였다는 판단을 하고 있는 건 분명한 것 같다.

한국처럼 '빨리빨리 이데올로기'가 지배하는 사회에서 자꾸 과거를 곱씹는 것은 결코 미덕이 아니다. 그에게 어떤 과오가 있었건 서거 이후 노무현의 부활로 그건 다 묻힌 셈이 돼버리고 말았다. 다만 그걸 기억하는 사람들은 유시민을 매우 부정적으로 본다. 유시민이 노 정권의 실패에 가장 큰 책임이 있으면서도 노무현의 부활 이후 '노무현 정신'의 계승자를 자처하면서 큰소리치는 걸 적반하장(賊反荷杖)의 극치로 생각해 역겹게 생각한다. 그런 반대자들의 따가운 시선에도 아랑곳하지 않고 여전히 의연하게 1980년대의 슬픔과 노여움을 갖고 살아가는 유시민, 어쩌면 그는 우리 불행한 현대사의 업보인지도 모르겠다.

'집중과 집착'의 다른 말은 '몰입'이다. 나는 유시민과 더불어 노 정권의 가장 큰 문제가 과도한 몰입에 있었다고 본다. 그래서 그걸 알리고 싶어 2006년 12월 11일 『한국일보』에 「'몰입'의 축복과 재앙」이라는 제목의 칼럼을 썼다. 그 칼럼의 게재로 이 글의 결론을 대신하고 싶다. 유시민에 대해 극단적 찬반으로 갈라진 사람들의 거리를 상호 이해의 수준에서나 조금이라도 좁힐 수 있는 키워드는 '몰입'이라고 보기 때문이다.

'몰입'의 축복과 재앙

노무현 정권에 대한 한 자릿수 지지도를 도저히 이해할 수 없다고 말하는 사람들이 있다. 해도 너무 한다는 것이다. 그들은 노 정권이 잘한 일도 많은데 그건 생각해주지 않고, 잘못된 건 무조건 노 정권 탓으로 돌리는 풍조가 만연해 있다고 개탄한다.

일리 있는 개탄이지만, 그렇게 개탄하는 분들은 왜 그렇게 됐는지 그 원인 규명은 시도하지 않거나 야당과 보수 신문 탓으로 돌리려 한다. '야당·보수 신문 탓'에도 일리는 있겠지만, 더욱 크고 근본적인 문제는 '몰입'에 있었던 것으로 보인다. 잠시 몰입에 대해 생각해보자.

몰입은 축복이다. 자연, 사물, 일 등에 몰입하는 것만큼 재미있는 게 또 있을까. 그러나 인간관계에서의 몰입은 축복일 수 있지만 재앙일 수도 있다. 스토킹은 바로 몰입의 산물이다. 인터넷 시대의 '빠' 문화와 '까' 문화도 마찬가지다. 특히 갈등 상황에서의 몰입은 자해(自害)를 초래하는 결과를 낳을 수도 있다. 몰입은 무엇보다도 균형 감각을 잃게 만들기 때문이다.

주변에서 오랜 기간 싸움을 하는 사람들을 겪어본 적이 있다면, 우리 인간의 균형 감각이 얼마나 취약한가 하는 걸 절감했을 것이다. 다른 모든 면에선 대단히 합리적이고 공정한 사람일지라도 일단 싸움에 휘말려들어 몰입하게 되면 전혀 딴 사람이 된다. 가장 먼저 역지사지(易地思之) 능력을 잃는다. 상대편의 언행은 무조건 악의적으로 해석한다. 사람이 오랜 싸움을 하면 정신이 피폐해진다는 건 바로 그 점을 두고 하는 말이기도 하다.

이른바 '분노 → 증오 → 숭배' 의 법칙이란 게 있다. 처음엔 정당한 분노였을지라도 그 정도가 심해지면 증오로 바뀌고, 증오가 무르익으면 증오의 대상을 숭배하게 된다. 싸움을 하는 상대편과 관련된 일이라면 그냥 잠자코 넘어갈 수 있는 사소한 일조차 심각하게 받아들이면서 큰 의미를 부여하게 된다. 더욱 중요한 건 그 상대편에 대한 몰입으로 인해 주변의 풍경이 눈에 들어오지 않게 된다는 점이다.

이런 이치가 노 정권과 어떤 관련이 있을까? 노 정권은 강한 개혁 열망을 품고 출발했다는 점을 상기할 필요가 있다. 개혁에 저항할 가능성이 높은 '수구 기득권 세력' 에 주목하는 건 당연한 일이었다. 문제는 주목의 정도가 너무 강했다는 점이다. 주변을 살피지 못했다. '주변' 이라 함은 바로 국민이다. 노 정권은 국민이 아니라 야당·보수 신문을 상대로 정치·행정을 하는 것처럼 보였다.

TV 토론에서 A가 B의 말을 왜곡했다고 가정해보자. A가 그 왜곡에 몰입하게 되면 진도를 나가기 어려워진다. 시청자는 A의 항변이 타당하다고 인정할망정 A가 느끼는 분노에까지 공감하진 않는다. 아니 공감할 수 없게 돼 있다. 시청자가 원하는 건 좋은 내용의 토론이지 토론자들의 인격에 대한 품평이 아니다. 그럼에도 A가 토론 내내 B의 왜곡을 질타하면서 분노하는 모습을 보인다면 시청자는 짜증을 낼 가능성이 높다.

우리는 그럼에도 A가 그런 분노의 와중에서 내놓은 발언의 품질을 공정하게 평가하는 게 옳겠지만, 그건 실제론 기대하기 어려운 일이다. A가 B에 대한 공격에 몰입한 나머지 책임지기 어렵거나 설득력이 떨어지는 발언들을 남발했다면, 더욱 그렇다. 노 정권이 국민적 분노와 조롱을 넘어 아예 무관심의 대상으로까지 전락하게 된 데엔 바로 그런 행태의 문제가 도사리고 있다.

싸움이 치열할수록 몰입은 '자기성찰'을 원천 봉쇄한다. 몰입은 상대편에 대한 과대평가로 이어져 상대편의 허물은 크게 보고 자신의 허물은 사소하게 여기는 심리를 낳기 때문이다. 몰입이 노 정권의 낮은 지지도에 큰 책임이 있다는 가설이 타당하다면, 남은 1년은 노 정권의 명예 회복을 위해 결코 짧은 기간은 아니다.

chapter
09
이명박 정권이 나라를 망친다
문 재 인 의 분 노

문재인 대망론

"누가 노무현 정신을 구현한다고 생각하십니까?" 앞서 본 바와 같이, 『한겨레21』의 노무현 서거 2주기 여론조사에서 1위는 18.3퍼센트를 얻은 유시민이 차지했지만, 관련 기사는 11.1퍼센트로 공동 2위를 한 문재인 노무현재단 이사장에 더 큰 비중을 두었다. 이 기사는 "이 설문에서 유 대표가 1위를 한 것은 놀랄 일이 아니다. 오히려 흥미로운 대목은 그가 그렇게 '노무현 정신'을 강조하는 데 비하면, 18.3퍼센트라는 수치는 그리 높지 않다는 점이다. 아울러 정치인도 아니고, 언론 노출 빈도도 상대적으로 적은 문 이사장이 김두관 경남지사(4.9퍼센트), 이광재 전 강원지사(3.5퍼센트), 안희정 충남지사(2.9퍼센트) 등 친노 핵심 정치인들을 제치고 한 전 총리와 같은 11.1퍼센트를 얻었다는 사실은 주목을 요한다"며 다음과 같이 말했다.

"유 대표와 한 전 총리는 중요 선거에 후보로 나선 적이 있는 정당인

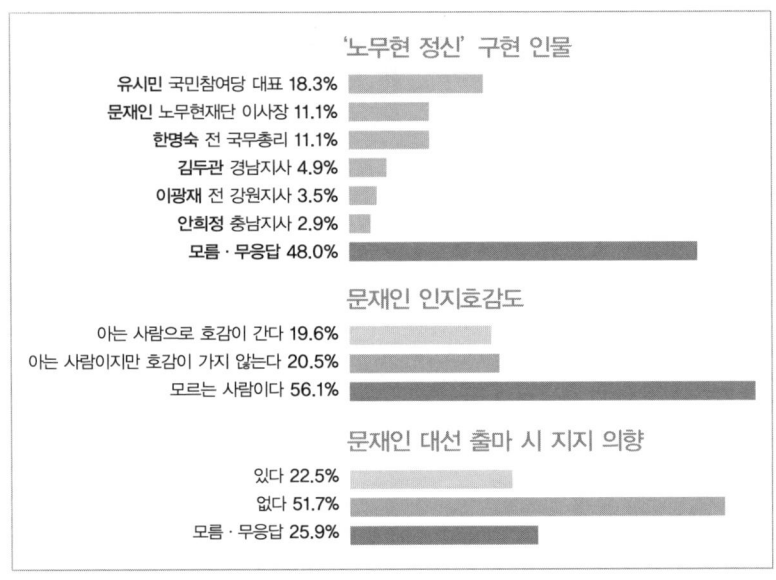

이지만, 문 이사장은 '정치적 영향력이 있는 시민'으로 그 처지가 다르다. 친노 진영과 시민사회 일부에서 '문재인 대망론'을 제기하는 것도 이런 맥락이다. 사실 문 이사장은 야권에서 볼 때 대단히 매력적인 존재다. 영남 개혁 세력이라는 출신, 청와대에서 노 전 대통령의 국정 운영 전반을 보좌한 경험, 의리 있고 진중한 이미지 등 좋은 조건을 두루 갖췄다."

이 기사가 인용한 한 친노 인사는 "'문재인을 보면 노무현이 보인다'고 할 정도로 문 이사장은 원칙적이다. 동시에 뛰어난 균형감각도 갖고 있다. 그래서 야권 연대와 통합을 잘 이끌어낼 수 있고, 진보 정당에서도 거부감이 적다. 또한 지역주의의 벽이 아직 높은 현실에서 문 이사장이 부산·경남에서 나서면 진보개혁 진영이 내년 총선·대선에서 '박근혜 대세론'을 넘어 승리할 가능성이 높아진다"고 말했다.

왼쪽 윗줄부터 시계 방향으로 문재인 노무현재단 이사장, 김두관 경남지사, 안희정 충남지사, 이광재 전 강원지사.

    조사를 진행한 윤희웅 한국사회여론연구소 조사분석실장은 이렇게 설명했다. "유 대표가 4·27 재보선 과정을 통해 상처를 많이 입었지만, 20~30대가 느끼는 호감은 견고하다. 하지만 40대 이상은 유 대표에게 거부감을 느낀다. 이 한계를 뛰어넘어 중·장년층에게 매력을 주는 사람이 문 이사장이라는 점을 눈여겨볼 만하다. 20~30대에서 문 이사장을 꼽은 사람이 적은 건 거부감 탓이 아니라, 정치인으로 부각되지 않았기 때문으로 보인다. 이런 상황에서 문 이사장이 차차기 대선 주자로 거론되는 김두관 지사 등보다 훨씬 높게 나온 것은 노 전 대통령에게 가졌던 기대감의 상당 부분이 그에게 쏠린다는 얘기다."[1]

친노 인사들의 생각은 어떤가? 안희정 충남도지사는 『한겨레』(2011년 5월 23일) 인터뷰에서 "요즘 문재인 전 청와대 비서실장을 놓고 정치적 역할론이 나온다"는 질문에 대해 "정치란 철저히 역사의 산물이면서 동시에 한 개인의 의지의 산물이다. 지금의 역사가 문 전 실장을 등 떠미는 거라면 그건 그의 선택의 문제다. 문 전 실장은 참 훌륭한 사람이다. 그러나 아직 정당인으로서 뭘 보여준 건 아니다"라고 답했다.[2]

반면 국민참여당 유시민 대표는 2011년 6월 14일 오전 MBC 라디오 〈손석희의 시선 집중〉과의 인터뷰에서, 문재인의 대선 역할론과 관련해 "아주 좋아하고 존경하는 분이다. 대통령이 돼서 국가를 잘 운영할 능력이나 이런 것들은 의심의 여지가 없다"면서 "삶의 결단이기 때문에 어떤 결정을 하시든, 정치를 하시든 안 하시든 저는 변함없이 늘 존중하고 존경한다"고 언급했다.[3]

안희정이 유시민보다는 더 정직한 발언을 한 것 같다. 문제는 '검증'이다. 시사평론가 김종배도 "문 이사장은 인간적인 의리나 일관된 처신 때문에 평가받는 것일 뿐, 정치적 리더로서 평가 대상이 된 적은 없다. 아직은 노 전 대통령과 '세트'를 이루는 '문재인'이지, 독자적으로 자기 영역을 갖고 정치를 하는 '문재인'이 아니다"라고 지적했다.[4] 앞으로 문재인이 어떤 독자적 영역과 비전을 보여줄지 지켜보기로 하자.

'문재인의 운명'은 무엇인가?

문재인은 누구인가? 『경향신문』의 프로필을 소개한다. 문재인은 경희대 재학 시절 유신 반대 시위로 구속돼 경찰서 유치장에서 사법시험 합격 소식을 들었다. 1982년 사법연수원을 차석으로 졸업했지만 시위 전력 때문에 판사 임용에서 탈락하자 부산으로 가 변호사 생활을 시작했다. 이때 노무현 변호사와 인연을 맺으면서 오늘날 '노무현의 남자'가 되는 길을 걸었다. 노 전 대통령이 대선 직전 어느 자리에서 문 변호사를 소개하면서 "사람은 친구를 보면 알 수 있는데, 노무현의 친구 문재인이 아니라 문재인의 친구 노무현이다. 내가 알고 있는 최고의 원칙주의자"라고 극찬했다는 말이 전해진다. 문재인은 참여정부 초대 민정수석을 지내다 건강 악화로 1년 만에 그만두었으나 네팔 산행 중 대통령 탄핵 소식을 듣고 달려와 변호에 나섰다. 2005년 청와대에 다시 들어가 시민사회수석, 민정수석, 비서실장을 거치면서 '왕수석'으로 불렸다. 청와대에 있는 동안 부인의 백화점 출입을 못하게 한 것으로 알려져 있다. 군에 강제 징집됐을 때 특전사에 배치돼 수중 폭파 훈련을 받은 이색 전력도 있다.[5]

이런 이력을 가진 문재인은 그 누구보다 더 이명박 정권에 비판적이다. 이게 '문재인 대망론'이 나오게 된 한 배경이기도 하다. 2011년 2월 그는 이렇게 말했다. "미국과 유럽은 조금 보수적인 정당과 조금 진보적인 정당이 번갈아 집권한다. 그에 따라 각각 성장과 복지를 좀 더 중시하면서 양쪽이 균형 있게 발전한다. 그 간격이 7~8년이다. 우리도 국민의 정부와 참여정부 10년을 했으니, 지난 대선 땐 국민이 다른 선택을 한 거라고 봤다. 그런데 이 정부는 보수도 아니다. 사이비 보수다.

너무 못한다. 나라를 망치고 있다. 이렇게 못할 줄 몰랐다. 여유 있게 지켜볼 상황이 아닌 거다. 다음 대선에선 반드시 민주개혁 진영이 당선돼야만 나라가 망가지는 것을 막을 수 있다."[6]

그런데 문재인에게 대권 도전의 뜻은 있는가? 한사코 손사래를 치던 그에게 변화의 기류가 나타난 건 『경향신문』(2011년 5월 2일) 인터뷰에서였다. 그는 차기 대선 출마와 관련, 안팎으로 압박을 받지 않느냐는 질문에 "정치의 중요성을 알고 권유하는 분, 지금과 같이 활동하는 게 좋다는 분, 만류하는 분들이 있다"며 "민주화운동·노무현재단 사업 등 지금 하는 일도 정치적 활동이 아니냐"고 반문했다. 그럼에도 대선 출마 가능성을 계속 묻자 "그건 답변하기 난감하다"면서 긍정도 부정도 하지 않았다. 곤란한 듯 얼굴이 붉어졌다. 그는 "선대본부장이나 청와대 수석 시절에도 정치하지 않을 것이라 했고 지금까지는 그렇다"고 말했다.

'지금까지는'이라는 표현에 대해 '그럼 앞으로는 할 수 있다는 뜻이냐'는 질문이 이어졌다. 그의 얼굴에서 한바탕 웃음이 터졌다. "제 자신도 위기감을 느낍니다. 이명박 정부가 너무 심합니다. 이대로 흘러가면 나라를 망치겠다고 느낍니다. 위기감이 큰 만큼 이런저런 가능성을 찾고 나도 압박을 받을 것이라 봅니다. 여기까지만 합시다." 문 이사장 측근은 "최근 문 이사장님이 현 정부에 화가 많이 나 있다"며 "예전과는 달리 마음의 변화를 일으키는 것 같다"고 했다.[7]

'문재인 대망론'은 문재인이 6월 15일 저서 『문재인의 운명』을 출간하면서 더욱 탄력을 받았다. 문재인은 이 책을 "당신은 이제 운명에서 해방됐지만, 나는 당신이 남긴 숙제에서 꼼짝하지 못하게 됐다"는 말로 끝을 맺었다.[8] 이 말에 대해 일부 언론은 "2012년 대선에서 '역할론'이 급부상하고 있는 문 이사장임을 감안하면, '고인의 뜻을 이어나가기 위해서는 전면에 나설 수밖에 없다'는 의미라는 해석이다"라고 했다.

문재인은 책 서문에서 "이제 우리는 노무현 대통령을 극복해야 한다. 이제 우리는 참여정부를 넘어서야 한다"고 말했다.[9] 과연 진심일까? 물론 진심이겠지만 수사(修辭)에만 그치고 있다는 느낌을 지우기 어렵다. 아니 '극복'과 '넘어섬'의 의미를 다르게 쓴 것 같다. 문재인은 "성찰과 반성의 맨 앞자리에 정권을 운용했던 우리가 서야 할 것이다"라며 다음과 같이 말한다. "'우리는 최선을 다했는가?'에 대한 통렬한 반성과 깊은 성찰이 있어야 한다. …… 다들 뜻과 의지는 가상했지만 능력 면에서 우리가 최고의 보좌진이었나 생각하면 대통령께 항상 송구할 따름이다. 우리 역량의 부족과 서투름, 이상과 현실의 불일치, 한두 가지가 아니다. 그걸 부인하거나 회피할 수는 없다."[10] 이렇듯 추상적으론 노무현 정부의 과오를 인정한다면서도 지금 활동하는 친노 인사들에게 책임을 물을 만한 과오에 대한 언급은 전혀 없다. 아니 문재인 자신인들 어찌 책임에서 자유로울 수 있겠는가.

문재인에게 성찰은 있는가

『문재인의 운명』과 더불어 평소 문재인의 정치 관련 발언에서 돋보이는 건 "이명박 정권이 나라를 망친다"는 위기의식 또는 분노의 메시지다. 성찰은 사실상 없다. 아니 늘 원론은 있는데 각론이 없다. "우리도 국민의 정부와 참여정부 10년을 했으니, 지난 대선 땐 국민이 다른

『문재인의 운명』 표지.

선택을 한 거라고 봤다"는 말은 놀랍다. '48.7 대 26.1'이라고 하는 대패배를 그렇게 말해도 되는 걸까? 아니면 그런 대패배에 노 정권이 져야 할 책임은 별로 없다고 보는 걸까? 대선의 연장선상에서 치러진 제18대 총선에서 '200 대 92'로 크게 패배한 것도, 그렇게 보는 걸까? 문재인은 이명박 정권이 나라를 망친다고 주장하지만, 이명박 정권의 독단과 독주가 '48.7 대 26.1' '200 대 92'라고 하는 선거 결과와는 무관한 걸까? 그런 처참한 패배에 대해 누가 책임을 졌으며 누가 미안해하기나 했는가? 대선 직후 안희정이 자신의 홈페이지에 "우리는 폐족(廢族)"이라는 글을 올린 건 괜한 쇼였을까? 노무현의 자살과 그로 인한 정치적 부활이 없었더라면 문재인도 지금 '폐족' 생활의 고통을 감내하고 있어야 옳은 게 아닌가?

문재인이 "'놈현' 관 장사를 넘어라" 사건 또는 『한겨레』 사과 사건이 일어난 지 6개월 후 『한겨레』(2010년 12월 9일)의 〈한홍구-서해성의 직설〉에 출연해 그 사건에 대해 유감을 표명한 것도 아쉽다. 그는 "그런 식의 냉소가 설령 일말의 진실을 담았더라도 정치 발전에 도움이 되지 않는다"는 뜻을 분명히 했고, 이에 한홍구와 서해성은 "상처 받은 분들에 대한 배려가 부족했다"고 답했다." 공(公)은 사라지고 사(私)만 남은 것 같다.

"'놈현' 관 장사를 넘어라"는 표현이 거칠었고 냉소적이었으며 상처 받은 분들에 대한 배려가 부족했기 때문에 문재인이 그 기사가 나온 즉시 유감 표명을 넘어 단호하게 비판을 했다면 그건 정당한 일이었을 것이다. 그랬다면 유시민의 『한겨레』 절독 운동 시사도 나오지 않았을지 모른다. 그러나 이제 그 사건은 '『한겨레』 사과 사건'으로 비화된 가운데 표현의 자유와 언론의 자유에 관한 문제가 되었음에도, 문재인이 이에 대해선 한마디도 하지 않은 채 유감을 표명한 게 과연 잘한 일이었는지는 의문이다. 문재인의 인터뷰가 있기 두 달 전 『한겨레』 기획위원 홍세화가 쓴 「진보의 경박성에 관해」라는 제목의 칼럼을 문재인은 어떻게 생각했을지 궁금하다.

홍세화는 "자본력이 약한 신문은 이른바 진보 세력에게도 만만한 동네북인가. 얼마 전에는 해학과 풍자를 담는 〈한홍구-서해성의 직설〉난에 쓰인 '놈현 관 장사'라는 표현에 반발하여 국민참여당 유시민 씨가 '『한겨레』 절독'을 말하더니, 최근에는 북한의 3대 세습 문제에 관한 민주노동당의 입장을 비판한 신문 사설을 문제 삼아 민주노동당 울산시당이 '『경향신문』 절독'을 선언하고 나섰다. …… 흥미로운 일은 스스로 진보라고 말하는 사람의 『경향신문』이나 『한겨레』를 절독하겠다는 소리는 종종 듣는 데 반해 스스로 보수라고 말하는 사람의 '조중동'을 절독하겠다는 소리는 듣기 어렵다는 점이다"라며 다음과 같이 말했다.

"이 점에 대해 '진보는 분열로 망한다'는 말이 적용될 듯싶지만, 나는 그보다 한국의 이른바 진보의식이 성찰과 회의, 고민 어린 토론 과정을 통해 성숙하거나 단련되지 않고 기존에 주입 형성된 의식을 뒤집으면 가질 수 있는 데서 오는 경박성, 또는 섬세함을 통한 품격의 상실에 방점을 찍는다. 신문 논조가 마음에 들지 않으면 조용히 끊으면 그

홍세화 칼럼 **진보의 경박성에 관해**

자본력이 약한 신문은 이른바 진보세력에게도 만만한 동네북인가. 얼마 전에는 해학과 풍자를 담긴 한홍구-서해성의 직설 난에 쓰인 '농현 관장사'라는 표현에 반발하여 국민참여당 유시민씨가 '한겨레 절독'을 말하더니, 최근에는 북한의 3대 세습 문제에 관한 민주노동당의 입장을 비판한 신문 사설을 문제삼아 민주노동당 울산시당이 '경향 절독'을 선언하고 나섰다.

경기도 수원의 한 독자가 지적한 대로 한국의 신문은 보수신문과 진보신문으로 나뉘는 게 아니라 '몰상식한 신문'과 '상식적인 신문'으로 나뉘는데, 흥미로운 일은 스스로 진보라고 말하는 사람의 《경향신문》이나 《한겨레》를 절독하겠다는 소리는 종종 듣는 데 반해 스스로 보수라고 말하는 사람의 '조중동'을 절독하겠다는 소리는 듣기 어렵다는 점이다.

이 점에 대해 "진보는 분열로 망한다"는 말이 적용될 듯싶지만, 나는 그보다 한국인의 이른바 진보의식이 성찰과 회의, 고민 어린 토론과 정을 통해 성숙하거나 단련되지 않고 기존의 주입 형성된 의식을 뒤집으면 가질 수 있는 데서 오는 경박성, 또는 섬세함을 통한 품격의 상실에 방점을 찍는다.

신문 논조가 마음에 들지 않으면 조용히 끊으면 그만일 터인데 소문내거나 선언하는 모습이 딱 그렇다. 이런 경박성에는 진보를 택한 자신에 대한 반대급부 요구도 담겨 있다. 경향이나 한겨레가 자기들 요구에 반드시 부응해야 한다는.

북한을 바라보는 시각도 마찬가지다. 북한에 관해 한국 사회 구성원들의 의식세계는 일단 지극히 부정적으로 형성되는데, 그중 일부가 한국 현대사에 관한 독서나 특별한 경험을 통해 그때까지 형성된 의식을 뒤집는다. 문제는 이 과정에서 성찰과 회의, 고민이 생략됨으로써 '극도의 부정'이 '극도의 긍정'을 낳고 '모' 아니면 '도'식의 시각만 남아 섬세함이나 균형 감각이 설 자리를 잃는다는 점이다.

예컨대 북한 내정에 간섭하는 것과 북한 체제를 비판하는 게 다름다는 점을 인식하는 데 섬세함까지 필요하지 않음에도 삼대 세습을 비판하면 내정간섭이며 반북이 되므로 남은 선택지는 이정희 민주노동당 대표의 "말하지 않는 것"이나 민주노동당의 판단이며 선택"으로 귀결되는 것이다. 심지어 '진정한 진보는 용납할 수 없는 이데올로기까지 포용할 수 있는 톨레랑스를 가져야 한다'(민주노동당 부설 새세상연구소 박경순 부소장의 말)는 궤변까지 나온다. 톨레랑스는 차이를 용인하라는 것이지 용납할 수 없는 것을 포용하라는 게 아니다.

북한 관련 소식을 접할 때마다 나에겐 고정관념처럼 떠오르는 말이 있다. 프랑스 파리 15구에서 만난 한 식당 주인의 "고픈 배는 나중에 채울 수 없다"는 말이다. 다른 모든 것은 나중에 채울 수 있지만 지금 주린 배는 나중에 채울 수 없다. 그럼에도 사르트르가 강조한 '지금 여기'에 관심이 더 큰 나는 북한의 3대 세습에 비판적이면서도 북한에 쌀을 보내지 않는 이명박 정권에 더 비판적이며, "권력이 (선출되지 않는) 시장에 넘어간" 한국 사회에서 삼성을 비롯한 재벌기업의 세습 문제와 독재자의 딸 박근혜씨가 가장 강력한 차기 대선후보라는 점을 되돌아보자고 주문한다.

그러나 통일과업을 지상명제로 주장하고 그것을 진보의 자격조건으로 양 강조하는 세력이 북한의 세습체제가 앞으로 굳어질 때 통일 과정에 부정적 영향을 미칠 것에 관해 말하지 않는 것은 자기부정이 아닌지 묻고 싶다. 북한 세습체제는 우리의 통일 여정에서 분명 걸림돌로 작용하지 않겠는가. 리영희 선생도 지적했듯이 통일은 남북 양 체제의 변화를 전제하지 않으면 불가능한데, 북한의 세습체제를 그대로 둔 채 그리는 통일의 상은 어떤 것인가? 이 간단한 질문에도 '말하지 않는 게' 민주노동당과 당대표의 '판단이며 선택'일까.

기획위원 hongsh@hani.co.kr

"신문 논조가 마음에 들지 않으면 조용히 끊으면 그만일 터인데 소문내거나 선언하는 모습이 딱 그렇다. 이런 경박성에는 진보를 택한 자신에 대한 반대급부 요구도 담겨 있다." (『한겨레』 2010년 10월 11일)

만일 터인데 소문내거나 선언하는 모습이 딱 그렇다. 이런 경박성에는 진보를 택한 자신에 대한 반대급부 요구도 담겨 있다.『경향신문』이나 『한겨레』가 자기들 요구에 반드시 부응해야 한다는."[12]

같은 맥락에서 문재인이『문재인의 운명』에서 '노건평 스캔들'과 '박연차 게이트' 등 일련의 비리 혐의와 관련해 서거 이전까지 노무현에 대해 매우 비판적이었던 진보 언론을 비난한 것도 보기에 안쓰럽다. 그는 "무엇보다 아팠던 것은 진보라는 언론들이었다. 기사는 보수 언론과 별 차이가 없었지만 칼럼이나 사설이 어찌 그리 사람의 살점을 후벼 파는 것 같은지, 무서울 지경이었다"며 "그렇게 날카로운 흉기처럼 사람의 마음에 깊은 상처를 주는 글을 쓴 사람들이 자신의 글에 대해 반성한 것을 보지 못했고, 글쓰기를 자제하는 것도 보지 못했다"고 했다.[13]

진보 언론은 이렇다 할 설명도 없이 서거 이후 노무현에 대한 논조를 180도로 바꿔버렸기 때문에 문재인의 위와 같은 비판은 일면 설득력이 있지만, 진보 언론의 그런 표변(豹變)이 문재인의 성찰 부재를 정당화하진 못한다. 그는 『문재인의 운명』에서 그 일련의 비리 혐의 사건에는 완전히 침묵한 채 이명박 정권의 정치적 보복 음모만 강조하고 있다. 불가피하게 언급할 필요가 있을 때에도 "대통령님에게 큰 실수를 하게 된 권 여사님은 우리들에게 너무 면목 없어 했다"는 말로 슬쩍 넘어가는 식이다.[14] 당시 상황을 잘 모르는 독자는 '도대체 무슨 실수를 했다는 거야?' 하고 매우 궁금해할 정도로, 그의 책은 철저하게 일방적이다.

『문재인의 운명』은 문재인의 청렴하고 고결한 인품을 확인시켜주는 책이다. 저절로 고개가 수그러질 정도로 그는 훌륭한 사람이다. 그러나 그는 정치를 순박한 시골 소년처럼 바라보고 있어서 그가 과연 대통령 비서실장을 포함해 참여정부에서 맡았던 요직에 적합한 인물이었는가는 달리 볼 수도 있겠다.

이명박 정권이 그럴 줄 몰랐다?

문재인은 정치적 보복 음모가 정치판의 일상사라는 걸 전혀 몰랐을까? 이명박 정권의 정치적 보복 음모에 대해서도 전혀 그럴 줄 몰랐다거나 그렇게까지 할 줄 몰랐다는 식인데, 이건 순박한 시골 소년도 하지 않을 생각이다. 정치적 보복은 영원히 바뀔 수 없는 정치의 속성이다! 정치적 보복이 법대로 하는 형식을 취하기 때문에 적어도 단기적으로는 보복의 문제는 법치의 문제가 되기 마련이다.

그래서 이명박 정권의 정치적 보복 음모가 정당하다는 것인가? 그런 반문을 던질 바보나 악인(惡人)은 적어도 이 책의 독자들 중엔 없으리라 믿는다. 모든 정치인은, 아니 정치에 대해 이러쿵저러쿵하는 보통 사람조차 언제든 자신에 대한 정치 보복 음모를 염두에 두고 책잡힐 일은 하지 않으려고 한다. 그런 경계와 주의는 정권에겐 절대적 금과옥조(金科玉條)다. 특히 대통령이 사소한 비리 혐의라도 늘 조심해야 한다는 건 대통령이나 정권 차원의 문제가 아니다. 국가와 민족의 문제로 비화될 수도 있다. 한국처럼 강력한 중앙집권 체제에서 대통령 권력이 흔들리면 국가적 혼란이 초래될 수 있기 때문이다.

그래서 대통령 가족을 전담하는 부서가 있고 거기서 일하는 사람들의 월급을 국민 세금으로 주는 것이다. 김영삼·김대중의 가족 관련 비리 의혹은 그들이 대통령에 재임할 때 제기되었고, 법적 응징도 이루어진 반면, 노무현의 경우엔 퇴임 후에 터져 '정치 보복 음모'가 강하게 불거졌다. 이 점에 관한 한, 노무현 시대는 김영삼·김대중 시대에 비해 퇴보한 셈인데, 최소한의 감시·보고 기능만 이루어졌어도 노 전 대통령이 뒤늦게 사실을 알고 '혼절'하거나 급기야 투신자살에까지 이르는 비극적 사태는 막을 수 있지 않았을까?

이에 대한 책임을 누가 져야 하는가? 문재인은 사실상 참여정부에서 그런 일을 전담하는 총책임자의 위치에 있었지만, 완전한 직무유기라고 해도 좋을 정도로 그 일에 실패했다. 그럼에도 문재인은 그 때문에 벌어진 일들에서 자신의 책임은 전혀 인정하지 않고 있다. 아니, 어쩌면 그는 책임 회피라기보다는 아직도 깊은 상처에서 헤어나지 못한 분들을 배려하는 차원에서 그 문제를 건드리지 않으려고 애쓰는 건지도 모르겠다. 그건 얼마든지 이해할 수 있지만, 그가 이명박 정권과 보수 언론과 진보 언론에게만 책임을 묻는 듯한 모습이 보기에 영 안타깝다는 것이다.

문재인은 심지어 진보 언론이 분노한 이유조차 깨닫지 못하고 있다. 그 분노의 핵심은 비리의 실체와 정도가 아니었다. 정치적 보복 음모에 대해 웬만한 시민운동 단체도 챙겼을 법한 기본적인 자기관리가 전혀 돼 있지 않았던 것에 대한 분노였다. 그리고 노 정권의 비리 때문에 '진보'가 도매금으로 시궁창에 버려지는 사태에 대한 분노였다. 극우 논객 조갑제가 "노무현은 진보가 보수에게 주는 선물"이라고 환호작약(歡呼雀躍)하게끔 만든 비극에 대한 분노였다. 문재인은 이 분노의 실체를 이해하지 못한 채 진보 언론을 원망하는 말만 늘어놓고 있으니 이 어찌 딱한 일이 아니랴.

문재인을 비롯해 오늘날 노무현 정신을 계승하자고 외치는 사람이 많다. 물론 좋은 뜻으로 하는 말이겠지만, 노무현 정신이 구체적으로 무엇인지에 대해 하는 말들을 들어보면 거의 예외 없이 추상적이고 문학적인 언어로 구성돼 있거나 이명박에 대한 반감에 근거하고 있음을 알 수 있다. 노무현의 대통령 재임 시절 미국에 가 있던 노무현의 두 자녀에게 집 구입 비용으로 송금된 돈이 140만 달러 이상이라는 게 맞는지, 아니면 정확히 얼마인지, 그 돈의 출처는 어디며 그게 합법적인 것인지, 노무현이 책임져야 할 일은 없는지, 대통령 가족의 사정을 전담

했던 책임자가 법적 또는 도의적 책임을 져야 할 일은 없는지 등등 이 모든 중요한 이슈들이 노무현의 서거로 인해 순식간에 사라져버리고 말았다. 그렇게 사라져버리는 게 당연하며 부각되어야 할 것은 오직 이명박 정권의 정치 보복이라고 믿는 사람들의 사고방식을 이해는 하지만 그것만이 우리가 노무현 서거와 관련해 남겨야 할 유일한 기록이라면 그건 너무 서글프지 않은가.

'노무현 정신'은 소통이다

노무현은 국가와 민족의 운명에 큰 영향을 끼칠 수 있는 대통령이었다. 그는 공인 중의 공인이었다. 따라서 '노무현 정신'에 대해선 오직 유시민이나 친노만 말할 자격이 있는 건 아니리라. 유시민과 문재인을 포함한 친노 세력이 말하는 '노무현 정신'은 다 고귀하고 아름다운 말이지만, 나는 '노무현 정신'을 좀 달리 해석한다. 노 전 대통령은 죽음으로 무엇을 말하고자 했을까? 유서만으론 알 길이 없다. 그가 목숨보다 소중히 했던 자존심과 명예의 관점에서 볼 때에 답이 나오리라. 노 전 대통령이 서거하기 80일 전 홈페이지에 올린 글에서 한 의미심장한 말에 주목할 필요가 있다.

노 전 대통령은 「정치하지 마라」는 제목의 글에서 "요즘 사람들을 만나면 '정치하지 말라'고 진담으로 말한다"면서 "얻을 수 있는 것에 비해 잃어야 하는 것이 너무 크기 때문"이라고 말했다. 노 전 대통령은 "정치인은 거짓말, 정치자금, 사생활 검증, 이전투구, 고독과 가난의 수렁을 지나가야 하는 것"이라며 "나는 지옥 같은 터널을 겨우 지나왔지

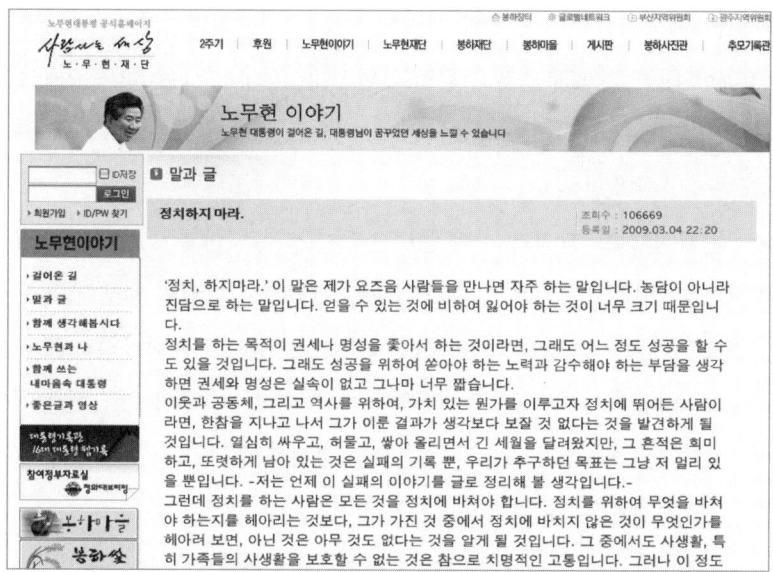

노무현이 서거 80일 전에 홈페이지에 쓴 글 「정치하지 마라」. 이 글에서 노무현은 요즘 만나는 사람들에게 자주 하는 말이 '정치하지 마라'는 말이라고 했다.

만 남은 사람들의 처지를 안타깝게 생각한다"고 덧붙였다.

나는 '정치하지 마라'가 그의 진정한 유언이라고 생각한다. 그러나 곧이곧대로 해석하면 안 된다. 역설적 표현일 수 있다. '정치하라'고 말할 수 있는 세상을 만들자는 것, 그것이 그의 진정한 메시지가 아니었을까? 평소 밭을 탓할 수는 없다고 역설했던 농부가 지친 표정으로 밭을 탓하는 말을 했을 때엔 밭에 주목해야 하는 게 아닐까?

그러나 우리는 여전히 밭에 주목할 생각이 없는 것 같다. 우리는 어떤 일에서건 만족스럽지 못한 결과를 얻었을 때 어떤 자세를 보이는가? "우리가 좀 더 잘할 수 없었을까"라고 성찰하기보다는 "누가 우리를 이렇게 만들었는가"라는 '남 탓'과 '원망'의 담론에 익숙하다. 예컨대, 개혁·진보 세력은 한나라당이 대선과 총선에서 압도적 승리를 거두었음에도, 그 어떤 배움과 성찰도 충분히 시도하지 않은 채 이명박 정권에 대한 투쟁 모드로 전환하고 말았다. 김대호 사회디자인연구소장이 『창작과 비평』 2009년 여름호에 기고한 글에서 다음과 같이 지적했듯이 말이다.

"현재 범진보 진영의 지적 풍토는 참여정부라는 골치 아픈 기억은 대충 덮어버리고, '촛불'의 아름다웠던 기억은 끊임없이 재생한다. 단적으로 작년과 올해에 걸쳐 벌어진 범진보 진영의 토론회를 돌아보면, 수많은 타산지석의 교훈을 제공해주는 '노무현 시대'와 관련된 토론은 거의 없고, 약간의 위안과 연대투쟁 의지를 불러일으키는 '촛불'이나 이명박 정부의 실정 관련 토론은 넘쳐난다."

그렇게 하는 것도 나름의 의미는 있겠지만, 문제는 그렇게 해선 '국민을 위한 정치'가 이루어질 수 없다는 데에 있다. 끊임없이 '더 나쁜 쪽'과 비교함으로써 자기 정당성을 확보하려는 방식으론 안 된다는 게 이미 충분히 입증되었음에도 우리가 그런 습속에서 빠져나오지 못하는 건 무슨 이유에서일까? 지금 우리가 갈고 있는 밭에 근본적인 문제가 있다는 걸 시사한다고 봐야 하지 않을까?

이제 나는 우리 모두가 저지르고 있는 '제2의 국민사기극'을 지적하지 않을 수 없다. 나는 지난 2001년 4월 『노무현과 국민 사기극』이라는 책을 낸 바 있다. "한국인은 정치가 제일 썩었다고 침을 뱉으면서도 기존 정치판의 문화에 저항하는 정치인은 '지도자감'이 아니라고 배척하는 사기극을 천연덕스럽게 저지르고 있다. 차라리 정치가 썩었다는 말이나 하지 말든가. 도대체 우리는 언제까지 이 지겨운 사기극의 주연 노릇을 계속할 셈인가?" 나는 이렇게 질타하면서 노무현을 다시 보자고 주장했다.

제1의 국민 사기극은 해피엔딩으로 끝났지만, 나는 노무현의 집권 이후 그로부터 멀어졌고 그의 비판자가 되었다. 나의 '국민 사기극론'은 그런 변화로 인해 빛이 좀 바래긴 했지만, 그 논지는 내가 여전히 고수하고 있는 것이다. 이제 내가 말하려는 '제2의 국민 사기극'은 노 전 대통령이 언급한 '지옥 같은 터널'로 전락한 정치에 대해 우리 모두가 취하는 자세에 관한 것이다.

정치인들은 '교도소 담장 위를 걷는 사람들'이라는 말이 있다. 우리는 그걸 잘 알

『노무현과 국민사기극』 표지.

고 있다. 국회의원이 되려면 돈이 얼마나 필요한가? 주변에 세상물정을 좀 안다는 사람이 있다면 누구에게나 물어보라. 똑같은 답을 들을 수 있다. 수십억 원이다! 그간 깨끗한 정치가 외쳐졌고, 이 점에서 노 전 대통령이 큰 기여를 한 게 분명하지만, 아직 그런 현실은 바뀌지 않았다. 실제로 수십억 원이 들어가는지 수억 원이 들어가는지 확인할 길은 없지만, 그게 상식으로 통용되는 건 분명한 사실이다. 정직하게 법정 선거비용만 쓴 사람들도 있겠지만, 중요한 건 유권자들의 전반적인 인식이다.

엄격한 선거법? 영악하면 안 걸리고 영악하지 못하면 걸린다. 영악하더라도 재수 없으면 걸리고 재수 있으면 안 걸린다. 여기에 권력의 농간까지 끼어든다. 정치자금을 받는 것도 마찬가지다. 법대로 하는 일이더라도, '정치 보복' 시비가 끊이지 않는 배경이다. 더욱 중요한

건 그렇게 '영악'과 '운'에 의존하는 것이 정치인들의 평소 의식과 행태에 미치는 영향이다. 한마디로, 비겁해진다. 냉소적으로 변하고 정글의 법칙을 생활신조로 삼게 된다. 보신주의에 탐닉하고, 줄서기를 외면할 수 없게 된다. 소통이 쓰레기 취급을 받거나 위선과 기만의 장식용으로 전락하는 소통 불능도 바로 여기에서 비롯된다.

깨끗해선 정치할 수 없다는 상식

그러면 유권자들은 어떤가? 그들은 깨끗한가? 수십억 원의 돈이 주로 어디에 쓰이는가? 돈과 향응 문제에선 깨끗하다 한들, 그들은 도대체 무슨 기준으로 표를 던지는가? 우리가 정치판을 향해 던지는 비판은 주로 민주주의 원론에 근거하는데, 유권자들은 그런 원론을 충실히 실천하는가? 우리 주변에서 수없이 이뤄지는, 지도자 선출을 위한 다른 선거들을 보자. 노동조합 선거, 대학 총장 선거, 성직자 선거, 봉사단체 선거 등등 선거의 모범을 보여줄 것 같은 그런 선거들은 깨끗한가?

그런 선거들이 온갖 부정이나 잡음으로 얼룩지고 있는데, 왜 우리는 그런 풍토와 문화를 고스란히 반영하는 동시에 증폭할 뿐인 정치판 선거에만 침을 뱉는가? 단지 누워서 침뱉기는 곤란하니, 정치판을 향해서만 돌을 던지자는 건가? 과연 그렇게 해서 정치가 달라질 수 있을까? 달라질 수 없다면, 이거야말로 '국민 사기극'이 아니고 무엇인가. 아니 그 이전에 "깨끗해선 정치할 수 없다"는 상식을 다 알고 있으면서도 그걸 그대로 방관한 채 정치에 대해 이러쿵저러쿵하는 것이야말로 '국민 사기극'이 아닐까?

물론 이해를 하자고 들면 못할 것도 없다. 2006년 한국개발연구원(KDI)의 '사회적 자본 실태 종합조사' 보고서에 따르면, 우리나라 국민의 사회적 관계망 가입 비율은 동창회가 50.4퍼센트로 가장 높고, 종교단체 24.7퍼센트, 종친회 22.0퍼센트, 향우회 16.8퍼센트 등이 뒤를 이었다. 반면 공익성이 짙은 단체들의 가입률은 2퍼센트대에 머물렀다.[15] 이런 토양에서 기간당원제는 '연고 기간당원제'로 전락할 수밖에 없으며, 정치는 '연고 전쟁'이 될 수밖에 없다.

지금 나는 우리 수준이 겨우 그 정도니 정치판에 대해서도 인내심을 보이자고 주장하는 게 아니다. 자기비하를 하자는 것도 아니다. 이는 우리가 그만큼 정(情)이 많은 데다 격정적이고 역동적인 사람들이라는 걸로 이해할 수도 있는 문제다. 내가 말하고자 하는 건 정치가 마치 우리 모두와 분리된 딴 세상에 존재하는 것처럼 생각하고 말하는 습관과 결별해야 진정한 해결책도 모색할 수 있다는 점이다. 그래야 적어도 서양 것을 무조건 수입해 와 써먹을 생각을 하기보다는 한국의 독특한 현실을 감안한 실천 방안도 모색할 수 있을 게 아닌가.

정치인이 되는 과정부터 '지옥 같은 터널'로 전락한 현실을 방치하는 한 정치개혁은 말할 것도 없고 소통도 가능하지 않다. 그 현실을 어떻게 바꿀 것인가? 관련 법을 엄격하게 한다고 해서 해결되는 문제가 아니다. 정치인들에게 봉급을 주지 말자는 방안까지 나왔지만, 그건 부자들만 정치하라는 말밖에 더 되는가?

답은 딱 하나다. 정치의 힘을 축소해 나가는 것이다. 교도소 담장 위를 걷더라도 정치를 하고야 말겠다는 투지와 욕망의 근거를 약화시켜야 한다는 말이다. 그게 어느 세월에 가능하겠는가? 맞다. 매우 오래 걸린다. 그러나 올바른 방향으로 몸은 틀어야 할 것 아닌가. 우린 지금 그것조차 못하고 있지 않은가. 오히려 우리가 가장 경계해야 할 것은 한 방에 가능한 해결책이 있다고 착각하는 것이다.

정치의 힘을 축소해 나가자는 제안에 대해 의아하게 생각할 분도 많을 것이다. 그게 말이 되느냐고 짜증 낼 분들도 있으리라. 이해한다. 나 역시 정치의 힘을 통해서만 모든 걸 바꿔 나갈 수 있다고 주장해온 사람이기 때문이다. 여기서 문제가 되는 건 '정치'의 정의다. 내 말을 차분하게 들어보고 판단해주시기 바란다.

대인 관계에서 금기가 된 정치 이야기

직장 동료, 이웃 사람, 방금 소개받은 새로운 사람, 오다가다 만난 사람 등과 이야기를 해본 경험이 많으실 게다. 대화 소재에 금기는 없는가? 정치 이야기를 마음대로 할 수 있는가? 못하실 게다. 정치 성향이 각자 다르기 때문이다. 우리는 곧잘 '87년 체제'라는 말을 하는데, 그 이전과 이후 많은 것이 달라졌다. 엘리트주의만 달라진 게 아니다.

민주화를 열망하던 시절엔 전선이 단순했다. 이분법이나 흑백논리도 무방했다. 아니 그게 필요하기까지 했다. 뜻 맞는 사람도 쉽게 구분할 수 있어 정치 이야기를 자유롭게 할 수 있었다. 그러나 오늘날엔 그렇지 않다. 사분오열을 넘어서 그야말로 춘추전국시대가 되었다. 그간 다른 지역에 비해 영남과 호남은 정치적 성향에 있어서 비교적 단일체에 가까웠지만, 이젠 그것도 옛날이야기다.

호남을 보자. 일상적인 대인 관계에서 정치 이야기는 금기가 되어가고 있다. 내가 살고 있는 전주의 경우 한동안 김대중, 노무현, 정동영,

정세균 등 정치 지도자들에 대한 생각이 사람들마다 달랐다. 크게 달랐다. 인터넷에 들어가 보면 잘 알 수 있었다. 지지자들 사이의 말싸움이 적대와 증오로 가득하다는 걸 쉽게 알 수 있었다. 사정이 그런 만큼 오프라인 세계에서도 예전처럼 마음대로 말을 못한다. 누군가를 불편하게 하는 건 물론이고 화나게 만들 수도 있기 때문이다.

진보파는 어떤가? 과거엔 내분이야 어찌됐건 진보파는 비교적 단일체로 여겨졌지만, 민주노동당과 진보신당의 분열 이후 그렇게 생각했다간 큰일 난다. 저 사람이 민주노동당파인가 진보신당파인가를 알고서 말해야지 무작정 말했다간 말싸움 나기 쉽다. 한나라당도 마찬가지다. 이명박파와 박근혜파로 찢겨 박 터지게 싸우고 있을 뿐 아니라, 전선도 그것 하나만이 아니다.

이게 지금 우리가 처한 현실이다. 물론 이걸 마냥 부정적으로만 볼 일은 아니다. 분열은 불가피한 면도 있고 바람직한 점도 있다. 다만 한 가지 분명해진 것은 그런 상황 변화 때문에 소통이 절대적으로 중요하게 되었으며, 소통은 자신의 정치 색깔을 자제하면서 포용의 자세를 취할 때에만 가능하게 되었다는 사실이다.

어찌됐건 그런 현실로 인해 나 역시 많은 상처를 입었다. 내가 상처를 주기도 했을 것이다. 왜 이래야 하나? 뭐가 그렇게 다른가? 과거 어느 시점에선 서로 존경한다며 얼싸안았던 사람들끼리 왜 이렇게 원수처럼 싸워야 하나? 이유는 딱 하나, 정치 지도자에 대한 견해 차이뿐이었다. 많은 사람에게 정치는 이미 종교였다. 지지하는 대상을 '자기 동일시' 함으로써 사실상 자신을 믿는 종교였다. 이거 이대로 좋은가?

상황 변화, 아니 역사의 변화도 주목해보자. 민주화는 '올인' 전쟁이었다. 나는 호남 차별이라는 괴물을 쓰러뜨리기 위해선 김대중의 집권도 '올인' 할 수밖에 없는 필연이라고 보았다. 나의 이런 생각에 동의하건 동의하지 않건 그건 중요치 않다. 김대중-노무현의 집권이 끝나고, 유권자들의 압도적 지지로 한나라당 정권이 들어선 현실의 의미를 제대로 읽는 게 중요하다.

한나라당이 아무리 저주스러워도 한나라당을 지지한 유권자들까지 저주할 수 없다는 대원칙만 확인한다면, 답은 먼 곳에 있지 않다. 한국 정치에 걸려 있는 과부하를 직시해야 한다. 해방 정국에서 미군들은 "한국인은 지구상의 어느 족속보다 더 정치적으로 예민한 종족이며, 한국 사람들만큼 정치를 좋아하는 사람들은 처음 보았다"고 했다.[16] "한국인들은 식사하려고 두세 명만 모이면 정당을 만들었다"는 말도 나왔다.[17] 한국을 비하한 조롱으로 눈에 거슬리지만, 사실상 개화기부터 정치를 잃어버린 한국인들의 정치에 대한 굶주림이 극한에 이르렀던 건 분명한 사실이다.

이젠 달라졌는가? 아니다. 조금 세련된 모습을 갖게 됐는지는 몰라도 정치에 대한 굶주림은 여전하다. 정치가 제공해줄 수 있는 줄의 위력과 그에 따른 이권이 너무도 막강하기 때문이다. 우리 국민이 정치에 침을 뱉는 주요 이유도 바로 이것 때문이다. 정치에 대한 굶주림, 정치가 제공할 수 있는 이권, 그로 인한 정치 과부하를 당연시하는 한 정치는 결코 바뀔 수 없다.

소통할 수 있는 최대공약수

내가 "정치의 힘을 축소해 나가자"고 말할 때의 '정치'는 좁은 의미의 정치다. 인간의 모든 삶이 정치적이라는 의미에서의 '정치'가 아니다. 우리의 정치 참여는 인물에 대한 지지 형식으로 이루어지는 게 현실인 만큼, 그런 방식의 정치를 다시 생각해보자는 뜻이다.

정치에 관심을 가진 사람들이 중요하게 생각하는 진보적 의제들을 떠올려보자. 그런 의제 중심으로 이야기를 나눈다면 싸울 일이 거의 없다. 물론 어느 정도 계급적 동질성을 가진 사람들이어야 하지만 말이다. 그러나 정치인 중심으로 정치를 이해하고 이야기할 경우엔 사정이 전혀 달라진다. 불통과 갈등과 분열만 낳을 뿐이다.

사실 의제 중심의 정치는 이미 진보 진영에서 충실하게 해왔다. 오히려 지나쳐서 문제일 정도다. 그래서 나는 과거에 진보 진영이 구조·계급 중심의 사고에서 인물도 중시 여겨야 한다고 주장했었다. 지금 나는 딜레마를 이야기하는 중이다. 현 풍토에서 어떤 정당이 집권하기 위해선 스타를 키우는 게 가장 유리하다. 내가 정치 컨설턴트라면 나는 그걸 역설할 것이다. 물론 나는 스스로 컨설턴트를 자처하는 입장에서 글을 쓴 적도 많다. 그런데 지금 나는 노 전 대통령이 언급한 '밭'에 대해 말하려고 한다. 어떤 정당의 집권도 중요하지만, 모든 정당이 존재 근거로 삼는 토양 자체도 의제로 삼아보자는 뜻이다.

과도한 인물 중심주의가 문제라면, 정당 중심주의가 답인가? 그것도 아니다. 현 체제하에선 정당은 과도한 인물 중심주의를 반영하는 조직일 뿐이기 때문이다. 잠시 서양에서 만들어진 정치학 교과서는 손에서 놓는 게 좋겠다. 각종 지방선거의 정당 공천제를 보라. 교과서적 원리대로라면 정당 공천제가 백번 옳지만, 우리의 정당이 수시로 때려 부쉈다가 다시 짓곤 하는 '포장마차'에 지나지 않는 현실에서 '교과서적 원리'는 독약이 될 수밖에 없다. 지방에선 지방의원들이 국회의원 '몸

정당의 목적이 무엇인가? 집권이다. 따라서 정당은 집권을 전제로 한 활동을 하기 마련이다.

종' 노릇한다는 개탄이 쏟아져 나오고 있음을 직시해야 한다.

"민주주의는 정당 민주주의다!" 백번 동의할 수 있는 명제지만, 그렇다고 해서 그 함정까지 외면하라는 건 아닐 게다. 정당의 목적이 무엇인가? 집권이다. 따라서 정당은 집권을 전제로 한 활동을 하기 마련이다. 교과서는 정당을 가치 집단으로 이해한다. 맞다. 그런데 주로 공적 가치만을 이야기한다. 겨우 한구석에, 정치 행위를 통해 국가 부문의 자원과 영향력에 접근해 사적 수익을 얻고자 하는 '지대(地代) 추구'(rent-seeking) 행위가 일어날 수 있다는 정도로만 언급하고 있을 뿐이다.

내 주장은 정반대로 '지대 추구'가 정치학 교과서의 본론이 되어야 하고, '공익 증진'이 한구석으로 밀려나야 한다는 것이다. 그게 우리가 처한 현실이기 때문이다. 정당 민주주의의 원론도 잠시 유보되어야 함은 두말할 나위가 없다. 정당이 '지대 추구'의 총본산으로 기능하는 걸 전제로 하는 정당 민주주의는 온 나라를 '뜯어먹기 전쟁터'로 만드는 결과만 가져오기 때문이다.

"우리 사회엔 각기 다른 정당·정파 지지자들이 힘을 합해서 할 수 있는 일들이 거의 없고 오직 이념적·정파적 편가르기를 해야만 해결할 수 있는 일투성이다." 만약 이 진술이 맞는다면, 내 주장은 틀린 게 된다. 그러나 맞지 않거나 부분적으로 수정할 대목이 있다면, 모든 공적 사업에 굳이 '정치'라는 포장을 씌울 필요가 없지 않느냐는 내 주장을 다시 생각해볼 수 있다.

남북 문제, 신자유주의 문제, 재벌 문제 등은 꼭 '편가르기'가 필요한 사안이 아니냐는 반론이 있을 수 있겠다. 맞다. 동의한다. 그러나 과연 무엇이 우선인가는 살펴볼 필요가 있다. 사상 때문에 파벌이 생기는가, 파벌 때문에 사상이 생기는가? 사람들은 사상을 받아들인 다음

여러 파벌로 나뉘기보다는 이미 여러 파벌로 나뉠 준비가 된 채 사상을 받아들이고 아귀다툼의 세계 속에 자기네 영역을 만들어가는 경우가 많다.[18] 물론 이걸 모든 경우에 일반화할 수는 없다. 다만 강고한 편 가르기 전선이 구축되고 나면 그런 거대 이슈들의 양극화 현상이 심화될 수 있다는 데에 동의해주는 것으로 족하다.

즉, 그런 거대 이슈들에 대한 근본적인 차이마저 완화해서 타협점을 모색할 수 있다는 뜻이다. 특히 서민의 민생을 최우선 가치로 삼는다면 말이다. 민생의 본질과는 거리가 먼 정치적 과정상의 문제로 차이와 분열을 극대화하기보다는 모든 이가 소통할 수 있는 최대공약수 이슈들에서부터 출발해 그 범위를 넓혀 나가는 것이 우리의 살 길이라는 데에도 수긍할 수 있으리라. 그렇게 해서 정치의 개념이 지금과는 달라진다면, 그때 가선 "우리 모두 정치하자"고 외쳐댈 수 있지 않겠느냐는 것이다.

잊지 말자. 대한민국 소통법은 헌법의 상위법이다. 많은 이가 개헌을 하면 한국 정치와 한국 사회가 크게 달라질 것처럼 주장하지만, 지금과 같은 소통법이 건재하는 한 달라질 건 거의 없다. 정치는 우리의 일상적 삶의 총체적 반영이자 표현이기 때문이다. 권력은 대통령에게서만 나오는 게 아니라 세상을 바라보는 대중의 시각에서도 나온다는 걸 인정해야 한다. 노무현 전 대통령만큼 스스로 권력을 버리면서 탈권위주의를 실천하려고 애쓴 지도자도 없겠건만, 참여정부하에서 일어난 청와대 사칭 사기 사건은 다른 역대 정부와 같거나 그 이상이었다는 게 좋은 증거가 아니겠는가. 문제의 핵심은 엘리트주의, 즉 권력이 작동하는 방식과 권력을 대하는 우리의 자세에 있다.

chapter
10

강남 우파의 강남 좌파적 언어

오세훈의 따뜻한 보수

58억 자산가도 딸 등록금에 허리가 휜다?

2011년 6월 10일 오마이뉴스에 오른 「대학생들 혈압 올린 '등록금 망언', 1위는?」(선대식)이라는 제목의 기사가 재미있다. 단지 재미만 있는가? 아니다. 우리의 강남 좌파 논의에 풍부한 이야깃거리까지 제공해주고 있다. 우선 이 기사 내용을 잠시 소개하고 나서 이야길 해보자.

(1) 6월 1일 오후 〈KBS 뉴스 12〉에서 김만석 앵커는 '반값 등록금 촉구 시위 가열'이라는 뉴스를 전하면서 "서울 도심에서 밤늦게 등록금을 반값으로 내리자는 촉구 집회와 기습 시위까지 벌어졌습니다. 이러다 보면 무상급식처럼 등록금도 무상으로 하자는 이야기가 나올 법도 한데, 아직은 아닌 모양입니다"라고 말했다.

(2) 5월 24일 『조선일보』는 「한국 대입 진학률 82퍼센트 OECD 최고 수준」이라는 기사에서 "전문가들은 '반값 등록금'으로 대졸자가 폭발적으로 증가하면 청년 실업이 더 악화될 것으로 예상하고 있다"고 보

선대식은 등록금 관련 '망언'을 다섯 가지 뽑아 오마이뉴스에 게재했다.

도했다.

(3) 3월 12일 설동근 교육과학기술부 차관은 SBS 〈그것이 알고 싶다〉 '대학생들의 잔인한 봄: 왜 돈에 좌절하는가?' 편에 나와 "어떤 아르바이트를 한다기보다는 든든 학자금(취업 후 학자금 상환)을 잘 좀 활용을 하라"고 조언하면서 "여러분이 젊어서 하는 고생은 옛날부터 사서라도 해야 한다는 그런 이야기가 있다"고 말했다.

(4) 6월 4일 58억 자산가인 서울시장 오세훈은 자신의 블로그에 올린

2011년 6월 3일 오세훈 서울시장이 연세대에서 학생들과 이야기를 나누고 있다. 이 자리에서 오세훈 시장은 반값 등록금 문제, 주거 문제, 취업 문제 등에 대해 이야기를 나누었다.

글 '풋풋한 대학생들과의 만남'에서 "사실 요즘 등록금 정말 미쳤다"며 "딸이 둘인데 모두 대학 다닐 때는 허리가 휘는 줄 알았다. 시장인 나도 이 정도인데 형편이 넉넉하지 못한 가정에서는 오죽하겠냐"고 말했다. 그러나 "반값 등록금이 지금 이 시점에서 가장 좋은 대안이 될 수 있을까"라고 반문하며 "대학생도 자신의 생각을 정리할 수 있는 지성인이니 스스로 생각해보라"고 밝혔다. 오 시장은 "대화를 마치고 돌아오는 길에 『아프니까 청춘이다』라는 책이 떠올랐다며 20대는 눈부시게 아름답지만 청춘이니까 아플 때"라고 적었다.[1]

(5) 2010년 2월 2일 이명박 대통령은 '든든 학자금' 제도를 담당하는 한국장학재단을 방문한 자리에서 "등록금이 싸면 좋겠지만, 너무 싸면 대학 교육 질이 떨어지지 않겠느냐"고 말했다. 이는 같은 해 1월 27일 이기수 당시 고려대학교 총장이 한국대학교육협의회 신임 회장에 선

출되면서 한 발언("대학 교육의 질에 비춰 우리나라처럼 등록금이 싼 나라는 없다")과 궤를 같이하는 것이었다. 이런 주장과는 달리, 경제협력개발기구(OECD)가 2010년 9월 발표한 교육 지표에 따르면, 한국의 국·공립대와 사립대 평균 등록금(구매력 환산 미국 달러 기준)은 각각 4717달러, 8519달러로 31개 회원국 중 미국(5943달러, 21979달러)에 이어 2위였다. 사립대 비율은 78퍼센트로 회원국 중 가장 높았으며, 우리나라 대학이 지출하는 연간 교육비(학생 1인당)는 8920달러로 자료를 제출한 OECD 28개 회원국 평균(1만 2907달러)에 크게 못 미쳤다.

강남 우파와 강남 좌파 사이에서

이 '5대 망언' 중 가장 재미있는 건 오세훈의 발언이다. 물론 그는 "요즘 등록금 정말 미쳤다"는 걸 강조하면서 대학생들의 등록금 고통에 공감한다는 선의에서 "딸이 둘인데 모두 대학 다닐 때는 허리가 휘는 줄 알았다"고 말했을 것이다. 그렇지만 자신의 재산이 58억 원이라는 건 기억했어야 했던 게 아닐까? 아무리 선의의 위로라도 진정성이나 현실감이 떨어지면 결례가 되는 법이다. 그가 평소 역설하는 '따뜻한 보수'의 정체이자 한계는 아닐까?

오세훈은 강남 좌파는 아니다. 한때 최열과 환경운동연합의 창립 멤버로 참여하는 등 강남 좌파 쪽을 기웃거리기도 했지만, 그는 누가 뭐래도 강남 우파다. 그것도 '꽃미남'이라는 별명까지 얻었을 정도로 아주 세련된 강남 우파다. 2006년 4월 11일 한나라당 서울시장 후보 경쟁자였던 한나라당 의원 홍준표는 "춤바람(강금실 전 장관을 빗댄 말)에 대항해 한쪽에선 꽃미남(오 전 의원)이 나왔다"며 "두 사람의 등장으로 정책 대결은 하루아침에 실종됐고, 선거전은 이미지와 이미지의 전쟁으로 급변했다"고 비판한 바 있다. 그는 "다른 후보가 강남의 헬스장에서 선탠을 하며 이미지를 가꿀 때 나는 밤새워 서울 시정을 연구했고, 피눈물을 흘리며 대여 투쟁을 했다"며 오세훈을 겨냥했다.[2]

오세훈이 정말 강남의 헬스장에서 선탠을 하며 이미지를 가꿨는지는 모르겠지만, 서민이 태반인 서울시정을 우파의 세련된 이미지와 언어만으로 이끌 순 없는 법이다. 오세훈은 강남 좌파적 언어 구사에 능하다. 아니 능하다기보다는 의도적으로 집요하게 구사하는 것 같다. "허리가 휘는 줄 알았다"는 말도 그런 집요함에서 비롯된 것이다.

물론 이에 대한 비판이 만만치 않다. 2006년 지방선거 당시 현 오세훈 서울시장을 도왔던 한나라당 원희룡 의원은 2009년 12월 7일 "내년 6월 서울시장 선거 출마를 준비하고 있다"고 밝히면서 경쟁자인 오 시장에 대해 직설적 비판을 쏟아냈다. 원 의원은 "(오 시장이) 용산 참사 현장에 한 번도 안 가는 등 서민의 눈물을 닦는 일은 도외시하고 이미지 관리에 집중했다"고 날을 세웠다. 오 시장의 뉴타운 사업에 대해선 "다수의 서민을 위한 대책이 우선이고 나머지는 그다음이다. 빈부 갈등도 커지고 용산 사태 등에 대한 대책이 없는 만큼 우선순위를 시정해야 한다"면서 "가난한 사람의 주거 안정을 위한 순환 재개발, 임대주택 건설이 필요하다"고 말했다.[3]

그런 주장을 반박이라도 하겠다는 듯, 오세훈은 재선에 성공하자 최열 환경재단 대표를 공동 인수위원장으로 영입하면서 자신의 색깔에 좌파 무늬를 넣는 수고를 아끼지 않았다. 오세훈은 사회 양극화와 복지 문제에 대해 우파의 정책을 쓰면서도 '서민의 피눈물'을 물고 들어

2009년 1월 20일 용산구 한강로2가 철거 현장에서 경찰의 진압에 이은 화재 사고가 발생해 철거민 다섯 명과 경찰 한 명이 숨졌다.

가는 화법을 구사한다. "오히려 양극화를 해결하려면 선별적 복지가 효과적이다. 요즘 현장에 가서 공공근로자, 노숙인, 차상위 계층과 대화를 많이 한다. 보편적 복지를 하게 되면 그들에게 돌아갈 몫이 반드시 상대적으로 줄게 돼 있다. 현장에 가서 피눈물 나는 말을 들어보면 그런 발상은 나올 수 없다."[4]

그렇게 볼 수도 있겠다. 그렇다면 그 문제를 놓고 토론과 타협을 할 수 있고 해야 할 일 아닌가. 그러나 강남 좌파적 언어를 선점했다고 생각한 그에겐 그럴 뜻이 없는 것 같다. 2010년 12월 1일 서울시의회가 서울 지역 모든 초·중학생에게 무상급식을 지원하도록 규정한 조례를 의결하자, 오세훈은 3일 서울시청에서 기자회견을 열어 "복지의 탈을 쓴 망국적 포퓰리즘 정책을 거부한다"며 "시의회의 횡포에 대해서 서울시장의 모든 집행권을 행사해 저지할 것"이라고 말했다. 그는 "시의회가 무상급식 조례를 철회하기 전까지는 어떠한 시정 협의도 없을 것"이라고도 했다. 또 그는 "무상급식은 민주당이 지난 6·2 지방선거 때 달콤하게 내걸어 '반짝 지지'를 얻은 인기 영합주의 복지 선전전의 전형"이라며 "무상급식이야말로 서민 정당을 자처하는 민주당에 어울리지 않는 '부자 무상급식'이자 '불평등 무상급식'"이라고 말했다.[5]

이게 꼭 그렇게까지 극단적인 언어를 구사해가면서 소통의 가능성을 원천 봉쇄한 채 싸워야 할 이슈였을까? 2006년 민선 5기 서울시장 취임 때부터 시민소통위원회를 만들고 소통기획관 자리를 신설하는 등 소통을 강조해온 건 괜한 쇼였을까? 2010년 6월 재선에 성공한 뒤 발표한 당선자 소감문에서 "더욱 열심히 듣고 소통하겠습니다. 분열이 아닌 통합의 정치, 과거로의 회귀가 아닌 미래 비전의 정치, 반드시 이루겠습니다"라고 했던 말도 그냥 해본 말이었나? 그래 놓고선 2010년 12월 무상급식 문제를 다루는 KBS 〈심야 토론〉에 나가기로 해놓곤 특정인의 참여를 이유로 생방송 12시간 전 불참을 통고해 방송을 취소시킨 건 무엇인가?

또 그래 놓고선 2011년 4월 미국 워싱턴에서 가진 특파원 간담회에서 '국민이 정부·여당을 비판하는 원인이 뭐냐?'는 질문에 이 대통령의 소통 부족 문제를 지적하며 "세계적 추세인 소통의 선행이 바람직하다"고 했으니, 과연 어떤 게 그의 진심인지 알다가도 모를 일이었다.[6]

'반값 등록금' 논란

'반값 등록금' 논란은 어떻게 보아야 할까? 우선 민주당은 어떤 입장인가? 손학규 민주당 대표가 2011년 6월 6일 저녁 8시 서울 광화문 KT 본사 앞에서 열린 대학생들의 '반값 등록금 집회'에 참석, "지금 당장은 우선 저소득층 소득 하위 50퍼센트까지 반값 등록금을 실현하자"고 말했다가 대학생들의 항의를 받았다. 손 대표는 "학생들을 길에 앉아서 집회하게 만든 것 같아 죄송한 마음으로 나왔다"면서 "학생 여러분에게 당장 듣기 좋은 말을 하려고 나온 게 아니다. 오는 7월까지 보편적 복지와 반값 등록금에 대한 진전된 방안을 마련해 단계적으로 실천하겠다고 말하려고 왔다"고 했다. 9일째 집회를 계속하고 있던 대학생들은 이에 대해 "그래서는 해결이 안 된다" "조건 없는 반값 등록금 즉각 시행하라"고 소리쳤으며, 한 학생은 "도대체 한나라당이랑 다른 게 뭡니까"라고 고함을 치기도 했다.[7]

이런 항의와 고함에 무언가 느낀 게 있었던 걸까? 다음 날인 7일 손학규는 원내 대책회의에서 "6월 국회에서 추가경정예산을 편성해 하반기에 반값 등록금을 일부 도입하고 내년 신학기부터는 전면적으로 실시하는 방안을 마련하겠다"고 말했다. 민주당의 반값등록금특별위원회 위원장인 변재일 의원은 "손 대표가 현장 분위기를 읽고 어젯밤부터 전화로 의견을 조율하며 기존의 학생 부담을 줄이는 방식에서 등록금 자체를 낮추는 것으로 접근 방식을 바꾸기로 했다"고 전했다. 이용섭 대변인은 "대표가 현장의 목소리를 즉시 정책에 반영하고 수정 보완하는 것이 민생 진보의 방법론이라고 생각한다"며 "일주일 전 반값등록금특위를 꾸리면서부터 전면 재검토는 생각해왔던 것"이라고

배우 김여진이 광화문광장에서 반값 등록금 일인 시위를 하고 있다(왼쪽 사진). 손학규 민주당 대표가 반값 등록금 집회에서 연설하고 있다.

말했다. 한편 정동영 최고위원은 국회에서 '반값 등록금을 넘어 등록금 폐지 가능한가'라는 주제로 열린 토론회에서 민주당이 내년 대선에서 집권한 후에는 궁극적으로 등록금을 폐지하는 방향으로 가야 한다고 주장했다.[8]

6월 13일 민주당은 정책 의원 총회를 열고 '내년 1학기'부터 대학 등록금을 반값으로 낮추는 정책을 당론으로 채택했다. 민주당은 등록금 고지서에 찍히는 액수를 실제 절반으로 낮추는 방안을 추진하기 위해 5조 7000억 원 규모의 국가 재정을 투입하겠다고 했다. 민주당은 소득세와 법인세 추가 감세를 철회하면 재원 마련에 문제가 없다고 했지만, 재경부 장관 출신인 강봉균 의원은 "감세 철회를 해도 어려울 것"이라며

"반값 등록금도 교육정책의 하나일 뿐인데 여기에만 수조 원의 예산을 한 번에 투입하는 것은 불가능하다"고 지적했다. 강 의원은 특히 "사립대 문제를 건드리지 않고 세금을 넣으면 정당성을 얻기 어렵다"며 "정부가 돈을 대주려면 대학에는 자율을 그만큼 포기하게 만들어야 한다"고 말했다. 그러면서 "사립대도 재정 지원을 받고 정부 감독을 받을 것인지, 아니면 미국의 사립대처럼 구조조정 등을 통해 등록금 문제를 해결할 것인지 선택해야 한다"고 주장했다.[9]

교육과학기술부 관계자는 "대학 예산을 확대하면 결국 초·중·고교 예산을 줄여야 한다"면서 "고등학교 의무교육도 실시되지 않는 상황에서 앞뒤가 맞지 않은 측면이 있다"고 말했다. 이와 관련, 『조선일보』는 "우리 사회가 고교 졸업생 80퍼센트 이상이 대학에 진학하는 '고(高)학력 사회'인 것은 맞지만, 가정 형편 때문에 고교 졸업 후 산업 현장에 취직한 고졸자가 대학생 등록금을 위한 세금을 내는 것이 정당하냐는 의문도 제기된다"고 했다.[10]

6월 14일 한나라당 이한구 의원은 평화방송 〈열린 세상 오늘〉에 출연해 '반값 등록금' 집회에 손 대표 등 야당 지도부가 참석한 것과 관련, "불법 집회인데 국회의원들이, 특히 당 대표라는 사람이 나가서 (자리를) 지키고 하는 것은 정말로 잘못된 것"이라고 말했다. 그는 민주당이 추경 편성을 통해 당장 2학기부터 국공립대 '반값 등록금'을 실현하자고 하는 주장에 대해서도 "불가능한 얘기"라며 "구체적인 프로그램도 없이 예산을 대놓고 집어넣으면 안 된다"고 지적했다. 이 의원은 "손 대표는 집회에 갔다 오면 자주 보따리를 풀고 있다"는 지적에 대해 "그러니까 자꾸 비판을 받는다"며 "문제를 철저하게 고민해서 푸는 자세가 아니고 걸핏하면 방안을 이랬다저랬다 하니까 진짜로 문제를 풀

려고 하는 사람의 태도가 아니라고 보는 것"이라고 비판했다.[11]

'홍수 민주주의' 해법인가

'반값 등록금' 정책에 대한 비판에 전적으로 동의할 순 없다 하더라도, 이 정책이 한국의 전형적인 '홍수 민주주의'의 사례가 될 수는 있을 것 같다. 여기서 나의 지론인 '홍수 민주주의'에 대해 잠시 소개할 필요가 있겠다. 그러고 나서 이를 '반값 등록금' 논란과 연결해 이야기해보자.

한국인에겐 '욱' 하는 기질이 있다. 참고 모아 두었다 한꺼번에 처리하거나 폭발시키는 성향이 강하다. 학생들이 벼락공부하는 것과 비슷하다. C. 오스굿(C. Osgood)은 한국인의 성격을 내향적이고 감정적이라 했다. 마치 동면(冬眠)하는 곰과도 같이 침묵을 지키고 있지만, 때로는 돌진하는 범과도 같은 노여움을 지니고 있어, 언제 이것이 폭발할지도 모르는 불안성을 내포하고 있다고 했다.[12] 운동도 그렇다. 박상훈은 "보수운동이든 진보운동이든 대체로 공유하는 것은 정치에 대한 강한 거부감"이고 "광범위한 운동적인 동원을 통해 일거에 문제를 해결하려는 경향"도 비슷하다고 말했다.[13]

불법 폐기물을 쌓아두었다가 홍수가 날 때에 슬쩍 휩쓸려 가버리게 만드는 폐기물 처리법이 있다. 욕먹어 마땅한 수법이다. 그러나 일반적인 '홍수 처리법'은 우리에게 익숙한 관행이다. 특히 그 어떤 사회적 홍수가 났을 때에 좋지 않은 것들을 일거에 해치우려는 습성은 한국 사회의 오랜 전통이다. 그런 특성에 '홍수 민주주의'라는 딱지를 붙일 수 있겠다. '홍수 민주주의'는 좋은 것도, 나쁜 것도 아니다. 일장일단이 있는 한국적 특성일 뿐이다.

화끈하고 역동성이 있는 건 좋은데, 국민적 면책심리를 부추겨 잘못된 일을 똑같이 반복하도록 하는 게 문제다. 어떤 사회적 문제가 터졌을 때, 공동 책임을 져야 마땅한데도 주범을 하나 지목해서 모든 책임을 떠넘기고 다른 모든 사람은 면책될 뿐만 아니라 피해자인 양 오히려 큰소리치는 풍토는 한국 사회의 익숙한 풍경이다.

사회적 갈등 구조엔 쌓여온 역사라는 게 있다. 하나씩 차근차근 풀어 나가면 되고 또 그렇게 해야 한다. '홍수' 한 방으로 풀 수는 없다. 설사 그게 가능하다 해도 엄청난 부작용이 뒤따르는 만큼, 차근차근 풀어 나가는 것보다 더 나을 게 없다. 우리는 '평소 실력'이 아니라 '벼락공부'로 성적을 올리는 학생을 칭찬하지 않는다. 벼락공부의 한계를 잘 알기 때문이다.

평소에 관심을 갖고 지속적으로 차근차근 사회적 문제를 해결해 나가면 안 될까? 한국인들은 "먹고사느라 바빠 그럴 시간이 없다"는 답을 예비해둔 것 같다. 그렇지만 속으론 평점을 매겨둔다. 그랬다가 그 어떤 계기를 만나면 그동안 침묵했지만 속으로 쌓아온 불만을 일시에 터뜨리곤 한다. 욱하는 기질을 한껏 발휘하는 양상이 홍수와 비슷하다. 이런 관점에서 보자면, '반값 등록금' 논란은 등록금 논란이라기보다는 한국 교육 전반에 관한 논란이라고 보는 게 옳다.

OECD 회원국 중 대학 등록금이 가장 높은 미국은 어떤가. 미국에서도 오래전부터 '등록금 전쟁'이라는 말이 나왔고, 등록금과 관련한 각종 시위가 치열하게 전개되는 등 이 문제가 매우 심각하다. 많은 대학생과 학부모들이 대학 등록금을 대느라 진 빚 때문에 신음하고 있는데,

이는 서브프라임 모기지 사건과 비슷하다. 집값이 오를 줄 알고 큰 빚을 내 집을 산 것이나 졸업 후 취직해 연봉 많이 받을 줄 알고 거액을 대출받은 거나 같다는 이야기다. 이미 1960년대 후반부터 대학 등록금 인상이 출산율에 영향을 끼칠 정도로 가계에 주는 압박이 심각하다는 보고가 나왔지만, 오히려 그렇기 때문에 더 대학에 가야 한다는 논리가 기승을 부린 것이다.[14]

그럼에도 미국 고교생의 대학 진학률은 1940년 13퍼센트에서, 1970년 43퍼센트, 오늘날엔 70퍼센트(2009년 70.1퍼센트)에 이를 정도로 계속 늘고 있다.[15] 왜 그럴까? 가장 큰 이유는 임금 격차 때문이다. 1980년 평균적으로 대졸자는 고졸자보다 35퍼센트의 임금을 더 받았고, 1990년대 중반엔 70퍼센트 이상 더 받았으며, 대학원 졸업자는 90퍼센트 이상 더 받는 것으로 나타났다.[16] 물론 명문대 출신일수록 더 많은 소득을 올린다는 건 두말할 나위도 없다. 아이비리그 대학의 학비가 하늘 높은 줄 모르고 치솟아도 계속 학생이 몰리는 것도 바로 그런 이유 때문이다.

그렇다면 이 문제는 등록금 문제라기보다는 학력·학벌 격차의 문제이고, 더 나아가 소득 격차와 그에 따른 조세정책의 문제다. 물론 화끈하게 등록금을 반으로 해주거나 아예 등록금을 안 받는 교육복지로 나아가면 더욱 좋겠지만, 그렇게 할 만한 경제적 여건이 안 되는 나라에선 심각한 불평등의 문제를 낳을 수 있다는 점에 주목할 필요가 있다.

비싼 등록금 논란에도 불구하고 미국은 고등교육에 가장 돈을 많이 지원하는 국가다. 그 돈은 사회복지를 희생으로 한다. 사회복지에 들어가야 할 돈이 교육 분야에 쓰이는 것이다. 물론 국가 경쟁력 강화를 위해서라는 명분을 앞세우기 때문이다. 그렇게 해서 미국이 세계 최강 대국이 된 건 좋은 일이지만, 미국이 선진 21개 국가 중 사회복지는 꼴

등이라는 점은 어떻게 이해해야 할 것인가?[27]

　대학, 그것도 좋은 대학을 간 사람일수록 국가 지원이라는 혜택은 크게 누리는 반면, 대학을 가지 않았거나 서열 체계에서 낮은 곳에 속하는 대학을 간 사람들이나 아예 대학을 가지 못하는 사람들은 자신들이 누려야 할 몫도 누리지 못하는 게 아닌가. 이게 과연 공정한 게임인가? 한국에서도 당연히 제기되어야 할 문제라 하겠다. 발등에 떨어진 불로 인해 좌절하고 분노하는 대학생들의 입장은 전적으로 공감하고 이해할 수 있지만, 불법 폐기물(등록금을 포함한 교육 관련 문제)을 잔뜩 쌓아두었다가 홍수가 날 때에 슬쩍 휩쓸려 가버리게 만드는 폐기물 처리법에 박수를 보내긴 어렵다.

오세훈의 무상급식 주민투표 도박

　'반값 등록금' 이야기가 길어졌지만, 그럴 만한 이유가 있다. 오세훈은 '수구꼴통'도 아니요 '바보'도 아니라는 걸 말하기 위해서였다. 그런데 적어도 좌파 진영에선 이 말을 하는 게 매우 어렵다. '반값 등록금'이나 '무상급식'에 대해 조금이라도 다른 의견을 말하면 "피도 눈물도 없는 반(反)복지파"라는 말을 듣기 십상이니, 괜히 나서서 그런 욕먹을 필요가 없다고 보는 게 일반적 정서다. 오세훈이 노리고 있는 건 바로 그 지점이다. 오세훈이 30퍼센트 정도의 정당성으로 70퍼센트 정도의 정당성을 잡아먹겠다는 야심을 부리는 배경인 것이다.

　오세훈은 전투성을 넘어서 아예 승부사 또는 도박사의 자세마저 취하고 있다. 2011년 초 서울시의회의 전면 무상급식 조례 공포에 반발

2011년 6월 16일 오세훈 서울시장이 서울시청 대회의실에서 무상급식 반대 주민투표와 관련한 기자회견을 했다. 오 시장은 이날 기자회견장에 주민투표청구 서명용지를 잔뜩 쌓은 뒤 이를 배경으로 삼는 '퍼포먼스'를 선보이기도 했다.

해 주민투표를 제안했던 그는 6월 16일 보수 성향 단체가 서울시에 '학생 무상급식 주민투표 청구'를 낸 직후 기자회견을 열어 "주민투표가 복지 포퓰리즘에 종지부를 찍을 역사적 기로가 될 것"이라고 주장했다. 이에 따라 이르면 8월 20일 이후 만 19세 이상 서울시 주민투표권자를 대상으로 '전면 무상급식'과 '저소득층 50퍼센트 단계별 무상급식'에 대한 의견을 묻는 주민투표가 실시될 가능성이 높아졌다.

하지만 주민투표를 두고 민주당이 다수인 서울시의회가 강하게 반발한 데다, 여당인 한나라당 안에서도 반대 기류가 만만찮다. 서울시의회는 "서명운동 기간에 현역 국회의원이 불법 개입한 사실이 드러났을 뿐 아니라 서울시 위탁기관 등에 대한 조직적이고 강압적인 서명 활동이 있었다는 사례가 제보되었다"며 "이의 신청 기간에 시민단체와 함께 직접 서명부의 대리 서명과 유령 서명 등 불법 여부를 가려내겠다"고 주장했다. 서울시의회의 강희용 민주당 전략 부대표는 기자회견에서 "주민투표는 서울시 예산 182억 원을 단번에 날릴 사상 초유의 예산 낭비 사례가 될 것"이라고 비판했다. 한나라당 안에서도 오 시장의 '벼랑 끝 해법'을 우려하는 목소리가 작지 않았다. 한 의원은 "서울시 재정을 봤을 때 대규모 예산이 드는 주민투표까지 부쳐 반대해야 할 사안인지 앞뒤가 안 맞는다"며 "그 과정에서 한나라당의 서울시당 쪽과 거의 협의도 없었다"고 말했다.[18]

이와 관련, 『조선일보』는 "'전면 무상급식' 반대를 위한 주민투표가 가시화되면서 오세훈 서울시장의 정치적 명운도 급물살을 타기 시작했다. …… 오 시장은 올 초 야당이 무상의료 등 '3무(無) 시리즈'를 내놓은 가운데 '전면 무상급식' 반대를 외치며 야당에 맞서왔다. 대의(大義)를 위해 몸을 아끼지 않는 투사(鬪士) 이미지를 얻었다. "'전면 무상급식'의 부당함을 알리는 과정에서 정치적 행보도 넓혀갔다"며 다음과 같이 말했다.

"그러나 주민투표를 둘러싼 상황이 오 시장에게 유리한 것은 아니다. 도움을 받아야 할 한나라당이 반값 등록금을 들고 나오고 있으며, 여야가 경쟁하듯 선심성 복지정책을 내놓고 있기 때문이다. 주민투표가 실시될 8월 20~25일은 여름휴가 끝 무렵이어서 유권자의 관심을 끄는 것도 쉽지 않을 것으로 보인다. 오 시장은 주민투표 결과에 정치생명이 달린 만큼 '이기는 길밖에 없다'며 배수진을 치고 있다. 주민투표가 가결되면 오 시장의 정치적 입지는 수직 상승할 것으로 보이며, 내년 총선과 대선을 앞두고 비상한 관심을 모으게 될 것으로 전망된다. 여소야대 구도인 서울시의회와의 관계에서도 승기를 잡아 시정(市政) 운영에 힘을 얻을 것으로 보인다. 주민투표에서 유권자 3분의 1 이상이 참여하지 않아 투표함 자체를 열지 못하거나, 찬성이 과반을 넘기지 못할 경우 오 시장의 패배로 돌아간다. 서울시장으로서 사퇴 압력을 받을 수 있고, 임기를 채우더라도 다수당인 민주당에 목소리를 내기 어려워질 전망이다."[19]

오세훈은 우파의 노무현인가

오세훈의 이런 벼랑 끝 전술을 어떻게 보아야 할까? 왜 그는 벼랑 끝 전술의 달인이었던 노무현을 흉내 내려고 하는 걸까? 그는 '우파의 노무현'인가? 흥미롭게도 1년 6개월 전 경제 전문 인터넷 매체인 프라임경제 기자 임혜현이 그런 가설을 제시한 바 있다. 임혜현은 "진보와 보수 양 진영 모두에게서 싫은 소리를 들을 일이겠지만, 고 노무현 전 대통령과 오세훈 서울시장은 유사한 점이 많다"며 네 가지 공통점을 들었다.

첫째, 가난한 집에서 태어나 대학도 못 갔지만 어지간한 명문대 출신에게도 별따기인 고시를 통과한 노 전 대통령과 비슷한 이력을 오 시장도 가졌다. 오 시장은 넉넉하지 않은 환경에서 자라 대학을 마치고 변호사가 됐다.

둘째, 노 전 대통령은 '5공 청문회 명패 사건'이 보도되면서 일약 '패기 있는 젊은 정치인'으로 유명세를 탔고, 오 시장 역시 〈오 변호사 배 변호사〉에서 선배 배금자 변호사와 함께 방송에 출연해 유명인이 됐다는 '언론이 만든 스타'라는 공통점도 있다.

셋째, '정계의 혜성'으로 중앙 정가에 진입, 이름을 남긴 점도 유사하다. 부산시장 낙선 등 변방을 떠돌았지만 개혁적이고 진솔한 이미지가 사람들의 눈에 들면서 대통령 후보, 또 대통령으로까지 떠오르는 데 성공한 노 전 대통령처럼, 오 시장 역시 '잊힌 초선 의원 출신 정치인'으로 남을 것으로 예상되다가 순식간에 시장직에 올랐다.

넷째, 오 시장의 반대 여론에 대한 태도는 노 전 대통령의 언론이나 비판 여론에 대한 전투적 대응과 유사한 패턴을 보이고 있다. '광화문의 스노보드 점프대'가 논란을 낳자 "재선을 포기하고 싶을 정도로 답답한 심경"이라는 부분에 이르면 "대통령 못해 먹겠다"는 발언으로 반대론자들을 압박했던 노 전 대통령의 화법과 너무나도 유사해 놀랄 지경이다.[20]

이 세 번째와 네 번째 공통점에 주목할 필요가 있겠다. 오세훈의 곱상한 외모만 보고 그를 판단할 일이 아니다. 그는 3종 철인경기에 심취한 '터프 가이'다. 노무현에게 영남 지역주의에 대한 도전이 있었다면 오세훈에겐 '총선 불출마 선언'이란 도전이 있었다. 이와 관련, 정치평론가 고성국은 "오세훈은 풍운아다. 그는 2004년에 '총선 불출마'를 선언했고 정치자금법 개혁안인 일명 '오세훈 법'을 만들었다. 불출마를 선언한 오세훈에게 맡겼더니 의원들을 옴짝달싹 못하게 만들어놓았다는 푸념까지 들은 '오세훈 법' 때문에 '소액 후원금 쪼개기' 관행이 생겨났고, 그 끝에 청목회 사건까지 터졌으니 한 정치인의 입법 행동이 얼마나 크고 무거운지를 잘 보여주는 사례라 할 만하다"며 다음과 같이 말했다.

"자고로 정치관계법을 정치인들한테 맡겨 제대로 된 것 못 봤다는 평가가 일반적인 풍토에서 만들어낸 '오세훈 법'의 성과는 그의 '총선 불출마' 선언이 있었기 때문에 가능했다. 이때 쌓은 그의 개혁적 이미지는 2년 후 서울시장 선거에서 결정적 역할을 했다. '버리면 얻는다'

는 말대로 그는 서울시장이 됐다. 천변만화하는 세상의 흐름이 그를 시장으로 만들었다고 생각하지만 만약 그가 서울시장 선거를 위해 2년 전에 총선 불출마를 선언했다면 그의 기획력은 단연 탑이라 할 만하다. 힐난할 이유가 없다. 그 정도 기획력으로 정치를 하겠다는데 말릴 이유가 있겠는가."[21]

오세훈은 총선 불출마 선언 후 '이타적 강남 좌파'의 면모를 유감없이 보여주기도 했다. 2500만 원의 의정 활동 잔여금 중 1500만 원은 환경재단에, 1000만 원은 서울문화재단에 기부했고, 신문광고 수익금 3000만 원을 장애 아동과 북한 어린이들을 위해 사회복지법인 대한사회복지회에 기탁한 것이다. 일부에서 기부 활동이 서울시장 출마를 위한 것 아니냐는 의혹이 일자 오세훈은 "서울시장에 출마한다는 이야기는 엉터리입니다. 그럼에도 불구하고 기부 문화 확산에 기여하는 활동은 계속할 겁니다"라며 대응했다.[22]

오세훈은 기회 있을 때마다 서울시장 출마 가능성을 부인했다. "(불출마 선언으로) 호감을 얻었지만 이를 밑천으로 정치적 도약을 노릴 만큼 미련치 않다"고도 했고, "서울시장은 경륜이 필요한데 나는 충분치 않다"고 했었다. 물론 그는 결국엔 서울시장에 출마했다. 이에 『세계일보』 사회부장 김기홍은 "표를 위해서라면 국민과의 약속도 헌신짝처럼 버리는 정치판의 생리를 그대로 보여주었다"고 비판했다.[23] 이런 약속 번복으로 인해 그는 기획력이 탁월한 '기회주의적 강남 좌파'가 아니냐는 의혹을 받았지만, 그는 강남 우파였으니 크게 문제될 것도 없었던 셈이다.

표 있는 대학생, 표 없는 빈곤 아동

오세훈이 무상급식 문제에 승부수를 던지면서 겨냥하는 지점은 명확하다. 여야를 막론하고 존재하는 포퓰리즘에 대한 정면 도전이다. 복지파들은 오세훈이 복지에 관한 한 천하의 몹쓸 사람인 것처럼 비난을 해대지만, 오세훈에게도 30퍼센트 정도의 정당성이 있다는 걸 잊어선 안 된다.

『조선일보』가 반값 등록금 문제로 그 30퍼센트의 정당성을 거들고 나섰다. 『조선일보』는 빈민운동가 출신인 한나라당 강명순 의원과의 인터뷰 기사를 게재한 데 이어, 그 주요 내용을 「"표(票) 있는 대학생만 보고, 표 없는 빈곤 아동은 안 보나"」라는 제목의 사설을 통해 밝히면서 반(反)포퓰리즘 공세를 전개했다.

강명순은 반값 등록금 논란에 대해 "학비가 부족해 대출을 받거나 아르바이트로 학비를 마련하는 대학생들은 64만 명이고, 돈이 없어 급식 예산을 지원받는 청소년은 137만 명"이라며 "표 없는 137만 명은 보이지 않고 표 있는 대학생들만 보이느냐"고 했다. 강 의원은 "뭐가 더 중요한지, 뭐가 우선순위인지 모르면 정신 나간 것 아니냐. 한나라당이 미쳐 돌아가고 있다"고 말했다.

이 발언을 소개한 『조선일보』 사설은 "전국 대학생 330만 명 중에서 상당수는 등록금을 마련하느라 몸과 마음이 고생일 것이다. 반면 부모의 소득수준이 높거나 부모 직장에서 자녀 학비를 지원해주는 등의 이유로 등록금 부담을 느끼지 않는 학생들도 제법 있을 것이다. 대학생들이 요구하는 반값 등록금은 형편이 어려운 학생이나 형편이 괜찮은 학생을 가리지 말고 영수증에 찍혀 나오는 등록금 액수를 절반으로 줄

> ## 社說
>
> ### "票 있는 대학생만 보고, 票 없는 빈곤아동은 안 보나"
>
> 빈민운동가 출신인 한나라당 강명순 의원은 본지와의 인터뷰에서 반값 등록금 논란에 대해 "학비가 부족해 대출을 받거나 아르바이트로 학비를 마련하는 대학생들은 64만명이고, 돈이 없어 급식예산을 지원받는 청소년은 137만명"이라며 "표(票) 없는 137만명은 보이지 않고 표 있는 대학생들만 보이느냐"고 했다. 강 의원은 "뭐가 더 중요한지, 뭐가 우선순위인지 모르던 정신 나간 것 아니냐. 한나라당이 미쳐 돌아가고 있다"고 말했다.
>
> 전국 대학생 330만명 중에서 상당수는 등록금을 마련하느라 몸과 마음이 고생일 것이다. 반면 부모 소득수준이 높거나 부모 직장에서 자녀 학비를 지원해 주는 등의 이유로 등록금 부담을 느끼지 않는 학생들도 제법 있을 것이다. 대학생들이 요구하는 반값 등록금은 형편이 어려운 학생이나 형편이 괜찮은 학생을 가리지 말고 영수증에 찍혀 나오는 등록금 액수를 절반으로 줄이라는 것이다. 이 요구대로라면 전체 대학생 등록금 14조4000억원에서 이런저런 장학금 지원액 4조원을 뺀 10조원 중 5조원을 국고에서 지원해야 한다.
>
> 그러나 이 나라엔 등록금을 걱정하는 대학생들만 사는 것이 아니다. 18세 이하 아동 중에서 방학 중 점심지원을 받는 대상이 48만명, 학기 중 공휴일 점심지원대상이 25만명, 아침·저녁까지 지원받는 대상이 9만명이다. 먹을 것마저 국가보조를 받아야 하는 어린이들이 공책, 필기구, 수업 준비물처럼 공부하는 데 꼭 필요한 물품을 구입할 여유가 있을 리 없다. 사정이 어려운 초등학생 15만명, 중·고등학생 21만명에게 월 5만~7만원씩 학습수당을 지원해 주려면 연간 2660억원의 예산이 필요하다. 부모가 자녀를 돌볼 여유가 없어 할아버지·할머니와 사는 아이들은 기본 교육도 제대로 받지 못해 문맹(文盲)상태인 경우가 적지 않다. 형편이 어려운 조손(祖孫)가정 아동들을 지원하는 데 필요한 기본 예산이 600억원가량이다.
>
> 강 의원은 지난 3년간 국회에서 절대 빈곤층 아동들을 위해 꼭 필요한 예산 수천억원을 따내기 위해 투쟁해 왔지만 "재원(財源)이 없다"는 답변만 들어야 했다. 그런데 내년 총선과 대선에서 투표권을 행사할 대학생들이 반값 등록금을 요구하자 잘사는 대학생, 못사는 대학생을 가릴 것 없이 330만명에게 5조원을 지원하겠다고 여야가 경쟁적으로 나서고 있다. 빈민 대모(代母) 출신 강 의원 입에서 "국회가 미쳤다"는 말이 나오는 게 이상한 일이 아니다.

투표권이 있는 대학생만 챙기고 투표권이 없는 빈곤 아동은 돌보지 않을 것이냐고 질타한 2011년 6월 16일자 『조선일보』 사설. 『조선일보』는 국회의원 강명순의 입을 빌려 '국회가 미쳤다'는 표현까지 썼다.

이라는 것이다. 이 요구대로라면 전체 대학생 등록금 14조 4000억 원에서 이런저런 장학금 지원액 4조 원을 뺀 10조 원 중 5조 원을 국고에서 지원해야 한다"며 다음과 같이 말한다."그러나 이 나라엔 등록금을 걱정하는 대학생들만 사는 것이 아니다. 18세 이하 아동 중에서 방학 중 점심 지원을 받는 대상이 48만 명, 학기 중 공휴일 점심 지원 대상이 25만 명, 아침·저녁까지 지원받는 대상이 9만 명이다. 먹을 것마저 국가 보조를 받아야 하는 어린이들이 공책, 필기구, 수업 준비물처럼 공부하는 데 꼭 필요한 물품을 구입할 여유가 있을 리 없다. 사정이 어려운 초등학생 15만 명, 중·고등학생 21만 명에게 월 5만~7만 원씩 학습수당을 지원해주려면 연간 2660억 원의 예산이 필요하다. 부모가 자녀를 돌볼 여유가 없어 할아버지·할머니와 사는 아이들은 기본 교육도 제대로 받지 못해 문맹(文盲) 상태인 경우가 적지 않다. 형편이 어려운 조손(祖孫) 가정 아동들을 지원하는 데 필요한 기본 예산이 600억 원가량이다."

이어 이 사설은 "강 의원은 지난 3년간 국회에서 절대 빈곤층 아동들을 위해 꼭 필요한 예산 수천억 원을 따내기 위해 투쟁해왔지만 '재원(財源)이 없다'는 답변만 들어야 했다. 그런데 내년 총선과 대선에서 투표권을 행사할 대학생들이 반값 등록금을 요구하자 잘사는 대학생, 못사는 대학생을 가릴 것 없이 330만 명에게 5조 원을 지원하겠다고 여야가 경쟁적으로 나서고 있다. 빈민 대모(代母) 출신 강 의원 입에서 '국회가 미쳤다'는 말이 나오는 게 이상한 일이 아니다"라고 결론 내렸다.[24]

무상급식은 선거 혁명인가

나는 앞서 "오세훈이 30퍼센트 정도의 정당성으로 70퍼센트 정도의 정당성을 잡아먹겠다는 야심을 부리는 배경"을 지적했지만, 이 말이 민주당에게 70퍼센트의 정당성이 있다는 뜻은 아니다. 무상급식 문제의 경우 얼마든지 타협이 가능한 의제임에도 양측이 이전투구(泥田鬪狗)의 소재로 삼는 것이 못마땅한 양비론적 입장에서 오세훈의 정략적 호전성에 더 큰 문제가 있다고 보는 것뿐이다. "무상급식을 찬성하면 진보, 반대하면 보수"가 되는 현 풍토는 한국 사회의 편가르기가 중증(重症)이라는 걸 말해줄 뿐이다.

무상급식이 진보와 보수를 나누는 핵심 의제인 것처럼 등장하는 이

김상곤 경기도교육감이 한 초등학교에서 점심 배식을 하고 있다. 경기도 교육청이 경기도의회에 제출한 2009년 초등학교 무상급식 예산안을 한나라당 도의회 의원들이 전액 삭감했다.

상한 사태가 벌어진 것은 2010년 6월 지방선거 때부터였다. 김상곤 경기도교육감이 2009년 초등학교 무상급식 예산안을 제출했는데 한나라당 도의회 의원들이 그 예산을 전액 삭감해버렸고, 김문수 경기도지사는 일률적 무상급식은 '사회주의적 발상'이라고 주장하는 묘기를 연출했다. 그 이후 보수는 저소득층에 한정해 무상급식을 하는 '시혜적 복지', 진보는 전면적 무상급식을 하는 '보편적 복지'로 쫙 갈라지면서 정치판 이전투구가 지속되었다.

이와 관련, 김진석 인하대 철학과 교수는 「무상급식이 정말 선거 혁명인가」라는 제목의 칼럼에서 "프랑스는 교육은 무상으로 하면서도 급식비는 부모의 소득과 연계해 등급별로 내게 한다. 유치원부터 부모는 소득 증명을 해야 한다. 나는 이 방식이 더 좋다고 생각한다. 급식비를 교사들이 아니라 자치단체에서 관리하기에, 저소득층 학생들이 학교에서 차별받을 일도 없다. 이 방식을 따르면, 소득과 조세를 투명하게 만들고 소득 재분배도 실행할 수 있으니 일석이조인 셈이다. 아니, 그 이상이다"라며 다음과 같이 말했다.

"시민들이 자신의 사회적 계층을 인식하고 그에 따라 행동하는 훈련을 할 수 있지 않은가? 그것은 진보의 정치적 과제이지만, 복지가 점점 중요해지는 시대에는 모두의 과제이기도 하다. 단순히 이념적으로 선명한 정책보다는, 생활에 가까운 섬세한 정책이 필요한 셈이다. 더욱이 무상급식을 핵심 의제로 떠받들다 보면, 다른 중요한 문제들이 묻힐 수 있다. 교육에 국한하더라도, 주로 재정적 판단에 의존한다는 점에서 무상급식은 상대적으로 단순한 정책 문제다. …… 자칫하면, 입시공부만 시키면서 학원 '시다바리' 노릇만 하는 학교를 건드리지도 못한 채 오히려 공부만 더 시키는 수상한 괴물이 될 수 있다. 친환경적으로 잘 먹고 입시공부만 잘하면 되는 학교? 선거 혁명은커녕 정작 중요한 변화를 '친환경적으로' 막아버릴 끔찍한 쇼가 벌어지는 게 아닐까."[25]

김진석의 이 주장이 옳은 게 아닐까? 상대적으로 단순한 정책 문제를 놓고 무슨 거창한 이념투쟁이나 되는 것처럼 이전투구를 벌이는 건 무상급식을 비롯한 복지 문제가 고위 공직이라는 전리품을 염두에 두고 여야 간 벌이는 '밥그릇 싸움'의 제물로 전락했다는 걸 말해주는 건 아닐까? 우파 포퓰리즘이건 좌파 포퓰리즘이건 포퓰리즘은 상당 기간 표를 모으는 힘을 발휘하지만, 종국엔 반드시 부메랑이 되어 돌아오는 법이다.

오세훈의 전투적 '프레임' 전략

오세훈에겐 이슈의 정당성 문제를 떠나 정치 전략·전술적 측면에서도 나름의 노림수가 있다. 대권에 대한 야심이다. 그 야심을 위해선 큰 위험부담을 감수하고서라도 자신의 확고한 브랜드를 갖기 위해 확실하게 튀어야 한다고 생각하는 게 틀림없다.

혹 오세훈이 2006년 국내에 번역·출간돼 국회의원들이 가장 많이 읽은 책으로 주목받은 미국 언어학자 조지 레이코프(George Lakoff)의 저서 『코끼리는 생각하지 마: 미국 진보 세력은 왜 선거에서 패배하는가』를 너무 열심히 읽은 건 아닐까? 이 책에서 레이코프는 오세훈이 역설

오세훈 서울시장의 강남 좌파적 언어 구사가 예사롭지 않다. 오세훈은 확고한 브랜드를 갖기 위해 '프레임' 싸움을 벌이고 있는 건 아닐까?

한 프레임(frame) 개념을 제시했는데, 프레임이란 "우리가 세상을 바라보는 방식을 형성하는 정신적 구조물"로 "우리가 추구하는 목적, 우리가 짜는 계획, 우리가 행동하는 방식, 그리고 우리 행동이 좋고 나쁜 결과를 결정한다."[26] 레이코프가 제시한 구체적 사례를 감상해보자.

"조지 W. 부시가 백악관에 입성한 바로 그날부터 백악관에서는 '세금 구제(tax relief)'라는 용어가 흘러나오기 시작했습니다. 그리고 아직까지도 그렇습니다. 이 말은 그해 국정연설에서 여러 번 등장했고, 4년 뒤 선거 유세에서는 더욱 자주 등장하게 됩니다. …… '세금'이라는 말이 '구제' 앞에 붙게 되면, 그 결과로 다음과 같은 은유가 탄생합니다. 세금은 고통이다. 그리고 그것을 없애주는 사람은 영웅이고, 그를 방해하는 자는 나쁜 놈이다. 이것이 바로 프레임입니다."[27]

레이코프는 유권자들의 표심을 가르는 것은 진실이나 훌륭한 대안 정책의 상세 목록들이 아니라며 이렇게 말한다. "'진실이 너희를 자유롭게 하리라'는 것은 진보주의자들이 믿는 흔한 속설이다. 만약 바깥 세계에서 벌어지는 사실들 모두를 대중의 눈앞에 보여준다면, 합리적인 사람들은 모두 올바른 결론에 도달할 것이다. 그러나 이는 헛된 희망이다. 인간의 두뇌는 그런 식으로 작동하지 않는다. 중요한 것은 프레임이다. 한 번 자리 잡은 프레임은 웬만해서는 내쫓기 힘들다."[28]

오세훈의 강남 좌파적 언어 구사도 바로 이 책에서 힌트를 얻은 걸까? 너무도 비슷하지 않은가. 레이코프는 "어떤 사람에게 '코끼리를 생각하지 말라'고 말하면 그 사람은 코끼리를 떠올릴 것이다"라며 "상대편의 프레임을 단순히 부정하는 것은 단지 그 프레임을 강화할 뿐이다"라고 주장했는데,[29] 이 또한 오세훈의 도발적 강공책과 너무도 비슷하지 않은가. 민주당의 프레임을 단순히 부정하는 것을 넘어서 '오세훈표 프레임'을 만들어내기 위해선 무리를 하는 것도 불사해야 하리라. 오세훈은 그 목적을 위해 박근혜에게 딴죽을 걸고 이명박도 넘어서고자 한다.

박근혜·이명박에 대한 도전

오세훈은 『중앙선데이』(2010년 12월 12일) 인터뷰에서 "국회에서 부자 감세 논쟁이 벌어지고, 박근혜 전 대표와 한나라당도 감세 철회 쪽으로 간다"는 질문에 "부자 감세 논란은 한나라당 몇몇 의원이 뛰어드는 바람에 스스로 민주당 패러다임에 갇힌 것이다. 민주당 프레임에 걸려들어 한나라당 내에서 허우적거리고 있다. 한심하다"고 말했다. 그는 서울시의회와 대립하고 있는 무상급식에 대해서는 "질 나쁜 포퓰리즘이다. 의회 민주주의를 거부하는 시장이란 정치적 오명을 남기더라도 절대 타협하지 않겠다"고 말했다. 그는 이어 "시의회가 (무상급식안을) 철회할 때까지 시의회에 나가지 않겠다"고 덧붙였다. 또 오세훈은 "역대 어느 시장과 비교해도 결코 뒤지지 않는 업적이라고 자부한다"며, 2012년 대선 출마와 관련해서도 "저도 정치인이니까 솔직히 그런 여지는 열어놓고 싶다"고 했다.[30]

오세훈은 『한국일보』(2011년 5월 18일) 인터뷰에서도 "한나라당이 민주당의 무상복지 시리즈 프레임에 끌려가서는 안 된다"면서 "이슈를 선도하는 당이 돼야 한다"고 주장했다. 그는 또 한나라당 노선에 대해 "경제 발전과 부강한 나라를 지향하는 보수 정당의 정체성을 분명히 하되, 성장 과정에서 불가피하게 뒤처진 분들을 보듬어 안는 '따뜻한

보수'를 지향해야 한다"고 말했다.³¹

즉, 무상복지가 옳건 그르건 그 방향으로 갔다간 한나라당이 민주당의 2중대로 인식돼 대선에서 패배할 가능성이 높다는 말이겠다. 그리고 복지에 반대하는 걸로 비춰지는 건 '따뜻한 보수'로 돌파하자는 뜻이겠다. 따뜻한 보수는 미국의 조지 W. 부시가 2000년 대선에서 써먹어 큰 재미를 보았던 '온정적 보수주의(Compassionate Conservatism)'의 오세훈 버전인가? 이 또한 비슷한 게 너무 많아서 묻는 것이다.

노벨경제학상 수상자인 폴 새뮤얼슨(Paul Samuelson)은 '온정적 보수주의'라는 구호가 유권자들에게 먹혀들어간 것을 부시의 승리 원인으로 꼽을 정도로 '온정적 보수주의'는 선거에서 큰 힘을 발휘했다. 부시가 대통령에 당선된 뒤, 백악관의 홈페이지는 '온정적 보수주의'를 설명하면서 "가장 진실한 온정은 좀 더 많은 정부 지출에서가 아니라 시민들이 자신의 삶을 구축하도록 돕는 것에서 나온다. 이 철학의 목표는 돈을 더 적게 또는 더 많이 쓰는 게 아니라 효과가 있는 곳에만 쓰는 것이다"라고 했다. 그래서 온정적 보수주의는 어떤 결과를 낳았는가? 복지 예산이 삭감되고 부시 행정부와 우익 종교단체가 지속적으로 동반자 관계를 유지해 나갈 수 있는 틀이 만들어졌다. 그게 전부다.³² 도대체 무엇이 온정적이란 말인가? 오세훈에게도 과연 무엇이 따뜻하다는 것인지 그 실체를 물어볼 필요가 있겠다.

오세훈의 전방위적 선전포고

오세훈의 전투적 '프레임 전략'은 한나라당 내에서도 반발에 직면

> ## 오세훈 "민주당 흉내내는 사람들, 黨대표 자격 없다"
>
> **左클릭 당권주자에 직격탄**
>
>
>
> 오세훈 서울시장(사진)은 27일 "한나라당 안에 무상복지, 과잉복지 등 민주당 식 '퍼주기 복지'를 흉내 내려는 사람들은 한나라당 대표가 될 자격이 없다"고 이른바 '좌클릭' 정책을 내놓은 한나라당 대표 후보들에게 직격탄을 날렸다. 오 시장은 이날 오후 서울시청에서 동아일보와 가진 민선 5기 1주년 인터뷰에서 "전당대회 과정에서 당의 정체성을 인식한 당원들이 (민주당 동조자들을) 심판할 것"이라며 이같이 밝혔다.
>
> ▶A8면에 관련기사
>
> 오 시장의 이날 발언은 당 대표에 출마한 남경필 의원이나 차기 대선 후보 경쟁자인 김문수 경기도지사 등 한나라당 내 유력 주자들이 무상급식 찬반 주민투표를 중단하라고 요구하는 데 대해 정치적으로 '이적행위'라고 선포한 것으로 풀이된다. 남 의원은 최근 무상급식 주민투표를 주장하는 오 시장에 대해 "독선이 도를 넘고 있다"고 비판하는 등 무상복지 반대론을 펼치는 오 시장과 대립각을 세우고 있다.
>
> 오 시장은 이어 "복지 포퓰리즘'이 판을 칠 때 무능한 지도자는 여론에 끌려다니고 영악한 지도자는 여론에 편승한다"고 지적했다. 또 "나쁜 지도자는 여론을 조작하고 선동하는 반면 진정한 지도자는 여론에 앞서 미래에 필요한 방향으로 이끌어 가야 한다"고 덧붙였다. 여야 유력 정치인 중 오 시장 자신만이 '보편적 무상복지'를 '부자복지' '세금복지'로 규정하며 반대하고 있다는 점을 강조하는 것이다.
>
> 오 시장은 한나라당 '내부 심판론'도 제기했다. 그는 "전면 무상급식 찬반 주민투표는 그 자체로 중요할 뿐 아니라 한나라당의 정체성을 묻는 의미도 담고 있다"며 "대표 경선 과정에서 당원들이 당 정체성과 맞지 않는 후보들을 속아낼 것"이라고 덧붙였다.
>
> 이동영 기자 argus@donga.com
>
> "오세훈은 '전면 무상급식 찬반 주민투표는 그 자체로 중요할 뿐 아니라 한나라당의 정체성을 묻는 의미도 담고 있다'며 '대표 경선 과정에서 당원들이 당 정체성과 맞지 않는 후보들을 속아낼 것'이라고 덧붙였다."(『동아일보』 2011년 6월 29일)

했다. 당 대표에 출마한 남경필 의원과 차기 대선 후보 경쟁자인 김문수 경기도지사 등 한나라당 내 유력 주자들이 무상급식 찬반 주민투표를 중단하라고 요구하고 나선 것이다. 특히 남 의원은 무상급식 주민투표를 주장하는 오 시장에 대해 "독선이 도를 넘고 있다"고 비판하는 등 무상복지 반대론을 펼치는 오 시장과 대립각을 세웠다.

그대로 주저앉을 오세훈이 아니다. 2011년 6월 27일 오세훈은 이른바 '좌 클릭' 정책을 내놓은 한나라당 대표 후보들을 싸잡아 비판하고 나섰다. 그는 민선 5기 1주년 인터뷰에서 "한나라당 안에 무상복지, 과잉복지 등 민주당식 '퍼주기 복지'를 흉내 내려는 사람들은 한나라당 대표가 될 자격이 없다"며 "전당대회 과정에서 당의 정체성을 인식한 당원들이 (민주당 동조자들을) 심판할 것"이라고 주장했다. 오 시장은 이어 "'복지 포퓰리즘'이 판을 칠 때 무능한 지도자는 여론에 끌려 다니고 영악한 지도자는 여론에 편승한다"고 지적했다. 또 "나쁜 지도자는 여론을 조작하고 선동하는 반면 진정한 지도자는 여론에 앞서 미래에 필요한 방향으로 이끌어 가야 한다"고 덧붙였다.[33]

오세훈은 사실상 전방위적 선전포고(宣戰布告)를 하고 나선 셈이다. 하기야 하루빨리 자신만의 브랜드와 프레임을 만들어야 할 오세훈으로선 박근혜가 굳게 침묵하고 있는 상황에서 어찌 벼랑 끝 전술인들 마다하랴. 의도적으로 각을 만들어 시비를 걸려는 자세가 예전의 뉴라이트 수법을 방불케 하는데, 혹 그쪽 사람들의 컨설팅을 받는 건가? 누구로부터 컨설팅을 받건 오세훈은 "산꼭대기 동네에 살면서 호롱불 켜고 우물물 길러 다니면서 학원도 못 다닐 정도로 어려운 집안 형편에서 숙제는 해가 지기 전에 미리 끝내고 잠자리에 들어야 했다"[34]던 과거를 회상하면서 그 어떤 도박을 해도 자신은 잃을 게 없다고 생각하는지도 모를 일이다.

레이코프의 '인지적 상대주의(cognitive relativism)'를 그대로 수용해 실천해도 되는 걸까? 언어적 권모술수와 책략의 홍수 사태를 유발하는 건 아닐까? "진실이 너희를 자유롭게 하리라"는 믿음은 승리를 원하는 정치인이 가져선 안 될 착각이라곤 하지만, 좌우를 막론하고 진실로부터 멀어지려고 전투적으로 애를 쓰는 정치인의 모습을 지켜보는 건 결코 유쾌한 일은 아니리라.

"의회 민주주의를 거부하는 시장이란 정치적 오명을 남기더라도 절대 타협하지 않겠다"는 말은 진심일까? 그렇다면 누구에게나 그렇지만, 오세훈에게 가장 필요한 건 초심으로의 복귀는 아닐까? 그가 2004년 1월 5일 총선 불출마를 하면서 남겼던 말은 많은 사람들을 감동시켰는데, 이제 그 말은 오세훈에게로 되돌아가야 하는 건 아닌지 모르겠다. "정치가 아니라 전쟁을 하듯 늘 갈등만 했던 게 부끄럽다."

chapter
11
가장 치열한 계급투쟁은 입시 전쟁
강 남 좌 파 는 학 벌 좌 파

인맥 만들기 전쟁

왜 이 나라에서 지도자를 해보겠다고 나서는 이들은 좌우를 막론하고 한결같이 명문대 출신이거나, 아니면 적어도 고시 합격이라는 '신분증명서'라도 갖고 있어야 하는 걸까? 우문(愚問)이겠지만, 그 점에 대해 '낯설게 보기'를 시도해보자. 그리고 그 사실과 우리의 살인적인 입시 전쟁·사교육 전쟁은 무관한지 고민해보면 더욱 좋지 않겠는가.

언젠가 서울 강남에서 어린 자녀들에게 좋은 인맥(人脈)을 만들어주기 위한 '과외'가 성행한다는 보도를 접하면서 감탄을 금치 못한 적이 있다. 흉보고 싶은 마음은 없었다. 이 험난한 세상을 살아가는 데에 인맥이 얼마나 중요한지 그걸 모르는 사람은 없을 것이다. 모두가 다 알고 있는 사실이지만, 그 앎을 얼마나 적극적으로 실천에 옮기느냐 하는 건 별개의 문제다. 그런 점에서 강남 사람들의 적극성, 아니 전투성에 혀를 내두르지 않을 수 없었던 것이다.

앞서 지적했듯이, 한국에서 가장 치열한 계급투쟁은 노동운동이 아니라 대학입시 전쟁이다. 공부하러 대학에 간다곤 하지만, 대학의 주요 기능은 공부보다는 인맥 만들기다. 대학이라고 해서 다 같은 대학이 아니다. 명문대를 나와야 한다. 대학이 좋을수록 인맥도 좋아지기 때문이다. 대학입시 전쟁은 사실상 인맥 만들기 전쟁인 셈이다.

좋은 대학을 나와 사회적으로 성공한 사람들이 내는 자전적인 책엔 거의 예외 없이 자신과 친한 대학 동기나 선후배들의 이름이 빠지지 않고 등장한다. 화려하다. 모두 다 사회 각 분야에서 한 가닥씩 하는 사람들이다. 하던 일에서 퇴직해 놀고 있던 사람이 그런 인맥 덕분에 어느 날 갑자기 억대 연봉을 받는 자리에 취직하는 건 심심찮게 일어나는 일이다. 그러니 평소 사회생활 하면서 그런 인맥의 덕은 얼마나 많이 보았겠는가. 그 화려한 인맥의 경제적 가치가 얼마인지는 모르겠지만, 그런 이치를 빠삭하게 알고 있는 한국의 학부모들이 자녀를 좋은 대학에 보내기 위해 헌신하고 자기희생까지 하는 건 당연한 일인지도 모른다. 우리는 입시 전쟁이나 사교육 전쟁을 거론하면서 '광기'니 '광란'이니 하는 말을 쓰곤 하지만, 실은 그건 매우 합리적인 '광기'요 '광란'인 셈이다.

나는 입시·사교육 관련 문제는 그 어떤 교육정책으로도 해결할 수 없다고 생각한다. 학벌의 그 위대한 가치를 그대로 두고서 그 가치의 향유에 동참하기 위한 질주에서 빚어지는 문제를 무슨 수로 해결할 수 있단 말인가. 입시·사교육 관련 문제는 교육정책이 아니라 조세정책으로 풀어야 한다. 많이 버는 만큼 세금을 많이 내게 하자는 것이다.

이 말을 하는 순간 벌써 귀가 간지럽다. 어느 나라에서건 부자들에게 세금을 많이 내게 하자고 그러면 치를 떨면서 '빨갱이'라고 욕하는 우익 전사가 많이 있기 때문이다. 우익 전사가 아니더라도 사회적 문제를 세금을 통해 해결하려고 하는 건 하책 중의 하책이라고 주장하는 전문가도 많이 계신다.

이럴 때 필요한 게 국가별 비교 연구다. 소득수준에 따른 과세율이 나라별로 어떠한지를 살펴보는 것이다. 그런데 아무리 인터넷 시대라곤 하지만 그런 자료를 취합하는 게 쉽지 않다. 관련 전문가들이나 할 수 있는 일이다. 진보적인 전문가들은 한국 부자들이 다른 나라 부자들에 비해 세금을 적게 낸다는 말씀만 하실 뿐 구체적인 통계 자료를 제공하는 일엔 인색한 편이다. 왜 그래야 하나? 막말로 개나 소나 다 이해할 수 있게끔 그런 자료를 풍부하게 제공해주시면 안되나?

세금을 많이 내게 하자고 해서 사회 평균보다 많이 번 돈을 다 내놓으라는 게 아니다. 그거야말로 '빨갱이' 소리를 들어도 싸다. 탐욕은 존중받아 마땅하다. 그 정도가 문제일 뿐이다. 사회적으로 지속가능한 수준의 탐욕을 진작하면서 적정 과세율에 대한 사회적 합의를 이루는 게 얼마든지 가능할 것이다. 오히려 문제는 이게 좀처럼 사회적 의제로 떠오르질 않는다는 데에 있다. 그 문제는 완전히 외면하고 입시 제도를 바꾸는 '사기 행각'으로 모든 문제를 대처하려고 한다. 의도적인 사기 행각은 아닐망정 지난 수십 년간 했어도 안 된 일인데 또 비슷한 수법을 쓰려고 들면 그게 바로 '사기'라고 외칠 법도 하건만, 사람들은 새로 바뀐다는 제도에 빨리 적응하려고 경쟁할 뿐이다. 서로 속이고 속아주는 범국민적 사기극이라 할 만하다.

'능력주의' 이데올로기

그러나 그 범국민적 사기극은 탄탄한 이념적 기반을 갖고 있다. 무엇인가? 이른바 '능력주의 사회(meritocracy)'라는 이데올로기다. 프랑스의 사회학자 피에르 부르디외(Pierre Bourdieu, 1930~2002)는 '능력주의 사회'라고 하는 이데올로기가 맹위를 떨치던 시기에 '교육의 민주화'라는 구호에 비판적인 자세를 취한 최초의 사회학자 가운데 한 명이다. 그의 주장을 잠시 경청해보자. 부르디외의 주장을 요약해 소개하자면 이렇다.

교육은 사회적 불평등의 유지와 강화에 기여한다. 특히 고등교육 시스템은 특권을 부여하고, 지위를 할당하고, 기존 사회제도에 대한 존경을 배양하는 기능을 수행한다. 형식적인 평등에 대한 광범위한 신념은 지배계급이 그 지위를 공개적으로 자식에게 물려주는 걸 어렵게 한다. 새롭고 더욱 신중한 사회통제 및 지위 상속 수단이 있어야만 했다. 그것이 바로 고등교육의 '능력주의 시스템(meritocratic system)'이다. 그래서 지배계급의 이해관계는 민주주의 이데올로기의 원칙을 훼손하지 않으면서 보존할 수 있게 되었다. 계급적 이해관계를 교육적 위계질서에 떠넘김으로써 사회적 위계질서를 재생산할 수 있게 된 것이다.[1]

부르디외가 짐작으로 그런 주장을 한 건 아니다. 그가 조사한 바에 따르면, 프랑스에서 대부분의 대학 졸업장은 상류계급 출신에게 돌아가고, 농민·노동계급 자식들에겐 거의 가지 않았다. 구체적으로 보면, 회사 간부 자녀들의 58퍼센트가 대학에 진학한 반면 농민의 자녀는 1.4퍼센트만이 대학에 진학했다. 돈만이 아니라 교육도 '상속'되고 '유전'되는 것이다.[2]

부르디외는 어떻게 교육의 구조적 조건이 계급적 이해관계와 이데올로기를 구현하고, 문화적 자본의 불평등 분배를 재생산하며, 왜 교육 시스템 그 자체가 교육적 수행과 획득의 불평등 수준을 촉진하는가에 깊은 관심을 기울였다. 물론 교육을 통해 사회구조에서 상승한 사람들이 없는 건 아니다. 그러나 그들은 극소수다. 그들은 기본적인 변화를 시사하는 것도 아니고 계급 관계 구조의 내재적 신축성을 시사하는 것도 아니다. 오히려 부르디외가 보기엔 극소수에게나 허용되는 교육적 성취를 통한 사회적 이동성은 그 홍보 효과로 사회적 안정에 기여할 뿐이다.

좀 더 미시적인 차원에서 능력주의 사회의 실천은 본질적으로 가능하지 않거나 매우 어렵다는 주장도 있다. 미국 노스캐롤라이나대학 커뮤니케이션 교수 찰스 콘래드(Charles Conrad)의 주장을 살펴보자. 그는 기업 조직에서 능력과 실력만으로 승진할 수 있느냐는 질문을 던져놓고, 그렇게 되지 않는 이유를 몇 가지 들었다.

첫째, 인사권자는 인종, 성, 사회경제적 배경, 거주 지역, 교육 등을 중심으로 자신과의 동질성을 중요시하는 경향이 있다. 특히 복잡한 일에 종사하는 사람일수록 늘 혼동스럽고, 스트레스가 많고, 예측 불가능한 세계에 살고 있기 때문에 동질성은 매우 중요한 의미를 갖는다. 그들은 위기 시에 신속한 결정을 내려야 하는데, 자신의 주변에 예측 가능한(잘 아는, 그러니까 안정되게 믿을 수 있고 충실한) 사람으로 둘러싸여 있을 때 혼동·불확실성·애매모호성은 감소된다. 또 효과적인 커뮤니케이션은 자신과 이질적이기보다는 동질적인 사람과의 관계에서 이루어지기가 쉽다. 예상치 못했던 복잡한 문제에 직면했을 때 그들에게 분명하고, 이해할 수 있으며, 믿을 수 있는 정보를 제공하게 하고, 신속하고 효과적으로 행동하게끔 할 수 있기 때문이다. 막말로 이야기해서 눈만 봐도 알 수 있는, 배짱이 맞는 사람과 같이 일을 해야 생산성을 높일 수 있다는 것이다. 능력주의가 아닌 연고·정실주의는 바로 그 '배짱 맞는 분위기'를 제공해주는 큰 장점을 갖는다.

둘째, 조직 내부의 권력관계도 무시할 수 없다. 유능한 사람을 승진시키면 그 사람은 내 패거리에 대한 의존도가 약해지고 결국엔 나를 추월하거나 나에게 도전할 수 있다. 그러나 내 패거리에 소속된, 적당한 능력의 소유자를 승진시키면 그런 위험에서 벗어날 수 있다. 설사 매우 탁월한 능력의 소유자일지라도 일단 패거리로 묶어놓으면 나에게 도전하는 정도를 관리할 수 있는 장점이 있다.

셋째, 아무리 좋은 뜻을 갖고 실력과 능력을 성실하게 판별하려고 해도 상당한 책임이 뒤따르며, 복잡한 업무와 관련된 직책에 승진하는 것은 인간관계의 영향을 받을 수밖에 없다. 매우 단순한 업무를 제외하곤 능력과 실적을 객관적으로 평가하기는 매우 어렵다. 오히려 다른 조직 구성원과의 사이가 원만한가 하는 것이 더 중요한 의미를 가질 수 있다. 실제로 많은 미국 기업의 능력 평가 항목엔 조직 충실도, 효과적 리더십, 동료의 인정도, 상사들과의 관계 등과 같은 것들이 들어 있다. 그런 건 인간관계와 관련된 것이지 엄격한 의미의 능력이나 실적과는 무관하다. '무엇을 아느냐'보다는 '누구를 아느냐'가 더 중요한 의미를 갖는다. 이 경우 연고·정실주의는 인맥 망을 구축하고 관리하는 데에 결정적인 영향을 미칠 수 있다.[3]

이렇듯 능력주의 사회는 실현되기도 어렵지만, 설사 실현된다 해도 문제다. 가난과 불평등의 문제를 사회적 이동성의 문제로 둔갑시켜버리는 효과를 내기 때문이다. 1958년 『능력주의 사회의 부상(The Rise of

Meritocracy)』을 쓴 영국의 정치가이자 사회학자인 마이클 영(Michael Young, 1915~2002)은 85세를 맞은 2001년, 자신의 책은 경고를 위한 풍자(satire)였건만 능력주의 사회(meritocracy)를 이상으로 삼는 이상한 일이 벌어졌다고 개탄했다.[4]

능력주의 사회는 부자나 빈자 모두에게 자기정당화 효과를 발휘하게 된다. 부자는 자신의 능력 때문에 부자가 되었다고 할 것이고, 빈자는 자기 능력의 한계 때문에 빈자가 되었다고 할 게 아닌가 말이다. 바꿔 말해서 능력주의 사회는 빈부 격차에 가장 둔감한 사회가 될 수 있다는 것이다.

이런 모든 이유로 존 롤스(John Rawls, 1921~2002)는 능력주의 사회를 배격한다. 능력주의 사회가 민주적일지는 몰라도 공정성(fairness)에 위배된다는 이유 때문이다. 다른 건 다 제쳐놓더라도 출발 지점에서부터 계급 간 격차가 존재하는데 어떻게 공정할 수 있겠는가. 마찬가지로 포퓰리즘(populism)도 엘리트주의(elitism)에 반대하는 것일 뿐 공정성을 위한 것은 아니다. 포퓰리즘의 동력이 정의감이라기보다는 분노이기 때문이다.[5] 이론적 논의는 이 정도로 하고, 이제 본론으로 들어가보자.

'양반 증명서'는 건재하다

2011년 3월 중앙대학교 홍보실장이 학교 누리집 자유게시판에 '최근 우리 대학의 상승세'라는 제목으로 공지사항을 올린 게 화제가 되었다. 그는 "최근 영향력 있는 대학입시 누리집에서 '중경외시'로 분류되던 중앙대가 '서성한중'에 포함됐다. 구성원들의 노력 끝에 상위권 대학 타이틀을 얻게 됐다"며 "(이러한 결과는) 입학처를 포함한 구성원들 모두가 노력한 성과로 이사장과 총장도 노고를 특별히 치하했다"고 말했다.

이를 소개한 『한겨레』(2011년 3월 30일)는 "여기서 언급된 '중경외시'나 '서성한중'은 누리꾼들 사이에서 대학의 앞글자를 따 대학 서열을 표현하는 일종의 은어이다. 누리꾼들은 그동안 '서연고 서성한 중경외시 동건홍······' 등의 순서로 서열을 매겨왔다. 차례대로 서울대 · 연세대 · 고려대 · 서강대 · 성균관대 · 한양대 · 중앙대 · 경희대 · 외국어대 · 서울시립대 · 동국대 · 건국대 · 홍익대를 일컫는 말이다"라며 다음과 같이 말했다.

"하지만 이 실장이 '분명한 성과'로 표현한 근거는, 유명 대학입시 관련 누리집인 '오르비'의 게시판 분류가 바뀐 것에 불과하다. 이 누리집에서 '기타 대학'으로 분류되던 중앙대가 지난 24일부터 서강대 · 성균관대 · 한양대와 함께 이른바 '서성한중' 게시판에 편입됐을 뿐이다.

이 게시물은 엉뚱하게도 한양대 일부 학생들의 반발을 샀다. 이날 한양대 누리집 자유게시판에는 이 게시물을 갈무리한 글이 올라왔고, '중앙대 관계자의 로비가 있었던 것 아니냐' '중앙대가 이렇게 할 동안 (우리 학교) 담당자들은 뭐 했냐'는 등 학교 본부를 성토하는 내용도 있었다. 오르비의 누리집에는 한양대와 중앙대 학생들이 수백 개의 글을 올리는 바람에 28일에는 관리자들이 이를 삭제하는 일도 있었다. ······ 입시철만 되면 이른바 '온라인 훌리건들'이 주요 입시 관련 누리집이나 포털 사이트 등에서 이처럼 대학 서열을 매기며 신경전을 벌이곤 하지만 통용되는 기준은 명확하지 않다. ······ ㅅ대학 홍보 담당자는 '서열화가 고착돼 이를 깨기 위해 일부 학교에서는 훌리건을 조직

학벌 부추기는 '서열놀이' 대학본부까지 가세 호들갑

지난 25일 중앙대학교 이태현 홍보실장이 학교 누리집 자유게시판에 "최근 우리 대학의 상승세"라는 제목으로 공지사항을 올렸다. 중앙대의 대외인지도 상승을 자축하는 글이었다. 그는 "최근 영향력 있는 대학 입시 누리집에 '중경외시'로 분류되던 중앙대가 '서성한중'에 포함됐다. 구성원들의 노력 끝에 상위권 대학 타이틀을 얻게 됐다"고 적었다.

여기서 언급된 '중경외시'나 '서성한중'은 누리꾼들 사이에서 대학의 앞글자를 따 대학 서열을 표현하는 일종의 은어이다. 누리꾼들은 그동안 '서연고 서성한 중경외시 동건홍…' 등의 순서로 서열을 매겨왔다. 차례대로 서울대·연세대·고려대·서강대·성균관대·한양대·중앙대·경희대·외국어대·서울시립대·동국대·건국대·홍익대를 일컫는 말이다.

이 실장이 올린 글에는 "(이러한 결과는) 입학처를 포함한 구성원들 모두가 노력한 성과로 이사장과 총장도 노고를 특별히 치하했다"는 내용이 들어 있다.

하지만 이 실장이 '분명한 성과'로 표현한 근거는, 유명 대학입시 관련 누리집인 '오르비'의 게시판 분류가 바뀐 것에 불과하다. 이 누리집에서 '기타 대학'으로 분류되던 중앙대가 지난 24일부터 서강대·성균관대·한양대와 함께 이른바 '서성한중' 게시판에 편입됐을 뿐이다.

이 게시물은 엉뚱하게도 한양대 일부 학생들의 반발을 샀다. 이날 한양대 누리집 자유게시판에는 이 게시물을 같이 비꼬는 글이 올라왔고, "중앙대 관계자의 로비가 있었던 것 아니냐", "중앙대가 이렇게 할 동안 (우리 학교) 담당자들은 뭐 했나" 등 학교본부를 성토하는 내용도 있었다. 오르비의 누리집에는 한양대와 중앙대 학생들이 수백개의 글을 올리

입시누리집 중앙대 분류
'중경외시→서성한중' 변경
홍보실장 "큰 성과" 자축글

입시철마다 학교들 민감
서열논쟁에 학생 동원도

는 바람에 28일에는 관리자들이 이를 삭제하는 일도 있었다.

작은 해프닝이지만, 일부에선 명확한 근거도 없이 온라인에서 벌어지는 '대학 서열놀이'에 대학본부까지 나서는 풍경이 씁쓸하다는 지적이 나왔다. '브로콜리'라는 아이디를 쓰는 한 중앙대 학생은 게시물에 댓글을 달아 "아이들의 그릇된 서열놀이를 아예 홍보실에서 승인하고 그 고착에 기여를 하는 것은 사고가 부족한 행동"이라고 꼬집었다.

입시철만 되면 이른바 '온라인 훌리건'들이 주요 입시 관련 누리집이나 포털사이트 등에서 이처럼 대학 서열을 매기며 신경전을 벌이곤 하지만 통용되는 기준은 명확하지 않다. 고시 합격자 수나 에스시아이(SCI·과학기술논문 인용색인) 숫자 등 통계자료에다, 심지어 재단의 자금력이나 교정의 크기, 교통 편의성, 유명 연예인 재학 여부까지 등장하기도 한다. ㅅ대학 홍보담당자는 "서열화가 고착돼 이를 깨기 위해 일부 학교에서는 훌리건을 조직적으로도 동원하기도 한다"고 전했다.

이런 서열 논리가 때로는 등록금 인상의 근거가 되기도 한다. 서울 시내 ㅎ대학교는 지난 1월 열린 등록금심의위원회에서 학생들에게 "서연고를 넘어서려면 학교에 투자가 필요하다"며 "이들 학교보다 상대적으로 낮은 등록금 수준을 비슷하게 맞춰야 한다"고 말하기도 했다.

박태우 기자 ehot@hani.co.kr

"작은 해프닝이지만, 일부에선 명확한 근거도 없이 온라인에서 벌어지는 '대학 서열놀이'에 대학 본부까지 나서는 풍경이 씁쓸하다는 지적이 나왔다."(『한겨레』 2011년 3월 30일)

적으로 동원하기도 한다'고 전했다."[6]

대학들이 어린아이들 딱지놀이 하듯 '서열 놀이'에 목숨을 걸다시피 하는 현실은 무엇을 말하는가? 앞서 지적했듯이, 한국에서 가장 치열한 계급투쟁은 노동운동이 아니라 대학입시 전쟁이기 때문에 강남

좌파는 다분히 학벌 좌파의 성격을 갖고 있다. 이제 마지막으로 이 점에 대해 심도 있게 논의해보기로 하자. 조국이 대선 후보로까지 거론되는 것에 비판적인 사회디자인연구소장 김대호는 조국이 울산대 교수에서 서울대 교수로 옮겨간 것과 관련해 다음과 같이 말한다.

"탁월한 실력이 있으나 줄이나 운이 없어서 50이 넘도록 시간 강사나, 이름도 들어본 적이 없는 지방 대학을 전전하는 사람들을 좀 알아서인지 모르겠지만, 어쨌든 조국 교수의 대중적 매력의 상당 부분이 '서울대 교수'라는 자리에서 나온다는 사실도 불편했다. 서울대 교수가 아닌 울산대 교수였으면 매력이 반감되어버리는 것은 비록 현실일지라도, 인정하고 싶지 않았기 때문이다."[7]

조국이 울산대 교수였으면 매력이 반감되어버리는 정도가 아니다. 오연호가 『진보 집권 플랜』을 쓰기 위한 파트너 후보로 조국에게 아예 눈길조차 주지 않았을 것이다. 어쩌겠는가. 그것이 현실인 것을. 인정할 건 흔쾌히 인정하는 선에서 이야기를 해보자.

대학이라고 해서 다 같은 대학이 아니듯이, 교수라고 해서 다 똑같은 교수가 아니다. 어느 유력 일간지의 기획회의에선 "서울대 연고대 이화여대 서강대 안에서 가급적이면 필자를 구하라"는 주문이 나왔다는데, 그럴 만도 하다. 예컨대, 2001년 한 해 동안 7개 중앙 일간지에 칼럼을 실은 외부 기고자의 73퍼센트가 SKY(서울대-고려대-연세대) 대학 교수였기 때문이다.[8] 사정이 그런 만큼 비명문대에 몸담고 있는 좌파 교수들은 지금 이 순간에도 명문대로 옮기려고 치열한 투쟁을 벌이고 있다. 계급투쟁은 학생들 사이에서만 벌어지는 게 아니라는 걸 말해준다.

사회디자인연구소장 김대호는 '한국 사회에 대한 새로운 통찰과 모색'이라는 글에서 조선 말기에 나타난 양반의 폭발 현상이 오늘날에도 지속되고 있다고 보았다. 오늘날의 '양반 증명서'는 고시 합격증, 일류 대학 졸업장, 전문직 자격증 등이며, 1997년 이후 공무원·공기업 사원증, 교사 자격증, 언론사 사원증 등이 추가되었다는 것이다. 82퍼센트가 넘는 세계 최고의 대학 진학률, 한국 학생이 미국에서 공부하는 외국 학생의 14퍼센트가 넘는 세계 최고의 미국 유학률(인구 대비 일본의 5배, 중국·인도의 30~40배)을 기록한 것도 양반 증명서를 쟁취하려는 몸부림이라는 게 그의 주장이다.[9]

한국은 서양식의 좌우, 진보-보수의 구도가 설정되기 어려운 나라다. 모든 사람이 이른바 '각개약진' 하는 식으로 앞서 김대호가 말한 '양반 증명서'를 획득해야 할 필요성이 모든 가치를 압도하기 때문이다. 진보의 최전선에서 싸우는 데에도 양반 증명서가 필요한 게 우리 현실이다. 신현준의 표현을 빌리자면, "메이저 중에서도 메이저인 그 학교 출신은 '정치범'이 되어 감옥에 갔다 와도 마음만 바꿔 먹으면 평생이 보장되는 길을 걸을 수 있"기 때문이다.[10]

진보 진영의 학력·학벌주의

실제로 학력·학벌주의와 이에 대한 무감각은 진보 진영에도 만연해 있다. 21세기진보학생연합(진학련) 교육국장 최해범은 『사회평론·길』 1994년 12월호에 쓴 글에서 학생운동이 학벌 위주 사회에 침묵하는 것을 비판했다. 그는 학생운동 진영 내에 엄격한 학벌주의와 간판주의가 존재한다는 걸 다음과 같이 고발했다.

"일전에 김대중 씨의 교육 분야 공약 중에 대학을 전일제로 바꾸고 대학에 들어가고 싶은 사람 대부분을 수용하겠다는 것이 있었다. 예전 진학련은, 이 정책이 대학을 시장판으로 만들겠다는 것에 다름 아니라며 분개했다. 그러나 '학사고시'가 생겨날 정도로 우리나라 사람들의 학사모에 대한 염원을 생각할 때, 그런 반대는 대학에 못 들어간 사람의 가슴에 대못을 박는 것인지도 모른다. 모두가 '저항'과 '진보'만을 생각하고 대중의 입장을 가슴으로 받아들이지 못해서 비롯된 결과다."

고졸 출신으로 민주노동당 당원인 김성호는 『월간 말』 2004년 12월호 인터뷰에서 "민주노동당원들 중에 고학력자들이 많습니다. 저를 만나면 학번부터 물어봅니다. 그럼 전 87학번이라 대답하죠. 1987년도에 고등학교에 입학했거든요"라고 말했다.[11]

정창호도 "민주노동당 내에서도 처음 보는 사이에 인사할 때 학교 어디 나왔냐는 질문은 거의 빠지지 않는다. 대학을 나왔다는 것을 미리 전제로 깔고 하는 질문이라 자칫 잘못하면 상대방에게 부담을 줄 수 있음에도 불구하고 우리는 그 사실을 별로 고민하지 않는다. 마찬가지로 서울에 있는 사람들은 지방 문제를 제대로 고민하지 않는다"며 이렇게 말했다.

"진보는 일종의 생활방식이다. 단지 학생 시절에 한 번씩 거쳐 가는 것이거나 눈에 보기 좋으라고 몸에 다는 장신구 따위가 절대 아니다. 파병을 반대하는 집회에 나가면서 자기 학교 응원가를 불러대거나 고 김선일 씨 추모를 위한 삼보일배를 하겠다면서 자기네들 학교에서 출발할 테니 오라고 하는 등, 꼭 자기 대학 이름을 어떻게든 내세워보려고 하는 여타 행위를 볼 때면 나는 그 학생들이 지향하는 것이 과연 무엇이지 상당히 의심이 간다."[12]

그 의심에 답을 하자면, 학력·학벌주의는 좌우를 초월하고 그걸 능

「그 많던 '고졸'은 어디로 갔을까?」(『월간 말』 2004년 12월호)와 「예비군 훈련을 거부하며: 누구를 위한 진보인가」(『월간 인물과사상』 2004년 12월호)

가하는 초강력 이데올로기라는 점을 지적할 수 있겠다. 이는 운동권 출신으로 정관계에 진출한 사람들의 학력과 학벌만 보아도 쉽게 알 수 있는 사실이다. 우석훈·박권일이 『88만 원 세대』에서 386 세대를 다음과 같이 비판한 것도 바로 그런 이유 때문이다.

"우리의 386은 대학 개혁에 대해 거의 아무런 청사진이나 의미 있는 노력을 개진하지 않았을 뿐만 아니라 오히려 학벌 사회를 더욱 강화시키며 교육 엘리트주의를 강화시키는, 일종의 역사에 대한 배신을 행한 세대이다."[13]

SKY 출신의 사회 요직 독과점

① 1995년 외무부 외무고시 출신 외교직 730여 명 가운데 80퍼센트.[14]

②1960년대 이후 1990년대까지 중앙지 편집국장 184명 중 77퍼센트.[15] ③2001년 한 해 동안 7개 중앙 일간지에 칼럼을 실은 외부 기고자의 73퍼센트.[16] ④김영삼 정부 각료의 68.1퍼센트.[17] ⑤2004년 전국 고등법원 부장판사 이상 127명 가운데 87.4퍼센트.[18] ⑥2005년 청와대 중앙 행정 부처의 1급 이상 302명의 66.9퍼센트.[19] ⑦2005년 전체 장차관급 공무원의 62.2퍼센트.[20] ⑧2002년부터 2005년까지 사법연수원 입소자의 63.1퍼센트.[21] ⑨2006년 국내 4대 그룹의 사장급 이상 주요 경영자의 65.8퍼센트.[22] ⑩2007년 국내 100대 기업 최고경영자(CEO)의 68.8퍼센트.[23]

무슨 통계인가? 이른바 SKY 대학 출신 비중이다.(④, ⑤는 서울대 출신만의 비율이다.) 사회 전 분야에 걸쳐 SKY 출신은 상층부의 50~90퍼센트를 점하고 있다. 사정이 이와 같으니, 한국의 학부모가 목숨 걸다시피 하면서 자식을 SKY에 보내려고 하는 건 매우 합리적인 현상이다.

조직에서 위로 올라갈수록 SKY 편중은 더욱 심해진다. 최근 6년간 차관급인 고등법원 부장판사로 승진한 판사 100명 가운데 서울대가 86명으로 압도적인 비율을 차지한 것이나, 같은 기간 역시 차관급인 검찰의 검사장 승진자(73명) 중 서울대 비율이 65.7퍼센트(48명)로 나타난 것도 바로 그런 이유 때문이다.[24] 서울대 출신 검사장 비율은 1994년 85퍼센트, 1995년 87.1퍼센트, 1996년 87.2퍼센트, 1997년 90퍼센트, 1998년 85.4퍼센트, 1999년 75퍼센트, 2000년 70퍼센트, 2001년 73.2퍼센트, 2002년 72.5퍼센트로 늘 70~90퍼센트를 차지했다.[25]

1997년 변호사 이정석은 "13년 동안 평검사로 지방만을 돌 때 학벌 없는 서러움을 뼈저리게 느꼈다. 후배가 부장검사로 올라서는 것을 몇 년 동안 지켜보다 평검사 생활 15년 만에 사표를 내고 말았다. 우리 사회에서 학벌을 넘는 것은 하늘의 별따기다"라고 말했다.[26]

우리 사회 요직을 독점하고 있는 'SKY'. 서울대학교 정문, 연세대학교 상징물인 독수리, 고려대학교 상징물인 호랑이(윗줄 왼쪽부터 시계 방향으로).

앞서 지적한 '8학군 기자' 현상도 오랜 역사를 자랑한다. 학군은 8학군이 아니었는지 몰라도 중앙 언론계만큼 이른바 SKY 출신이 맹활약하는 곳도 드물다. 앞서 보았듯이, 1960년대 이후 1990년대까지 중앙지 편집국장 184명 중 77퍼센트가 이른바 SKY대 출신이라는 게 그걸 잘 말해준다.[27] 또 2003년 6월 기준으로 『경향신문』, 『동아일보』, 『서울신문』, 『조선일보』, 『중앙일보』, 『한겨레』 등 6개 신문사의 부장급 이상 간부 263명 중 서울대 출신은 39.9퍼센트인 105명, 고려대는 17.9퍼센트인 47명, 연세대는 9.3퍼센트인 25명으로 SKY 점유율은 67.3퍼센트에 이르렀다.[28]

『조선일보』의 경우 1988~1991년 신입 기자의 75.8퍼센트가 서울대 출신이었다.(『동아일보』는 51.2퍼센트) 또 『조선일보』는 5개 대학 이외의 기타 대학 출신자가 전무했다.(『동아일보』는 9.3퍼센트)[29] 2003년 6월 기준으로 『조선일보』의 부장급 이상 간부 중 서울대 출신은 57.5퍼센트인 23명, 연세대는 9명, 고려대는 4명으로 SKY 출신의 점유율은 90퍼센트나 된다.(다른 5개 신문사의 SKY 출신 점유율은 경향 52.3퍼센트, 동아 78.6퍼센트, 서울 54.8퍼센트, 중앙 69.6퍼센트, 한겨레 57.7퍼센트 등이었다.)[30]

게다가 역사적·인적 관계 때문에 "『조선일보』나 『동아일보』는 사실상 연세대, 고려대의 학보사라는 말까지 나오고 있"는 현실이다.[31] 2003년 6월 기준으로 『동아일보』의 부장급 이상 간부 46명 중 고려대 출신은 전체의 34.8퍼센트인 16명, 서울대 출신은 32.9퍼센트인 14명, 연세대는 10.9퍼센트인 5명이었다.[32]

기존의 극소수 명문대 독과점 체제를 그대로 두고선 앞으로 어떤 입시정책을 편다 하더라도 초·중등교육의 정상화는 기대하기 어렵다. 그럼에도 이에 대한 문제 제기는 거의 없다. 가장 좋은 학벌을 가진 집단이 일부 유력 언론사들이라는 사실과 관련돼 있는 건 아닐까? 그런 이유 때문인지, 언론은 대체적으로 학벌 경쟁을 사실상 긍정하거나 미화하는 보도 프레임을 고수하고 있다. 그래서 변화의 출구가 보이질 않는다.

학벌만 좋은 '천민 엘리트'

한국엔 '노블레스 오블리주(Noblesse Oblige)'가 없다는 비판의 목소리가 높다. 아니 그걸 기대하다니 너무 사치스럽다. 제발 엘리트들이 법이라도 좀 지켜줬으면 하는 게 국민의 한결같은 바람이다. 고위 공직자 후보에 대한 인사 청문회만 했다 하면 부동산 투기, 병역 문제, 위장 전입 등으로부터 자유로운 사람이 드물 정도다. 2002년, 청와대 인사 검증 과정에 참여했던 한 인사는 "총리 후보 70명 중 개혁성과 도덕성에서 만족스러운 인물은 딱 한 명이었다"고 고백한 바 있는데, 그게 바로 우리의 현실이다.[33]

2005년 7월 5일 밤 MBC 〈PD 수첩〉이 공개한 고위층의 병역의무 기피 실태에 따르면, 국적 이탈자의 아버지 출신 학교를 보면 서울대가 560명으로 45.8퍼센트, 연세대 145명으로 11.8퍼센트, 고려대 84명으로 6.8퍼센트 순으로 나타났다. SKY 점유율이 64.4퍼센트에 이른다.[34]

물론 이는 세계화 시대에 윤리적 문제로만 볼 일은 아니며, SKY 출신들만의 문제로 볼 일도 아니다. 다만 한국 상류층에게 노블레스 오블리주가 없다는 데엔 좌우를 막론하고 만인이 동의하고 있다. 2008년 5월 보수 언론인 류근일은 이명박 정부의 '보수'에는 "보신(保身)과 영달(榮達)만 있을 뿐, 일신을 던지는 '노블레스 오블리주' 따위는 없다"며 "그들은 설령 김정일이 내려온다 해도 여전히 예쁜 표정으로 생글거릴 만년 이기주의자들일 뿐이다"라고 주장했다.[35]

2008년 6월 서울대 교수 전상인은 "대한민국의 상류계층은 체제의 안정과 재생산을 위한 이른바 노블레스 오블리주 정신의 숨은 기능에도 무지했다. 한국적 근대화 모델의 수혜자로서 그들은 낙오 집단이나

> "돌이켜보건대 이명박 정부는 이와 같은 대한민국의 체제적 위기 혹은 지속가능성 문제에 무심하고 둔감했다. 자신의 집권을 보수 전체의 재정비와 새 출발을 통한 대한민국의 성공과 국민 모두의 승리로 승화시키려는 노력에 소홀했던 것이다."(『동아일보』, 2008년 6월 18일)

소외 계층에 더 많이 베풀어야 했다. 이를 게을리한 대가로 그들은 국민적 적대감을 자초했고, 기득권을 지키고 빼앗는 과정에서 이념 갈등은 필요 이상으로 첨예화되었다. 여기에 가세한 것이 대한민국의 소리 없는 침몰이었다"고 주장했다.[36]

한국 사회에 노블레스 오블리주가 없는 이유는 여러 가지겠지만, 가장 중요한 건 '압축 성장'이다. 너무 빠른 시간 내에 빨리 성장했기 때문에 각 단계별로 제대로 옷을 갖춰 입기조차 힘들었다는 뜻이다. 그런 압축 성장은 이른바 '천민자본주의'를 낳았고, 또 그 과정에서 사회 전 분야에 걸쳐 공적 불신이 팽배한 가운데 엘리트 계층은 출세 지향적인 삶을 살아왔다. 이종오는 한국 엘리트층의 상당수는 좋은 학벌을 획득한 '벌거벗은 경쟁의 승리자들'로 '천민 엘리트'라고 꼬집었다.[37]

'천민 엘리트'라고는 하지만 그들은 믿기지 않을 정도로 겸허하다. 너무 겸허해서 문제다. SKY 출신, 특히 SKY 총장들의 과공(過恭)은 경악할 만하다. 이들은 한국 사회 전반의 교육 문제엔 별 관심이 없고 오직 자기 대학의 이익만 생각하는, 매우 낮은 곳에 늘 임하려고 하기 때문이다.

SKY가 잘되는 건 곧 국익으로 연결된다. 그러나 모든 경우에 다 그렇진 않다. 한국의 엘리트 시장에서 SKY에 의한 기존 독과점 체제의 강화는 SKY의 이익엔 기여할 수 있을망정 대학입시 전쟁을 더욱 격화시켜 이미 충분히 피폐해진 모든 한국인의 삶을 더욱 피폐하게 만들 수 있다.

지금 우리에게 가장 필요한 건 '다원적 경쟁 체제'다. 그래야 경쟁의 병목 현상에서 벗어나 합리적인 평생 경쟁 체제로 갈 수 있다. 즉, 대학의 기존 '고정 서열제'를 노력하기에 따라 달라질 수 있는 '변동 서열제'로 바꿔야 한다는 뜻이다. 이를 위해선 SKY가 기존의 문어발식 팽창주의를 지양하면서 소수 정예주의로 내실화를 기해야 한다.

학벌 개혁을 바라는 사람들은 성에 차진 않겠지만, 방향이라도 제대로 잡자는 뜻에서 SKY 소수 정예화 방안에 관심을 가져야 한다. '서울대 폐교'와 같은 말도 안 되는 망상에서 하루 빨리 벗어나야 한다. 이 점에선 조국이 옳다. 이 또한 쉽진 않겠지만, 그가 역설한 '기업 채용 정책의 변화'가 훨씬 더 나은 대안이다.[38] 이는 입시 전쟁과 사교육 문제가 교육정책 때문에만 형성된 것도 아니고 교육정책만으로 바꿀 수 있는 게 아니라는 걸 인식해야 한다는 요청이기도 하다. 한국의 서열·연고 문화는 하루아침에 바꿀 수 있는 게 아니기 때문에, 오랜 시간과 더불어 인내가 필요하다는 뜻이기도 하다.

장기적인 문화 개혁을 추진하려면 기존 학벌 엘리트의 행태를 사교육 문제와 연계시켜 생각하는 발상의 전환이 필요하다. 예컨대, 낙하산 인사와 전관예우가 사교육을 부추긴다는 걸 이해해야 한다. 좋은 학벌로 한 번 출세하면 죽을 때까지 돌아가면서 여기저기 좋은 자리와 기회를 독식하는 기존 풍토를 당연시하면서 사교육 문제를 해결하겠다는 건 앞뒤가 맞지 않는다. 끼리끼리 뜯어먹는 문화가 낳은 '학원 공화국' 체제의 수혜자로 살면서 학원들에 감사드리기는커녕 따가운 시선을 보내는 것도 뻔뻔한 일이다.

'1극', '3극' 체제에서 '다극' 체제로

그간 우리가 지겹도록 보아온 바와 같이, 대입 선발 제도의 변화는 일종의 '쇼'였다. 기존 학벌주의를 깨지 않고선 사교육비 부담 완화와 고교 교육 정상화는 불가능하다는 것이 명백해졌음에도 자꾸 대입 제도만 바꾸는 '쇼'를 반복하는 건 새로운 변화에 강하게 저항하는 기득권 세력이 있느냐 없느냐 하는 차이 때문이었을 것이다.

한국의 대학입시 전쟁은 국제 경쟁이라고 하는 본선에 진출하기도 전에 내부의 '밥그릇 싸움'만 하다가 모두가 기진맥진해 드러눕는 미련하기 짝이 없는 짓이었지만, 그 '밥그릇'을 차지하는 게 절체절명의 과제였기 때문에 기존 체제를 바꾼다는 건 거의 불가능한 일이었다.

사실 학벌주의가 대학입시 전쟁의 주범이라는 걸 모르는 사람은 거의 없다. 그런데도 학벌주의 완화는 쉽지 않다. 왜 그럴까?

첫째, 기존 학벌주의 체제의 수혜자들이 변화를 원치 않는다. 그 수혜자들의 수는 전체 국민에 비해 극소수에 지나지 않지만 언로(言路)의 위계질서에서 가장 막강한 위치를 점하고 있다. 그들은 학벌 문제에 대한 전면적 논의를 배제하거나 왜곡시키는 '의제 설정' 권력을 행사하고 있다.

둘째, '학벌 완화'는 거의 모든 국민에게 큰 이익이 돌아갈 수 있는 일이지만, 그 이익이 다수에게 분산되고 간접적이라는 이유로 국민은 무관심하다. 오히려 개인적이고 직접적인 이익 때문에 비판적인 생각을 가진 사람도 적지 않다. 특히 자식들에게 비교적 좋은 교육 여건을 제공해줄 수 있는 여론 주도층에 속하는 사람일수록 자기 자식이 공부를 잘해 좋은 학벌을 갖는 것이 학벌을 완화하는 것보다 더 이익이라고 보기 때문에 학벌 완화에 대해 시큰둥하게 생각한다.

셋째, '학벌 완화'를 '하향 평준화'나 '포퓰리즘'으로 매도하는 선전·선동이 제법 그럴듯하게 들린다. 고교 평준화도 그런 공격을 받고 있다. 그러나 '학벌 완화'는 하향 평준화가 아니다. 그건 '평등'의 문제가 아니라 '나라 살리기'의 문제다. 오랜 세월 온갖 특혜를 받아 비대해진 몸집과 그 몸집을 지칭하는 '간판' 하나로 경쟁 없이 거저먹으려 드는 건 나라 망치는 일이기 때문에 그 대안으로 '학벌 완화'가 제시된 것이다.

달리 말해, '상향 경쟁화'와 '평생 경쟁화'를 시도해보자는 것이다. 오랜 세월 자행된 불공정 경쟁의 결과 비대해진 명문대에 대한 특혜를 중단하고, 그 몸집도 줄여 기존의 '1극' 또는 '3극' 체제에서 '다극' 체제로의 전환을 꾀해보아야 한다. 진정한 경쟁을 해보자는 것이다. 또 기존 '정글의 법칙'이 과거엔 어떠했든 과연 오늘날의 디지털 시대에도 맞는 생존 방식인지 그것도 재검토해보아야 한다.

학벌주의 문제는 소비 자본주의 체제하에서 파편화된 대중이 언제까지 모래알처럼 흩어져 자신들의 궁극적 이익에 반하는 행동을 할 것인지 그걸 검증하는 기회가 될 것이다. 한국 사회의 전반적인 개혁이 매우 어려운 이유가 학벌주의 타파 또는 완화에 따르는 어려움에 농축돼 있다고 해도 과언이 아니다. 사정이 그러한 만큼 각오를 단단히 하고 싸워 나가야 할 것이다.

'정글의 법칙'은 한국인의 숙명인가? 그렇진 않다. 그건 역사의 오래 묵은 때다. 워낙 오래 묵어 이태리 타올로도 잘 안 벗겨진다. 시간이 오래 걸리는 일이다. 또한 기존 '정글의 법칙'이 가져온 이익에도 주목할 필요가 있다. 수익(收益) 계산을 통해 그 이익을 초과하는 손실이 발생하고 있다거나 더 큰 이익을 얻을 방법이 있다는 대안 제시에 소홀하지 말아야겠다는 것이다.

이미 '정글의 법칙'에 찌든 사람들을 상대로 "이건 너무 잔인하지 않느냐"는 호소는 무력하기 때문에 더욱 그런 작업이 필요하다. 학벌주의 완화에 대해 '하향 평준화'니 '포퓰리즘'이니 하는 주문을 열심히 외워대는 사람들이 한국의 전형적인 엘리트로 행세하는 모습을 계속 지켜보아야 한다는 건 너무 슬픈 일이 아닐 수 없다. 기존 학벌주의의 혜택을 누리고 그걸 바꿀 뜻이 없으면서 외쳐대는 좌파적 비전, 그것이 바로 강남 좌파의 한계다.

맺는말

'벽' 대신 '다리'를 세우자

정치 엘리트들의 밥그릇 싸움을 넘어서

이미 충분히 지적했듯이, 강남 좌파에 대한 논의는 출발점에서부터 논자의 정의가 각기 다르기 때문에 큰 혼란을 낳을 수밖에 없다. 그러나 어떤 정의를 내리건 악의적인 정략적 공격을 제외하곤 강남 좌파에 대한 비판적 논조의 주장들이 한결같이 제기하는 문제는 정치 엘리트가 공복(公僕)으로서 갖춰야 할 자세와 처신, 그리고 이와 무관할 수 없는 노선과 정책이라 하겠다. 즉, 이 문제는 더 근본적인 제도 차원에서 고민해볼 필요가 있는 주제라는 뜻이다.

미국 뉴욕대 정치학 교수 버나드 마넹(Bernard Manin)은 "사실상, 오늘날 정치라는 무대를 지배하고 있는 (혹은 점점 그렇게 할) 사람들은 그 사회의 진정한 반영이 아니다"라면서 "대의 정부는 지금도 여전히 그것이 처음 설립되었을 때의 방식, 즉 사회적 신분이나 생활방식, 그리고 교육에 따라 시민들과는 구분되는 소위 엘리트의 통치로 남아 있다.

오늘날 우리가 목격하는 현실은 단지 '새로운 엘리트의 부상과 다른 엘리트의 퇴조'일 뿐이다"라고 주장했다. 마넹은 이어 "한 엘리트가 다른 엘리트로 대체되는 것 이상으로 위기의식을 불러일으키는 것은, 통치를 받는 사람과 통치하는 사람 사이의 간극의 지속, 혹은 그것의 심화이다. 현재 진행되고 있는 사태는 대의제가 통치자와 피통치자 간의 동일성을 더욱 진작할 것이라는 생각이 그릇된 것임을 보여준다"고 말했다.¹

이는 비단 마넹뿐 아니라 전 세계의 많은 민주주의 전문가가 제기하는 문제다. 이런 문제 제기는 한국의 강남 좌파가 그런 변화 없는 '엘리트 순환'의 수호신으로 기능할 수 있다는 가능성을 부각시킨다. 거칠게 말하자면, 강남 좌파로 불리게끔 만든 좌파 담론 또는 제스처가 정치 엘리트들의 '밥그릇 싸움'을 무슨 심각한 이념 투쟁인 양 포장하는 효과를 내고 있지 않느냐는 것이다.

한국 정치는 유권자의 입장에서 볼 때엔 좌우의 싸움도 아니고, 진보-보수의 싸움도 아니다. 출세한 사람과 출세하지 못한 사람들 사이의 싸움일 뿐이다. 어느 정당 소속이건 다선 의원이 낙선한 지역의 유권자들에게 물어보라. 어디에서건 "그만 하면 많이 해먹었잖아!"라는 말을 쉽게 들을 수 있을 것이다. 정치가 출세, 입신양명(立身揚名), 인정 욕구 충족의 도구로 기능하는 사회에서 엘리트는 모두 '강남파'일 수밖에 없다. 강남 좌파에서 '좌파'는 부차적인 것이지 본질적인 것이 아니다. 제한된 정치적 자원을 놓고 경쟁하는 승자 독식 상황에서 이념과 노선은 국리민복을 위한 것이라기보다는 경쟁 세력에게 타격을 입히기 위한 전략적 도구의 성격이 강해진다.

역대 민주화 대통령들의 가족 비리에서 잘 나타났듯이, 가족주의는 자주 이념과 대의를 사소하게 만드는 심리적 기제로 작용하고 있다. 고영복은 "우리나라 공무원들이 각종 교육은 많이 받았지만 국가에 대한 충성심과 가족에 대한 애착심을 비교해보면 놀라울 정도로 국가에 대한 충성심이 약한 것을 볼 수 있다"며 이렇게 말한다. "그 가장 좋은 예가 부정부패 현상이다. 부정부패는 가족이 잘사는 것을 도모한다. 그러나 국가에 대한 범죄이다. 관직을 이용한 부정부패는 양심의 가책을 받아야 하는데도 가족을 먼저 생각하지, 국가를 우선시하지 않는다. 가족도 가장의 부정부패를 나무라지 않는다. 공무원의 마음속에는 가족을 초월하는 큰 사회가 보이지 않고 오로지 나와 나의 가족만이 보일 뿐이다."[2]

엘리트는 공복이다

가족주의는 피붙이만으로 끝나는 게 아니다. 정치 집단은 보스를 중심으로 한 조폭식 의리와 혈맹 관계로 맺어진다. 사람들은 이른바 '3김 정치'를 보스정치로 규탄했지만, 이후 나타난 정치 집단들도 다를 게 없다. 보스의 정체성이 '아버지'에서 '형님'으로 바뀌는 정도였을 뿐, 조폭식 패거리주의는 건재하다. 그런 가족주의적 관계를 맺지 않고선 정치적 규합을 하고 성공을 거둘 수 없으니, 정치 엘리트의 탄생 과정 자체가 공복(公僕) 개념을 형해화(形骸化, 내용이 없이 형식만 남음)한다고 볼 수 있다.

이제 이걸 본격적인 화두로 삼을 필요가 있겠다. 선진국은 어떻다며 우리의 정치 엘리트 행태를 옹호하는 게임은 그만하자. 그쪽 민주주의도 크게 잘못됐다지 않은가. 이게 무슨 좌파들만의 목소리가 아니다. 우파들도 동의하는 근본적인 문제다. 기존 엘리트 지배 체제를 당연시하면서 자꾸 '보수-진보'의 이념 대결 구도로 몰고 가면 이 문제는 풀리지 않는다. '엘리트-비(非)엘리트'의 구도를 다시 생각해보자는 것이다.

한국 보수 엘리트와 진보 엘리트는 서로 다른 것보다는 같거나 닮은 게 훨씬 더 많다. 입신양명을 이룬 '출세한 사람들'이라는 점에서 그렇다. 엘리트는 공복이다. 공복 개념이 괜한 허구라면, 그들이 실은 귀족이라면, 좌파 담론이 그들의 귀족 신분 유지에 어떻게 이용되며 과연 무슨 성과를 내고 있는가를 검증해야 한다. 그런 식의 좌파 담론으로는 좌파적 이상을 실현하기도 어렵거니와 진짜 공복 노릇을 해보겠다고 줄 선 사람들이 많기에 더욱 그렇다.

사실 이명박 정권이 '잃어버린 10년'이라는 구호를 외치는 순간 그들의 판단력은 마비되기 시작했다. 복수욕과 탐욕이 그들을 지배했다. 오랫동안 굶은 사람들처럼 모든 공직을 무섭게 폭식해대기 시작했다. '지대 추구'의 결정판인 것처럼 보였다. 이걸 언제까지 방치할 것인가? 많은 이가 앞으로 정치는 사양산업이 될 거라고 말하지만, 그건 천만의 말씀이다. 지금처럼 권력 지상주의와 승자 독식주의가 판치는 한 정치는 야심가들의 성장산업이 될 게 분명하다. 설사 사양산업이 된다 한들 그게 좋은 것만도 아니다. 낮은 곳에 임하면서 사회를 위해 진실로 봉사하고 싶어 하는 사람들의 성장산업이 되는 게 가장 바람직하다.

만약 기존 엘리트 문화에 변화가 없다면, '반(反)엘리트주의적인 민중 영합주의', 즉 포퓰리즘(populism)이 좌우를 막론하고 기승을 부릴 것이다. 포퓰리즘의 핵심은 두 가지다. 하나는 엘리트에 대한 불신과 혐오요, 둘은 대중에의 직접 호소다. 한국의 불행한 근현대사는 대중이 엘리트를 불신하고 혐오해야 할 충분한 근거를 제공했으며, 초고속 압축 성장으로 인해 권력과 부의 정당성이 의심받으면서 평등주의 정서가 강해졌다고 볼 수 있다. 이게 바로 포퓰리즘이 잘 먹혀들 수 있는 배경이다. 그러나 대중은 도구로 이용되는 것일 뿐 주체는 아니며, 포퓰리즘에 의한 기존 엘리트 물갈이도 근본적인 변화를 가져오기보다는 신구(新舊) 엘리트의 밥그릇 교체로 끝나기 십상이다.

지금도 한국 사회를 휩쓸고 있는 '정치 혐오', 아니 '정치 저주'는 늘 포퓰리즘의 토양이 되곤 한다. 독재 세력이건 민주 세력이건 신진 집권 세력은 늘 한국인의 정치에 대한 저주 심리를 이용해 엘리트를 물갈이하곤 했다. 그런데 얼마 있다 보면 무언가 혁명적으로 바꾸겠다던 이들이 똑같은 짓을 반복했다. 물론 과거에 비해 더 나아진 점도 있겠지만, 처음에 큰소리쳤던 것에 비추어 보면 오히려 역효과를 낳곤 했던 것이다.

포퓰리즘은 구조의 문제는 비켜 가면서 인물 중심의 '의인화·개인화' 수법을 통해 분노를 결집·폭발시키기 때문에 큰 변화를 가져오는 데엔 오히려 방해가 된다. 한국인은 모든 걸 인간적인 문제로 치환해서 이해하고 해결하기를 유별나게 좋아하는 특성을 갖고 있기 때문에 포퓰리즘에 친화적이다. 포퓰리즘을 더욱 경계해야 할 이유다.

'무브온'을 벤치마킹해선 안 된다

조국을 비롯해 진보의 집권을 꿈꾸는 사람들은 세계 최대 규모의 미국 온라인 진보운동 단체 무브온(MoveOn.org)을 벤치마킹하고 있다.[3] 그러나 이건 다시 생각해볼 일이다. 처음에 '클린턴 구하기'를 위해 설립된 무브온의 주된 활동은 의회나 정부, 언론사 등을 상대로 하는 온라인 청원운동인데, 이는 주로 당파성 중심으로 이루어진다. 즉, 골수 민주당 지지자들이 돈을 내고 서명을 하게끔 만드는 뜨거운 이슈 중심으로 이루어진다는 것이다. 그런데 그 이슈들은 다분히 인물 중심적이다. 이는 온라인 조직인 무브온이 그들을 회원으로 만들 수 있는 이메일 주소를 확보하기 위한 조직 강화 전략이기도 하다.

무브온의 지도자들은 뜨거운 열정이 흘러넘쳐 결과적으론 분노와 공포를 자극하는 '공화당 선거 책략가 칼 로브(Karl Rove)의 복사판'이라는 말을 듣고 있으며, 그로 인한 무브온의 호전성은 미국의 일부 진보적 지식인들 사이에서도 우려의 대상이 되었다. 더욱 중요한 것은 보수파가 무브온을 벤치마킹의 대상으로 삼아 유사 온라인 단체들을 출범시킴으로써 온라인 당파전쟁이 악화되었다는 사실이다.[4]

한국의 온라인 당파전쟁은 미국보다 더욱 치열하다. 미국에선 최근에야 인터넷이 좌우 평형을 이루었지만 한국에선 수년 전에 이루어졌다.[5] 인터넷은 처음엔 좌파·진보 세력이 우세를 보였지만 보수파도 인터넷에 적극 뛰어들어 두 세력 사이에 균형이 잡혔으며, 그 때문에 사이버 당파전쟁이 치열하게 전개되고 있는 것이다. 다 나름대로는 참여 민주주의의 활성화를 위한 투쟁이겠지만, 그런 투쟁의 와중에서 소통은 실종될 수밖에 없다는 게 문제다. 그런 당파전쟁의 부산물인 '악플 인신공격'은 사실상 중간파 지식인들에게 자기검열을 강요함으로써 기존 불통 체제를 더욱 악화하는 효과를 낳고 있는 실정이다.

조국은 "미국의 '무브온' '커피당(Coffee Party)' 같은 풀뿌리 시민 정치운동도 활성화되어야 합니다"라고 주장하지만,[6] 왜 진보파 운동만 생각하는지 모르겠다. 무브온을 어떻게 평가하든 중요한 건 보수 진영이라고 가만있겠는가 하는 점을 생각해보아야 한다. 미국에서도 무브온 때문에 보수파의 '티 파티 운동(Tea Party movement)'이 나왔고, 그래서 양쪽 싸움이 더욱 거칠어졌다는 생각을 해봐야 하지 않을까.

보수파는 분노를 즐기는 반면 진보파의 분노는 잘못된 현실에 대한 죄책감의 외적 표현이라는 주장도 있긴 하지만,[7] 그 이유가 무엇이건 분노의 악순환이 가져올 효과에 주목해야 하지 않을까? 즉, 일시적인 성공은 가능해도 궁극적으론 그런 성공이 극단적인 당파싸움을 키우는 결과를 초래할 수 있다는 것이다.

의사이자 사회평론가인 박경철은 "지금 한국 사회의 정치·사회적 분열상은 '임계점'을 넘어서고 있다. 언론사의 독자 게시판은 공격성이 넘쳐나고, 생각이 다른 타인에 대한 공격은 악마의 발톱처럼 사악하다. 특히 보수 언론과 진보 언론의 독자 반응은 이 나라가 정말 단일민족인가라는 의문이 들 정도로 편차가 크다"며 다음과 같이 말한다.

"모든 문제를 이념의 틀로 규정하기 때문이다. …… 지금 우리에게 필요한 것은 좌파나 우파 논쟁이 아니다. 위기의 시대를 헤쳐 나가는 해법은 오히려 강남 좌파와 막걸리 우파들이 더 많이 늘어나게 하는 것이다. 당면한 자신의 처지와 입장에도 불구하고, 옳은 길을 고민하는 사람들이 많아짐으로써 분열의 시대를 화해와 소통으로 이끌게 될 것이다. 우리가 진짜 고쳐야 할 고질병은 '강남 좌파'나 '막걸리 우파'가 아니라, 바로 그들을 배척하는 이념적 우월주의, 순혈주의인 것이다."[8]

안타깝다. 박경철은 탁월한 진단을 내려놓고도 정확치 못한 처방을 하고 있다. 과연 모든 문제를 이념의 틀로 규정하기 때문에 악마의 발톱처럼 사악한 인신공격이 난무하는가? 내가 보기엔 문제의 핵심은 '이념의 틀'이라기보다는 '인물 중심주의'다. '이념의 틀'은 인물 중심주의에 따라붙는 부수적인 것일 경우가 대부분이다. 따라서 중요한 것은 강남 좌파와 막걸리 우파들이 더 많이 늘어나게 하는 것이 아니라 그들이 어떤 방식으로 세를 규합하고 상대편을 대하는지 집단적으로 성찰할 수 있느냐는 점이다.

'우리와 그들, 무리 짓기에 대한 착각'

강남 좌파에 관한 논의는 늘 '강남'에 방점을 두느냐 '좌파'에 방점을 두느냐 하는 문제에 직면하게 된다. 라이프스타일인가, 이념인가? 사람들은 보통 이념이 우선일 것이라고 생각하지만, 꼭 그렇지는 않다. 한림대 교수 김영명은 "한국에서 이념 갈등이라고 일컬어지는 것 중 많은 부분이 이념 차이보다는 '성분' 차이에서 나온다"고 주장했다. 그가 말하는 성분이란 "정서·취향·기질·말투·행동양식 등을 아우르는 정서적인 요소와 이에 영향을 주는 연령이나 출신 배경 같은 객관적인 요소, 또 이에 따른 상호 인식이라는 주관적인 요소들의 결합체"를 말한다.[9]

이런 '성분' 집단은 사실상 '이익 공동체'이기도 하지만, 성분이나 이익은 물밑에서 작동하고 겉으로는 이념이나 명분을 표방한다. 이념이나 명분은 부차적이지만, 그렇다고 해서 그 강도나 추진 의지까지 부차적인 것은 아니다. 오히려 자신들이 내세우는 이념과 명분이 관철될 때에 자신들의 이익이 극대화되기 때문에 더욱 근본주의적인 자세를 취할 가능성이 높다. 그럼에도 우리는 이런 배경 아래에서 나타나는 갈등마저 순수한 이념 갈등으로 간주하는 경향이 있다.

앞서 지적했듯이, 이념이 당파를 만드는 게 아니다. 물론 이념이 당파를 만들기도 하지만, 시간이 흐르면서 오히려 당파가 이념을 만드는 우위에 선다. 크건 작건 그룹이나 단체는 시간의 흐름에 따라 변하는 과정일 뿐 고정된 실체가 아니지만, '우리 대 그들(Us Against Them)'이라고 하는 구도가 모든 의식과 행동양식을 지배한다.[10] 정치권의 그 수많은 이합집산(離合集散)을 생각해보라. 일단 조직이 생겨나면 조직의 성공을 위한 '조직의 논리'라는 게 생겨나고, 그에 따라 치열한 당파싸움이 벌어지기 마련이다.

지식인들도 더하면 더했지 다를 게 없다. 데이비드 베레비(David Berreby)는 "사상이 일단 깃발이 되고 나면 더 이상 자유로울 수 없다. 우선 그것을 사용하려면 대가를 치러야 한다. 즉, 그 사상이 대변하는 인간 부류를 거부하는 사람들과 갈라서게 되는 것이다. 사상 자체도 자유로운 길을 택할 수 없다. 생각을 바꾸고자 하면, 인간 부류의 코드가 함께 싸우는 형제들을 배신하는 행위라고 말한다. 지식인들의 삶이 우리와 그들을 가르는 충성과 배신의 언어로 가득한 이유도 이 때문일 것이다"라고 말했다.[11]

기자들도 비슷하다. 촛불집회 보도에서 조중동과 『한겨레』『경향신문』의 차이는 매우 컸다. 왜 그런 차이가 나타난 걸까? 양측 기자들은 입사할 때부터 서로 다른 가치관을 가지고 있는 걸까? 전혀 그렇지 않다. 꼭 이 신문사 아니면 안 된다는 사람은 거의 없다. 입사할 때는 양측 기자들 사이에 아무런 차이가 없다. 입사 이후 달라진다.

어느 기자는 "회사 가치관을 아니까 기사를 만들어내기 위해 자기검열을 하는 측면이 있다"며 "진보든 보수든 기자 교육과정 등을 통해 사회화되면서 조직 원리에 순응하게 된다"고 했다. 이혜민은 "이런 '조직 동화'와 '사회화'에 기자들의 '야마 뻥튀기(핵심 주제 확대 해석)'는 양대 매체 논조의 골을 키우는 공신 노릇을 한다. 특히 사건 기자들은 자신들이 일반적인 것보다 특이한 사례와 소재를 찾아 확대해석(뻥튀기)하는 경향이 있다는 데 누구나 동의한다"고 했다. 어느 기자는 "언론사에 들어와 보니 뉴스의 생성 과정을 알겠더라고요. 입맛에 맞는 사례가 환영받고, 그것들이 모여 여론이 되고……. 이러다 보면 사회의 간극이 벌어지는구나 하는 생각이 들었습니다"라고 말했다.[12]

정치권의 '증오 마케팅'

인정하고 싶지 않은 사실이지만, 인류 역사를 이끌어온 정서 가운데 가장 큰 힘을 발휘한 건 증오였다. 늘 "증오는 나의 힘"이었다. 물론 증오가 나쁜 것만은 아니다. 예컨대, 나라를 빼앗긴 채로 착취당하는 사람들이 지배자들에 대한 증오의 힘으로 떨쳐 일어나지 않으면 그 무엇으로 일어나랴. 우리 시대에 문제가 되는 건 '증오의 일상화'와 '증오의 상품화'다. '증오 마케팅'이라는 표현을 써도 무방할 만큼, 정치사회적 언행의 기본 동력을 증오로 삼는 게 너무도 자연스럽게 확산돼 있다.

증오 마케팅에도 그 나름의 명분이 있을 수는 있다. 사회적 갈등에서 어느 한쪽이 자신들의 부당한 기득권을 유지하기 위해 수단과 방법을 가리지 않는다면, 반대쪽은 그쪽에 대한 증오를 바탕으로 세를 규합하는 수밖에 없을 것이다. 그러나 민주화 이후 그렇게 편을 갈라도 좋을 만큼 단순한 사안은 많지 않다. 그런 사안이 있더라도 어떤 선의적 행위의 '의도하지 않은 결과'까지 감안한다면, 증오를 동력으로 삼아도 좋을 만한 일은 더욱 줄어들 것이다.

일반적으로 증오 마케팅이 가장 문제가 되는 건 "과연 누구에게 이익이 돌아가는가?" 하는 점이다. 증오는 주로 상층 엘리트 계급에서 발생한다. 제도적으로 이들은 제한된 몫을 놓고 경쟁해야 하는 처지이기 때문이다. 반면 서민층의 삶엔 증오가 끼어들 일이 거의 없다. 이들 역시 제한된 일자리를 놓고 경쟁하지만, 이들의 경쟁 방식은 엘리트 계급의 승자 독식주의와는 크게 다르다.

엘리트 계급이 자기들의 이익을 다수의 이익인 양 포장하는 건 인류 역사 이래로 계속돼온 전통이다. 하지만 이젠 엘리트 계급의 삶이 어떠한가 하는 걸 하나의 검증 지표로 삼아야 한다. 이는 현대 정치학 교과서가 외면하는 점이기에 새로운 감수성이 필요하다.

서민의 삶을 돌보겠다고 외치는 엘리트 집단이 꼭 서민처럼 살 필요는 없다. 우리는 서민의 삶이 어려워졌어도 그런 엘리트 집단이 높은 연봉에 재테크 솜씨까지 발휘해 재산을 잘 불리는 것에 대해 별 문제의식을 가지지 않는다. 그런데 이들이 서민의 이름을 팔아 증오 마케팅을 구사한다면 이건 다시 생각해볼 문제다. 정치 엘리트 집단의 일원이 되는 걸 개인적 출세와 가문의 영광을 위한 '코리언 드림'으로 여기는 기존 의식을 당연시하는 한, 그 어떤 제도와 법으로도 정치가 민생을 착취하는 걸 막을 수 없다는 점에 관심을 기울여야 한다.

정치 엘리트 계급의 삶이 서민의 삶과 유리돼 있다는 것도 큰 문제다. 그들은 선거 때 몇 번 민생 현장을 방문하는 걸 제외하곤 늘 비슷한 계급과 그 이상의 계급만 접촉하며 살아간다. 이들은 자신들이 활동하는 영역에서 벌어지는 일에 과도한 의미를 부여하면서 경쟁 세력에 대한 증오를 드러내기도 하지만, 민생 문제에는 큰 정서적 에너지를 쏟지 않는다.

증오를 부추기는 정치 담론을 살펴보라. 자기들만의 싸움이다. 서민은 안중에도 없다. 서민을 생각하면 무릎 꿇고 빌어도 모자랄 판에 정적(政敵)에 대한 비교 평가와 증오를 앞세워 자화자찬(自畵自讚)하는 일을 자주 저지르고 있다. 이 본말 전도를 어떻게 바로잡을 것인가? 정치 엘리트 계급의 고립이 근본 문제인 건 아닐까? 정치 엘리트 계급이 정기적으로 서민층이 살아가는 현장을 찾아 자원봉사 하는 풍토를 만들어보는 건 어떨까? 혹 그게 말이 되느냐고 반문하기 전에, 한국 정치 엘리트 계급에게 가장 결여된 게 현실감각이라는 사실에 주목해보자. 그들이 정작 팔아야 할 건 증오가 아니라 자신의 피와 땀이다.

소통과 화합을 위하여

깨끗하고 유능한 시민운동가와 지식인들이 관전자나 심판의 역할을 벗어나 직접 그라운드로 뛰어드는 '선수'가 되겠다는 생각은 그간 한국 정치의 낙후와 파행이 '선수들' 때문이라는 전제에 근거한 것인데, 이 또한 인물 중심주의의 산물이다. 과연 그 전제는 옳은가? 승자 독식 체제가 근본 원인이라는 생각을 해보는 건 어떨까? 그간 깨끗하고 유능한 시민운동가와 지식인들이 승자 독식 체제를 완화하기 위해 무엇을 했는가 생각해보자. 오직 "우리 편 이겨라"고 외치는 응원만 해놓고 막상 우리 편이 지자 "이대론 안 되겠다"며 나선 건 아닐까?

앞서 거론했던 김진석의 조국 비판은 이 지점에서 의미심장하게 다가온다. " '진보'는 한편으로 진부하게 부풀려지고, 다른 한편으론 소수에 의해 독점된다. 역설적 상황이다. 진보와 리버럴이 갈라서야 한다는 말이 전혀 아니다. 오히려 차이는 솔직하게 드러내면서 유지하되, 정치적으로 연대하고 협력할 수 있어야 한다. 그것이 정치적으로 성숙한 모습이다. 그렇지 않으면, 진부함과 독단이 꼬일 것이다."[13]

나는 김진석의 위와 같은 주장에 지지를 보내면서 한 걸음 더 나아가 이젠 그 누구건 더 이상 진보의 집권을 말하거나 보수의 집권을 말해선 안 된다고 말하고 싶다. 노무현 정신의 계승을 역설하는 문재인 등 친노 세력의 경우도 마찬가지다. "이명박 정권이 나라를 망친다"고만 외쳐댈 게 아니라, 왜 노무현 정권 시절 반대파들도 그런 말을 했는지, 이명박의 지지율이 그래도 노무현 재임 때보다 더 높다는 건 어떻게 이해해야 하는지, 그게 모두 조중동 탓인지, 우리는 선(善)이지만 그들은 악(惡)이라는 것인지, 양쪽이 더불어 살 수 있게끔 하는 비전은 무엇인지, 이에 대해 생각하고 고민해야 하는 게 아닐까?

진보건 보수건 그들은 이미 집권을 통해 처절한 실패를 온 국민에게 유감없이 보여주었다. 국민은 그들이 무슨 이유 때문에 실패했다는 것인지 전혀 듣지 못하고 있다. "우파들의 반대와 저항 때문에" 또는 "좌파들의 반대와 저항 때문에"라는 이유만 지겹도록 들었을 뿐이다. 그게 진실이라면 양쪽 모두 어떻게 앞으로 그런 반대와 저항을 넘어서겠다는 말을 할 법도 한데, 또 이에 대해선 아무런 말이 없다. 그저 양측 모두 목숨 걸고 상대편을 적대시하도록 부추기는 '증오 마케팅'의 현란한 쇼만을 원 없이 보여주고 있을 뿐이다. 이제 더 이상 그래선 안 된다. 보수건 진보건 집권을 말할 게 아니라 집권 이후 어떻게 소통과 화합을 이루겠다는 청사진을 말해야 한다. 수많은 청사진이 가능하겠지만 나는 세 가지를 지적하고 싶다.

첫째, 승자 독식에서 자유로운 '비무장지대'의 영역을 넓혀 나가야 한다. 대통령에서부터 기초자치단체장에 이르기까지 지도자가 직접 권한을 행사해야 할 핵심 분야를 제외한 인사와 예산의 영역을 투명하게 제도화하는 일에서부터 출발하는 것이 필요하다. 인사와 예산이 당파싸움의 보고(寶庫)라 할 '영구 캠페인(permanent campaign)'의 제물이 되지 않게 함으로써 사회 전반의 '과잉 정치화'를 억제하자는 것이다. 즉, 지도자의 업무 중 상당 부분을 항구적인 시스템으로 대체해 선거가 승자 독식주의와 사생결단(死生決斷)의 전쟁이 되는 강도를 낮춰주는 것이다. 각 단위의 지도자 권력에서 '정치 잉여'를 줄이고 이권 분배 기능을 투명하게 만들지 않는 한 선거와 정치에 사생결단하듯 임하는 사람들의 수는 결코 줄지 않을 것이며, 소통은 영원히 신기루가 될 수밖에 없을 것이다.

둘째, 참여에 대한 인식의 전환이 필요하다. 참여는 민주주의 기본 원리인바, 아무도 참여 자체를 문제 삼을 수는 없다. 아니, 오히려 참여는 계속 진작해야 한다. 문제는 기존 극단적 당파싸움을 완화하기보다는 격화하는 성격의 참여가 우리가 예찬해 마지않는 참여의 유일한 형식인가 하는 점이다. 우리는 이 점에 대한 고민도 하지 않은 채 '무조건 참여'만을 외쳐온 건 아닐까? 인물 중심형 참여에서 목적 지향형 참여로 전환해야 한다. 물론 목적 지향형 참여도 이념과 당파에서 자유로울 수 없지만, '전부 아니면 전무'인 인물 중심형 참여와는 달리 목적 실현을 위해 모든 정치 세력과의 소통을 배제하지 않는다는 차이가 있다. 인물 중심형 참여는 참여자들에게 참여의 '현실적 과실'이나 '권력 감정'을 줄 수 있는 반면 목적 지향형 참여는 그럴 수 없기에 그런 전환은 이루어지기 어렵겠지만, 인물 중심형 참여자들이 '도덕적 긍지와 자부심'까지 느끼는 기존 풍토에 균열을 냄으로써 생겨날 수 있는 변화의 가능성에 기대를 걸어봄직도 하다.

셋째, 권력 중심적인 '인정 투쟁' 문화에 대한 성찰이 필요하다. 왜곡된 입신양명 문화는 고위 공직을 가문의 영광을 위한 '제로섬 게임'의 제물로 전락시켜 소통을 어렵게 만들기 때문이다. 기존 입신양명 문화의 동력은 이른바 '세상 사람들이 알아주는 맛'이기 때문에, 그렇게 출세한 사람들을 알아주지 않으려는 의도적인 노력이 세상 사람들에게 필요하다 하겠다. 같은 맥락에서 대부분 왜곡된 입신양명 문화에서 비롯된 교수의 정관계 진출을 대학 측이 엄격하게 통제해야 하는 건 아닌지 공론화해야 한다. 특정 정치 세력이나 정치인에 대한 교수들의 집단적 지지 성명도 한때는 소중한 가치가 있었지만 이젠 자제하는 게 좋겠다. 대학은 정관계와 거리를 두고 소통의 본산으로 기능하는 것이 바람직하다.[14]

'노무현 혐오'와 '노무현 숭배'를 넘어서

"사람들은 다리 대신 벽을 세우기 때문에 외롭다(People are lonely because they build walls instead of bridges)"는 말이 있다. 외롭기 때문에 벽을 세우고 그 안에서 또 다른 칸막이들을 열심히 만드는 것인가? 다리를 만들어 소통을 시도해보는 건 불가능한 일인가? 우리의 반대편에 있는 사람들은 도저히 상종할 수 없는 불구대천의 원수인가? 그게 아니라면, 왜 소통을 위한 운동은 구경조차 할 수 없는 것인가? 그 누구건 완승(完勝)은 가능하지 않으며, 혐오하는 세력에게도 그들을 지지하는 선량한 국민이 때로는 다수를 차지할 정도로 많이 있으며, 따라서 그 세력과도 평화 공존할 수밖에 없다는 생각을 해보는 건 어떨까? 만약 기존 제로섬 게임 체제 아래에서 '밥그릇'과 '인정 투쟁'의 문제 때문에 그렇게 할 수 없다면, 우리는 이성과 양심과 심정에 호소하기보다는 '당파싸움의 정치경제학' 원리에 투철한 자세로 그런 조건을 바꿔주는 데에 노력을 기울여야 할 것이다.

인물 중심주의를 넘어서자는 건 말도 안 되는 소리라고 일축할 사람들에게 한 말씀 더 드리고 싶다. 정치에 참여하는 재미와 보람이 어디에 있는데, 이슈 중심으로 전환하란 말인가? 그렇다. 바로 그것이다. 감정의 몰입까지 수반하는 재미와 보람이 우선이며, 이슈와 대의에 대한 판단은 부차적이거나 지지하는 인물의 뜻에 따를 뿐이라는 것, 바로 이게 문제라는 말이다. 계속 이런 문제를 껴안고 가겠다면 할 말은 없지만, 다른 모든 지지자 단체도 그렇게 함으로써 소통은 불능 상태에 빠질 수밖에 없다는 것도 생각해봐야 하지 않을까?

우리는 인물을 키우지 않는 문화를 갖고 있다고 말하는 이가 많은데, 역설 같지만 이 또한 강한 인물 중심주의 문화의 산물이다. 저쪽 인물을 죽여야 이쪽 인물이 사는 제로섬 게임이기 때문이다. 지난 수년간 한국 사회를 휩쓸었던 '노무현 혐오'나 '노무현 숭배' 모두 그런 제로섬 게임이 빚은 결과임은 두말할 나위가 없다.

우리의 강한 인물 중심주의는 우리가 유난히 '문화적 관념론(cultural idealism)'에 투철하기 때문이다. 문화적 관념론은 인간을 자신의 운명의 주인으로, 사건을 자유 의지 실천의 결과로 이해한다. 이런 삶의 자세는 우리가 눈부신 발전을 이룬 원동력이었다는 점에서 긍정적으로 평가할 수 있지만, 이젠 그 그늘을 직시할 때도 되었다. 문화적 관념론이라는 이해의 틀 속에선 구조적인 요인들이 무시되며, 사람이 사건을 야기하기보다는 사람에게 사건이 발생되는 것이라는 측면이 간과된다. 그래서 인물 중심주의 싸움에서는 아무도 승자가 될 수 없다. 이유는 인물이 아닌 딴 곳에 있는데, 죽으나 사나 사람 탓만 해대니 무슨 소통이 가능할 것이며 무슨 배움과 성찰이 있겠는가.

낯선 듯 우리 정치를 다시 관찰해보자. 특정 이념·노선·당파성을 강하게 부르짖는 사람들이 정치에 적극적으로 참여하며, 이들이 언로(言路)를 지배하고 있다. 이들이 꿈꾸는 세상의 비전이 잘못됐다는 게 아니다. 오히려 바람직한 일이다. 다만 아무도 일방적인 완승은 가능하지 않음에도 완승을 노리는 문법 아래 움직인다는 점이 문제다. 그 문법은 '87년 체제' 이전에 학습된 것인데, 우리는 여전히 그 자장(磁場)에서 자유롭지 못하다.

새벽이 오기 직전이 가장 어두운 법이다. 정치인을 존경받는 직업으로 만드는 건 불가능한 일이라고 지레 포기하진 말자. 오래 걸리더라도 그 방향으로 나아가보자. 과거에서 배움과 성찰을 이끌어내지 않거나 못하는 우리의 고질적인 습속은 이제 끝장낼 때가 되었다. 나는 국민들과 원 없이 소통하면서 그들에게 존경받는 정치인들이 전국 방방곡곡에서 헌신하는 세상을 꿈꾼다. 물론 이 인간세계에서 영원히 이루어질 수 없는 꿈이지만, 그 방향으로 한 걸음이라도 더 나아가보자는 것이다. "원래 세상이 다 그런 거야"라는 체념의 지혜만 발휘하다 보면 세상은 그 체념의 상한선마저 넘어서는 법이다.

● 주

● 머리말

1) 양홍주,「'노회찬 첼로 연주 사진' 강남 좌파 전파에 일조: 강남 좌파 형성 과정과 중심인물들」,『한국일보』, 2011년 2월 26일.
2) 헤르만 셰어(Hermann Scheer), 윤진희 옮김,『정치인을 위한 변명: 정치는 어떻게 정치인을 망가뜨리는가』, 개마고원, 2005, 189쪽.
3) Samuel P. Huntington, *The Clash of Civilizations and the Remaking of World Order*, New York: Simon & Schuster, 1996, p.20.
4) 이은호,「배신자를 지지하는 국민」,『한국일보』, 2007년 3월 2일, A26면.
5) 권대열,「이·박 지지자 3명 중 2명 "탈당해도 지지"」,『조선일보』, 2007년 5월 7일, A5면.
6) 이상록,「한나라 지지자 71% "당 아닌 후보에 투표"」,『동아일보』, 2007년 5월 19일, A5면.
7) 이기호,「길 위의 이야기/ 감정」,『한국일보』, 2007년 5월 16일.
8) 강준만,「"편향성은 이익이 되는 장사": 당파싸움의 정치경제학」,『월간 인물과사상』, 제157호(2011년 5월), 29~48쪽.

● 1장

1) 양홍주,「'노회찬 첼로 연주 사진' 강남 좌파 전파에 일조: 강남 좌파 형성 과정과 중심인물들」,『한국일보』, 2011년 2월 26일.
2) 김은남·고재열,「'강남 좌파' 세상 밖으로 걸어 나오다」,『시사인』, 제55호(2008년 9월 30일).
3) 류상영,「좌우 이념의 빈곤과 수난」,『매일경제』, 2011년 5월 15일.

4) 김진석, 「'진보' 이념 뒤에 숨기」, 『한국일보』, 2011년 2월 21일.
5) 고동우, 「'진보·보수 소통' 낯선 화두 왜 지면에······: 언론 '소통 강조' 눈길」, 미디어오늘, 2011년 2월 10일.
6) 이지은, 「창간 23돌 '국민 이념 성향' 조사: 2002년은 보수 〉 중도 〉 진보, 2011년은 중도 〉 진보 〉 보수」, 『한겨레』, 2011년 5월 16일.
7) 조경호, 「"강남에 사는 관료들은 교육·부동산 정책 못 맡게"」, 『한국일보』, 2005년 2월 16일, 4면.
8) 강준만, 『강남, 낯선 대한민국의 자화상: 말죽거리에서 타워팰리스까지』, 인물과사상사, 2006.
9) 김영춘, 「강남 좌파와 정치인 그리고 위선에 대하여」, 『시민일보』, 2011년 4월 28일.
10) Reinhold Niebuhr, *Moral Man and Immoral Society: A Study in Ethics and Politics,* New York: Charles Scribner's Sons, 1932, 1960, p.117.
11) Jeremy Lott, *In Defense of Hypocrisy: Picking Sides in the War on Virtue,* New York: Nelson Current, 2006, p.10.
12) 손호철, 「강남 좌파? 진짜 문제는 '강북 우파' 다: 영남이 계급 분화해 '영남 좌파'가 생긴다면?」, 『프레시안』, 2011년 4월 19일.
13) 윤창중, 「노 정권 역발상의 종착역」, 『문화일보』, 2006년 3월 15일, 38면.
14) 장혜수, 「60억 인류 이끄는 6000여 명 '글로벌 엘리트'」, 『중앙일보』, 2008년 10월 4일.
15) William A. Henry III, *In Defense of Elitism,* New York: Anchor Books, 1994, pp.20~32.
16) 조지 세이빈(George H. Sabine)·토머스 솔슨(Thomas Landon Thorson), 성유보·차남희 옮김, 『정치사상사 2』, 한길사, 1997, 1285쪽.
17) Eric O'Keefe, *Who Rules America: The People vs. The Political Class,* Spring Green, Wisconsin: Citizen Government Foundation, 1999, pp.7~13.
18) Marc J. Hetherington & Jonathan D. Weiler, *Authoritarianism & Polarization in American Politics,* New York: Cambridge University Press, 2009, p.181.
19) Martin N. Marger, *Elites and Masses: An Introduction to Political Sociology,* New York: D. Van Nostrand, 1981, pp.72, 77.
20) Martin N. Marger, 위의 책, p.71.
21) Martin N. Marger, 위의 책, p.209.
22) 조지프 슘페터(Joseph A. Schumpeter), 이상구 옮김, 『자본주의·사회주의·민주주의』, 삼성출판사, 1990, 361~366쪽; 윤형식, 「토의 민주주의와 시민사회: 참여 민주주의의 논의 이론적 정초」, 사회와철학연구회, 『사회와 철학 4: 진보와 보수』, 이학사, 2002, 198~199쪽; 에이

프릴 카터, 조효제 옮김, 『직접행동: 21세기 민주주의, 거인과 싸우다』, 교양인, 2007, 369쪽.
23) David Held, *Models of Democracy*, Cambridge, UK: Polity Press, 1987, pp.165~167.
24) 박민혁, 「문희상 "노 대통령은 혁명적 민주주의 실천"」, 『동아일보』, 2004년 8월 17일, A4면.
25) 오연호, 「〈긴급진단〉 2002 대선의 의미: 한국 사회 새로운 주류의 탄생」, 오마이뉴스, 2002년 12월 19일.
26) James Davison Hunter & Alan Wolfe, *Is There a Culture War?: A Dialogue on Values and American Public Life*, Washington, D.C.: Brookings Institution Press, 2006, p.86.
27) Marc J. Hetherington & Jonathan D. Weiler, *Authoritarianism & Polarization in American Politics*, New York: Cambridge University Press, 2009, p.44.
28) Tom Wolfe, *Radical Chic & Mau-Mauing the Flak Catchers*, New York: The Noonday Press, 1970, pp.1~94.
29) 케빈 필립스(Kevin P. Phillips), 오삼교·정하용 옮김, 『부와 민주주의: 미국의 금권정치와 거대 부호들의 정치사』, 중심, 2004.
30) 데이비드 거겐(David Gergen), 서율택 옮김, 『CEO 대통령의 7가지 리더십: 리처드 닉슨에서부터 빌 클린턴까지』, 스테디북, 2002.
31) 벤저민 브래들리(Benjamin C. Bradlee), 「제5장 리처드 닉슨: "나는 그들에게 칼을 쥐어주었다"」, 로버트 윌슨(Robert A. Wilson) 편, 허용범 옮김, 『대통령과 권력』, 나남, 2002, 111~129쪽.
32) 데이비드 브룩스(David Brooks), 형선호 옮김, 『보보스: 디지털 시대의 엘리트』, 동방미디어, 2001.
33) 마이클 매클리어(Michael Maclear), 유경찬 옮김, 『베트남: 10,000일의 전쟁』, 을유문화사, 2002.
34) C. Wright Mills, *The Power Elite*, New York: Oxford University Press, 1956, pp.62~68, 104~107.
35) Andrew Gelman et al., *Red State, Blue State, Rich State, Poor State: Why Americans Vote the Way They Do*, Princeton, NJ: Princeton University Press, 2008, p.183.
36) 노엄 촘스키(Noam Chomsky), 강주헌 옮김, 『촘스키, 누가 무엇으로 세상을 지배하는가』, 시대의창, 2002.
37) Daniel Brook, *The Trap: Selling Out to Stay Afloat in Winner-Take-All America*, New York: Times Books, 2007, p.125.
38) 강인선, 「미 대학교수 '좌파들 세상'」, 『조선일보』, 2002년 9월 3일, A13면.
39) 권순택, 「미 교수 72% "나는 진보파" …… 20년 만에 2배로」, 『동아일보』, 2005년 3월 31일.
40) Daniel Golden, *The Price of Admission: How America's Ruling Class Buys Its Way into Elite*

Colleges and Who Gets Left Outside the Gates, New York: Three Rivers Press, 2006; Jennifer Washburn, *University, Inc.: The Corporate Corruption of American Higher Education*, New York: Basic Books, 2005.

41) Peter Collier & David Horowitz, eds., *The Anti Chomsky Reader*, San Francisco, Ca.: Encounter Books, 2004; David Horowitz, *The Professors: The 101 Most Dangerous Academics in America*, Washington, D.C.: Regnery Publishing, 2006; David Horowitz, *Indoctrination U.: The Left's War Against Academic Freedom*, New York: Encounter Books, 2007.

42) Peter Schweizer, *Do As I Say(Not As I Do): Profiles in Liberal Hypocrisy*, New York: Broadway Books, 2005; 허문명, 「촘스키가 비싸게 팔리는 한국」, 『동아일보』, 2008년 11월 6일.

43) Lee Harris, *The Next American Civil War: The Populist Revolt Against the Liberal Elite*, New York: Palgrave, 2010.

44) 브라이언 앤더슨(Brian Anderson), 「폭스 뉴스, 진보를 욕보인 10년?」, 『LA 타임스』, 2006년 10월 4일; 『방송 동향과 분석』, 통권 241호(2006년 10월 15일), 63~67쪽에 번역 재수록.

45) Todd Gitlin, 'The Politics of Communication and the Communication of Politics', James Currand & Michael Gurevitch, eds., *Mass Media and Society*, London: Edward Arnold, 1991, p.336.

46) 크리스토퍼 래시(Christopher Lasch), 이두석·권화섭 옮김, 『엘리트의 반란과 민주주의의 배반』, 중앙M&B, 1999, 101~102쪽.

47) 유병선, 「강단 좌파」, 『경향신문』, 2005년 4월 1일.

48) 우태희, 『오바마 시대의 세계를 움직이는 10대 파워』, 새로운제안, 2008; 노엄 촘스키, 오애리 옮김, 『507년, 정복은 계속된다』, 이후, 2000.

49) Alan I. Abramowitz, *The Disappearing Center: Engaged Citizens, Polarization, and American Democracy*, New Haven: Yale University Press, 2010; Bill Bishop, *The Big Sort: Why the Clustering of Like-Minded America Is Tearing Us Apart*, New York: Mariner Books, 2009; Earl Black & Merle Black, *Divided America: The Ferocious Power Struggle in American Politics*, New York: Simon & Schuster, 2007; Jon R. Bond & Richard Fleisher, eds., *Polarized Politics: Congress and the President in a Partisan Era*, Washington, D.C.: CQ Press, 2000; Juliet Eilperin, *Fight Club Politics: How Partisanship Is Poisoning the House of Representatives*, New York: Rowman & Littlefield, 2006; Morris P. Fiorina et al, *Culture War: The Myth of a Polarized America*. 3rd ed. New York: Longman, 2011; Stanley B. Greenberg, *The Two Americas: Our Current Political Deadlock and How to Break It*, New York: Thomas Dunne Books, 2005;

James Davison Hunter, *Culture Wars: The Struggle to Define America*, New York: Basic Books, 1991; James Davison Hunter & Alan Wolfe, *Is There a Culture War?: A Dialogue on Values and American Public Life*, Washington, D.C.: Brookings Institution Press, 2006; Geoffrey Layman, *The Great Divide: Religious and Cultural Conflict in American Party Politics*, New York: Columbia University Press, 2001; Matthew Levendusky, *The Partisan Sort: How Liberals Became Democrats and Conservatives Became Republicans*, Chicago: University of Chicago Press, 2009.

50) 이주영, 『미국의 좌파와 우파』, 살림, 2003.

51) 데이비드 브룩스(David Brooks), 형선호 옮김, 『보보스: 디지털 시대의 엘리트』, 동방미디어, 2001.

52) 리처드 플로리다(Richard Florida), 이길태 옮김, 『창조적 변화를 주도하는 사람들』, 전자신문사, 2002.

53) 이에 대한 반론도 있지만, 이는 학생들에게 용기를 심어주기 위한 선의의 조언으로 보는 게 옳을 것 같다. 개천에서 여전히 용은 나오지만, 과거에 비해 그 수가 줄었다는 정도로 타협을 보는 게 어떨까? 반론에 대해선 장용호, 『너는 학원 가니? 나는 대학 간다!: 입시전문가가 공개하는 대학 입시의 모든 것』, 북카라반, 2011, 282~286쪽 참고.

54) 손봉석, 「"'8학군 기자'가 늘고 있다": '사회 갈등 보도'와 '기자 윤리' 토론회서 언론 왜곡 보도 성토」, 『프레시안』, 2003년 9월 4일.

● 2장

1) 김영명, 「개혁을 죽인 '개혁 세력'」, 『국민일보』, 2006년 11월 17일, 27면.

2) 홍영림, 「여(與) 지지율 2주 연속 한 자릿수」, 『조선일보』, 2006년 12월 2일, A4면.

3) 김일주, 「너희가 '강남 좌파'의 비애를 아느냐」, 『한겨레』, 2008년 4월 2일.

4) 김은남·고재열, 「'강남 좌파' 세상 밖으로 걸어 나오다」, 『시사인』, 제55호(2008년 9월 30일).

5) 정경훈, 「강남 좌파에 고함」, 『매일신문』, 2008년 4월 30일.

6) 김은남·고재열, 「MB 미워 전교조 후보 찍었다는 '대치동 맘'」, 『시사인』, 제55호(2008년 9월 30일).

7) 최문선, 「'고소영 S라인'을 아시나요?: MB 인사 빗댄 신조어 속속」, 『한국일보』, 2008년 2월 22일.

8) 「이명박 정부, '1% 프렌들리'에서 벗어나라(사설)」, 『경향신문』, 2008년 2월 25일.

9) 김종철, 「〈아침햇발〉 '당신들의 성공시대' 만들건가」, 『한겨레』, 2008년 2월 26일.
10) 이해영, 「참여 대 실용, 그리고 대중」, 『경향신문』, 2008년 2월 27일.
11) 김은남·고재열, 「'강남 좌파' 세상 밖으로 걸어나오다」, 『시사인』, 제55호(2008년 9월 30일).
12) 김은남·고재열, 위의 글.
13) 윌리엄 번스타인(William Bernstein), 김현구 옮김, 『부의 탄생』, 2005, 462~464쪽.
14) 고재열, 「부자의 커밍아웃 "나도 강남 좌파!"」, 『시사인』, 제56호(2008년 10월 7일).
15) 이윤주, 「〈우리 시대의 신계층 '강남 좌파'〉 강남 좌파의 하루-민노당 강남구위원회 당원 동행 취재기」, 『한국일보』, 2007년 11월 8일.
16) 이윤주, 「〈우리 시대의 신계층 '강남 좌파'〉 부유한 진보: 의식과 물질이 따로 노는 고학력·고소득 소유자들」, 『한국일보』, 2007년 11월 8일.
17) 윤석민, 『한국 사회 소통의 위기와 미디어』, 나남, 2011, 186~187쪽.
18) 박창억, 「강한 승부욕…… 소신…… 성격에 '딱'」, 『세계일보』, 2006년 3월 4일, 4면.
19) 양문석, 「쫄쫄이기자 쫄쫄이언론 그리고 냄비근성」, 『언론노보』, 2006년 3월 15일, 3면.

● 3장

1) 박관용, 『다시 탄핵이 와도 나는 의사봉을 잡겠다』, 아침나라, 2005.
2) 박민혁, 「탄핵 후폭풍에 '침몰' "피할 수 없었던 선택": 최병렬 전 한나라당 대표」, 『동아일보』, 2004년 12월 23일, A4면.
3) 박은주, 「상복은 검고 국화는 희다」, 『조선일보』, 2009년 5월 28일; 장인철, 「말(馬)처럼 날뛰는 말(言)」, 『한국일보』, 2009년 6월 5일.
4) 「5년 만에 입 연 남상국 씨 유족과 인간의 도리(사설)」, 『조선일보』, 2008년 12월 17일.
5) 전성철, 「고(故) 남상국 씨 유족, 노 전 대통령 고소」, 『동아일보』, 2008년 12월 20일.
6) 정권현, 「'변호사 노무현'의 일본인 요트 선생님: 작년 4월 청와대서 만나 "우정 변치 말자" 약속」, 『조선일보』, 2007년 4월 26일.
7) 이계삼, 「평형감각을 되찾기 위하여」, 『녹색평론』, 제107호(2009년 7~8월), 181쪽.
8) 박창식 외, "노 전 대통령, 돈 문제 대신 인정하려 했다": 문재인 전 청와대 비서실장 인터뷰」, 『한겨레』, 2009년 6월 3일.
9) 찰스 프레드 앨퍼드(Charles Fred Alford), 남경태 옮김, 『한국인의 심리에 관한 보고서』, 그린비, 2000.
10) 강준만, 「죽음의 문화정치학: 한국의 '장례' 커뮤니케이션에 관한 연구」, 『한국언론학보』,

제54권 5호(2010년 10월), 86~107쪽.

11) 조희연, 『동원된 근대화: 박정희 개발동원 체제의 정치사회적 이중성』, 후마니타스, 2010, 209쪽.

12) 이규태, 『한국인의 의식구조 4』, 신원문화사, 1983, 347~353쪽.

13) 강병태, 「'현인 대통령'이 필요하다」, 『한국일보』, 2009년 5월 5일.

14) 박태견, 『참여정권, 건설족 덫에 걸리다』, 뷰스, 2005, 134~136쪽.

15) 정임수, 「강남 대형 아파트 보름 새 1억 "껑충"」, 『동아일보』, 2005년 6월 4일, A17면.

16) 김정훈, 「노 대통령 "나는 시작부터 레임덕이었다"」, 『동아일보』, 2005년 7월 14일, 2면.

17) 박태견, 『참여정권, 건설족 덫에 걸리다』, 뷰스, 2005, 61~62쪽.

18) 「국민 심정 긁으려고 '국민과 대화' 했나(사설)」, 『중앙일보』, 2005년 8월 27일, 30면.

19) 박태견, 『참여정권, 건설족 덫에 걸리다』, 뷰스, 2005, 244쪽.

20) 박태견, 위의 책, 257쪽.

21) 박태견, 위의 책, 141쪽.

22) 채수환, 「기자 24시: '부동산 부자' 공직자들」, 『매일경제』, 2005년 2월 28일, A6면.

23) 송용창, 「'1억 이상 증가자' 우리당이 더 많아」, 『한국일보』, 2005년 3월 1일.

24) 「국민 정서 반하는 인권위원장 의혹(사설)」, 『한국일보』, 2005년 3월 19일.

25) 황호택, 「"고영구 원장 정실 인사 문제 삼다 '지휘체계 문란'으로 내몰렸다": 대학교수 복귀한 서동만 전 국정원 기조실장」, 『신동아』, 2005년 4월, 82~101쪽.

26) 김동영, 「가면을 강요하는 정권」, 『한국일보』, 2004년 9월 23일.

27) 이태동, 「노무현 정부와 '역사의 사슬'」, 『문화일보』, 2005년 8월 22일, 31면.

28) 류이근, 「이명박은 중도 아닌 보수」, 『한겨레21』, 2006년 1월 10일, 34면.

29) 「양극화의 현주소-공직자 재산 공개(사설)」, 『한국일보』, 2006년 3월 1일, A23면.

30) 「이 정권 사람들은 빈곤층 수탈해 재산 불렸는가(사설)」, 『조선일보』, 2006년 3월 1일, A31면.

31) 「재테크에 성공한 분들의 '양극화 장사'(사설)」, 『동아일보』, 2006년 3월 2일, A31면.

32) 김근철, 「아파트값 개포동이 가장 비싸」, 『경향신문』, 2006년 1월 14일, 15면.

33) 김호경·남혁상, 「대통령이 풀어놓은 공직 사회 골프 기강」, 『국민일보』, 2006년 3월 7일, 4면.

34) 손호철, 「이 총리를 위한 변명?」, 『한국일보』, 2006년 3월 6일, 30면.

35) 전남식, 「민심 잃은 총리에 뭘 바라는가」, 『경향신문』, 2006년 3월 13일, 30면.

36) 양문석, 「쫄쫄이기자 쫄쫄이언론 그리고 냄비근성」, 『언론노보』, 2006년 3월 15일, 3면.

37) 천정환, 「'그들'이 골프장에서 노는 이유」, 『시사저널』, 2006년 3월 21일, 96면.

38) 이용욱, 「5·31 지방선거 '총정리': 광역의원 여(與) 52-한나라 557명」, 『경향신문』, 2006년 6월 2일, 6면.

39) 신지호, 「대한민국의 제자리 찾기: '5·31 선거' 나는 이렇게 본다」, 『조선일보』, 2006년 6월 2일, A34면.
40) 고종석, 「우리 사회의 '트로이 목마'」, 『시사저널』, 2006년 7월 4일, 84면.
41) 권재현, 「노 대통령은 보수의 트로이 목마」, 『동아일보』, 2006년 8월 7일, 4면.
42) 이용욱·김정선, 「134명 '보은 감투' 얻었다: 참여정부 '낙하산 인사' 2년 새 2배 이상 증가」, 『경향신문』, 2006년 3월 11일, 1면.
43) 박인성, 「낙하산 인사 좀 더 신중하게」, 『경향신문』, 2006년 3월 13일, 31면.
44) 「해도 너무하는 공기업 감사 임금 올리기(사설)」, 『경향신문』, 2006년 9월 9일, 19면.
45) 권순택, 「몸값 뛴 감사(監事)」, 『동아일보』, 2006년 9월 9일, 30면.
46) 「배부른 감사가 어떻게 공기업을 감사하나(사설)」, 『한국일보』, 2006년 9월 8일, A27면.
47) 김영배, 「"열린우리당 70%는 기회주의자들": 대통령 '경제 가정교사' 유종일 교수는 왜 참여정부에 직격탄 날렸나」, 『한겨레21』, 2006년 9월 19일, 76~79면.
48) 이유주현, 「참여정부 '삼성프렌들리' 논란: 윤석규 전 경선캠프 실장 "노 전 대통령과 이학수 부회장 각별"」, 『한겨레』, 2010년 3월 18일.
49) 김영배, 「참여정부와 삼성의 끈적끈적한 5년」, 『한겨레21』, 제687호(2007년 11월 29일); 김광호·김재중, 「"청(靑) 386, 삼성경제연 보고서 베껴 썼다"」, 『경향신문』, 2007년 11월 21일.
50) 김홍수·방현철, 「"삼성이 금융 선진화 막고 있다"」, 『조선일보』, 2005년 6월 28일, A2면.
51) 신정록, 「"로비·압력 모두 386 통해 올라와"」, 『조선일보』, 2006년 4월 7일, A6면; 김광호, 「"재경부 국장쯤 되면 '삼성맨' 많다"」, 『경향신문』, 2006년 4월 7일, 6면; 박홍기, 「"한·미 FTA 2~3년 준비 정부 주장은 거짓말이다"」, 『서울신문』, 2006년 4월 7일, 5면; 오종석, 「"386 세대가 재경부 앞잡이"」, 『국민일보』, 2006년 4월 7일, 2면.
52) 이유주현, 「참여정부 '삼성프렌들리' 논란: 윤석규 전 경선캠프 실장 "노 전 대통령과 이학수 부회장 각별"」, 『한겨레』, 2010년 3월 18일.
53) 신정록, 「"노(盧)는 21세기 한국의 비전이자 희망": 삼성 이건희 회장, 뉴욕 만찬 석상서 치켜세워」, 『조선일보』, 2003년 5월 14일, A5면.
54) 안수찬, 「"민주주의 지지 기반 약해지고 있다": 최장집 교수, 계간 『아세아연구』서 노무현 정부 비판」, 『한겨레』, 2004년 10월 1일, 14면; 배영대, 「"대다수 국민 경제생활 어려워지는데 현 정부 정책은 이념 대립에 치우쳐": 진보학자 최장집 교수 비판」, 『중앙일보』, 2004년 10월 2일, 8면; 최영해, 「"고실업 등 사회경제 문제 뒷전 현 정부 이렇다 할 정책 못 갖춰": 최장집 고려대 교수 노무현 정부 정책 질타」, 『동아일보』, 2004년 10월 2일, A4면.

● 4장

1) 김영석, 「한나라 호남 1위 약일까 독일까」, 『국민일보』, 2007년 8월 24일.
2) 성한용, 「〈성한용 칼럼〉 '친노'들의 길」, 『한겨레』, 2007년 10월 24일.
3) 김봉선, 「CEO 문국현」, 『경향신문』, 2007년 7월 2일.
4) 정상원, 「문국현 '창조한국당' 창당 선언: 김태동·정범구·김용택 등 3200여 명 발기인 참여」, 『한국일보』, 2007년 10월 15일.
5) 이선민, 「오마이뉴스 문국현 띄우기 행보 논란: 내부서도 격론······ "띄우기다" "가치 있는 뉴스 보도한 것"」, 미디어오늘, 2007년 9월 5일.
6) 양문석, 「오마이뉴스의 문국현 vs 조중동의 이명박」, 미디어오늘, 2007년 9월 5일.
7) 이지은, 「김영춘·최용규 위원 "총선 불출마합니다"」, 『한겨레』, 2007년 10월 12일.
8) 최문선, 「김영춘 탈당 "문(文) 돕겠다": 우리당 실패 책임 18대 총선 불출마」, 『한국일보』, 2007년 10월 12일.
9) 이태희, 「〈편집국에서〉 명함 돌리는 대통령 후보」, 『한국일보』, 2007년 10월 19일.
10) 강희철, 「문 후보, 비정규직 딸 강조하더니······ 딸 명의 5억 원, 출마 후 본인 명의로」, 『한겨레』, 2007년 11월 28일.
11) 강희철, 「문국현 '두 딸 5억' 사실상 증여 시인·사과」, 『한겨레』, 2007년 11월 29일.
12) 「친노 폐족(廢族)들, 새 정권의 반면교사다(사설)」, 『동아일보』, 2007년 12월 28일.
13) 강희철, 「창조한국당 '위태위태': 김영춘·정범구 탈당 고민」, 『한겨레』, 2008년 1월 24일.
14) 강희철, 「문국현 '나홀로 총선': 창조한국당 당직자들 "정치실험 실패" 연쇄 탈당」, 『한겨레』, 2008년 2월 16일.
15) 손호철, 「문국현 실험의 교훈」, 『한국일보』, 2008년 4월 7일.
16) 최성진, 「'재오사랑'의 '총선 기간 사이버 대응 요령' 논란: "문국현은 강남 부자" 댓글 독려」, 『한겨레21』, 제705호(2008년 4월 10일).
17) 「오얏나무 아래서 갓끈을 고쳐 맨 대통령(사설)」, 『중앙일보』, 2008년 4월 7일.
18) 양정대·고성호, 「창조한국당 '0.8%의 안도' 진보신당 '0.06%의 아쉬움': 비례의석 2석·0석 희비 갈려」, 『한국일보』, 2008년 4월 11일.
19) 김순덕, 「욕망과 질투 사이」, 『동아일보』, 2008년 4월 25일.
20) 최문선, 「이회창·문국현, 희한한 동거: 정체성·노선 극과 극 불구 "정책 연대"······ "당리당략 위한 야합" 비판 봇물」, 『한국일보』, 2008년 5월 24일.
21) 양정대, 「문국현 본색?: '창조적 진보' 주창하더니 "내 이념은 창조적 보수"」, 『한국일보』, 2008년 5월 24일.

22) 이은호, 「신선한 내음 사라진 문국현」, 『한국일보』, 2008년 6월 17일.
23) 「실패한 문국현의 정치실험(사설)」, 『중앙일보』, 2008년 12월 6일.
24) 「문국현 '클린 정치'는 허구였다(사설)」, 『동아일보』, 2009년 10월 23일.
25) 이숙이, 「"집권 비전 만들어낼 능력이 없는 당이니……"」, 『시사인』, 제57호(2008년 10월 14일).

● 5장

1) 조국·오연호, 『진보 집권 플랜: 오연호가 묻고 조국이 답하다』, 오마이북, 2010, 314쪽.
2) 이종탁, 「〈이종탁이 만난 사람〉 대담집 '진보 집권 플랜' 펴낸 서울대 조국 교수」, 『경향신문』, 2010년 12월 7일.
3) 양홍주, 「'노회찬 첼로 연주 사진' 강남 좌파 전파에 일조: 강남 좌파 형성 과정과 중심인물들」, 『한국일보』, 2011년 2월 26일.
4) 이종탁, 「〈이종탁이 만난 사람〉 대담집 '진보 집권 플랜' 펴낸 서울대 조국 교수」, 『경향신문』, 2010년 12월 7일.
5) 전홍기혜·강양구, 「〈인터뷰〉 조국, '조국 현상'을 말하다…… "난 진보 부흥의 전도사": 조국에게 묻다 "대통령 꿈꾸고 있습니까?"」, 『프레시안』, 2011년 2월 19일.
6) 이대근, 「신당, 그 무덤에 아무도 초대 말라」, 『경향신문』, 2007년 9월 13일.
7) 주용중, 「〈재·보선 그후〉 박근혜 "책임 통감"…… 링에 오르나」, 『조선일보』, 2011년 4월 29일.
8) 성한용, 「'박근혜 시대'를 바라보는 두려움」, 『한겨레』, 2011년 5월 17일.
9) 조국·오연호, 『진보 집권 플랜: 오연호가 묻고 조국이 답하다』, 오마이북, 2010, 319~320쪽.
10) 조국·오연호, 위의 책, 323쪽.
11) 손제민·이지선·임지선, 「"시위 지나치게 신화화" "참여의 즐거움 보여줘"」, 『경향신문』, 2008년 6월 18일.
12) 조국·오연호, 『진보 집권 플랜: 오연호가 묻고 조국이 답하다』, 오마이북, 2010, 6쪽.
13) 조국, 「〈기획시론 ③〉 노무현 구속은 정치적 망신주기일 뿐: '노무현 딜레마' 해법은?」, 『중앙일보』, 2009년 5월 6일.
14) 조국·오연호, 『진보 집권 플랜: 오연호가 묻고 조국이 답하다』, 오마이북, 2010, 230쪽.
15) 조국·오연호, 위의 책, 251~252쪽.
16) 김범현, 「참여정부 부산상고 인맥 '약진'」, 『내일신문』, 2004년 11월 2일, 2면; 김정훈, 「부산

상고 인맥 전성시대?」, 『동아일보』, 2004년 11월 2일, A8면; 박래용, 「'부산상고 출신' 없어서 못 쓴다?」, 『경향신문』, 2004년 11월 2일, 4면; 김광덕·박천호, 「부산상고 인맥 공기업도 진출」, 『한국일보』, 2004년 11월 2일, 5면; 조현석, 「참여정부 출범 이후 부산상고 약진」, 『서울신문』, 2004년 11월 4일, 9면.

17) 박주호, 「정실·보은(報恩) 인사 홍수 '시스템' 이 떠내려간다」, 『국민일보』, 2004년 11월 2일, 6면.

18) 박주호, 「'학맥 인사' 논란 시선 곱지 않던 이달 초 부산상고 '청와대 동창회'」, 『국민일보』, 2004년 11월 25일.

19) 김선일, 「낙하산 인사 반대, 자율권 보장"」, 『내일신문』, 2004년 12월 7일, 9면.

20) 신정록, 「"코드 인사 반드시 필요"」, 『조선일보』, 2004년 12월 14일, A5면.

21) 「친목회까지 만든 정권의 낙하산들(사설)」, 『동아일보』, 2006년 3월 13일, A31면.

22) 김광덕, 「청맥회 다시 구설수」, 『한국일보』, 2006년 3월 17일, A5면.

23) 조국, 『조국, 대한민국에 고한다』, 21세기북스, 2011, 131쪽.

24) 신준봉, 「"정치가 공방 수준에 머물 때 팩트는 최고의 선동이 될 수 있다": 안상수 아들 '로스쿨 의혹' 잠재운 조국 서울대 교수」, 『중앙일보』, 2011년 1월 20일.

25) 『조선일보』, 「'강남 좌파' 조국 "나는 정치근육이 없는 사람"」, 『조선일보』, 2011년 1월 21일.

26) 박정훈, 「이러다 '무능한 보수'로 낙인찍힐라」, 『조선일보』, 2011년 2월 19일.

27) 김종혁, 「"왜 민노당·북한 비판 못하나…… 진보의 성역 없애야 한다": 오연호 오마이뉴스 대표기자, 중앙SUNDAY 인터뷰」, 『중앙일보』, 2011년 1월 10일.

28) 김종화, 「오마이뉴스 임금 삭감, 데일리서프 뉴스 중단: 인터넷 신문들 경영난으로 자구책 '골몰'」, 미디어오늘, 2009년 4월 30일; 백혜영, 「〈인터뷰〉 오연호 오마이뉴스 대표: 오마이뉴스, 인터넷매체 '혁명' 다시 이룰까」, 『PD 저널』, 2009년 7월 14일.

29) 이정환, 「오마이뉴스는 왜 더 성장하지 못했나?: 선구자 불구 성장 제자리…… 시민기자에게 보상 없고 스토리텔링 방식에도 한계」, 미디어오늘, 2010년 10월 8일.

30) 오연호, 「〈긴급진단〉 2002 대선의 의미- 한국 사회 새로운 주류의 탄생」, 오마이뉴스, 2002년 12월 19일.

31) 조국·오연호, 『진보 집권 플랜: 오연호가 묻고 조국이 답하다』, 오마이북, 2010, 11쪽.

32) 조국·오연호, 위의 책, 325~326쪽.

33) 전홍기혜·강양구, 「〈인터뷰〉 조국, '조국 현상'을 말하다…… "난 진보 부흥의 전도사": 조국에게 묻다 "대통령 꿈꾸고 있습니까?"」, 『프레시안』, 2011년 2월 19일.

34) 배영대, 「진보의 분화…… 리무진 리버럴 '강남 좌파' 뜬다: '있는 자=우파, 없는 자=좌파' 이분법 탈피」, 『중앙일보』, 2011년 3월 8일.

35) 고동우, 「'진보·보수 소통' 낯선 화두 왜 지면에……: 언론 '소통 강조' 눈길」, 미디어오늘, 2011년 2월 10일.
36) 최훈길, 「조국 "강남 좌파에 속지 마라? 상식적 비판인가": 동아일보 칼럼 비판…… "제가 폴리페서라니, 정치적 욕설"」, 미디어오늘, 2011년 3월 24일.
37) 조국 외, 「조국 서울대 교수를 만나다: '이상돈·김호기의 대화' (9)」, 『경향신문』, 2011년 4월 18일, 9면.

● 6장

1) 박성민, 「박근혜 의원이 채워야 할 두 가지」, 『중앙일보』, 2010년 5월 22일.
2) 임철순, 「달라져야 할 박근혜」, 『한국일보』, 2010년 8월 6일.
3) 류정민, 「'박근혜 침묵', 『조선일보』도 인내력 다 됐나: 국정 현안 침묵에 연이은 언론 비판…… "내키지 않는 질문도 답해야"」, 미디어오늘, 2011년 2월 14일.
4) 성연철, 「"박근혜 침묵은 대선 과열 우려 때문": 이정현 의원, 홈페이지 글 올려」, 『한겨레』, 2011년 2월 28일.
5) 노인호, 「조국 교수 인터뷰 "박근혜 전 대표, 예민한 쟁점 입장 밝혀라"」, 『영남일보』, 2011년 3월 29일.
6) 조국 외, 「조국 서울대 교수를 만나다: '이상돈·김호기의 대화' (9)」, 『경향신문』, 2011년 4월 18일, 9면.
7) 김대중, 「박근혜 한나라당 전 대표의 침묵」, 『조선일보』, 2011년 5월 17일.
8) 성한용, 「'박근혜 시대'를 바라보는 두려움」, 『한겨레』, 2011년 5월 17일.
9) 김욱, 『김대중의 끝나지 않은 이야기』, 인물과사상사, 2005.
10) 박성민, 「박근혜 의원이 채워야 할 두 가지」, 『중앙일보』, 2010년 5월 22일.
11) 김인만 엮음, 『울지 마세요 박근혜: 대한민국 네티즌의 '근혜 사랑' 이야기』, 바른길, 2004.
12) 이동훈, 「"부모도 남편·자식도 없다…… 내겐 대한민국만 있을 뿐": 후보 등록 박근혜 일문일답」, 『한국일보』, 2007년 6월 12일.
13) 김인만 엮음, 『울지 마세요 박근혜: 대한민국 네티즌의 '근혜 사랑' 이야기』, 바른길, 2004.
14) 이재현, 「박육근혜론: 수구냉전 국가주의의 이단(異端) 심문관」, 『인물과사상 32』, 개마고원, 2004, 155~189쪽.
15) 김봉기, 「새끼손가락 걸고 "상생정치 합시다 꼬옥~": 문 의장, 신임 인사차 박 대표 방문」, 『조선일보』, 2005년 4월 16일, A5면.

16) 안의근, 「네티즌에 뭇매 맞는 '한나라 칼럼'」, 『국민일보』, 2005년 4월 27일, 2면.
17) 리처드 솅크먼(Richard Shenkman), 이종인 옮김, 『미국사의 전설, 거짓말, 날조된 신화들』, 미래M&B, 2003.
18) 사루야 가나메, 남혜림 옮김, 『검증, 미국사 500년의 이야기』, 행담출판, 2007.
19) 이재현, 「박육근혜론: 수구냉전 국가주의의 이단(異端) 심문관」, 『인물과사상 32』, 개마고원, 2004, 155~189쪽.
20) 「박근혜 전 대표는 원칙과 상식을 지켰다(사설)」, 『조선일보』, 2007년 11월 13일.
21) 양상훈, 「신사도가 무엇인지 보여준 박근혜」, 『조선일보』, 2007년 12월 12일.
22) 「'올해의 인물 박근혜'가 말해주는 것(사설)」, 『경향신문』, 2007년 12월 27일.
23) 정남기, 「박근혜의 좌 클릭」, 『한겨레』, 2010년 6월 25일.
24) 「"친일·독재자의 딸" 박풍(朴風) 차단 대공세: 열린우리당 "한나라 천막당사도 불법"」, 『경향신문』, 2004년 3월 25일.
25) 정희진, 「'100분 토론'을 다시 생각한다」, 『한겨레』, 2004년 9월 17일, 19면; 정희진, 「'이영훈', 진보, 한국 사회: '자궁 점령'을 볼모로 한 남성 정치학의 순환 구조」, 『월간 인물과사상』, 2004년 12월, 78~91쪽.
26) 최문선, 「김현미 의원 막말 "박근혜 전 대표 이순자와 동급" "아이 낳아봐야 세상 알 수 있어"」, 『한국일보』, 2007년 6월 13일.
27) 김인만 엮음, 『울지 마세요 박근혜: 대한민국 네티즌의 '근혜 사랑' 이야기』, 바른길, 2004.
28) 최문선, 「벌써 '박근혜 블랙홀' 조짐」, 『한국일보』, 2011년 5월 16일.
29) 「박근혜, 밀실 정치 하려는가(사설)」, 『중앙일보』, 2011년 5월 21일.
30) 류정민, 「지금은 박근혜 여왕 시대?: 언론 비판 자초한 한나라 '수렴청정' 정치」, 미디어오늘, 2011년 5월 28일.
31) 윤평중, 「〈아침 논단〉 박정희와 박근혜」, 『조선일보』, 2011년 5월 26일.
32) 「박 전 대표, 자신에 대한 비판을 약으로 만들어내야(사설)」, 『조선일보』, 2010년 8월 6일.
33) 신은진, 「친박(親朴), 못 말리는 '근혜 사랑'」, 『조선일보』, 2009년 11월 9일.
34) 최보식, 「박근혜와 '경상도의 DJ'」, 『조선일보』, 2009년 5월 20일.
35) 이정민, 「"화장만 좀 바꾸는 개혁 안 통해": 윤여준 전 의원 한나라에 쓴소리」, 『중앙일보』, 2005년 4월 22일, 4면.

● 7장

1) 김호경, 「강금실, 손학규에 "출마 안 한다" 항의」, 『국민일보』, 2011년 2월 11일.
2) 이태준, 「손학규: 동전의 양면 같은 화합형 리더」, 『월간 인물과사상』, 2011년 6월, 73쪽.
3) 김호경, 「민주당의 대응 전략…… '정권 심판' 전면전 벼른다」, 『국민일보』, 2011년 4월 5일.
4) 김형구, 「'분당 좌파' 없지만…… 반(反)MB 정서 있다」, 『세계일보』, 2011년 4월 7일.
5) 안병진, 「다가오는 자유주의의 시대」, 『한겨레』, 2011년 4월 8일.
6) 강원택, 「한나라당의 과잉 이념 반응」, 『중앙일보』, 2011년 5월 13일.
7) 류상영, 「좌우 이념의 빈곤과 수난」, 『매일경제』, 2011년 5월 15일.
8) 김경락 외, 「공정위 퇴직 간부 26명 중 13명, '억대 연봉' 로펌행: "기업에 조사 회피 노하우 전수" 의혹 불거져」, 『한겨레』, 2011년 5월 6일.
9) 이정희, 「'그들만의 리그' 끝내자」, 『한국일보』, 2011년 5월 23일.
10) 김홍묵, 「오만 군데 다 밝혀야」, 자유칼럼그룹, 2011년 6월 13일.
11) 「살아 돌아온 손학규와 대선 구도 변화(사설)」, 『조선일보』, 2011년 4월 29일.
12) 이유주현, 「대담 안희정 충남도지사, 이광재 전 강원도지사: '노무현 정신' 계승을 논하다」, 『한겨레』, 2011년 5월 23일.
13) 권태호, 「손학규 "노 대통령 거의 송장…… 비판해서 뭐해"」, 『한겨레』, 2006년 10월 27일, 6면.
14) 「노 대통령의 의도적인 대선 주자 품평(사설)」, 『한국일보』, 2007년 3월 23일, A27면.
15) 정연욱, 「"기본도 원칙도 대의도 없어/ 정치, 그렇게 하는 게 아니다": 노 대통령, 대선 주자 정당 한꺼번에 비판」, 『동아일보』, 2007년 5월 3일, A6면.
16) 채병건, 「범여권 경선 '3개 리그' 될 듯: 민주신당 창당대회」, 『중앙일보』, 2007년 8월 6일.
17) 이용욱, 「손학규 "노(盧) 끼면 낄수록 표 떨어져"」, 『경향신문』, 2007년 9월 3일.
18) 「손학규 전 경기지사의 이유 있는 항변(사설)」, 『한국일보』, 2007년 9월 12일.
19) 「엉뚱한 궤도 달리는 신당 후보경선(사설)」, 『한국일보』, 2007년 9월 17일.
20) 박석원·최문선, 「대통합민주신당 경선 목표 논란 가열: 남이 하면 '동원' 내가 하면 '지지'」, 『한국일보』, 2007년 9월 18일.
21) 손호진, 「손 대표, 봉하 찾아 사죄…… 친노에 화해 손짓: 광주 집결 손·정·정, 서로 견제하며 신경전」, 『한겨레』, 2010년 10월 7일.
22) 최재혁, 「손학규 '봉하마을 삼고초려'」, 『조선일보』, 2010년 11월 9일.
23) 정상원, 「정동영, 손학규에 또 견제구: 한미 FTA 특위 자문위원 성향 놓고 문제 제기」, 『한국일보』, 2010년 10월 23일.
24) 하승우, 「〈프레시안 books〉 최장집의 '막스 베버 소명으로서의 정치': 좋은 정치인? 민주주

의가 뭔지부터 따지자!」,『프레시안』, 2011년 4월 30일.
25) 안홍욱·강병한,「최장집 "민주당, 권위주의 정당 체제 바꾸는 데 완전 실패": 최장집 고려대 명예교수 인터뷰」,『경향신문』, 2011년 6월 1일.
26) 안홍욱·강병한, 위의 글.
27) 김종수,「손학규의 길」,『중앙일보』, 2008년 5월 21일.
28) E. Digby Baltzell, *The Protestant Establishment: Aristocracy & Caste in America*, New York: Random House, 1964; John B. Judis, *The Paradox of American Democracy: Elites, Special Interests, and the Betrayal of Public Trust*, New York: Routledge, 2001; Angelo M. Codevilla, *The Ruling Class: How They Corrupted America and What We Can Do About It*, New York: Beayfort Books, 2010.
29) 성한용·석진환,「"가능하면 야권 연대보다 야권 통합의 길로 가야 한다": 손학규 대표 "인재영입위원장 직접 맡을 것"」,『한겨레』, 2011년 5월 4일.

● 8장

1) 안홍욱,「"깨어 있는 바보들이 국민 권력 시대 열자": '국민참여당' 창당준비위 결성/ 노 정부 인사 대거 참여」,『경향신문』, 2009년 11월 16일.
2) 송호진,「유시민 "지방선거 연대 못하면 모두 루저"」,『한겨레』, 2009년 11월 24일.
3) 송호진,「"노무현 정신 계승" 국민참여당 창당」,『한겨레』, 2010년 1월 18일.
4) 임장혁,「유시민 "노무현 정신으로 돌아가자": 친노 국민참여당 창당」,『중앙일보』, 2010년 1월 18일.
5) 최우규,「"참여당 분열 재촉" 몰아치는 민주」,『경향신문』, 2010년 1월 19일.
6)「야권 연대 당위성과 국민참여당 창당(사설)」,『한겨레』, 2010년 1월 18일.
7)「또 하나의 야당이 필요한가(사설)」,『경향신문』, 2010년 1월 19일.
8) 김의겸·이세영,「"참여당까지 포함한 진보 통합하자"」,『한겨레』, 2011년 1월 26일.
9) 김보협,「친노와 친노의 전쟁?」,『한겨레21』, 제849호(2011년 2월 25일).
10) 임원혁,「영남 민주화 세력의 고민」,『한겨레』, 2005년 8월 30일, 31면.
11) 신승근,「"3김이 만든 앙시앵레짐 날려버리자": 대연정 논란 연쇄 인터뷰 유시민 의원」,『한겨레21』, 2005년 9월 13일, 16~24면.
12) 김남중,「"지역주의 망국론 비논리적"」,『국민일보』, 2005년 9월 3일, 5면; 정충신,「"노대통령 지역주의 극복 연정론 다른 의도 가진 정치적 알리바이"」,『문화일보』, 2005년 9월 3일,

19면.

13) 정우상, 「범여권 내부 '연정' 난타전」, 『조선일보』, 2005년 9월 7일, A5면; 이지은, 「연정론 논쟁」, 『한겨레』, 2005년 9월 8일, 4면.
14) 손태복, 「여당 내 정파 간 분열의 골 깊어져: 노무현 대통령의 연정론이 남긴 여당의 내상」, 『내일신문』, 2005년 9월 15일, 2면.
15) 이영성, 「노무현 이해하기」, 『한국일보』, 2005년 9월 2일, A26면.
16) 김남중, 「『후불제 민주주의』 에세이집 낸 유시민 전 복지부 장관」, 『국민일보』, 2009년 3월 23일.
17) 이대근, 「변하는 이명박, 변함없는 민주당」, 『경향신문』, 2009년 9월 3일.
18) 「『한겨레』 "노 전 대통령 비하 표현 사과"」, 『한국일보』, 2010년 6월 16일.
19) 한홍구, 「직설잔설」, 『한겨레』, 2010년 6월 18일.
20) 김선주, 「말조심 글조심…… 어렵네」, 『한겨레』, 2010년 6월 28일.
21) 김선영, 「〈독자칼럼〉 유시민과 국민참여당에게 바란다」, 『한겨레』, 2010년 6월 19일.
22) 이유주현, 「『한겨레』가 참여당 창당 기사 안 다뤘다? 유시민의 사실과 다른 발언」, 『한겨레』, 2010년 10월 21일.
23) 조혜정, 「'친노 오디션' 국민투표 결과는요」, 『한겨레21』, 제861호(2011년 5월 23일).
24) 김의겸·이세영, 「"참여당까지 포함한 진보 통합하자"」, 『한겨레』, 2011년 1월 26일.
25) 조국·오연호, 『진보 집권 플랜: 오연호가 묻고 조국이 답하다』, 오마이북, 2010, 277~278쪽.
26) 김의겸, 「허무느냐, 후퇴하느냐……」, 『한겨레21』, 2003년 5월 15일, 45면.
27) 한홍구, 「유시민처럼 철들지 맙시다: 너무 빨리 어른이 되어버린 열린우리당의 386 형님들에게 '친구 유시민'을 말하다」, 『한겨레21』, 2005년 4월 12일.
28) 유시민, 「나는 왜 문제 학생이 되었나」, 동녘 편집부 엮음, 『껍데기를 벗고서 2』, 동녘, 1991, 개정판 1993, 27~29쪽.
29) 윤승모, 「'민간인 린치 사건' 논란 아직 진행 중」, 『동아일보』, 2006년 2월 3일, A8면.
30) 서지현, 「유시민 '사면초가': '미납의 왕' 벼르는 한나라」, 『국민일보』, 2006년 2월 7일, 5면; 이종수, 「유시민 내정자 자격 시비 가열」, 『서울신문』, 2006년 2월 7일, 4면.
31) 고제규·차형석, 「'리틀 노무현' 확실히 뜨다」, 『시사저널』, 2006년 1월 17일, 16~17면.
32) 현택수, 「반성과 자숙이 부족한 정치인들」, 『세계일보』, 2006년 1월 12일, 30면.
33) 김영국, 「'개혁당 개미들은 신당 프로젝트의 도구나 희생물' 이었나: 분열과 상처로 남는 개혁당의 '유쾌한(?) 정치반란'!」, 『월간 인물과사상』, 2004년 3월, 62~75쪽.
34) 조수진, 「DJ-민주당-정동영과 '인연'이 '악연'으로」, 『동아일보』, 2006년 2월 3일, A8면; 『조선일보』, 2005년 3월 24일.

35) 신승근, 「'왕따'에서 당 개혁의 리더로?」, 『한겨레21』, 2005년 3월 29일.
36) 정녹용, 「구당권파·개혁당파 정면충돌 조짐」에서 재인용, 『한국일보』, 2005년 3월 24일.
37) 이지은, 「정동영-유시민 '배신' 싸고 입씨름: 통합신당 경선 제주서 첫 합동연설회」, 『한겨레』, 2007년 9월 10일.
38) 김종목, 「유시민 "정계 은퇴하라면 할 수 있다"」, 『경향신문』, 2007년 12월 29일; 이지은, 「유시민 "20~30명 불출마 등 희생해야": "통합신당 '노선 투쟁'은 총선 이후 중장기 과제로"」, 『한겨레』, 2007년 12월 31일.
39) 이진구, 「유시민 의원 탈당 "무소속 출마": 신당 일각 "앓던 이 빠졌다"」, 『동아일보』, 2008년 1월 17일.
40) 정상원, 「탈당 유시민 "새 진보 정당 만들 것": 대구 수성을 총선 출마」, 『한국일보』, 2008년 1월 17일.
41) 이대근, 「제3의 길, 자주파, 그리고 가짜들」, 『경향신문』, 2008년 1월 17일.
42) 박창식, 「유시민의 '시장 진입'에 시비 걸기」, 『한겨레』, 2010년 3월 16일.
43) 백일현, 「유시민 단일화 '깜짝 효과'는 좋았는데……: 딜레마에 빠진 야권」, 『중앙일보』, 2010년 5월 19일.
44) 송호진, 「"유시민-호남 간극 좁히자"…… 민주, 지지층 달래기 나서: 옛 민주계로 유세단 구성/ 경기 호남향우회와 접촉」, 『한겨레』, 2010년 5월 22일.
45) 이인숙, 「〈경기지사 후보 동행 르포〉 유시민 국민참여당 후보」, 『경향신문』, 2010년 5월 20일.
46) 최재혁, 「〈6·2 지방선거 D-8〉 "과거 DJ 비판 사과합니다" 이희호 여사 예방한 유시민」, 『조선일보』, 2010년 5월 25일.
47) 이주영, 「경기지사 선거 '호남 표심' 논란」, 『경향신문』, 2010년 5월 25일.
48) 박태견, 『참여정권, 건설족 덫에 걸리다』, 뷰스, 2005, 134~136쪽.
49) 윤종구, 「민노당 "유시민은 차지철-이기붕 같은 사람"」, 『동아일보』, 2004년 6월 15일, 8면.
50) 박태견, 『참여정권, 건설족 덫에 걸리다』, 뷰스, 2005, 137~139쪽.
51) 고성표, 「황우석 희극의 조연들」, 『월간중앙』, 2006년 2월, 229쪽.
52) 유시민, 『대한민국 개조론』, 돌베개, 2007, 258쪽.
53) 유시민, 위의 책, 16, 19쪽.
54) 유시민, 『국가란 무엇인가』, 돌베개, 2011, 278쪽.

● 9장

1) 조혜정, 「'친노 오디션' 국민투표 결과는요」, 『한겨레21』, 제861호(2011년 5월 23일).
2) 이유주현, 「대담 안희정 충남도지사, 이광재 전 강원도지사: '노무현 정신' 계승을 논하다」, 『한겨레』, 2011년 5월 23일.
3) 「유시민 '박근혜와 MB, 아무런 차이 없어'」, 『중앙일보』, 2011년 6월 15일.
4) 조혜정, 「'친노 오디션' 국민투표 결과는요」, 『한겨레21』, 제861호(2011년 5월 23일).
5) 이종탁, 〈이종탁이 만난 사람〉 노무현재단 상임이사 문재인 변호사」, 『경향신문』, 2010년 5월 18일.
6) 문재인, 『문재인의 운명』, 가교출판, 2011, 6쪽.
7) 김정훈, 「문재인 대선 출마 "답변 난감"」, 『경향신문』, 2011년 5월 2일.
8) 문재인, 『문재인의 운명』, 가교출판, 2011, 467쪽.
9) 채병건, 「"노무현, 대북 송금 특검…… 거부권 행사하려 했다": 문재인 전 실장 회고록 출간」, 『중앙일보』, 2011년 6월 15일.
10) 문재인, 『문재인의 운명』, 가교출판, 2011, 448쪽.
11) 「〈한홍구-서해성의 직설〉 "포격만 당했나요? 사병 월급도 동결했죠": '참여정부의 영원한 왕수석' 문재인 변호사의 MB를 향한 직격탄, 그리고 노무현 시대의 성찰」, 『한겨레』, 2010년 12월 9일.
12) 홍세화, 「진보의 경박성에 관해」, 『한겨레』, 2010년 10월 11일.
13) 문재인, 『문재인의 운명』, 가교출판, 2011, 400쪽.
14) 문재인, 위의 책, 398쪽.
15) 오관철, 「소득·학력 높을수록 '연줄 중시'」, 『경향신문』, 2006년 12월 27일, 3면.
16) 정용욱, 『존 하지와 미군 점령통치 3년』, 중심, 2003, 253쪽; 김창훈, 『한국 외교 어제와 오늘』, 다락원, 2002, 26쪽; 김학준, 「해방 공간의 주역: 미 점령군 사령관 하지」, 『동아일보』, 1995년 9월 5일, 7면.
17) 윌리엄 스툭(William Stueck), 김형인 외 옮김, 『한국전쟁의 국제사』, 푸른역사, 2001, 50쪽; 도진순, 『한국 민족주의와 남북 관계: 이승만·김구 시대의 정치사』, 서울대학교출판부, 1997, 25쪽.
18) 데이비드 베레비(David Berreby), 정준형 옮김, 『우리와 그들, 무리짓기에 대한 착각』, 에코리브르, 2007, 496쪽.

● 10장

1) 이윤정, 「"딸 등록금에 허리 휘어…… 그래도 반값 등록금은 반대"」, 『경향신문』, 2011년 6월 5일.
2) 서승욱·남궁욱, 「서울시장 선거 이미지 정치 논란」, 『중앙일보』, 2006년 4월 12일, 8면; 이동훈, 「서울시장 선거 이미지 VS 반(反)이미지」, 『한국일보』, 2006년 4월 12일, 5면.
3) 송용경, 「원희룡 출사표 "서울시장 준비"…… "오 시장 이미지 관리만"」, 『경향신문』, 2009년 12월 8일.
4) 오세훈 외, 「〈이상돈·김호기의 대화〉 (3) 오세훈 서울시장을 만나다」, 『경향신문』, 2011년 3월 7일.
5) 김경욱·이경미, 「귀 막은 오세훈 "무상급식, 망국적 포퓰리즘"」, 『한겨레』, 2010년 12월 4일.
6) 김정욱, 「오세훈 "아직 배울 게 많아…… 서두르지 않겠다"」, 『중앙일보』, 2011년 4월 23일.
7) 김성민, 「'반값 등록금' 손학규 소신 발언에 학생들 야유 "소득 하위 50%부터" 연설에 집회장 모인 대학생들 "한나라와 다른 게 뭔가" 반발」, 『조선일보』, 2011년 6월 7일.
8) 김경화, 「손학규 '반값 등록금 내년 전면 실시' '저소득층에 국한' 입장, 대학생들 반발로 변경」, 『조선일보』, 2011년 6월 8일.
9) 강기헌, 「민주당 "내년부터 반값 등록금"」, 『중앙일보』, 2011년 6월 14일.
10) 안석배, 「〈대학 등록금 1000만 원 시대〉 (6) 반값 등록금 쉽지 않다: '반값 등록금'에 연 3조 원 필요…… 세금 더 내든지 복지 줄이든지」, 『조선일보』, 2011년 6월 11일.
11) 「이한구 '손 대표, 걸핏하면 이랬다 저랬다'」, 『중앙일보』, 2011년 6월 15일.
12) 윤태림, 『한국인』, 현암사, 1993, 245~246쪽.
13) 조태성, 「진보 진영의 호된 '자기성찰'」, 『서울신문』, 2006년 3월 23일, 21면.
14) Jacques Barzun, *The American University: How It Runs, Where It is Going*, Chicago: The University of Chicago Press, 1993.
15) Daniel Akst, "A Craving for Acceptance", *The Wall Street Journal*(Internet), March 5, 2011.
16) David Brooks, *Bobos Paradise: The New Upper Class and How They Got There*, New York: Simon & Schuster, 2000.
17) Jerome Karabel, *The Chosen: The Hidden History of Admission and Exclusion at Harvard, Yale and Princeton*, Boston, Mass.: Houghton Mifflin, 2005.
18) 엄지원, 「182억 들여 '무상급식 투표'…… 오세훈의 몽니」, 『한겨레』, 2011년 6월 17일.
19) 손정미, 「오세훈의 승부수…… 이기면 대선주자 탄력, 지면 시장 사퇴 압력」, 『조선일보』, 2011년 6월 17일.

20) 임혜현, 「〈기자 수첩〉 오세훈 서울시장은 '노무현 키드'?」, 프라임경제, 2009년 12월 12일.
21) 고성국, 「〈고성국의 2012년 대선 인물 읽기〉: (오세훈) "기본에 충실하라"」, 『내일신문』, 2010년 12월 21일.
22) 위키백과, http://ko.wikipedia.org/wiki/오세훈, 2011년 7월 14일.
23) 김기홍, 「오세훈 씨의 경우」, 『세계일보』, 2006년 4월 12일, 30면.
24) 「"'표 있는 대학생만 보고, 표 없는 빈곤 아동은 안 보나"(사설)」, 『조선일보』, 2011년 6월 16일.
25) 김진석, 「무상급식이 정말 선거 혁명인가」, 『한국일보』, 2010년 3월 12일.
26) 조지 레이코프(George Lakoff), 유나영 옮김, 『코끼리는 생각하지 마: 미국의 진보세력은 왜 선거에서 패배하는가』, 삼인, 2006, 17쪽.
27) 조지 레이코프, 유나영 옮김, 위의 책, 24~25쪽.
28) 조지 레이코프, 유나영 옮김, 위의 책, 141쪽.
29) 조지 레이코프·로크리지연구소, 나익주 옮김, 『프레임 전쟁: 보수에 맞서는 진보의 성공 전략』, 창비, 2007, 65쪽.
30) 안창현, 「오세훈 "박근혜 감세 철회 한심하다"」, 『한겨레』, 2010년 12월 13일.
31) 정녹용, 「〈인터뷰〉 오세훈 서울시장 "야(野)의 무상복지 프레임에 갇혀선 안 돼"」, 『한국일보』, 2011년 5월 18일.
32) 테드 할스테드(Ted Halstead)·마이클 린드(Michael Lind), 최지우 옮김, 『정치의 미래: 디지털 시대의 신정치 선언서』, 바다출판사, 2002; 김지석, 『미국을 파국으로 이끄는 세력에 대한 보고서: 부시 정권과 미국 보수파의 모든 것』, 교양인, 2004; 강효상, 『부시 대통령을 알아야 미국이 보인다』, YBM Si-sa, 2002; 김충남, 「부시의 이론적 스승은 공산주의자?」, 『문화일보』, 2000년 7월 31일.
33) 이동영, 「오세훈 "민주당 흉내내는 사람들, 당 대표 자격 없다"」, 『동아일보』, 2011년 6월 29일.
34) 위키백과, http://ko.wikipedia.org/wiki/오세훈, 2011년 7월 14일.

● 11장

1) David Swarts, "Pierre Bourdieu: The Cultural Transmission of Social Inequality", *Harvard Educational Review*, 47:4(November 1977), p.546.
2) 고종석, 「"문화는 격렬한 계급투쟁의 장"」, 『시사저널』, 1997년 1월 2일, 92면.
3) Charles Conrad, *Strategic Organizational Communication: Cultures, Situations, and Adaptation*,

New York: Holt, Rinehart and Winston, 1985.
4) Jerome Karabel, *The Chosen: The Hidden History of Admission and Exclusion at Harvard, Yale and Princeton*, Boston, Mass.: Houghton Mifflin, 2005, p.557.
5) Daniel Bell, "On Meritocracy and Equality", Jerome Karabel & A. H. Halsey, eds., *Power and Ideology in Education*, New York: Oxford University Press, 1977, pp.607~635.
6) 박태우, 「학벌 부추기는 '서열 놀이'······ 대학 본부까지 가세 호들갑」, 『한겨레』, 2011년 3월 30일.
7) 김대호, 「〈폴리칼럼〉『진보 집권 플랜』과 '조국 현상'을 연찬한다 (1): 진보 집권 플랜인가? 보수 집권 플랜인가?」, 『폴리뉴스』, 2011년 3월 4일.
8) 박거용, 「대학 서열화와 학벌주의」, 『역사비평』, 2004년 여름, 35쪽.
9) 김대호, 「한국 사회에 대한 새로운 통찰과 모색」, 사회디자인연구소 창립기념 심포지움 '한국 사회를 다시 디자인한다', 2008년 7월 12일, 국회의원회관 1층 소회의실, 28~29쪽.
10) 신현준, 「서울대는 건재하다」, 『씨네21』, 2001년 1월 2일, 136면.
11) 박권일, 「그 많던 '고졸'은 어디로 갔을까?」, 『월간 말』, 2004년 12월, 56~61쪽.
12) 정창호, 「예비군 훈련을 거부하며: 누구를 위한 진보인가」, 『월간 인물과사상』, 2004년 12월, 137~142쪽.
13) 우석훈·박권일, 『88만 원 세대: 절망의 시대에 쓰는 희망의 경제학』, 레디앙, 2007, 177쪽.
14) 『윈』, 1995년 10월호.
15) 허행량, 「중앙지 편집국장 영남·서울대·법대 출신 주류」, 미디어오늘, 2000년 8월 24일, 6면.
16) 박거용, 「대학 서열화와 학벌주의」, 『역사비평』, 2004년 여름, 35쪽.
17) 박거용, 위의 글, 26쪽.
18) 박민혁, 「고법 부장판사 이상 87%가 서울대 출신」, 『동아일보』, 2004년 10월 7일, A8면.
19) 『한국일보』, 2005년 2월 21일.
20) 장강명, 「노정부 전반기 장차관급 인사분석」, 『동아일보』, 2005년 8월 23일, A4면.
21) 신은진, 「서울대 36%·고려대 17%·연세대 10%: 2002~2005년 사법연수원생 출신 대학 분석」, 『조선일보』, 2007년 7월 9일.
22) 정남기, 「4대 그룹 경영진 지연·학연 편중 극심」, 『한겨레』, 2006년 1월 23일, 12면.
23) 김석, 「CEO 전형 김동진·남중수 씨」, 『경향신문』, 2007년 5월 4일, 15면.
24) 손병호, 「고법 부장판사 승진 86%가 서울대 출신」, 『국민일보』, 2008년 11월 14일.
25) 박홍기·김재천, 『학벌 리포트』, 더북, 2003, 107쪽.
26) 김경근, 『대학 서열 깨기』, 개마고원, 1999, 141쪽.

27) 허행량, 「중앙지 편집국장 영남·서울대·법대 출신 주류」, 미디어오늘, 2000년 8월 24일, 6면.
28) 박홍기·김재천, 『학벌리포트』, 더북, 2003, 51쪽.
29) 『언론노보』, 1993년 12월 11일, 3면.
30) 박홍기·김재천, 『학벌리포트』, 더북, 2003, 52쪽.
31) 김동훈, 『한국의 학벌, 또 하나의 카스트인가』, 책세상, 2001, 165쪽.
32) 박홍기·김재천, 『학벌리포트』, 더북, 2003, 52쪽.
33) 「고관들의 '부동산 퇴진' 언제 끝나려나(사설)」, 『경향신문』, 2005년 3월 8일.
34) 하재근, 『서울대학교 학생 선발 지침』, 포럼, 2008, 249쪽.
35) 류근일, 「어떻게 되찾은 세상인데……」, 『조선일보』, 2008년 5월 13일.
36) 전상인, 「대통령, 길 위에서 길을 잃다」, 『동아일보』, 2008년 6월 18일.
37) 이종오, 『한국의 개혁과 민주주의』, 나남출판, 2000, 93쪽.
38) 조국·오연호, 『진보 집권 플랜: 오연호가 묻고 조국이 답하다』, 오마이북, 2010, 155~162쪽.

● 맺는말

1) 버나드 마넹(Bernard Manin), 곽준혁 옮김, 『선거는 민주적인가: 현대 대의 민주주의의 원칙에 대한 비판적 고찰』, 후마니타스, 2004, 281~282쪽.
2) 고영복, 『한국인의 성격: 그 변혁을 위한 과제』, 사회문화연구소, 2001, 64쪽.
3) 김보협, 「올 3월말 출범하는 새로운 시민정치운동 '내가 꿈꾸는 나라' …… 다양한 사회정치적 요구를 SNS와 정치 캠페인 통해 결집시키는 한국판 '무브온'」, 『한겨레21』, 제850호(2011년 3월 2일); 이경태, 「조국 교수 "한국판 무브온 시작합니다"」, 오마이뉴스, 2011년 3월 10일.
4) MoveOn.org, *MoveOn's 50 Ways to Love Your Country: How to Find your Political Voice and Become a Catalyst for Change*, San Francisco, CA: Inner Ocean Publishing, 2004; Ronald Brownstein, *The Second Civil War: How Extreme Partisanship Has Paralyzed Washington and Polarized America*, New York: Penguin Books, 2007; Richard A. Viguerie·David Franke, *America's Right Turn: How Conservatives Used News and Alternative Media to Take Power*, Chicago: Bonus Books, 2004; 이춘재, 「온라인 청원·시위 '아고라' 능가하는 '무브온'」, 『한겨레』, 2008년 9월 6일; 이태희, 「촛불의 지구전」, 『한겨레21』, 제719호(2008년 7월 14일).
5) Jennifer Preston, "Internet Users Turned to Networks in Elections, Survey Finds", *The New York Times*, March 17, 2011.

6) 조국·오연호, 『진보 집권 플랜: 오연호가 묻고 조국이 답하다』, 오마이북, 2010, 266쪽.
7) Todd Gitlin, *Letters to a Young Activist,* New York: Basic Books, 2003, p.66.
8) 박경철, 「위기의 시대 해법은」, 『영남일보』, 2009년 12월 31일.
9) 김영명, 『한국의 정치변동』, 을유문화사, 2006, 390~391쪽.
10) David Berreby, *US & THEM: The Science of Identity,* Chicago: University of Chicago Press, 2008; Bruce Rozenblit, *Us Against Them: How Tribalism Affects the Way We Think,* Kansas City, MO: Transcendent Publications, 2008.
11) 데이비드 베레비(David Berreby), 정준형 옮김, 『우리와 그들, 무리 짓기에 대한 착각』, 에코리브르, 2007, 394쪽.
12) 이혜민, 「"처음엔 같았다, 우릴 갈라 세운 건 조직과 '야마 뻥튀기' ……": '동·조·중' 기자들 VS 'M·한·경' 기자들」, 『신동아』, 2008년 8월, 178~190쪽.
13) 김진석, 「'진보' 이념 뒤에 숨기」, 『한국일보』, 2011년 2월 21일.
14) 강준만, 「소통의 정치경제학: 소통의 구조적 장애 요인에 관한 연구」, 한국언론학회 '한국사회의 소통 위기: 진단과 전망' 세미나, 프레스센터 국제회의장, 2011년 5월 26일.